ART et *non finito*

Guy ROBERT

ART
et non finito

(ESTHÉTIQUE ET DYNAMOGÉNIE DU *NON FINITO*)

ÉDITIONS FRANCE-AMÉRIQUE

Cet ouvrage a été publié avec une subvention de la Fédération canadienne des études humaines, dont les fonds proviennent du Conseil de recherches en sciences humaines du Canada.

Imprimé au Canada en juin 1984 — ISBN: 2-89001-225-5

ÉDITIONS FRANCE-AMÉRIQUE
170 Benjamin-Hudon, Montréal, H4N 1H8 — (514) 331-8507

PLAN

*«Dois-je laisser dire de moi qu'au début
de mon procès, je voulais le finir, et qu'à la fin,
je ne voulais que le recommencer?»*
Kafka: *Le Procès,* p. 363

«*Attention: travaux en cours*»

Désirant demeurer accordé à sa perspective du *non finito*, notre essai pourrait décevoir ceux qui y chercheraient un répertoire exhaustif ou une théorie dogmatique du domaine de l'inachèvement et de l'incomplétude en art et en esthétique.

D'allure exploratoire, puisqu'il travaille dans un champ de recherche peu arpenté, même si les œuvres y prolifèrent (souvent comme en s'excusant de leur accoutrement elliptique), et même si on a fait à l'occasion allusion au *non finito* à propos d'art, — notre essai s'est d'abord voulu modeste, puis a connu à certains détours exaltants des poussées d'enthousiasme, mais a enfin opté pour une autre forme de modestie, celle d'une exploration consciente de ses limites et frontières; exploration dont la lecture pourra même parfois paraître lacunaire ou elliptique à son tour (par contagion du domaine qu'elle parcourt?), car j'ai dû, pour condenser ou accélérer le débit, sauter des transitions explicatives et intégrer exemples ou citations au flot de l'hypothèse qui fonde cet ouvrage, celle de la «dynamogénie» du *non finito*.

Ainsi l'hypothèse dynamogénique proposée, même si elle paraît parfois ambitieuse, ne conduira ni à une esthétique généralisée fondée sur le *non finito* ni à quelque théorie des ensembles inachevables. Qu'on ne s'étonne donc pas que l'écriture recoure plus volontiers au point d'interrogation qu'à la rhétorique doctrinale, au doute plutôt qu'au dogme, aux points de suspension plutôt qu'à la proclamation d'un point final, lequel contredirait d'ailleurs le sens de notre recherche, nourrie du domaine même qu'elle travaille.

Comme l'écrivait Valéry dans ses «Instants»: «Ce qui est achevé, trop complet, nous donne sensation de notre impuissance à le modifier» (*Œuvres* I, p. 375), — alors qu'il s'agit ici d'une invitation à sentir les métamorphoses, d'apparence inépuisables, qu'offre l'art à qui désire en partager l'imaginaire vie selon la perspective propice du *non finito*.

G.R., *Montréal-Paris-Entremonts, 1972-77*

P.S. — Une première version de cet essai, intitulée *Esthétique et dynamogénie du non finito*, a été soutenue comme thèse de doctorat en esthétique à Paris en 1977, devant un jury dirigé par Mikel Dufrenne, que je remercie amicalement.

Accaparé de 1977 à 1983 par la publication d'une dizaine d'autres livres, je n'ai pu revoir, retoucher et livrer enfin celui-ci à la typographie qu'au printemps 1984, — tout en lui conservant son caractère de «travaux en cours», fidèle ainsi à son sujet propre et à mon tempérament de chercheur et défricheur fasciné par le «jardin aux sentiers qui bifurquent» de Borges.

Mont-Royal, mai 1984.

Dans la troisième partie de ce livre, nous aboutirons à une grille taxonomique du *non finito* en art (page 257), mais pour mettre aussitôt le lecteur dans l'ambiance, voici une présentation illustrée de ce « labyrinthe », en trois volets :

ŒUVRES INACHEVÉES

Interrompues

— Soit par décision de l'auteur, comme dans la plupart des sculptures de Michelangelo, dans la célèbre Huitième Symphonie de Schubert, ou dans les étonnants « romans abandonnés » de Stendhal ;

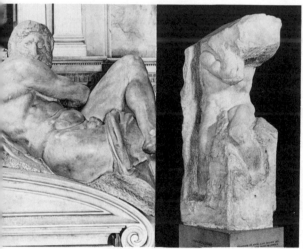

STENDHAL
Romans abandonnés

Le Juif — Le lac de Genève — Paul Sergar — Une position sociale — Madame Tarin — Le conspirateur — Philibert Lescale — A-Imagination — Féder — Le chevalier de Saint-Ismier — Don Pardo.

SCHUBERT : « *l'inachevée* »
Symphonie n° 8 en si mineur
1. *Allegro modérato*   2. *Andante con moto*

THE LONDON FESTIVAL SYMPHONY ORCHESTRA *dirigée par Thomas GREENE*

Michelangelo : *Le Jour* et *Esclave* « Atlas », c.1530

— on trouve aussi beaucoup d'œuvres interrompues, mais hors de l'intention de leur auteur, empêché de les terminer, comme Virgile pour l'*Énéide*, Bach pour l'*Art de la fugue*, Seurat pour *Le Cirque*.

L'*Art de la fugue* de Bach demeure inachevé sur ces lignes, en 1750

Seurat : *Le Cirque*, 1890

Explicites

D'autres œuvres portent en elles-mêmes un caractère d'inachevé explicite, et c'est le cas des *ébauches*, comme les dessins préparatoires de Goya à ses gravures; ou des *esquisses*, comme celles des «Carnets du Maroc» de Delacroix; ou des *études*, comme les lavis et sanguines de Rembrandt; ou des *notes* à la fois écrites et dessinées dans les Carnets de Leonardo; ou du *mimétisme*, comme Rodin s'inspirant de la manière de Michelangelo.

Leonardo: page du «Codex Atlanticus», c.1505

Rembrandt: feuille d'études, c.1636

Delacroix: Carnets du Maroc, 1832

Rodin: *Océanides* (détail), 1905

Goya: dessin et état de *Tauromaquia* n° 21, 1816

ŒUVRES INCOMPLÈTES

Fragments

    — Soit par décision de l'auteur, comme Pascal dans ses *Pensées* ou Novalis dans ses *Fragments*, Webern dans ses elliptiques *Six Bagatelles* ou Schönberg dans ses «séries» dodécaphoniques variables, Rodin dans ses «Mains» sculptées ou César dans son *Pouce* géant ;

Pascal : «Et ce qui achève notre impuissance à connaître... »

Schönberg : fragment dodécaphonique variable, c.1923

César : *Le Pouce*, 1966

    — soit hors de l'intention de l'auteur, comme ce qui nous est parvenu du *Satiricon* de Pétrone ou des sculptures de la Grèce antique (que le cadrage photographique peut fragmenter davantage encore), ou de la musique égyptienne ancienne, ou médiévale.

Déesses mutilées du Parthénon, c.-435

Musicien égyptien
célébrant le dieu Soleil, c.-1000

PÉTRONE

LE SATIRICON

PRÉSENTÉ PAR JEAN DUTOURD
LE LIVRE DE POCHE CLASSIQUE

Ruines

Une grande partie de notre connaissance des créations artistiques se nourrit de ruines dont l'Histoire est jonchée, résultats du vandalisme ou de quelque calamité, comme les décombres de l'Acropole d'Athènes; d'un accident ou cataclysme, comme les vestiges de Pompéi; de l'érosion ou autre forme d'usure, comme le site architectural de Machu Picchu; voire de la reconstitution ou de l'artifice, comme les jardins d'Adrien à Tivoli.

Le Grand Cheval (1914) de Duchamp-Villon
exposé en 1965 devant le Parthénon

Ruines de Pompéi avec leur «auteur»
du 24 août 79, le Vésuve

Reconstitution et artifice des ruines à Tivoli

Les ruines de Machu Picchu gardent leur secret

ŒUVRES CONTINUÉES

Par l'auteur

Plusieurs artistes ont remanié ou développé certaines de leurs œuvres en étapes distinctes évoquant des maillons d'une chaîne, comme Goethe pour ses «Faust», Monet pour ses «Cathédrales», Varèse pour les versions successives d'*Arcana* et *Déserts*.

Delacroix illustrant
un «Faust» de Goethe

Varèse: fragment de *Déserts*, 1954

Monet: deux parmi les vingt *Cathédrales* de Rouen, 1894

Dans leurs formes

Obsédé par le mouvement, notre siècle favorise l'éclosion d'œuvres mobiles, cinétiques, variables, permutables, programmées, aléatoires, comme l'illustrent les *Mobiles* de Calder ou les *Microtemps* de Schöffer, les *Lumia* de Wilfred ou les *Polytopes* de Xenakis; certaines œuvres de Stockhausen ou Agam, des pièces stochastiques de John Cage ou Raymond Queneau.

Calder: *Croissant noir*, 1960   Schöffer: *Microtemps* 14, (détail), 1964   Agam: *Blanc sur noir* (4 aspects), 1953

Stockhausen: *Refrain* 11, 1961

Raymond Queneau
de l'Académie Goncourt

Cent mille milliards
de poèmes

Par d'autres

Enfin, beaucoup d'œuvres d'art sont continuées par d'autres, de diverses façons : selon les directives de Mozart à Süssmayr pour la *Messe de Requiem*, malgré l'interdiction de Kafka à son ami Brod pour des romans comme *Le Procès* ou *Le Château* ; au hasard des dégradations et rénovations pour *La Cène* de Leonardo ; et plus largement, toutes les œuvres traduites, adaptées, interprétées, reproduites, plagiées, caricaturées, étudiées, critiquées, commentées, etc., en littérature, au théâtre, en musique, en arts plastiques, au cinéma, à la télévision : qu'on pense seulement aux milliers d'interprétations et enregistrements d'œuvres de Bach ou Strawinsky ; aux innombrables cours et articles sur Shakespeare ou Rimbaud ; aux reproductions ; à certaines adaptations de la *Vénus* de Milo ou des *Ménines*...

MOZART　　　　REQUIEM

Dali : *La Vénus de Milo aux tiroirs*, 1936

Parmi l'immense discographie de Bach, ces adaptations en jazz

Une des nombreuses traductions et éditions du *Procès* de Kafka

La *Cène* (1497) de Leonardo, restaurée après le bombardement de Milan en 1943

Les *Ménines* selon Picasso en 1957, trois siècles après Velazquez

Exploration du *non finito* en art

« *Non finito* (terme italien ; mot à mot : inachevé) : caractère de l'ouvrage ou des parties d'ouvrage laissées à l'état d'*abbozzo*. La notion est d'abord négative, mais à la suite des initiatives de Michel-Ange, après 1500, elle tend à être associée à la vigueur de l'inspiration (*furor*) et se trouve ainsi valorisée. Une querelle académique sur l'inachevé se déroulera autour de 1550 avec sa conclusion chez Vasari, *Vie de Luca della Robbia*, éd. de 1568. »

A. Chastel : Le Grand Atelier, p. 374

« L'expérience a prouvé qu'une statue ou une peinture, vue de loin, a infiniment plus de force et de relief, si elle est largement ébauchée, que si elle est minutieusement finie. Très souvent, en outre, dans le feu de la composition et en quelques coups, l'artiste donne à ses ébauches une vigueur qui ne fait que s'affaiblir, et disparaît même sous les mains de ceux qui ne savent pas s'arrêter à temps dans leur travail de retouches. Il y a cependant des exceptions. Par malheur, le vulgaire préférera toujours, à une ébauche pleine d'animation et d'énergie, des productions molles, amoureusement polies et léchées. »

Vasari : « Luca della Robbia », dans Le Vite de' più eccellenti Pittori, Scultori e Architetti II, p. 140

LE DOMAINE À EXPLORER

Description du domaine

La présente recherche sur le *non finito* en art et en esthétique s'est d'abord esquissée sous la séduisante tentation de l'école buissonnière : s'évader des institutions culturelles où se trouvent sagement rangés et étiquetés les ineffables chefs-d'œuvre, pour aller plutôt rêver en marge des œuvres abandonnées en cours de surgissement, avant qu'un fatal achèvement ne les fige ou castre ; ou dans la pénombre des ruines, que la civilisation récupère après les avoir suscitées.

Il a pourtant fallu bientôt se rendre compte que les choses n'étaient pas si simples. Peu à peu, le champ de fouille s'agrandissait, les sentiers se multipliaient, des pistes se recoupaient, — et même une sorte d'iceberg se profilait, à tel point qu'il devenait nécessaire d'abandonner telles perspectives pourtant fascinantes ; nécessaire de choisir parmi les matériaux de plus en plus nombreux et variés ; nécessaire d'éviter certains champs magnétiques qui semblaient vouloir conduire trop loin, vers les ailleurs imprenables du mirage qui transforme parfois voyages ou rêves en cauchemars. — Le chant des sirènes ne cessera donc jamais de torturer en nous l'Ulysse que le vacarme de la vie moderne ne réussit pas à rendre entièrement sourd ?

En plusieurs occasions, pendant les cinq ou six années de ma recherche intermittente sur le *non finito* en art, objet et sujet se fondaient en une même complicité, et les dossiers baillaient pendant des semaines, parfois des mois, sérieusement menacés de succomber à la contagion de l'inachèvement.

Inévitablement pourtant, une question venait repiquer la curiosité ou ranimer la quête. — Le *non finito* inviterait-il à prêter l'oreille aux pulsions secrètes et magiques de l'art, comme des fragments de grimoires soulèvent un coin des mystères de l'*Hermetica* ? — L'enchevêtrement des pistes suggérées par le *non finito* évoquerait-il une sorte de Voie Royale de l'art, camouflée sans doute par l'amoncellement des œuvres parachevées (comme la Voie Royale des Khmers par la jungle), et point de tout repos puisqu'on y entend de loin les échos de la *terribilità* de Michelangelo[1], — mais capable tout de même de renouveler quelque peu le regard porté sur l'œuvre d'art ?

Un nombre considérable d'œuvres ont été laissées inachevées par des artistes au cours des siècles et des civilisations, dans des circonstances variées ; d'autres œuvres nous sont parvenues dans un état d'incomplétude, brisées ou autrement altérées par les tribulations de l'histoire ; et de nombreuses œuvres d'art sollicitent un nouvel

-1. Le sculpteur Michel-Ange Buonarroti sera désigné par le prénom familier de Michelangelo, comme Leonardo pour Léonard de Vinci.

examen de la part de ceux qui s'y arrêtent, et suscitent autour d'elles une prolifération plus ou moins abondante et enchevêtrée de commentaires et de discours, de telle sorte que la relation entretenue avec elles demeure de quelque manière inachevée. Ainsi, le *non finito* en art pourrait s'étudier au moins sous ces trois profils ; les deux premiers se vérifient dans la forme même de certaines œuvres, et le troisième flotte en quelque sorte autour de celles dont la polysémie ou la mode du jour favorisent cette aura.

Notre essai n'ambitionne pas d'établir un inventaire exhaustif de ce que quelques millénaires d'activité artistique ont pu laisser d'inachevé et d'incomplet en Occident — (élimination de taille : ce qui se trouve hors du monde occidental) ; et ne prétend pas davantage constituer un corpus hiérarchisé du *non finito* en art et en esthétique, domaine plus vaste et complexe qu'on pourrait le croire. Mon but consiste à prospecter ce domaine du *non finito*, parfois évoqué dans des articles ou au fil d'un paragraphe de livre, mais peu exploré avec quelque insistance. Prospecter ce domaine, c'est-à-dire l'arpenter, le sonder pour en rechercher les «richesses naturelles», le caractère esthétique singulier. Dans la masse multiforme et fort étendue des œuvres d'art, celles qui présentent de quelque façon un aspect inachevé ou incomplet constituent donc les objets de ma recherche, et la prospection entreprendra d'en rassembler un abondant échantillonnage, parmi ceux que la chronique propose dans divers domaines artistiques, à partir des grottes préhistoriques jusqu'à aujourd'hui ; puis il faudra mettre un peu d'ordre dans toutes ces «curiosités», probablement rebelles à une classification trop serrée ; et il restera encore à dégager quelques lignes de force ou champs magnétiques qui semblent se déployer autour du *non finito* artistique, tout se passant comme si l'inachèvement ou l'incomplétude de l'œuvre favorisait à la fois un plus large dynamisme de sa réalité esthétique (l'invention paraissant encore palpiter en elle), et un plus vaste clavier des lectures possibles.

Hypothèse de la dynamogénie du *non finito*

Qu'un nombre considérable d'œuvres d'art se présentent à nous comme étant de quelque façon inachevées ou incomplètes, c'est un fait qui les distingue déjà des autres, et les revêt d'un caractère particulier. Et le singulier plaisir éprouvé à rechercher et fréquenter de telles œuvres constitue la motivation de notre essai : mais d'où vient ce singulier plaisir ? Comme si le *non finito* suscitait une attirance particulière, excitant l'imagination et l'incitant à entreprendre de l'œuvre une lecture différente.

La physiologie nous offre le terme «dynamogénie» pour désigner «l'accroissement de la fonction d'un organe sous l'influence d'une excitation», selon *Le petit Robert* dans son édition de 1983, p. 587. À partir de cette définition courante, formulons notre hypothèse dynamogénique :

— le *non finito* constituerait, sur le plan esthétique, un excitant capable d'accroître la fonction ou la portée imaginaire de l'œuvre d'art.

Autrement dit, et en considérant le système de nos rapports avec les œuvres d'art comme assises de l'entreprise esthétique, l'hypothèse dynamogénique propose le *non finito* comme un stimulant qui se trouve dans certaines œuvres d'art, inachevées ou incomplètes ; stimulant capable d'exciter de façon particulière le travail de l'imagination autour de ces œuvres, et aussi le travail de réflexion esthétique.

Pourquoi cette hypothèse, et auparavant : qu'est donc l'hypothèse ? Dans son *Vocabulaire technique et critique de la philosophie*, Lalande en propose comme sens général : « ce qui est ou ce qu'on met à la base de quelque construction » ; plus loin, il cerne un troisième sens : « conjecture douteuse, mais vraisemblable, par laquelle l'imagination anticipe sur la connaissance, et qui est destinée à être ultérieurement vérifiée[2]. » Voilà qui convient à notre recherche, et davantage encore sous l'éclairage des propos de Claude Bernard cités par Lalande : « Le sentiment engendre l'idée, ou l'hypothèse expérimentale[3]... »

Notre essai trouve justement son point de départ dans un sentiment intuitif, largement ouvert à la dérive imaginaire, et que l'hypothèse dynamogénique voudrait traduire sans trop le trahir : sentiment que l'œuvre inachevée ou incomplète semble témoigner d'une énergie artistique singulière, qui stimule la lecture esthétique qu'on en désire entreprendre. Claude Bernard y trouve son rôle, puisque le terme « dynamogénie » est emprunté à la physiologie, en quoi il était expert, et puisque notre hypothèse devra subir une longue épreuve « expérimentale ».

Encore à propos de l'hypothèse, Lalande distingue dans son *Vocabulaire* l'hypothèse heuristique, qui précède la découverte et se trouve pour cette raison active, de celle qui suit la découverte et ne présente une explication qu'après coup :

« L'une est source de mouvement, l'autre en est le terme. Peut-être conviendrait-il de réserver le nom d'hypothèse exclusivement à toute anticipation de l'esprit sur l'expérience. L'hypothèse est essentiellement une méthode, c'est-à-dire un principe d'action, un moyen heuristique[4]. »

Notre hypothèse dynamogénique du *non finito* se veut heuristique, en examinant ce qui donne à certaines œuvres inachevées ou incomplètes une plus grande portée à la fois artistique et esthétique, et comment cela s'accomplit ; mais cette hypothèse s'appuie aussi sur l'intuition originelle du singulier plaisir éprouvé à explorer le *non finito* en art et en esthétique, et voudrait en trouver quelque explication sans toutefois en tarir la source.

-2. Lalande : *Vocabulaire technique et critique de la philosophie*, 11ᵉ éd., p. 428-9.
-3. C. Bernard : *Introduction à l'étude de la médecine expérimentale* (I,2,b), p. 65.
-4. Lalande : *Vocabulaire...*, p. 430.

Quête de l'inconnu

Notre hypothèse dynamogénique du *non finito* est expérimentale, se fonde sur l'observation et s'y éprouve. L'heuristique pousse ainsi la recherche à délaisser les musées des impeccables « chefs-d'œuvre » de l'art, bien amidonnés et en quelque sorte pétrifiés dans leur superbe achèvement, pour prospecter des lieux artistiques moins institutionnalisés, plus marginaux, où les œuvres présentent, en leur inachèvement variable ou leur diverse incomplétude, quelque sauvagerie ou du moins quelque ouverture sur un devenir laissé en friche et où fermente aussitôt le travail de l'imagination.

Il s'agit donc d'une pratique axée sur la fréquentation et l'observation d'œuvres d'art inachevées ou incomplètes, dont la connaissance empirique sera susceptible de nourrir l'hypothèse de recherche. Pour éclairer cette pratique, suivons Claude Bernard qui réfléchit sur « la limite de nos connaissances » et esquisse une gnoséologie où l'inconnu (autrement dit : le *non finito* qui entoure le connu) se trouve à la fois le point de départ, le point d'arrivée et l'outil même de la recherche expérimentale :

> « L'homme se conduit comme s'il devait parvenir à la connaissance absolue, et le pourquoi incessant qu'il adresse à la nature en est la preuve. C'est en effet cet espoir constamment déçu, constamment renaissant, qui soutient et soutiendra toujours les générations successives dans leur ardeur passionnée à rechercher la vérité. Notre sentiment nous porte à croire, dès l'abord, que la vérité absolue doit être de notre domaine ; mais l'étude nous enlève peu à peu de ces prétentions chimériques. La science a précisément le privilège de nous apprendre ce que nous ignorons, en substituant la raison et l'expérience au sentiment, et en nous montrant clairement la limite de notre connaissance actuelle. Mais, par une merveilleuse compensation, à mesure que la science rabaisse ainsi notre orgueil, elle augmente notre puissance. Le savant, qui a poussé l'analyse expérimentale jusqu'au déterminisme relatif d'un phénomène, voit sans doute clairement qu'il ignore ce phénomène dans sa cause première, mais il en est devenu le maître ; l'instrument qui agit lui est inconnu, mais il peut s'en servir[5]. »

Pour l'artiste qui poursuit son œuvre, il semble en aller de même, et la « créativité » qui agit en lui et dont il ne sait pas grand-chose, il s'en sert pourtant dans la poursuite, au fil des œuvres successives, de « l'œuvre » impossible à atteindre dans toute la perfection et la plénitude désirées. Les limites inévitables de chacune des œuvres réalisées font renaître le désir profond, et obscur dans son enracinement, de poursuivre la « quête » en cours, d'élargir le champ d'exploration et d'expérimentation à la fois dans l'œuvre, dans la connaissance qu'elle manifeste et fertilise, et dans la conscience qu'elle nourrit. — Et cela semble aussi bien convenir au savant comme le voyait Claude Bernard à son époque, qu'au philosophe ou à l'artiste de tout temps :

> « L'aspiration de l'esprit humain (à de plus grandes connaissances) aura-t-elle une fin, trouvera-t-elle une limite ? Je ne saurais le comprendre ; mais en attendant, le savant n'a rien de mieux à faire que de marcher sans cesse, parce qu'il avance toujours[6]. »

-5. C. Bernard : *Introduction...*, p. 125-6.
-6. Ibid. p. 308.

Homo Viator, comme l'écrit Gabriel Marcel en 1945, condensant dans ce profil à la fois son «théâtre de l'âme en exil» et son statut de «philosophe itinérant». Ainsi va donc l'artiste, que le critique, l'historien et l'esthéticien désireraient accompagner dans une quête semblable à celle du Graal, dans sa marche à travers les jours et les œuvres qui en jalonnent le cours : témoignages, vestiges, reliques. Savants et artistes se trouvent ainsi compagnons et parents, dans une aventure dont on ne saurait fixer les limites définitives, les ultimes frontières ; aventure qui demeure inachevée, parce qu'inachevable, puisque chaque nouvelle découverte ou invention repousse d'un cran la frontière mobile entre le possible et l'inconnu, frontière qui se dilate à mesure qu'on pense l'envahir, en diverses directions et tout autour du champ de conscience de l'homme, du moins aussi longtemps qu'il vit, sent et pense, et donc désire encore connaître et œuvrer.

Ainsi se soulève la question épistémologique, aussitôt déportée à la fin du présent essai, ce qui ne l'empêchera nullement de ressurgir d'ici là, à mesure que le dossier du *non finito* sera compulsé à la fois dans l'abondant défilé d'œuvres d'art pertinentes, et dans les répercussions que l'hypothèse dynamogénique suscitera sur le plan esthétique.

COMMENT EXPLORER CE DOMAINE

Une esthétique empirique

Pourquoi l'esthétique s'intéresserait-elle particulièrement aux œuvres inachevées ou incomplètes? D'abord parce qu'elles sont des œuvres d'art, et ensuite parce qu'elles se trouvent souvent délaissées, à cause de leur état, de leur infirmité. C'est justement cette carence qui attire pourtant l'attention et invite à considérer ces œuvres avec une sensibilité plus aiguë; carence qui pourrait ainsi redonner à l'esthétique son sens originel, étymologique et empirique, selon lequel l'émotion rétablirait ses droits en fondant un certain type de connaissance. — En grec, faut-il le rappeler, $\alpha \ddot{\imath} \sigma \theta \eta \sigma \iota \varsigma$ désigne à la fois la sensation, le sentiment et la connaissance; et $\alpha \iota \sigma \theta \eta \tau \iota \varkappa \acute{o} \varsigma$, ce qui se trouve perceptible par les sens ou ce qui possède la faculté de sentir.

Depuis Baumgarten, qui a laissé inachevée son *Aesthetica*, l'esthétique se donne pour champ d'étude ce qui se rapporte à l'art: théorie de la sensibilité, émotion et jugement d'appréciation devant l'œuvre d'art, philosophie de l'art, réflexion sur l'art, examen du goût et de ses variations artistiques, etc. Voilà qui ouvre une vaste combinatoire, propice au fourmillement d'innombrables discours, dont nous connaissons actuellement une escalade probablement sans précédent dans l'histoire de la pensée, à cause surtout de la prolifération de l'information.

Dans l'Introduction à son Histoire de l'esthétique, Wladyslaw Tatarkiewicz résume sept principales trajectoires que peuvent parcourir les esthéticiens, «selon leurs prédilections»: étudier la beauté ou l'art; étudier les objets esthétiques ou se livrer à des expériences esthétiques; élaborer des descriptions ou des prescriptions; construire une psychologie ou une sociologie de l'art; développer une théorie ou une politique de l'art; établir des faits esthétiques ou en proposer des interprétations; appuyer leurs propos sur la littérature ou sur une autre forme d'art[7]. — Par ailleurs, et en préambule à des «Mélanges» offerts à Mikel Dufrenne en 1975, Gilbert Lascault écrit que «l'époque s'inaugure des esthéticiens déchaînés, des esthéticiens dissipés»; et devant les manifestations de cette «esthétique sans entrave», «les policiers fuient, en déroute; les policiers: ceux qui voudraient interdire des chemins, imposer des directions; ceux qui se croient chargés de maintenir un ordre qu'ils n'interrogent jamais. Peut-être fuient-ils en tous sens, déroutés par nos multiples libertés[8]?»

Faut-il préciser que c'est justement selon la trajectoire d'une esthétique sans entrave que s'inscrit l'hypothèse dynamogénique du *non finito*, plutôt que dans l'une des directions citées au paragraphe précédent d'après la classification de W. Tatarkiewicz?

-7. W. Tatarkiewicz: *History of Aesthetics* I, p. 3-4.
-8. *Vers une esthétique sans entrave*, p. 7.

Le domaine esthétique, peu encombré jusqu'au début du XXᵉ siècle, devient surtout depuis 1950 un véritable labyrinthe, où pullulent et s'emmêlent diverses tendances, sous les éclairages variables et éventuellement interchangeables de la psychanalyse ou de la *Gestalt-theorie*, de la phénoménologie ou de la sociologie, de l'anthropologie culturelle, du structuralisme ou de la sémiotique, pour ne nommer que quelques-unes des modes idéologiques dont notre époque subit les courants plus ou moins accentués et prolongés, parfois même jusqu'au terrorisme intellectuel.

Le présent essai ne veut pas utiliser le domaine artistique comme écran de projection pour l'illustration et le triomphe de telle ou telle autre idéologie. Il s'agira plutôt d'expérimenter l'hypothèse dynamogénique du *non finito*, dans le domaine de l'art, et selon la pratique d'une esthétique empirique. Pour cerner brièvement cette pratique, revenons sur l'étymologie du mot « esthétique », qui met en évidence la perception par les sens d'objets, d'œuvres dont la fonction spécifique semble être de toucher ces sens, et par là de nous émouvoir, de conduire à une connaissance particulière, de type affectif[9], qui se traduit dans telle gamme de plaisir(s) et/ou de douleur(s). Le masochisme peut sans doute s'infiltrer jusque dans l'expérience esthétique, mais personne ne se trouve obligé de chercher ou prendre son plaisir dans la souffrance, et un courant récent fait plutôt belle place au plaisir[10] dans les rapports de l'homme avec les œuvres d'art, et aussi dans les prolongements de ces rapports en esthétique.

Le plaisir d'expérimenter

Une esthétique empirique, au sens d'expérimentale, s'attache naturellement au plaisir de trouver, dans l'œuvre d'art et autour d'elle, source d'étonnement et d'exercice pour l'imagination; source d'émotion, pouvait-on dire quand le mot « sentimental » n'était pas encore galvaudé. — (Senti-mental: qui concerne à la fois le domaine de la sensibilité et celui de l'esprit.) — Et ce plaisir se prend dans la fréquentation courante et copieuse d'œuvres d'art, dans l'expérience esthétique vécue en quotidien plutôt qu'exclusivement ou principalement pensée sur le papier. Au fil d'activités dans la critique et l'enseignement, l'édition, les musées et galeries d'art, mes recherches se développent depuis 1960 selon une perspective peu orthodoxe, du moins d'après certaines visées théoriques ou dogmatiques, et

-9. Dans *Phénoménologie de l'expérience esthétique*, Mikel Dufrenne insiste sur les « a priori affectifs » : « La table des catégories affectives que je porte en moi comme mon aptitude essentielle à connaître l'humain, je ne la connais, d'une connaissance réfléchie et toujours provisoire, que sur l'expérience que je fais de l'objet esthétique. » (II, p. 601) — Ce « provisoire » fournirait déjà quelque appui au *non finito* dans la démarche philosophique autour de l'œuvre d'art, traitée plus loin.
-10. Deux exemples, entre autres. Roland Barthes publiait en 1973 un petit livre intitulé *Le Plaisir du texte*; et Mikel Dufrenne parle avec un évident plaisir du caractère « jouissif » de l'entreprise esthétique, et voudrait « mesurer la beauté à l'intensité du plaisir, et dans le créateur et dans le récepteur. » (« L'art de masse existe-t-il? », *Revue d'Esthétique* en « 10/18 », n° 3-4, Paris, 1974, p. 30)

peuvent se résumer en la priorité accordée aux œuvres sur les idées, aux œuvres dont la fréquentation apporte quelque plaisir, — de sorte que, si travail il y a, c'est celui qu'accomplit ce plaisir dans le domaine d'ailleurs propice de l'imaginaire. Dès qu'un champ d'investigation se vide de ce plaisir, il est abandonné ou du moins reconsidéré sous un angle moins rébarbatif.

Semblable attitude ne contribue évidemment pas à précipiter les choses. La recherche autour du *non finito* en art se prolonge, se laisse interrompre par d'autres tâches prétendues plus urgentes, en jouissant par ailleurs discrètement de la complicité qu'elle entretient ainsi avec son leitmotiv. La préoccupation heuristique s'adapte en conséquence au régime favorisant le plaisir de déboucher, au fil des œuvres étudiées, sur des brèches plutôt que sur des murs, sur des *vedute* plutôt que sur des culs-de-sac, sur l'école buissonnière même. Faut-il avouer aussi une certaine tendance à faire durer le plaisir, l'entretenir, l'allonger avec complaisance sur une plage où on ne lui fait pas toujours la vie belle : sur la plage de l'esthétique ?

Voilà qui semble relever d'un bien vilain dilettantisme, ou du moins se rattacher à un hédonisme suranné, dont l'esthétique contemporaine « sérieuse » n'a que faire ? — Mais précédemment, j'ai déjà dit en quelle compagnie « d'esthéticiens déchaînés et dissipés » les présentes recherches se développent, loin des policiers oppressifs ou répressifs et autres idéologues. — Dissipons néanmoins le soupçon d'un dilettantisme exécrable, en recourant de nouveau à Claude Bernard, sans doute innocent de toute frivolité et qui offre une perspective propice à nos recherches autour des œuvres d'art inachevées et incomplètes, en prévenant ses lecteurs contre les systèmes, théories et doctrines qui peuvent entraver l'expérimentation d'une hypothèse :

« Les systèmes et les doctrines sont des idées hypothétiques ou théoriques transformées en principes immuables. Cette manière de procéder appartient essentiellement à la scolastique et elle diffère radicalement de la méthode expérimentale, antisystématique et antidoctrinale. — La médecine expérimentale, comme d'ailleurs toutes les sciences expérimentales, ne sent le besoin de se rattacher à aucun système philosophique ; et la raison que j'en trouve, c'est que les systèmes ne sont point dans la nature, mais seulement dans l'esprit des hommes. — Le meilleur système philosophique consiste à ne pas en avoir. Comme expérimentateur, j'évite donc les systèmes philosophiques, mais je ne saurais pour cela repousser cet 'esprit philosophique' — qui représente l'aspiration éternelle de la raison humaine vers la connaissance de l'inconnu. — Le désir ardent de la connaissance est l'unique mobile qui attire et soutient l'investigateur dans ses efforts ; et c'est précisément cette connaissance qu'il saisit réellement et qui fuit cependant toujours devant lui, qui devient à la fois son seul tourment et son seul bonheur. — Par un caprice de notre nature, cette joie de la découverte tant cherchée et tant espérée s'évanouit dès qu'elle est trouvée. Ce n'est qu'un éclair dont la lueur nous a découvert d'autres horizons vers lesquels notre curiosité inassouvie se porte encore avec plus d'ardeur. C'est ce qui fait que dans la science, même le connu perd son attrait, tandis que l'inconnu est toujours plein de charmes. C'est pour cela que les esprits qui s'élèvent et deviennent vraiment grands, sont ceux qui ne sont jamais satisfaits d'eux-mêmes dans leurs œuvres accomplies, mais qui tendent toujours à mieux dans des œuvres nouvelles[11]. »

Cette longue citation montre que c'est le désir de connaître qui aiguillonne le chercheur, qu'il soit biologiste ou artiste ou esthéticien; que cette quête ne trouvera jamais parfaite et entière satisfaction, du moins à partir d'un certain niveau d'exigence et aussi d'imagination; et que chaque découverte ne fait qu'ouvrir devant la « curiosité inassouvie » de nouveaux et plus vastes horizons, où le terrain conquis semble aussitôt moins fascinant que ce qui ne l'est pas encore et ne le sera peut-être jamais. — N'est-ce pas la dynamique de l'art et de l'esthétique qu'évoque aussi Claude Bernard, à travers celle de la science expérimentale qu'il rapproche de « l'esprit philosophique » ? Toutes ces dynamiques ne se ressemblent-elles pas dans le même appétit d'expérimenter l'inconnu, dans le même désir pourtant insatiable et toujours renaissant d'en connaître davantage au fil de recherches successives, que ce soit dans le laboratoire ou l'atelier, la bibliothèque ou l'oratoire ? Quête interminable de celui qui se trouve possédé de l'esprit de recherche, tout lui devenant instrument d'expérimentation, les idées aussi bien que les observations :

« Loin de se roidir, comme le scolastique ou le systématique, contre l'expérience pour sauvegarder son point de départ, l'expérimentateur s'empressera au contraire de modifier sa théorie, parce qu'il sait que c'est la seule manière d'avancer. — Ce qui sépare le savant systématique du savant expérimentateur, c'est que le premier impose son idée, tandis que le second ne la donne jamais que pour ce qu'elle vaut. — Nos idées ne sont que des instruments intellectuels qui nous servent à pénétrer dans les phénomènes; il faut les changer quand elles ont rempli leur rôle, comme on change un bistouri émoussé[12]. »

Peu de temps avant la publication de l'*Introduction...* de Bernard, Baudelaire notait, dans *Mon cœur mis à nu*, que les causes ou les partis peuvent aussi être considérés, avec les idées et les systèmes, comme des instruments, des outils d'expérimentation, dont on peut changer non seulement par souci d'efficacité heuristique, mais par simple caprice ou plaisir : « Je comprends qu'on déserte une cause pour savoir ce qu'on éprouvera à en servir une autre[13]. »

Expérimenter, c'est en effet éprouver. Non seulement soumettre à l'épreuve telle hypothèse à travers une série d'observations, mais encore et surtout peut-être éprouver en soi l'appétit de connaître, la quête du savoir, dans une perspective que l'on sentira d'autant plus fascinante qu'on la devinera de quelque manière inépuisable, conduisant à des résultats fragmentaires ou incomplets. Ce savoir, que l'épistémologie voudrait sonder et scruter, se trouve marqué de *non finito*.

L'expérimentation ne saurait toutefois se réduire aux seuls champs d'application de la connaissance biologique ou physique, artistique ou esthétique. Les recherches et méthodes qu'elle engage

-11. C. Bernard : *Introduction...*, p. 305-7.
-12. Ibid. p. 84, 85, 74.
-13. Baudelaire : *Œuvres*, p. 630.

constituent un vécu, une aventure de large portée, plus ou moins heureuse dans ses aboutissements mais inévitablement insatisfaisante pour qui a du souffle et de l'imagination. Les idées circulent dans l'esprit, se conjuguent aux formes artistiques[14] et scientifiques, technologiques, culturelles et autres qui s'y trouvent plus ou moins en évidence à tel moment ; et tout cela participe ensemble à une même et continuelle cinétique des métamorphoses, recherches et expériences servant ainsi l'appétit de l'esprit et son insatiable désir de connaître et d'élargir le champ de conscience qui correspond à l'étendue et à l'intensité du vécu.

À propos du concept d'expérience, Adorno note dans sa *Théorie esthétique* qu'il est devenu équivoque. Vers 1930, il désignait encore « la tentative filtrée par la conscience critique en opposition à la continuation irréfléchie ». Depuis, ce concept désigne en art une démarche selon laquelle « les œuvres doivent contenir des caractéristiques qui ne sont pas prévisibles dans le processus de production », au point même que l'artiste se trouvera « surpris par ses propres œuvres » : « l'imagination des artistes n'a jamais pu complètement embrasser ce qu'ils produisaient[15]. » — Espérons seulement que le plaisir d'expérimenter y trouve encore place, peut-être dans cette surprise devant l'œuvre, non seulement pour l'artiste mais aussi pour nous ?

Heuristique et éclectisme

Si la pratique esthétique recourait à son tour à l'heuristique évoquée chez l'artiste par Adorno, aucun système ne viendrait plus entraver de ses dogmes l'observation des œuvres et l'expérimentation du réel, et l'épreuve d'une hypothèse libérerait le travail de recherche des cadrages doctrinaires et grilles de lecture à la mode, en ouvrant un champ étonnamment vaste et oxygéné, bordé de deux frontières flottantes : d'un côté, l'utopie et ses chants de sirènes, et de l'autre, les bataillons hirsutes de toute scolastique, brandissant leurs menaces de despotisme et d'inquisition. — Devant soi, le réel qui déploie ses défis et provoque la curiosité, c'est-à-dire le travail de l'imagination. Voilà pourquoi l'appétit de connaître peut refuser le carcan de ce qu'on appelle la rigueur, cette raideur qui paralyse la dogmatique dans sa démarche étroite et bornée, austère et draconienne, et abolit toute possibilité de plaisir et d'étonnement dans la démarche heuristique. Rigueur : trop souvent celle de la *rigor mortis*.

Que proposer en échange ? Peu importe, puisque de toute façon on y gagnerait en refusant joug idéologique, sclérose de l'imagination

---

-14. Entre autres, Henri Focillon l'a observé dans *Vie des formes*, en particulier dans les chapitres intitulés « Les formes dans l'esprit » et « Éloge de la main » : « Prendre conscience, c'est prendre forme. — Les formes dans l'esprit créent un monde qui agit et réagit. — L'art commence par la transmutation et continue par la métamorphose. — L'idée de l'artiste est forme. — La main dans l'esprit travaille. » (P. 68, 77, 115, 73, 72)
-15. Adorno : *Théorie esthétique*, p. 57.

et castration de l'esprit. Reste la liberté de poursuivre ses recherches au fil de quelque hypothèse qui dirige l'exploration sans la brimer, et qui demeure ouverte au jeu des métamorphoses dans la pâte vive des matériaux prospectés, selon l'axe du désir qui travaille en soi, sans se trouver victime d'œillères rigoureuses sous le fallacieux prétexte d'éviter les éblouissements et vertiges d'horizons d'abord imprévus.

Même parmi ceux qui se sont faits virtuoses de certains systèmes absolus ou prétendus tels, il s'en trouve qui entendent un jour ou l'autre l'appel du large, si du moins leur esprit jouit encore de quelque disponibilité (et telle est l'assise de l'heuristique: curiosité, désir, ouverture) et s'ils ne sont pas devenus trop durs d'oreille. Par exemple, Julia Kristeva en arrivera à proposer une «démarche sémiotique» qui ne serait plus celle d'un «savant comblé d'avoir construit un système qu'il étale avec une sérénité désabusée ou bien avec un désintéressement railleur et sceptique», mais bien au contraire «celle — inquiète, agressive et non finie — d'un éclatement de l'objet étudié et du sujet étudiant, celle d'un renouvellement incessant des systèmes énoncés[16].» — Certains systèmes parmi les plus ambitieux des temps présents ne prétendraient donc plus s'imposer, tels quels, pour l'éternité et se débarrasseraient d'une partie au moins de leur armature systématique rigoureuse pour retrouver, au delà de la grille de leur temple-prison, la liberté nécessaire à toute heuristique, en acceptant que la recherche se développe selon une perspective ouverte, «inquiète et non finie», qui sait identifier le *non finito* comme stimulant originel, compagnon familier du parcours et inévitable élément de l'épistémologie?

Serait-il prétentieux ou téméraire de refuser de se soumettre à la dictature, pour ne pas dire au terrorisme des théories, doctrines, systèmes à la mode du jour? Il serait sans doute vain de vouloir les écarter ou contester pour mieux faire place à quelque nouvelle dogmatique, seulement ambitieuse de les concurrencer, voire de toutes les supplanter. Mais s'il s'agit simplement de les ranger dans la quincaillerie idéologique, avec d'autres outils plus ou moins émoussés[17] ou rouillés, et de refuser ainsi d'en promouvoir aucun au rang de panacée, de miraculeuse et absolue vérité, puisque toutes ces structures idéologiques n'évitent même pas le ridicule de se bousculer d'année en année au palmarès des grands favoris de la mode?

S'agirait-il alors de ressusciter une fois de plus l'éclectisme, que l'on trouverait préférable au sectarisme? Faut-il rappeler, dans un débat qui risque de se passionner, qu'éclectisme n'est pas syncrétisme[18], et requiert l'exercice d'un esprit critique constamment en éveil, puisqu'il ne se trouve pas protégé par une armure doctrinale rassurante, par une systématique vaniteuse, par des béquilles ou prothèses idéologiques?

-16. J. Kristeva: «Quelques problèmes de sémiotique littéraire», dans *Essais de sémiotique poétique*, p. 209.
-17. Cet adjectif, emprunté aux réflexions de Claude Bernard citées précédemment, veut préciser le sens des présents paragraphes.
-18. *Vocabulaire...* de Lalande, p. 258-260, 1244-6, 1087-8.

Bref, l'expérience et l'aventure de la connaissance semblent une trop fascinante entreprise pour renoncer à certains de ses risques et plaisirs imprévus, sous prétexte de demeurer lié à tel système ou vassal de telle dogmatique, surtout dans le domaine esthétique où l'œuvre d'art, si on lui en laisse la latitude, grouille d'un dynamisme fécond en parentés et échos inépuisables, à travers siècles et continents, techniques et cultures. La combinatoire se déploie dans l'art et autour des œuvres, selon les amples mouvements d'une symphonie qui ne pourra toujours qu'être inachevée, à la fois dans ses manifestations protéiformes et dans les lectures que j'en pourrais entreprendre.

Pourquoi faudrait-il donc sabrer dans ces possibilités, plier sa curiosité sous la férule de quelque despotisme idéologique, frustrer son plaisir sous des œillères dogmatiques ? Potamon d'Alexandrie n'avait-il pas raison de choisir parmi les pratiques des autres médecins ce qui lui permettait de sauver ses malades, plutôt que de les laisser crever sous prétexte que ses propres méthodes ne convenaient pas à la maladie en cause, ou que tel traitement s'était montré parfois inefficace ? La méthode éclectique, car c'est aussi une méthode, propose de choisir, parmi plusieurs possibilités, ce qui semble le plus convenable, propice et efficace dans les circonstances ; et pour ce faire, il faut non seulement connaître ses propres acquisitions, mais aussi celles des autres, pour les leur emprunter selon les besoins et avec les remerciements d'usage.

Choisir, c'est évaluer, critiquer, comparer avant d'éliminer. En choisissant, l'éclectisme favorise des conjugaisons parfois inhabituelles ou nouvelles, et sollicite couramment l'imagination dans ses négociations et conciliations. Composer et recomposer, transformer et inventer aussi, comme le peintre qui choisit ses couleurs, au lieu de se limiter à la monochromie. Ne pas s'obséder de l'idée de créer de toutes pièces telle doctrine absolument inouïe, mais plutôt participer modestement à la continuité toujours renaissante et inachevée de l'aventure de l'esprit, et s'en trouver heureux : ainsi se termine mon apologie de l'éclectisme.

L'aiguillon du doute

Heureux, mais point béat pour autant. Car il y a toujours, dans la démarche heuristique, l'aiguillon salutaire du doute qui tiraille et empêche de s'endormir sur ses acquis. La recherche s'enracine dans une interrogation et la poursuit, en n'accordant prudemment qu'une valeur relative aux fragments de réponse trouvés en cours de fouille. Le doute se fait méthodique, pour préserver l'heuristique de trop faciles satisfactions, selon la radicalisation cartésienne : « Je me résolus de feindre que toutes les choses qui m'étaient jamais entrées en l'esprit n'étaient non plus vraies que les illusions de mes songes[19]. »

-19. Descartes : premier paragraphe de la quatrième partie du *Discours sur la méthode*, p. 36.

Cette stratégie du doute n'est pourtant pas encore suffisante, car les faussetés et illusions que nous emmagasinons se trouvent peut-être moins pernicieuses que celles que nous cultivons nous-mêmes :

«Et tout de même qu'un esclave qui jouissait dans le sommeil d'une liberté imaginaire, lorsqu'il commence à soupçonner que sa liberté n'est qu'un songe, craint d'être réveillé et conspire avec ces illusions agréables pour en être plus longuement abusé ; ainsi je retombe insensiblement de moi-même dans mes anciennes opinions, et j'appréhende de me réveiller de cet assoupissement ; de peur que les veilles laborieuses qui succéderaient à la tranquillité de ce repos, au lieu de m'apporter quelque jour et quelque lumière dans la connaissance de la vérité, ne fussent pas suffisantes pour éclaircir toutes les ténèbres des difficultés qui viennent d'être agitées[20].»

Rarement intellectuel s'est montré plus lucide devant son entreprise. On préférera se caler dans son atavisme plutôt que de remettre en question à la fois les connaissances accumulées et les doctrines qui leur servent d'armature. En revenant à la méditation de Descartes sur la connaissance, on peut constater que son exigence de lucidité ne manque pas d'aboutir, à sa façon, au *non finito*, et évoque indirectement le pathétique inachèvement de l'œuvre de Michelangelo :

«Parce que la nécessité des affaires nous oblige souvent à nous déterminer avant que nous ayons eu le loisir de les examiner soigneusement, il faut avouer que la vie de l'homme est sujette à faillir fort souvent dans les choses particulières ; et enfin il faut reconnaître l'infirmité et la faiblesse de notre nature[21].»

Le doute méthodique cartésien fait du procès la stratégie de l'entreprise intellectuelle, de l'aventure de la connaissance. Procès à la fois dans le sens d'une démarche continuée, d'un examen critique du su, et d'une autocritique. Dans cette perspective, l'heuristique, née elle-même d'une interrogation, ne peut déboucher que sur d'autres questions, qui perturbent le champ de conscience et relancent l'esprit vers de nouvelles explorations. Le visionnaire et inventeur américain Buckminster Fuller, s'interrogeant sur le réel humain, reconnaît à son tour ne pas trop savoir ce qu'il en est, mais refuse de se réduire à une catégorie, à une chose, à un nom, pour revendiquer plus énergiquement le privilège de se percevoir comme «un verbe, un processus évolutif, fonction intégrale de l'univers[22]» : *In principio erat Verbum.*

Et même si, dans l'*extravaganza* du pragmatisme américain, B. Fuller a parfois tendance à rabattre son hypothèse de la *dymaxion* à ses conséquences et implications les plus matérialistes, il n'en place pas moins la recherche et l'expérimentation au centre stratégique de l'entreprise collective humaine[23], et sa pensée se développe selon une

---

-20. Descartes : dernier paragraphe de la première «Méditation», dans *Discours...*, p. 99.
-21. Fin de la sixième «Méditation», ibid. p. 174.
-22. B. Fuller : *I Seem to Be a Verb*, p. 1.
-23. «Dymaxion : Maximum gain of advantage from the minimum energy input. The more people studying and experimenting, the more discoveries and inventions result, the higher the standards of living.» (*I Seem to Be a Verb*, p. 116A)
— Thomas d'Aquin ne disait-il pas, dans sa *Questio disputata de anima*, qu'il est important que le corps ait du bien-être pour que l'esprit puisse fonctionner convenablement ?

dynamique qui pourrait bien avoir d'obscures sources chez Thomas d'Aquin — (rien d'ailleurs d'étonnant à cela, puisque plusieurs des Américains de la génération de Fuller, né en 1895, ont étudié les Anciens dans le texte grec ou latin et la pensée thomiste, selon le courant illustré par Alfred North Whitehead) — chez Thomas d'Aquin, qui propose de la connaissance une vision vivace, où « le désir est une conséquence du savoir[24] » : car le savoir, en tant que résultat d'une curiosité épanouie en recherche, n'épuise jamais cette curiosité et s'en trouve ainsi remis en mouvement tôt ou tard, peu importe le lieu et le moment de civilisation, puisque la vie de l'esprit comme celle du corps, la vie de l'individu comme celle de la communauté, sont faites d'évolution et de révolution, d'affirmation et de doute :

> « Notre époque a le sens aigu de ses mutations culturelles. La culture enregistre cette prise de conscience collective. Nous vivons tous le grand doute de la culture d'une époque. Doute de la culture sur elle-même, doute sur nous-mêmes, doute sur la justification des langages[25]. »

C'est à propos des artistes avant-gardistes de notre siècle que Pierre Restany met ainsi le doute au centre actif de l'aventure humaine, mais toute expérience (d'un artiste, de celui qui étudie les œuvres d'art, de celui qui se contente de regarder ou écouter ou lire, ou de toute autre personne en d'autres domaines) — naît d'une curiosité et conduit par la recherche et l'expérience à un savoir où le doute fermente aussitôt. En esthétique, l'heuristique n'est pas différente d'ailleurs, et le doute qui l'aiguillonne peut même se trouver en évidence dès le premier paragraphe d'un essai comme la *Théorie esthétique* d'Adorno : « Il est devenu évident que tout ce qui concerne l'art, tant en lui-même que dans sa relation au tout, ne va plus de soi, pas même son droit à l'existence[26]. »

La pensée d'Adorno se fait souvent provocante et jongle avec les paradoxes inhérents aux questions esthétiques, comme à la plupart des questions philosophiques prises sous un angle comparatif ou dialectique, ou simplement avec un œil aussi peu alourdi que possible de dogmatique. Et ce n'est pas là le moindre intérêt d'Adorno, même si l'affirmation catégorique à l'effet que l'art ait perdu son évidence ne s'impose guère d'évidence ; nier l'évidence du droit de l'art à l'existence risque d'entraîner l'orateur bien loin de ce qui fonde justement l'évidence existentielle de l'art : les œuvres. Tout ce qui concerne l'art

---

-24. Thomas d'Aquin : *Summa theologica* I,75.6 (*The Pocket Aquinas*, p. 114).
-25. P. Restany, en introduction à *L'Avant-garde au XXᵉ siècle*, p. 14.
-26. La *Théorie esthétique* d'Adorno est en quelque sorte demeurée inachevée, la mort l'ayant empêché de revoir et modifier les fragments rassemblés sous ce titre. (Voir l'Avertissement de M. Jimenez, p. 7-8 ; voir aussi l'Avant-propos de Jimenez à *Adorno : art, idéologie et théorie de l'art*, p. 15 à 21. — Dans ce dernier ouvrage, Marc Jimenez propose une traduction légèrement différente du passage cité plus haut : « Il va maintenant de soi que tout ce qui concerne l'art, en lui-même comme dans son rapport avec la totalité, n'est plus évident, pas même son droit à l'existence ». P. 95 : autre aspect du *non finito* : traduction, commentaire, étude...)

conserve sans doute un certain caractère énigmatique[27], et le monde artistique n'a jamais été aussi évident qu'ont pu le prétendre certaines théories simplistes; mais la «théorie esthétique» charpentée par Adorno ne semble pas pouvoir éviter, malgré ses enchevêtrements aporétiques, de prendre appui sur un nombre important de faits artistiques dont l'évidence n'a certainement pas à s'encombrer de l'oiseuse question du droit à l'existence[28].

Un dossier inachevable?

Devant le caractère énigmatique de l'art et de ses œuvres, Adorno multiplie les négations d'évidence, peut-être dans le désir de fonder ainsi une nouvelle évidence, comme en creux? Il semble de toute façon préférer l'aporie[29] à quelque système idéologique qui prétendrait tout expliquer: comme s'il valait mieux s'accommoder d'inextricables difficultés logiques, plutôt que de trahir la réalité complexe de l'univers artistique et esthétique. Autrement dit, les œuvres d'art constitueraient des problèmes à la limite insolubles (puisqu'inséparables de leur dimension énigmatique), et l'esthétique en dessinerait la problématique, la mouvante lecture, inépuisable, inlassablement ouverte et continuée. Et Adorno d'emprunter à Joyce le sous-titre de *Finnegans Wake* pour mieux désigner la réalité de l'œuvre d'art: *work in progress*:

> «Ce qui, de par sa complexion, n'est possible qu'en tant qu'émergence et devenir ne peut pas, sans mensonge, se poser en même temps comme quelque chose de clos et d'achevé. — L'élément idéologique et affirmatif contenu dans la notion d'œuvre d'art réussie est tempéré par le fait qu'il n'existe aucune œuvre parfaite. — Le fait de se tourner vers le brisé et le fragmentaire est en vérité une tentative de salut de l'art par le démontage de la prétention à être ce que les œuvres ne peuvent être et ce qu'elles veulent pourtant devenir[30].»

Nous retrouvons ainsi dans les propos d'Adorno le *non finito*, non seulement dans l'œuvre d'art, mais aussi dans le travail esthétique, au sein duquel le *non finito* soulève une interrogation qui porte à discussion et qui sera utilisée pour tenter de serrer de près l'œuvre d'art dans sa complexité, dans ce qu'elle conserve d'énigmatique et qui en fonde probablement le magnétisme singulier, malgré la prolifération et les raffinements des grilles de lecture par lesquelles on

-27. «Toutes les œuvres d'art, et l'art en général, sont des énigmes. — Celui qui cherche à s'approcher d'un arc-en-ciel le voit s'évanouir devant lui. — Il n'y a pas à résoudre d'énigme, il s'agit seulement de déchiffrer la structure de l'art, et c'est précisément là le fait de la philosophie de l'art.» (Adorno: *Théorie esthétique*, p. 163 et 166)
-28. Puisque Adorno semble contester l'évidence du fait des œuvres d'art et même le droit de l'art à l'existence, on pourrait lui retourner la «plaisanterie niaise de soldat du temps de Guillaume II» qu'il cite et selon laquelle une ordonnance, que son supérieur a envoyé visiter un jardin zoologique, déclare à son retour, tout ébloui encore de ce qu'il vient de voir: «Mon lieutenant, des animaux comme ça, ça n'existe pas.» (*Théorie esthétique*, p. 114-5)
-29. Adorno: *Théorie esthétique*, p. 131-4.
-30. Ibid. p. 43 et 252.

tente de l'encadrer, voire de la réduire. La multiplicité et les subtilités de ces grilles témoignent d'ailleurs de l'énorme réserve d'énigmes qu'opposent l'art et ses œuvres à toutes tentatives d'explications systématiques et définitives.

Ainsi il semble bien que la perspective ouverte par le *non finito* pourrait favoriser une plus grande compréhension de la liberté étonnante de l'art à la fois dans sa réalité et son devenir, en replaçant l'œuvre dans son dynamisme d'émergence inépuisable?

S'inscrivant dans une longue tradition déjà illustrée par Héraclite et les Ioniens, qui voyaient dans le mouvement et le devenir la plus acceptable des lectures possibles de la réalité, Montaigne en fournit un lointain écho, vingt siècles plus tard: «Je ne peins pas l'être, je peins le passage. — C'est un sujet merveilleusement vain, divers et ondoyant que l'homme. Il est malaisé d'y fonder jugement constant et uniforme[31].»

Semblable perspective conduit Valéry à avouer sa «tendance originelle et invincible à considérer l'œuvre terminée, l'objet fini, comme déchet, rebut, chose morte», — et à faire de l'œuvre d'art un lieu où les perceptions s'ouvrent à «l'infini esthétique»:

«Un poème n'est jamais achevé — c'est toujours un accident qui le termine, c'est-à-dire qui le donne au public. Ce sont la lassitude, la demande de l'éditeur, la poussée d'un autre poème. Mais jamais l'état même de l'ouvrage (si l'auteur n'est pas un sot) ne montre qu'il ne pourrait être poussé, changé, considéré comme première approximation, ou origine d'une recherche nouvelle. Je conçois, quant à moi, que le même sujet et presque les mêmes mots pourraient être repris indéfiniment et occuper toute une vie[32].»

Comme on pourrait s'en douter, des propos de Mallarmé précèdent ceux de Valéry, et l'auteur d'*Igitur* soulignait déjà le sens dynamique de l'œuvre quand il qualifiait «d'études en vue de mieux» plusieurs poèmes dans la Bibliographie préparée pour l'édition de 1898 de ses œuvres; ou encore, quand il évoquait à propos du *Hamlet* de Shakespeare le «suspens d'un acte inachevé[33].»

«Écrire, c'est se livrer à l'interminable[34]», note Maurice Blanchot, qui a publié deux versions de *Thomas l'Obscur* avant de signer des essais intitulés *Le Livre à venir, L'Entretien infini, Le Pas au-delà*. N'y a-t-il pas, sous ces centaines de pages de critique, un ressort semblable à celui qu'évoquait Claude Bernard, si l'artiste se substitue au savant: «Le savant n'a rien de mieux à faire que de marcher sans cesse, parce qu'il avance toujours[35].»

En constituant le présent dossier sur le *non finito* en art et en esthétique, j'ai observé des œuvres laissées inachevées par des artistes pour divers motifs, comme la plupart des sculptures de Michelangelo, l'église de la Sagrada Familia de Gaudi à Barcelone,

---

-31. Montaigne: *Essais* III-2 et I-1; p. 327 et 22.
-32. Valéry: *Œuvres* II, p. 1359, 1342, 553.
-33. Mallarmé: *Œuvres*, p. 77 et 300.
-34. M. Blanchot: *L'Espace littéraire*, p. 17.
-35. C. Bernard: *Introduction...*, p. 308, passage déjà cité.

L'Amérique de Kafka et le *Requiem* de Mozart, les *Pensées* de Pascal et la huitième Symphonie de Schubert. Mais un autre champ de prospection pique la curiosité : toutes les œuvres que l'histoire nous livre en fragments ou en ruines, et qui nous apparaissent donc incomplètes, en un sens « désachevées ». Par ailleurs, le XXᵉ siècle offre un autre type d'œuvres inachevées, en ceci qu'elles recourent à l'aléatoire ou à telle dynamique combinatoire ou à la participation de ceux qui les fréquentent, et je pense, entre autres œuvres, à *Cent mille milliards de poèmes* de Queneau, aux mobiles de Calder, à l'architecture mobile de Yona Friedman, aux tableaux transformables d'Agam, aux musiques variables de John Cage ou de Karlheinz Stockhausen, aux *Happenings* spectaculaires...

Toute interprétation d'événements historiques ne s'inscrit-elle pas dans une entreprise à jamais inachevée, sans cesse reconsidérée et remaniée, à la lumière de nouvelles découvertes, sous des éclairages divergents, selon des idéologies ou grilles de lectures différentes? Et n'en va-t-il pas de même de l'esthétique, en autant qu'il s'agit de l'ensemble des explorations affectives, réflexives et théoriques portant sur le vaste domaine des œuvres d'art, domaine dont l'exploration pourrait sembler à jamais inachevable?

Un itinéraire parmi d'autres possibles

Explorons tout de même. Peu à peu le présent dossier sur le *non finito* en art s'est agrandi à la fois selon le déroulement historique des productions artistiques et au fil d'un corpus d'ouvrages esthétiques, sans toutefois s'encombrer de visée exhaustive. L'hypothèse dynamogénique fonde notre recherche et subira une double épreuve :

— au cours d'une première étape, le labyrinthe de l'histoire des arts et de l'esthétique sera prospecté, dans l'intention d'y débusquer le *non finito*, depuis les grottes préhistoriques jusqu'à la fin du XIXᵉ siècle, où une pause permettra d'examiner l'utopie de l'œuvre absolue, avant que ne se déploient les pulsions turbulentes qui secouent l'art jusque dans ses fondements au XXᵉ siècle ;

— puis l'accumulation des matériaux entraînera l'hypothèse dans la deuxième étape de son épreuve, sur un terrain réflexif ; un sursaut cartésien incitera à classifier ce désordre dionysiaque, recueilli au cours de l'étape précédente ; après avoir tenté d'en dessiner une typologie ou une taxonomie, nous examinerons brièvement comment le *non finito* invite à une lecture pluraliste ou polymorphe de l'œuvre, et quel rôle y joue le désir en rendant l'agir inséparable de son devenir, aussi bien chez l'artiste que chez l'amateur, le critique ou l'esthéticien ; et enfin, heuristique et dynamogénie convergeant dans la perspective du *non finito*, le désir pourrait entretenir une « quête » qui ferait de la connaissance une aventure à jamais inachevable, dont l'épistémologie projetterait le cinéma sur l'écran du champ de conscience, dans des rapports sans cesse renaissants avec l'univers.

Ce qui a commencé par quelques intuitions concernant le *non finito* pourrait-il conduire à une conclusion autre que celle du

«suspens d'un acte inachevé» mallarméen, désirablement dynamogénique, puisque «tout est germe[36]»? — Que le présent essai sur le
non finito soulève plus de questions et de curiosité qu'il n'apporte de
réponses définitives et de résultats quantifiables, ne saurait étonner,
étant donné la virginité relative du champ de recherche, quand un
domaine aussi arpenté pourtant que celui de la Renaissance invite un
vieux routier comme André Chastel à nous prévenir que son *Art et
Humanisme à Florence* offre «plus d'indications, d'interrogations et de
thèmes de recherche que de résultats décisifs[37]»?

Pourtant, une objection pointe, parmi d'autres, au seuil même de
ce jardin peu fréquenté du *non finito*: l'œuvre inachevée ne serait-elle
pas simplement le résultat de ce que Freud appelait un «acte
manqué»? — Les pages qui suivent pourront montrer que les œuvres
inachevées ou incomplètes dépassent de beaucoup le niveau du
lapsus, des lectures ou auditions fautives, des oublis et autres erreurs
de caractère accidentel et momentané[38]. Et sans vouloir alimenter la
vieille querelle opposant la psychanalyse freudienne à celle de Jung,
ne pouvons-nous pas préférer à la notion des «actes manqués» celle
des *Wandlungen* qui inspirent l'œuvre de Jung et s'y manifestent avec
la force de la marée: «Toute l'œuvre jungienne est un monde en
devenir[39]», et ce devenir, n'est-ce pas justement celui dont témoigne,
dans son «suspens» mallarméen, l'œuvre inachevée ou incomplète,
qui se rebiffe devant le point final ou demeure ouverte, comme l'expérience chez Claude Bernard, comme la sculpture chez Michelangelo,
comme la science chez Jung:

> «Je considère que la pratique de la science n'est pas une joute en vue d'avoir
> raison, mais un travail qui contribue à augmenter et à approfondir la connais-
> sance. C'est à des hommes qu'anime cette idée de la science que s'adresse ce
> travail[40].»

C'est à eux aussi que s'adresse ma recherche sur le *non finito*,
modestement et selon ses limites, dans l'inépuisable cinéma de
l'œuvre d'art inachevée ou incomplète, au fil des lectures variables
qu'elle propose à l'imaginaire.

-36. Novalis: «Derniers fragments» (1798-1800), dans *Les Romantiques allemands*, p. 236.
-37. A. Chastel: *Art et Humanisme à Florence...*, p. 3.
-38. Freud: *Introduction à la psychanalyse*, p. 35-6 et 45; *La Psychopathologie de la
vie quotidienne*, p. 277.
-39. C. Baudoin: *L'Œuvre de Jung*, p. 17 (*Wandlungen* = Métamorphoses).
-40. Jung: *Métamorphoses de l'âme et ses symboles*, p. 721.

Leonardo: page de ses *Carnets*, c.1507

Le labyrinthe du *non finito* et l'art

«Bien des ouvrages nous touchent parce qu'on y voit encore l'empreinte de l'auteur qui s'en est éloigné trop hâtivement, dans l'impatience d'en finir, dans la crainte, s'il n'en finissait pas, de ne pouvoir revenir à l'air du jour. — Mais combien d'artistes laissent derrière eux, cicatrices de blessures mal refermées, les traces de leurs fuites successives, de leurs retours inconsolés, de leur va-et-vient aberrant. Les plus sincères laissent ouvertement à l'abandon ce qu'ils ont eux-mêmes abandonné. — Le point central de l'œuvre est l'œuvre comme origine, celui que l'on ne peut atteindre, le seul pourtant qu'il vaille la peine d'atteindre. Ce point est l'exigence souveraine, ce dont on ne peut s'approcher que par la réalisation de l'œuvre, mais dont seule aussi l'approche fait l'œuvre. »

Maurice Blanchot : *L'Espace littéraire*, p. 12 et 48-9

«Mais avance le seigneur latent qui ne peut devenir, juvénile ombre de tous, ainsi tenant du mythe. Son solitaire drame ! et qui, parfois, tant ce promeneur d'un labyrinthe de trouble et de griefs en prolonge les circuits avec le suspens d'un acte inachevé, semble le spectacle même pourquoi existent la rampe ainsi que l'espace doré quasi moral qu'elle défend, car il n'est point d'autre sujet, sachez bien : l'antagonisme de rêve chez l'homme avec les fatalités à son existence départies par le malheur. »

Mallarmé : «Crayonné du théâtre», *Œuvres*, p. 300

En feuilletant parallèlement les archives de l'art et celles, moins abondantes, de l'esthétique, nous suivrons l'évolution de la conjugaison entre les notions d'achèvement et d'inachèvement de l'œuvre d'art et de l'entreprise critique, en éprouvant les frontières variables sous l'éclairage de l'hypothèse dynamogénique du *non finito*.

LE NON FINITO *ARCHÉOLOGIQUE*

Dès les grottes paléolithiques

L'archéologie naît dans les grottes préhistoriques, là où Georges Bataille constate « la naissance de l'Art[1] », et dès le seuil des archives archéologiques, des œuvres d'art se présentent sous quatre des principaux profils du *non finito* :

-1. Des œuvres que le temps a plus ou moins considérablement altérées ou effacées, et dont l'état de conservation dépend de la stabilité, à travers années et millénaires, des conditions atmosphériques, physicochimiques et biologiques ; ces œuvres ont encore pu subir des mutilations et interventions par la main de l'homme, à divers moments de leur longue histoire, de sorte que nous les connaissons aujourd'hui dans un état variable d'incomplétude et de fragmentation, même si elles ont d'abord été terminées par les artistes préhistoriques ; plusieurs de ces œuvres ont pu dormir dans l'obscurité inviolée des grottes jusqu'à une époque très récente, celles de Lascaux, par exemple, n'étant « découvertes » que depuis septembre 1940 (mais on a dû interdire au public les grottes de Lascaux, parce que les peintures pariétales paléolithiques y résistaient mal à l'invasion des touristes culturels, dont les visites perturbent inévitablement les microclimats qui les ont conservées depuis l'aurignacien et le magdalénien) ; les couleurs s'estompent irrémédiablement, dans plusieurs grottes, sous les variations de température et d'humidité, sous l'effet du gaz carbonique produit par la respiration, sous l'intervention des éclairages artificiels et autres aménagements nécessaires à l'organisation des visites ; et il faudrait encore ajouter les néfastes effets des vibrations mécaniques, des climatisations artificielles, des condensations et calcifications, de la microcristallisation, du développement de bactéries et de microflore, sans oublier les graffiti et signatures de visiteurs vandales jusque sur les têtes de bisons peints il y a une vingtaine de millénaires[2].

-1. G. Bataille : *Lascaux, ou la naissance de l'art*.
-2. Voir le petit livre de Max Sarradet sur *Font-de-Gaume en Périgord*. — Les présents paragraphes s'appuient sur des documents et visites de plusieurs grottes paléolithiques.

-2. Des œuvres pariétales qui semblent ne pas avoir été complétées par leurs auteurs, et qui présentent, selon Leroi-Gourhan, des « contours inachevés », fréquents à l'époque paléolithique, et surtout dans des grottes-sanctuaires comme celles de Gargas, La Baume-Latrone, Pair-non-Pair, Pech-Merle, Rouffignac, Castillo, Altamira, Rocamadour, Niaux, Labastide, Las Monedas. À Lascaux, on a relevé plusieurs reprises et repeints, remaniements ou superpositions dans les éléments linéaires et chromatiques, qui confirmeraient l'hypothèse selon laquelle certaines œuvres pariétales seraient le résultat de plusieurs interventions, à des intervalles plus ou moins considérables[3], ce qui ouvre au *non finito* une autre perspective, celle d'une même œuvre continuée à travers les années, générations, siècles ou millénaires.

-3. Des œuvres préhistoriques qui demeurent inachevées en ceci que leurs significations nous échappent :

« Ces peintures, devant nous, sont miraculeuses, elles nous communiquent une émotion forte et intime. Mais elles sont d'autant plus inintelligibles. On nous dit de les rapporter aux incantations de chasseurs avides de tuer le gibier dont ils vivaient, mais ces figures nous émeuvent, tandis que cette avidité nous laisse indifférents. Si bien que cette beauté incomparable et la sympathie qu'elle éveille en nous laissent péniblement suspendu[4]. »

Devant les murales énigmatiques de Lascaux, Georges Bataille avoue ainsi une émotion d'ordre esthétique, irréductible dans son « suspens » au seul niveau suggéré par des incantations rituelles de chasseurs ; il faudrait, semble-t-il, aller au delà, peut-être du côté de la mythique de l'origine :

« L'art en naissant sollicitait ce mouvement de spontanéité insoumise qu'il est convenu de nommer le génie. — Ce qui est sensible à Lascaux, ce qui nous touche, est ce qui bouge. — C'était le premier pas, c'était le commencement[5]. »

-3. A. Leroi-Gourhan : *Préhistoire de l'art occidental*, surtout p. 125-8 et 140 ; certains « contours inachevés » plus remarquables : femme et mammouth emmêlés au plafond de la grande salle de Pech-Merle (fig. 382, p. 363), ébauches de mammouth à Chabot (fig. 714, p. 409), esquisses de chevaux et bisons à Labastide (fig. 571-2, p. 390), tête de bison gravée et peinte à Santimamine (fig. 661, p. 401), panneau de signes mystérieux à Niaux (fig. 588, p. 393), panneau de graffiti paléolithiques à l'entrée de la grotte de Las Monedas (fig. 678, p. 405) ; l'auteur écrit de certaines de ces « figures souvent incomplètes » qu'elles « constituent l'élément le plus vivant dans ces ensembles » pariétaux (p. 128), ce qui vient appuyer l'hypothèse dynamogénique du *non finito*. — J'ai voulu relever, au cours d'un périple dans des grottes préhistoriques en automne 1975, d'autres éléments à l'appui de l'hypothèse du *non finito*, mais ce champ de recherche est particulièrement laborieux et complexe (grottes fermées sans préavis, sections inaccessibles, temporairement ou en permanence, éclairages souvent insuffisants, manque d'échafaudages, etc.), de sorte que la documentation proposée par Leroi-Gourhan a été retrouvée avec plaisir et m'a presque fait oublier les interdictions administratives et l'étroitesse d'esprit d'un trop grand nombre des guides et autres « experts » dont il faut attendre l'arbitraire capricieux pour visiter ces grottes, suivant le rythme qu'ils décident d'imposer.
-4. G. Bataille : *Lascaux, ou la naissance de l'art*, p. 13.
-5. Ibid. p. 130.

Puisque l'histoire se poursuit, le mythe de l'origine se dilate sous la rythmique des cycles, comme le souligne Leroi-Gourhan au fil du corpus de sa *Préhistoire de l'art occidental*, en s'éloignant avec Bataille des thèses de l'art magique[6] pour remettre plutôt en question plusieurs des systèmes de datation et libérer les œuvres mobilières ou pariétales de l'art paléolithique d'une sémiologie souvent simpliste ; et pour en retrouver aussi la trajectoire dynamique, « où l'on discerne une période d'enfance très longue, un apogée qui dure à peu près cinq mille ans, et une chute qui s'accélère brusquement », jusqu'à sa disparition « à six mille ans du premier grand art suivant, après avoir épuisé toutes les ressources du concret et de l'abstrait, livrant un catalogue complet de toutes les possibilités du burin et du pinceau[7]. »

Selon cette perspective, le *non finito* ne se limiterait donc pas aux seuls « contours inachevés », ni aux nombreux signes énigmatiques relevés dans l'art préhistorique, mobilier et pariétal. Le *non finito* semble encore s'imposer dans la lecture même de ce ténébreux domaine qui s'étend sur une vingtaine de milliers d'années et conserve plusieurs de ses secrets[8], tout en en faisant surgir d'autres à mesure qu'on pense en percer quelques-uns.

-4. Un quatrième profil du *non finito* peut être évoqué, en creux, parce que dissimulé dans des lieux qui ne sont pas encore découverts, ce qui rend fragmentaire et davantage inachevée la connaissance que nous prétendons posséder du passé artistique, depuis les grottes paléolithiques, sans compter toutes les œuvres disparues depuis longtemps, rongées par les actions physicochimiques ou saccagées par la main de l'homme.

Ainsi, et dès le seuil des archives de l'art, les œuvres achevées et celles qui se trouvent de quelque façon marquées par le *non finito* se côtoient familièrement, s'enlacent et entretiennent peut-être entre elles les liens d'une originelle alliance, d'une mystérieuse complicité[9] ?

-6. Thèses esquissées par l'ethnologue anglais Taylor en 1865, reprises par Reinach en 1903 dans *L'Art et la magie*, puis dans les travaux faits ou inspirés par l'abbé Breuil. (Leroi-Gourhan : *Préhistoire...*, p. 30)
-7. Leroi-Gourhan : *Préhistoire de l'art occidental*, p. 159.
-8. « L'art paléolithique semble donc bien avoir disparu avec le paléolithique lui-même. Ses vingt mille ans de durée, des environs de 30000 aux environs de 10000 avant notre ère, en font la plus longue et la plus ancienne des aventures artistiques de l'humanité. » (Leroi-Gourhan : *Préhistoire...*, p. 159)
-9. Ajoutons-y, à propos de l'art égyptien, deux observations : le sommet de pyramides comme celle de Chéops est laissé tronqué, inachevé, comme souvent les temples égyptiens ; et « la plupart des tombes thébétaines sont inachevées, et leurs couleurs, restées fraîches, donnent parfois l'illusion que les artistes viendront bientôt continuer leur besogne ; cet abandon de la tâche à mi-chemin, si salutaire pour notre étude du métier, ne laisse pas de surprendre ; sans doute, la paresse qu'on attribue aux peuples des pays chauds pourrait en être la cause, de même que la mort prématurée du client ; mais le paradoxe, c'est que les œuvres réellement finies sont l'exception ; et même quand toutes les parois sont décorées jusqu'au dernier trait, un seul élément est laissé visiblement à l'état d'ébauche. » (A. Mekhitarian : *La Peinture égyptienne*, p. 22)

L'univers des ruines

Cela s'appliquerait-il non seulement aux dossiers préhistoriques, mais encore à toute la chronique des arts, qui ne pourra jamais prétendre rassembler dans ses archives, même miniaturisées par l'ordinateur, l'intégrale de la production artistique dans ses divers domaines, au fil des siècles, des cultures et des continents? Nos connaissances demeurent irrémédiablement fragmentaires et inachevées, parce qu'un nombre énorme d'œuvres du passé ont été détruites, perdues, brisées ou autrement altérées, sous l'action aveugle de Chronos.

«Il y a un temps qui embellit, et un temps qui détruit: à l'un les belles ruines, à l'autre leur néant», comme l'écrit Jacques Guillerme[10]. Combien d'archéologues n'ont-ils pas rêvé, depuis Salomon Reinach et avant lui, aux éblouissants musées qui pourraient se remplir des œuvres encore englouties sous les mers, enfouies dans le sable ou la terre, emprisonnées dans des cavernes? Henri-Paul Eydoux charge les archéologues d'une «mission passionnante: ressusciter des mondes morts, renouer le dialogue avec des êtres disparus, refaire l'histoire avec des ruines et des tombes[11].» — Mais le fil de l'histoire que tente de renouer l'archéologie se trouve souvent interrompu, et la trame qu'on en tisse ressemble à une passoire. Bien des tombes, parmi celles qui ont été découvertes, demeurent muettes, et une énorme partie des œuvres antiques exposées dans nos musées sont des ruines. — «Nous n'admirons aucune Victoire intacte[12]», non seulement parce que toute «victoire» est marquée de fragile et d'éphémère dès qu'elle se trouve replacée dans le tumulte largement iconoclaste de l'Histoire, mais aussi parce qu'aucune victoire n'est jamais complète, absolue, définitive, et donc parfaitement achevée. Une Victoire, une Figure de proue acquièrent leur prestige par l'outrageuse patine des tempêtes dont témoignent leurs cicatrices et stigmates, traces des ravages du Temps, sans doute, mais aussi triomphe, précaire, de la Vie contre la Mort: «Ô temps, qui embellit les morts et orne les ruines[13]» s'exclame Byron, renouant ainsi avec le Romantisme du passé qui poussait déjà des Romains comme Hadrien et Cicéron[14] à accueillir dans leurs jardins des échos et vestiges de l'art hellénistique.

C'est en remontant le cours du temps que l'art constitue ses grandioses cortèges, mais le temps, c'est toujours Chronos — Chronos qui dévore ses enfants: le temps, par quoi tout apparaît mais aussi qui use, mutile, anéantit, et à qui il faut arracher par bribes et lambeaux ses secrets. Et il n'y a pas que les historiens à se nourrir des ombres du

-10. J. Guillerme: *L'Atelier du temps*, p. 3; il a aussi publié un article sur la «ruine factice», cité plus loin.
-11. H.-P. Eydoux: *À la recherche des mondes perdus*, p. 5, et 260 pour Reinach.
-12. Malraux: *La Métamorphose des Dieux*, p. 98.
-13. Byron: *Childe Harold*, IV, 130: «Oh Time! the beautifier of the dead, adorner of the ruins...»
-14. P. Grimal: *Les Jardins romains*, p. 70, 264, 314-5; voir aussi *Creators, Collectors and Connoisseurs* de N. von Holst, p. 37.

passé : les artistes aussi en tirent souvent inspiration. C'est Picasso peignant une série de tableaux en marge des *Meninas* de Velazquez, ou Virgile reluquant l'*Iliade* et l'*Odyssée* et arpentant le forum romain pour retrouver la Rome originelle sous la Rome impériale. On sait que Virgile n'a pas pu compléter et polir comme il le désirait son *Énéide*, et que la mort l'a surpris au retour d'un voyage entrepris en Grèce et en Asie mineure, parce qu'il « savait que les paysages et les monuments sont l'âme de l'histoire : avant d'achever l'*Énéide*, il voulait explorer les sites de Pergame et refaire le voyage de son héros[15]. » Sentant venir la mort sans pouvoir éclairer sa fresque des moissons de son voyage, Virgile demande d'en détruire les textes, sur lesquels il travaillait depuis une dizaine d'années et qu'il ne voulait pas laisser derrière lui en état d'inachèvement ; mais ses amis l'empereur Auguste et Mécène ne respecteront pas les dernières volontés du scrupuleux poète, et l'*Énéide* sera publiée dans son état de *non finito*, ce qui explique peut-être en partie que, dans l'œuvre telle que nous la connaissons, « parfois le récit semble une promenade au milieu de ruines commentées par des légendes ; — les ruines des monuments humains enferment une puissance mythique contre laquelle l'esprit le plus critique ne saurait toujours se tenir en garde[16]. »

La fascination qui suinte en quelque sorte des ruines ramène au mythe des origines, de l'Origine, et s'il se trouve dans la sensibilité de type romantique un penchant parfois un peu morbide vers la nostalgie et les catafalques, il ne faut pas oublier que cette complaisance témoigne d'une profonde hantise de Chronos et de son aveugle parcours, qui nous arrache de la tiédeur originelle pour nous bousculer vers l'autre grand pôle mythique, celui de la Mort, qu'un poète comme Lamartine voudrait bien exorciser du milieu de son *Lac* : « Ô temps, suspends ton vol... »

Le temps poursuit inexorablement son double œuvre, de naissance et de mort, de construction et de démolition : de métamorphose inachevable[17], semble-t-il, et les *Métamorphoses* d'Ovide nous attendent justement, quelques années après la mort de Virgile. On connaît environ cent cinquante manuscrits différents des *Métamorphoses*, transcriptions incomplètes ou fragmentaires faites plusieurs siècles après la mort de l'auteur, ce qui dramatise la question de l'œuvre inachevée, en plusieurs sens :

-15. L. Hourticq : *L'Art et la Littérature*, p. 56. — Ce pèlerinage aux sources, qui semble avoir conduit Virgile de la Phrygie aux ruines de Pergame et Troie, en passant par celles de la Thrace, de Délos et de la Crète, a été interrompu par une maladie qui aurait empêché le poète de terminer par Carthage et la Sicile le périple d'Énée qu'il s'attachait à refaire scrupuleusement, pour préciser certaines descriptions de son livre ; tombé malade à Mégare, près de Corinthe, Virgile est transporté à Athènes, puis rapatrié en Italie, où il meurt à Brindes le 21 septembre -19. (Voir l'édition de l'*Énéide* commentée par M. Rat, p. 7-28)
-16. Ibid. p. 53 et 49.
-17. Au début de *René*, Chateaubriand écrivait que « le passé et le présent sont deux statues incomplètes : l'une a été retirée toute mutilée des débris des âges, l'autre n'a pas encore reçu sa perfection de l'avenir. »

« L'établissement du texte des *Métamorphoses* est rendu délicat non seulement par les difficultés habituelles qui proviennent de la corruption inévitable d'un texte à la suite de transcriptions successives mais aussi par l'incertitude où nous sommes des conditions véritables de leur publication. Nous avons dit qu'Ovide se plaignait de n'avoir pu mettre la dernière main à son œuvre. D'autre part, on relève, par endroits, dans les manuscrits, comme juxtaposés, des vers, des groupes de vers qui sont l'expression d'une même idée sous deux formes différentes et qui semblent être des rédactions successives, dont l'une devrait, sans doute, disparaître. Ou bien, c'est un développement de quelques vers qui manque dans certains manuscrits. On a donc été conduit à penser qu'Ovide n'avait pas renoncé à retoucher son poème[18]. »

Des institutions culturelles comme les bibliothèques et musées tentent de subjuguer le temps, ou du moins d'en proposer l'illusion, en recueillant et conservant des vestiges du passé et en les investissant d'un parfum de reliques. Tableaux et écrits sont ainsi arrachés, du moins précairement, aux lugubres festins de Chronos. C'est ainsi l'institution culturelle qui permet à Flaubert de ressusciter laborieusement Salammbô, à Alberti de prolonger par ses traductions et commentaires Vitruve, à Rubens de nous proposer sa version de la *Bataille d'Anghiari* de Leonardo, à Bach de développer des transcriptions et variations de partitions de Vivaldi. — Le « musée imaginaire » (selon l'heureuse expression malruvienne) que chacun porte en soi et qui se transforme au fil des expériences esthétiques, fourmille de formes plastiques, verbales, musicales ; certaines zones s'en trouvent parfois rejetées dans l'ombre pendant que d'autres brillent soudain de feux insoupçonnés ou s'engagent dans un jeu dont le clavier a été évoqué par les correspondances baudelairiennes : « Les parfums, les couleurs et les sons se répondent[19]. »

La « Nature » invoquée par Baudelaire au seuil du sonnet des « Correspondances » se rattache explicitement à la vision mystique de Chateaubriand, et dans leur temple-nature passe l'ombre de Virgile, qui avait déjà traversé les œuvres de Dante et Montaigne, de Voltaire et combien d'autres, avant d'inspirer à son tour Hugo, puis Michelet et jusqu'à Sainte-Beuve et Renan. Ainsi, l'art pourrait être considéré sous l'apparence d'une immense et féconde salle d'écho, où les artistes forgent autrement des formes semblables, plutôt qu'ils n'en inventent radicalement de parfaitement nouvelles, à partir souvent de fragments ou ruines d'œuvres précédentes. Dans ses *Antimémoires*, Malraux rappelle une de ses « rencontres » avec le Sphinx égyptien dans les termes suivants : « Il n'était pas complètement dégagé. Il n'était plus enterré comme en 1934, mais il parlait encore le langage des ruines, qui sont en train de se muer en sites archéologiques[20]. »

Ce « langage des ruines » continue de fermenter, de Mycènes à Angkor, sur les hauteurs de Machu Picchu ou sous la mer en face de

-18. Introduction de J. Chamonard aux *Métamorphoses* d'Ovide, p. 37.
-19. Baudelaire : *Œuvres*, p. 46.
-20. Malraux : *Antimémoires*, p. 51.

Tyr, de Pompéi à l'Île de Pâques[21], depuis Stonehenge jusqu'à Hiro-
shima... Ruines dessinées par Rembrandt, gravées par Piranesi, citées
par Ruysdael dans son *Cimetière juif*, soigneusement brossées par
Hubert Robert et Francesco Guardi, ou saisies dans leur fabuleux
ralenti par Monsu Desiderio ; des ruines encore, griffonnées en marge
des manuscrits par Victor Hugo, baignées de clair de lune chez
Schinkel, mordues sur les cuivres de Goya ; et d'autres ruines, celles
des manuscrits de la Mer morte découverts en 1947 à Khirbet
Qumrân, près de Jéricho, et dont les bribes s'ajoutent à un discours
encore fragmentaire mais qui se précise sans entièrement se révéler, à
la lumière de nouvelles recherches et découvertes : *non finito*...

La Renaissance a pour sa part contribué largement à développer
en Occident le goût des ruines, plaçant au-dessus du principe de
l'*integritas* l'admiration envers les Anciens et leurs œuvres, que des
pérégrinations périlleuses à travers les siècles avaient souvent estropiées ; la valorisation de ces œuvres brisées s'est développée à tel
point qu'on en copiait ou même fabriquait de fausses[22]. Dans la
troisième partie de ses *Vite*, Vasari rapporte par exemple que le duc
d'Urbino demande vers 1515 à Girolamo Genga de lui construire
dans le parc de sa villa de Pesaro « une maison qui représente une
ruine et soit très belle à voir[23]. »

La Renaissance valorise encore les ruines d'une autre façon, en les
figurant par exemple dans le décor d'Adorations des Mages peintes
en collaboration[24] par Angelico et Lippi vers 1445, ou par Piero della
Francesca vers 1472 (tableau inachevé, maintenant à Londres), ou par
Rogier Van der Weyden au retable de Saint-Columba, ou par
Bartolommeo di Giovanni à la fin du Quattrocento, ou par Dürer en
1504. Parfois, des ruines antiques remplaceront même l'étable traditionnelle dans l'iconographie de la Nativité, comme chez Ghirlandajo
dans un tableau conservé à l'Accademia de Florence, ou Botticelli

-21. L'Île de Pâques est hantée, comme l'on sait, par d'énigmatiques et colossales
figures, parmi lesquelles il s'en trouve des dizaines inachevées ou à peine
ébauchées ; — voir les livres des explorateurs Thor Heyerdahl (*Aku-Aku*, 1958),
F. Mazière (*Fantastique Île de Pâques*, 1969), et Erich Von Daniken (*In Search of
Ancient Gods*, 1974).
-22. N. von Holst : *Creators, Collectors and Connoisseurs*, p. 36 et 66.
-23. « Una casa che rappresentando una ruina, è cosa molto bella a vedere. »
(Vasari : « Vita di Girolamo e Bartolomeo Genga », *Le Vite de' più eccellenti Pittori,
Scultori e Architetti* VI, p. 216 — Certains palais de Bramante comportent un étage
inférieur dont les façades en « rustica » (pierres grossièrement taillées ou même
imitation de cet effet en stuc) contrastent, par leur « forme inachevée », avec
l'ordonnance raffinée et à l'antique de l'étage noble ; le même architecte a fait au
Nymphée de Gennazzano, un « ensemble de murs inachevés, — architecture de
jardin d'inspiration antique, à caractère presque romantique » (L. Heydenrich, *Le
Temps des génies*, p. 20). — Loin de là, ce goût bizarre des ruines a poussé le poète
québécois Hector de Saint-Denys Garneau à construire de ses mains une ruine en
pierre, au manoir familial de Sainte-Catherine de Fossambault, près de Québec,
pendant la retraite de quelques années qui a précédé sa mort en 1943.
-24. Collection de la Galerie nationale de Washington. Voir F.R. Shapley :
Paintings from the Kress Collection, Italian Schools, p. 129 et fig. 351 ; p. 95-6 et fig.
259 à 261.

dans son *Adoration des Mages*, maintenant à Washington après avoir été conservée à Rome puis à Léningrad. — La figuration des ruines en peinture abstrait en quelque sorte et désinfecte la décrépitude, que la piété transmutait en saintes reliques dans certaines églises réputées pour leurs ossuaires plus ou moins miraculeux et leurs hallucinants transis. Cette dévotion, qui existait peut-être déjà dans les grottes paléolithiques, connaît en notre siècle une variante aseptisée dans des musées où défilent des milliers de visiteurs recueillis devant des momies entourées de ce que les prédateurs de divers poils leur ont laissé de bandelettes et trésors : à chaque époque ses cultes et ses temples ! — Fascination ambiguë des ruines, soulignée par Jacques Guillerme dans son *Atelier du temps* : « Il y a du nécrophile chez l'amateur qui se réjouit de la patine des ans comme d'un suave et précieux embaumement[25]. »

N'insistons pas : c'est la culture qui nous apprend à vénérer diverses formes de ruines et reliques, selon un immémorial rituel apparenté au culte des ancêtres, en passant par les pères-et-mères honorables du *Deutéronome* V-16. Ou ne serait-ce pas plutôt à cause du pathétique dont les ruines se revêtent, à mesure qu'elles se dépouillent de leur originelle splendeur ? Macabre « strip-tease », que Georges Bataille n'a peut-être pas suffisamment célébré, en décrivant les terribles épousailles d'Éros et de Thanatos ?

Il n'y a toutefois pas que la brumeuse tradition culturelle du respect des ancêtres qui semble se trouver ici en cause, il y a encore la nécessité de recourir à ce qui a été sauvé de l'anéantissement ou de l'oubli, pour connaître par exemple la Grèce des Ve et IVe siècles avant notre ère par les ruines de son architecture, les copies de sa statuaire, *l'ekphraseis* de sa peinture et les fragments de sa pensée[26]. Et les salles antiques de nos grands musées ne feraient-elles pas fuir d'horreur les meutes curieuses du dimanche, si on restituait aux sculptures éclopées leurs couleurs originelles, au lieu de les neutraliser sous la blême uniformité du matériau nu ? Ajoutons toutefois que le zèle de certains archéologues dans la reconstitution de ruines antiques peut conduire à une sorte de cirque, et en Crète, par exemple, je suis de ceux qui préfèrent le discret travail d'exhumation sur les sites de Gourmia ou Malia, à la tapageuse restauration de béton coloré entreprise par Evans dans le palais de Cnossos.

Car les recherches des archéologues, pourtant si importantes dans l'énorme entreprise de récupération d'une partie de l'héritage artistique ancien, peuvent aussi parfois ressembler à du pillage de tombes, peu importe qu'elles relèvent de simple cupidité personnelle ou du désir de garnir les musées de nations fortes en dépouillant de leurs trésors enfouis des pays conquis, colonisés, démunis ou obsédés par d'autres préoccupations collectives. Dans ce domaine du pillage culturel, le poète Byron proclamait avec véhémence dès 1809 que les

-25. J. Guillerme : *L'Atelier du temps*, p. 3.
-26. Voir W. Tatarkiewicz : *History of Aesthetics* I, p. 48.

œuvres d'art font partie intouchable du patrimoine national et doivent demeurer là où elles ont été créées[27]. — Même si elles risquent de disparaître sous les bulldozers comme en Californie, au Guatémala, en Asie mineure ? Ou sous le cancer d'une multiple pollution, comme à Venise ?

Les œuvres qui subissent les périls et outrages de Chronos et de ses hordes barbares sans disparaître entièrement émergent de ces épreuves inévitablement marquées de quelque façon :

« Une peinture achevée vieillit rarement intacte. Sa survivance est troublée par toutes sortes d'aventures, généralement mineures, mais dont la répétition aboutit sûrement à un travesti. — Et si, jusque dans sa ruine, la grande œuvre continue de nous toucher, la raison n'en serait-elle pas qu'à notre image, elle affiche les signes d'une condition transitoire[28] ? »

Ainsi, le pathétique des œuvres d'art rongées par le temps trouverait sa source dans de profondes couches de l'âme, là où « la Mélancolie demeure avec la Beauté, la Beauté qui doit mourir », selon Keats[29] ? — Même un Léon Bloy bourru s'en attendrit, sans pour autant arrêter de grogner : « Les imaginations mélancoliques ont toujours adoré les ruines. C'est là, surtout, qu'en des songes de suie et de lumière, leur viennent les péremptoires suggestions d'un Infini persistant quoique mal famé, dans l'auberge de l'existence où l'on s'accoutume de plus en plus à bafouer les éternités[30]. » — Ces « songes » ne forment-ils pas les berceaux des mythes, ce qui permettrait à Hourticq d'écrire que « le mythe de la Tour de Babel est né à l'ombre de quelque gigantesque zigurat dont la ruine abandonnée se dressait dans le désert[31] ?

-27. Malgré le plaidoyer passionné de Byron, Lord Elgin fit transporter les sculptures du Parthénon d'Athènes à Londres, au début du XIXᵉ siècle, sous le double prétexte que ces marbres se trouvaient en péril sur l'Acropole, et qu'ils recevraient par contre en Angleterre tous les soins requis et la pieuse admiration des « connoisseurs » britanniques ; en 1930, ces œuvres furent installées dans une salle spécialement aménagée du British Museum. — N'oublions pas pour autant que Napoléon s'est fait grand fournisseur du Louvre, comme bien d'autres conquérants souillés de leurs butins culturels, — ce qui serait préférable au vandalisme ou à la destruction complète ? (Voir K.E. Meyer : *The Plundered Past*, chap. 5 ; et N. von Holst : *Creators, Collectors and Connoisseurs*, chap. 5 et p. 327)
-28. J. Guillerme : *L'Atelier du temps*, p. 33 et 210. Qu'on pense à la *Cène* de Leonardo à Milan...
-29. Keats : « Ode sur la Mélancolie » (« She dwells with Beauty, Beauty that must die »), dans *Les Romantiques anglais*, p. 858-9. — En esthétique japonaise, le mot SABI désignerait d'abord la dégradation des choses sous l'action du temps, et ensuite une situation imprégnée de calme mélancolique « où l'on sent que le temps a fait son œuvre sur les choses (mousse sur les pierres, oxydation des métaux), et où l'homme goûte à la fois la beauté des choses et la tristesse de leur altération, ces deux sentiments se renforçant l'un l'autre et se fondant l'un en l'autre. » (M. Praz, article sur les « Ruines » dans l'*Encyclopaedia Universalis*, Paris, vol. 14, 1972, p. 493)
-30. L. Bloy : *Belluaires et Porchers*, p. 45.
-31. L. Hourticq : *L'Art et la Littérature*, p. 68.

Les visions de si nombreux artistes plus ou moins imprégnés de mélancolie[32] rappellent que l'imagination fait partie de la réalité et s'appuie sur le concret pour charpenter ses formes, — dont on ne retrouvera trop souvent que des fragments quelques siècles ou millénaires plus tard. Et là encore, il faudra compter sur l'imagination aussi bien que sur la patience méticuleuse et méthodique des chercheurs pour redonner à ces vestiges quelque sens. Les fouilles archéologiques de Schliemann ont permis vers 1870 de retrouver les assises historiques des héros de Homère, en libérant de leur sable Troie et Mycènes; un demi-siècle plus tôt, les hiéroglyphes commençaient à livrer à Champollion quelques-uns des secrets égyptiens. Et dans toutes ces recherches, l'imagination n'a jamais été un outil négligeable, surtout pour pallier les nombreuses lacunes de la réalité à reconstituer, qui demeurera toujours fragmentaire, inachevée.

La valorisation des œuvres d'art patinées, estropiées ou usées, décolorées aux douanes de l'histoire, s'enracinerait ainsi dans une sorte d'instinct profond de sauver de l'anéantissement ces bribes qui témoignent de la geste millénaire de l'homme: chanter, dessiner, dire ses rêves. Et l'importance que nous accordons à ces bribes et fragments vient appuyer au moins indirectement l'hypothèse dynamogénique du *non finito*, car notre imagination doit combler les lacunes, et s'en trouve stimulée dans son activité, comme Jacques Schérer l'observe dans *Le Livre de Mallarmé*: «Un lambeau n'est pas pure absence, il est quelque chose, où l'on peut discerner des virtualités ou des commencements[33]», — ce qu'Alfred Jarry recycle selon le génie de l'absurdité quand il fait dire à son personnage favori, sur le seuil d'*Ubu enchaîné*: «Corneguidouille! nous n'aurons point tout démoli si nous ne démolissons même les ruines! Or je n'y vois d'autre moyen que d'en équilibrer de beaux édifices bien ordonnés.»

-32. Voir l'étude de R. et M. Wittkower: *Born Under Saturn.*
-33. J. Schérer: *Le Livre de Mallarmé*, p. 47-8.

NAISSANCE DE L'ESTHÉTIQUE DANS L'ANTIQUITÉ

Questionner l'art, de Pythagore à Platon

C'est encore le fragment qui nous attend à l'orée de la pensée grecque, au berceau de la civilisation occidentale, quand le pythagorisme propose une cosmologie imprégnée de Mystères orphiques et appuyée sur le nombre et la mesure, l'ordre et la proportion. Devant un univers conçu en couples (plein/vide, limité/illimité, pair/impair, lumière/obscurité), l'harmonie cosmique esquissée par Pythagore et ses disciples tente de réconcilier le dualisme universel dans l'unification du varié, dans l'accord du différent, en favorisant le profil apollinien du beau et en repoussant son masque dionysien dans l'ombre:

> « Le monde dans son tout, et les êtres qui sont en lui, sont un composé harmonieux d'éléments finis et d'éléments infinis. — C'est ce qu'on voit dans les ouvrages de l'art. Ceux qui sont faits d'éléments finis sont eux-mêmes finis, ceux qui sont faits d'éléments finis et infinis sont à la fois finis et infinis, et ceux qui sont faits d'éléments infinis sont infinis[1]. »

Ainsi, et déjà à travers les fragments qui nous sont parvenus de la pensée pythagoricienne, apparaît la tentative de réconcilier limité et illimité, en un certain sens donc achevé et inachevé, dans l'univers comme dans l'art; ce qui propose une distinction esthétique entre l'œuvre d'allure close et statique et l'œuvre d'allure dynamique, dont les « éléments infinis » et inachevés s'accorderaient au mouvement universel.

Au moment où la pensée grecque cherche laborieusement ses assises, à l'ombre des Mystères d'Éleusis, deux grands courants continuent à s'opposer et à se conjuguer depuis quelques siècles déjà, depuis la conquête de Mycènes: les envahisseurs Doriens, militaires et aristocratiques, manifestent un culte pour la tradition et imposent des lois et des normes, tandis que les Ioniens conservent la nostalgie de la culture mycénienne, sont portés au commerce et aux pratiques démocratiques, se montrent curieux de tout ce qui est nouveau et stimule la sensibilité[2]. — Le « miracle » grec pourrait en partie se comprendre dans les noces souvent orageuses de ces deux grands courants, qui ne sont d'ailleurs pas sans évoquer les profils mythiques d'Apollon et Dionysos.

De Pythagore à Platon, il n'y a pas seulement un siècle et demi, il y a surtout un changement dans l'axe de la pensée grecque: le premier représente assez bien le type ionien, souvent insulaire, initié aux

-1. Fragments cités de Philolaus dans *Pythagore et la philosophie pythagoricienne* de A.E. Chaignet, I, p. 227.
-2. Voir W. Tatarkiewicz: *History of Aesthetics* I, p. 12-3.

mystères égyptiens et grecs, et pour qui la cosmogonie fait bon ménage avec une symbolique des nombres ; le second présente un profil plutôt dorien, fait carrière dans la métropole athénienne, et impose une idéologie aristocratique où la dialectique forge ses concepts et ses normes. — Si miracle grec il y a, il est de type conjugal, et la vision pythagoricienne de l'harmonie universelle, en passant par le traité du *Canon* de Polyclète (c. -425), qui marie l'homme à la nature dans son échelle anthropométrique[3], servira d'assise au *métron* platonicien ; et l'action humaine se trouvera ainsi évaluée selon sa bonne mesure, éthique ou esthétique, c'est-à-dire selon le principe formulé par Socrate et qui sera respecté de façon générale pendant plusieurs siècles : « La puissance du bien s'est réfugiée dans la nature du beau, car la mesure et la proportion réalisent partout la beauté comme la vertu[4]. »

Dans la pensée grecque au temps de Socrate, Platon et Aristote, le beau, le *kalon* éveille l'admiration dans divers domaines, aussi bien éthiques qu'esthétiques, et le concept d'art — *technè* — désigne aussi bien les travaux de peintres et tisserands, architectes et maçons, musiciens et rhéteurs. La poésie semble jouir d'un statut privilégié, celui de l'inspiration, qui pourra aussi à l'occasion ennoblir sa musique d'accompagnement ; mais des neuf Muses, aucune ne daigne patronner les arts plastiques, pourtant florissants en Grèce à l'époque.

La *kalokagatia* de la pensée socrato-platonicienne soude ainsi bien et beau, selon la tradition pythagoricienne, et entrave du même coup le développement d'une esthétique autonome. Dans l'*Hippias majeur*, Platon reconnaît les difficultés de cerner de près les questions de beauté et d'art ; dans le *Phèdre*, il voit l'artiste possédé de la « folie des Muses », et pris de « divin délire » dans *Io*[5]. Une génération plus tôt, Démocrite parlait déjà de l'inspiration chez l'artiste en termes de feu et de fureur[6], et posait une des pierres angulaires de l'esthétique occidentale en observant « les grands plaisirs que procure la contemplation de belles œuvres », ajoutant que les plus beaux ouvrages d'art sont ceux que l'artiste fait dans l'enthousiasme, l'inspiration, la fureur.

Platon, pour sa part, aurait peint des tableaux et écrit des poèmes. Il a fréquenté des artistes, mais il n'en a pas moins sévèrement jugé l'art, surtout dans sa *République*, dont il exclut l'artiste parce que ce dernier ne pourrait produire que des œuvres d'ordre inférieur selon l'aune du vrai, et « parce qu'il stimule et renforcit ce qui tend à affaiblir la raison[7]. » — L'apport principal de Platon à l'esthétique résiderait

-3. W. Tatarkiewicz : *History of Aesthetics* I, p. 54-9 ; J.J. Pollitt : *The Ancient View of Greek Art*, p. 14-22 ; E. Panofsky : *L'Œuvre d'art et ses significations*, p. 65.
-4. Platon : *Philèbe*, 64e.
-5. Platon : *Hippias majeur*, 287d et 289c ; *Phèdre*, 249d ; *Io*, 533e et 534c.
-6. Les écrits de Démocrite n'étant connus que par de rares fragments, il faut voir chez Cicéron : *De oratore* II, 46, 194 ; *De divino* I, 38, 80. (W. Tatarkiewicz : *History of Aesthetics* I, p. 90-4)
-7. Platon : *République*, 603a et 605a.

ailleurs : les difficultés éprouvées par le philosophe à cerner à sa satisfaction les problèmes soulevés par le beau et l'art l'entraînent à revenir plusieurs fois sur ces questions, à les examiner sous divers angles[8] : ne serait-ce pas là une preuve qu'il y a dans l'art une part de mystère, d'énigme et donc de *non finito*, capable d'irriter un philosophe comme Platon au point que le penseur écarte de sa ville idéale l'artiste qu'il ne peut caser comme il le voudrait dans son architecture idéologique ? Irrité peut-être par un débat dont il ne voit pas la fin, Platon en arrive même à acculer le peintre entre la copie servile et l'interprétation imaginative (μίμησις εικαστική / φανταστική), le frustrant ainsi à jamais du pouvoir de traduire dans l'infirmité de ses tableaux la splendeur des Idées, comme prétend le faire le philosophe en atteignant le réel dans sa profonde vérité[9]. — Relevons au passage, en marge des considérations platoniciennes sur l'art, l'écart entre l'idée ou concept de l'œuvre et son exécution par la main en quelque sorte indigne de l'artiste, puisque cet écart connaîtra à la Renaissance italienne d'importants échos, autour de Ficino et jusque dans la dramaturgie de Michelangelo.

Ambitionnant de tout ranger selon l'ordonnance souveraine de l'Idée, Platon force dans ses *Dialogues* la main de Socrate et frustre la maïeutique de la fascinante perspective qui permet une conversation sans limites entre le maître et l'apprenti. En fixant par l'écriture le jeu du dialogue, Platon le codifie et en fige le cours, entravant ainsi la naissance continuée de la pensée, l'accouchement inachevable de la connaissance[10] dans le champ interminable qui se dilate sans cesse devant elle. C'est à propos de l'amour, et non à propos de l'art, que Platon fera large place au beau et au désir du beau, de sorte que la beauté se présente comme ce que cherche l'amour sans jamais pouvoir parfaitement l'atteindre et posséder[11]. Pourquoi ? Peut-être parce qu'il ne se trouve pas de beauté parfaite, absolument, ce qui ne manque pas d'évoquer encore ici, en creux, le *non finito* non seulement dans le sentiment amoureux, mais encore dans l'incapacité du philosophe à terminer son architecture esthétique.

La pensée platonicienne montre de la rigidité en face de l'art, dont certains Sophistes avaient pourtant su esquisser d'étonnantes visions, comme le traité *Dialexeis*, où ce qui semble beau aux uns peut fort bien paraître laid à d'autres, où rien n'est jamais entièrement beau ou entièrement laid, et où la fonction de l'artiste n'est pas de chercher la vérité, mais bien la beauté[12]. — Torturé probablement par la conscience du déclin de la civilisation hellénique, Platon semble en soupçonner une des causes dans des innovations artistiques qui bouleverseraient l'équilibre social et culturel. En tant que philosophe,

-8. W. Tatarkiewicz : *History of Aesthetics* I, p. 113.
-9. Platon : *Sophiste*, 235d à 236c, 256b, 267a ; *République,* 598a.
-10. Platon : *Théétète,* 149a, 151d, 210c.
-11. Platon : *Banquet,* 199 à 206 et 209e.
-12. *Dialexeis,* II-8 et III-17. (W. Tatarkiewicz : *History of Aesthetics* I, p. 105)

il aurait pu se contenter seulement de constater que le sommet d'une civilisation se trouve déjà sur la pente de son déclin, sans en faire subir une trop grande partie de l'odieux aux artistes[13]...

La poétique aristotélicienne

Aristote ne partage pas la méfiance de Platon envers l'art et les artistes, et ce qui nous est parvenu de ses traités d'esthétique, augmenté de références à l'art dans plusieurs autres de ses écrits, propose une interprétation dynamique et même « organique[14] » de l'expérience esthétique, où se conjugueraient *mimèsis* et *catharsis* pour faire de l'art une voie capable de remplir de bonheur les loisirs de l'homme[15].

Aristote reconnaît à l'art son autonomie[16], une certaine indépendance de la morale, de la vertu et de la vérité, mais ne réussit pas à liquider entièrement la *kalokagatia* platonicienne, et endosse l'harmonieuse ordonnance pythagoricienne en soumettant la Beauté à la *taxis* (disposition), au *mégéthos* (ampleur) et à la *symmétria* (proportion[17]) ; ainsi la mesure *(métron)*, présentée par Platon comme propédeutique commune au Bien et à son vassal le Beau, sert encore chez Aristote à ancrer le Beau dans le port pythagoricien de la mathématique, et règne toujours sur l'œuvre d'art, même si Aristote ne pèse pas aussi lourdement que Platon en législateur sur le domaine esthétique. La règle des unités de temps, action et lieu, qu'on prétend lire dans le commentaire aristotélicien de la tragédie, n'a pas la rigueur qu'elle peut sembler afficher, et la grande tragédie propose une dimension démesurée et terrifiante, aux rebondissements inattendus, qu'aucune théorie dramatique ne semble pouvoir codifier. L'action s'y montrera non seulement complexe, mais même horrible, et ce tumulte n'empêche pas le plaisir esthétique, puisque la *catharsis* intervient pour réduire ou purifier, transférer ou sublimer les émotions et passions qui fourmillent en l'homme et que le théâtre met en scène[18].

La pensée esthétique d'Aristote ne manque pas de complexité, et les fragments qui nous en sont parvenus situent la source de l'œuvre d'art dans l'esprit même de l'artiste, où se manifestent un certain mystère, un merveilleux, et une « ouverture sur l'improbable ». Tout cela[19] participe à l'action du « faiseur » (« poïen ») de formes artistiques, malgré son habileté ou même sa virtuosité dans le double jeu de la *mimèsis* et de la *catharsis*, de l'imitation et de la translation qu'il entreprend du réel :

-13. Platon : *République*, 424b ; et W. Tatarkiewicz : *History of Aesthetics* I, p. 44.
-14. Aristote : *Poétique*, 1459a.
-15. Aristote : *Politique*, 1338a, et *Morale à Nicomaque*, 1177b.
-16. Aristote : *Poétique*, 1460b et *Rhétorique*, 1366a.
-17. Aristote : *Poétique*, 1450b, et *Métaphysique*, 1078a.
-18. Aristote : *Poétique*, 1449a-b, 1451a, 1452a-b, 1453a-b, 1456a et 1459b (où l'on peut constater que l'unité de lieu n'est guère explicite).
-19. Aristote : *Poétique*, 1460a ; *Métaphysique* 1032 (le *concetto*, déjà...)

« Le but de l'art est de figurer le sens des choses, et non point leur apparence ; car dans cette vérité profonde est leur vraie réalité, qui n'apparaît pas dans les contours extérieurs ; la création poétique est plus vraie que l'exploration méthodique de ce qui existe[20]. »

Quand Aristote pose en fondement à sa Métaphysique le naturel désir de savoir chez tous les hommes, et observe avec insistance que l'art a partie liée avec des choses qui sont variables, il renoue en quelque sorte avec la perspective relativiste de certains Sophistes en matière esthétique, mais n'ambitionne pas moins pour autant d'atteindre à une connaissance universelle par l'art, en comparant par exemple la poésie à l'histoire dans *Poétique* 1451b. En fondant la connaissance sur l'observation par les sens et l'expérience, Aristote constate, comme certains de ses prédécesseurs sans doute mais en y insistant singulièrement, les changements qui se produisent dans le monde, et en propose une lecture analogique capable de comprendre ce mouvement par la puissance de l'acte à se dépasser, parce qu'il dispose de certaines virtualités qu'il ne peut toutes exploiter à la fois. Ainsi, la théorie « hylémorphique » aristotélicienne montre, dans l'être concret, certaines lacunes ou privations qui incitent sa forme à changer et se développer, en s'actualisant[21].

Cette vision dynamique de l'être dégage le ressort de son devenir dans sa puissance à être davantage ou différent, parce que son être actuel n'est pas entièrement réalisé, et se trouve donc marqué de *non finito*. L'œuvre d'art ne fait pas exception à cette vision métaphysique fondée sur l'analogie cognitive, et les fragments qui nous sont parvenus de la *Poétique* en proposent quelques illustrations. À propos de la tragédie, par exemple, Aristote met en évidence la découverte de ce qui se produit de façon inattendue et frappe d'étonnement en stimulant l'émotion[22] ; il va jusqu'à dire que « une impossibilité vraisemblable se trouve préférable à une possibilité qui ne convainc pas », ouvrant ainsi à l'art le vaste champ de l'improbable, du devenir imprévu, d'explorations « merveilleuses » de son *non finito*[23]. La chance pourra intervenir dans cette théorie de la « vraisemblable impossibilité » dramatique, dont l'heuristique ouvre au théâtre un fabuleux devenir.

C'est à propos de la tragédie qu'Aristote précise que « la découverte constitue, comme le mot l'implique, un passage de l'ignorance à la connaissance[24]. » Ainsi, « l'art s'attache à ce qui devient », non seulement selon ses virtualités propres, mais encore selon ce que Arp désignera vingt-cinq siècles plus tard par les « lois de la chance et du hasard ». C'est en citant Agathon qu'Aristote souligne la dynamique de ce devenir aléatoire : « L'art aime la chance et la

-20. Aristote, cité par Malraux dans *La Métamorphose des Dieux*, p. 87, probablement selon une version « littéraire » du début de *Poétique* 1451b : autre aspect du *non finito*, le jeu des multiples traductions, adaptations et citations approximatives.
-21. Aristote : *Métaphysique*, 1070b et 1071a.
-22. Aristote : *Poétique*, 1452a, 1454a, 1456a.
-23. Ibid. 1460a, 1461b.
-24. Ibid. 1452a.

chance aime l'art[25]. » En reliant encore le « merveilleux » à la chance[26], l'esthétique aristotélicienne prolonge le devenir « organique » et en quelque sorte vivant de l'œuvre d'art à la fois dans l'exploration des virtualités de son *non finito* formel et dans le plaisir inépuisable qu'elle produit chez l'amateur, à travers le jeu métaphorique et dans la « perception intuitive de ressemblances dans les différences[27] », ce qui ouvre dans l'imagination de l'artiste aussi bien que de l'amateur ou de l'esthéticien l'inachevable combinatoire des analogies et correspondances.

Malheureusement, on a trop souvent plutôt retenu, parmi les bribes de l'esthétique aristotélicienne qui nous sont parvenues, des perspectives moins dynamiques, comme celle de la thèse à l'effet que les parties ou éléments qui composent une œuvre ne peuvent être modifiés ou déplacés sans que l'unité ne s'en trouve perturbée, sans que la Beauté ne s'en trouve affectée, si on ajoute ou retranche quelque chose[28].

La tradition canonique, de Cicéron à Vitruve

Dans son ensemble, la pensée grecque et hellénistique propose une esthétique fondée sur le *métron*, l'harmonieuse ordonnance, et lie l'esthétique à l'éthique. Cette tradition se poursuivra pendant plusieurs siècles, jusqu'à la Renaissance et au delà. C'est donc comprendre que tout ce qui ne répond pas à ces canons sera généralement considéré comme négligeable, et en particulier les œuvres inachevées et les pensées qui pourraient dériver du côté du *non finito*. Épicuriens et Sceptiques, Stoïques et Éclectiques n'ajoutent guère aux assises esthétiques de Platon et d'Aristote, dont les écrits de Cicéron se nourrissent largement, comme par la suite ceux de Vitruve, Horace, Plotin, et encore ceux de leurs épigones médiévaux.

Des historiens de l'esthétique ont pu s'étonner de constater qu'il ne s'est à peu près rien passé d'éminent dans leur domaine pendant les six siècles qui séparent la mort d'Aristote de celle de Plotin[29], et en ce qui me concerne, je dois aussi constater que le *non finito* y trouve peu d'écho. Pourtant, chez les Sceptiques par exemple, Sextus Empiricus dégage l'impossibilité d'une véritable connaissance de la littérature, aussi bien dans ses œuvres que dans sa théorie, parce qu'on ne peut connaître absolument toutes les œuvres, étant donné qu'il y en a d'énormes quantités (et qu'il s'en trouve beaucoup de perdues et de fragmentaires, pourrait-on ajouter), et qu'il ne saurait y avoir de savoir exhaustif d'une telle masse d'œuvres ; si on s'appuie sur un petit nombre d'œuvres seulement, le savoir s'en trouve mitigé et ne saurait donc prétendre à la véritable science[30].

-25. Aristote : *Nicomaque,* 1140a.
-26. Aristote : *Poétique,* 1452a.
-27. Ibid. 1459a.
-28. Ibid. 1451a, et *Nicomaque,* 1106b.
-29. Gilbert et Kuhn : *A History of Aesthetics,* p. 87.
-30. W. Tatarkiewicz : *History of Aesthetics* I, p. 181 et 184.

Au XXᵉ siècle, ne pouvons-nous pas légitimement nous demander si ce raisonnement proposé par Sextus Empiricus ne s'applique pas encore mieux, devant le foisonnement plusieurs fois millénaire des œuvres d'art accumulées dans tout le domaine esthétique, et devant le grouillement actuel de théories esthétiques souvent contradictoires? — Cicéron vient épauler Sextus Empiricus, en se disant «persuadé qu'il ne se trouve rien, dans quelque genre que ce soit, qui soit beau au point qu'il ne s'en puisse trouver de plus beau encore[31].» Dans le même texte, Cicéron observe que notre connaissance du domaine artistique met en jeu l'imagination, et souligne les inépuisables comparaisons que les œuvres provoquent, parce qu'elles ne constituent que des «masques» ou «copies» de formes idéales de type platonicien qui appartiennent au monde de l'esprit. Ces formes idéales serviront de modèles au *concetto* de l'esthétique développée à la Renaissance italienne.

Une autre idée esthétique à la mode à la Renaissance, celle de la comparaison entre les genres artistiques, trouve sa source lointaine dans l'*Ut pictura poesis* d'Horace et dans Plutarque[32], le *paragone* proposant une vision ouverte et relativiste de l'art, en principe inachevable.

À l'époque de Cicéron, la dominante en esthétique demeure toutefois fidèle à la tradition construite par Platon et Aristote, et qui servira encore de fondement au traité d'architecture écrit par Vitruve vers l'an 25 avant notre ère, traité retranscrit et commenté pendant les quinze siècles suivants, jusqu'à son édition princeps en 1486. La théorie vitruvienne louvoie entre les termes grecs et latins, et ses six «principes fondamentaux de l'architecture» pourraient se réduire à trois, pour plus de clarté:

— la *symmétria*: harmonieuse relation entre les parties et le tout;
— la *proportio*: ordonnance du module qui règle l'harmonie;
— l'*eurythmia*: adaptation de l'ouvrage à la perception visuelle[33].

Avec Vitruve, l'œuvre d'architecture (comme toute œuvre d'art) se soumet à la logique du *métron*, à l'harmonie des rapports arithmétiques, à une sorte de géométrisation de l'inspiration.

Pline et le *non finito*

C'est Pline l'Ancien qui apportera, de façon inattendue, quelque souffle nouveau en esthétique, arrachant en partie la réflexion sur l'art à la canonique platonico-vitruvienne:

-31. Cicéron: *Orator* II-8 (Pollitt: *The Ancient View of Greek Art*, p. 188)
-32. Horace: *Ars poetica*, vers 361; Plutarque: *De gloria Atheniensium* III: «Simonide dit que la peinture est une poésie silencieuse, et de la poésie qu'elle est une peinture animée, — et on peut transposer cela de la peinture à la danse en disant que la danse est une poésie silencieuse et que la poésie est une danse animée.» (W. Tatarkiewicz: *History of Aesthetics* I, p. 40, 247 et 259).
-33. Vitruve: *De Architectura libri decem*, I-2; et Panofsky: *L'Œuvre d'art et ses significations*, p. 68-9.

« Un autre fait extraordinaire et digne d'être retenu, c'est celui qui nous porte à admirer les dernières œuvres d'artistes, et celles qui sont demeurées inachevées, plus que celles qui ont été terminées, parce que ces œuvres (ultimes et inachevées) révèlent les esquisses et les intentions des artistes, dont la main a été arrêtée dans l'action même de sa recherche[34]. »

Pline cite des exemples d'œuvres inachevées qui n'en éveillent pas moins pour autant l'admiration : l'*Iris* d'Aristide, le *Médée* de Timomachos, et d'autres dont un second tableau d'Aphrodite où Apelle aurait voulu faire mieux encore que dans son premier tableau sur le même sujet, mais que la « mort jalouse » l'empêcha de terminer et que personne n'osa par la suite compléter[35]. — Pline bouscule ainsi la tradition canonique, en valorisant des œuvres inachevées ou incomplètes ; peut-être se rattache-t-il par là à un courant rejeté dans l'ombre par la force normative de principes institutionnalisés depuis des siècles, et aussi par la disparition de plusieurs des écrits cités dans son *Historia naturalis*[36] ? — Pline bouscule encore la tradition canonique en soulignant les artifices relatifs à la *mimèsis*, dans deux anecdotes qu'il ne serait pas inutile de résumer ici, parce qu'elles s'ouvrent sur l'inachevable exploration des possibilités innombrables de l'art. Un jour, Zeuxis peint une grappe de raisins avec un tel réalisme que des oiseaux viennent picorer le tableau ; désirant montrer que sa virtuosité dans le trompe-l'œil est encore plus grande, le peintre Parrhasios s'amène en cachette et peint par-dessus les grappes un rideau ; pensant que son collègue a voulu voiler son œuvre et la dérober à la vue de ses admirateurs, Zeuxis convoque Parrhasios devant son tableau et le somme d'enlever ce tissu ; devant sa méprise, il doit concéder la victoire à son compétiteur, parce que là où les oiseaux avaient été trompés par la virtuosité de Zeuxis, Zeuxis lui-même s'est laissé tromper par la plus grande habileté de Parrhasios. — Pline rapporte une autre anecdote mettant en scène le même Zeuxis, qui venait de peindre un garçon tenant des raisins à la main. Les badauds en admirent la virtuosité, puisque des oiseaux viennent picorer les fruits peints sur le tableau, mais le peintre s'en montre au contraire vexé, en déclarant que si le garçon avait été peint de façon aussi habile que les raisins, les oiseaux ne s'en seraient pas approchés[37].

Selon Pline l'Ancien, un autre peintre virtuose, Apelle, reconnaissait que certaines œuvres de ses collègues, et en particulier de Protogène, pouvaient se trouver égales et même supérieures aux

-34. « Illud vero per quam rarum ac memoria dignum est, suprema opera artificum imperfectasque tabulas (sicut Irim Aristidis, Tyndaridas Nichomachi, Mediam Timomachi et quam diximus Venerem Apellis) in maiore admiratione esse quam perfecta, quippe in iis liniamenta reliqua ipsaeque cogitationes artificum spectantur, atque in lenocinio commendationis dolor est manus, cum id ageret, exstinctae. » (Pline l'Ancien : *Historia naturalis* XXXV-145, ma traduction ; *Natural History* vol. 9, p. 366-7)
-35. Pline l'Ancien : *Historia naturalis* XXXV-92.
-36. Voir *The Elder Pliny's Chapters on the History of Art*, p. XIII-C ; et Pollitt : *The Ancient View of Greek Art*, p. 73-81.
-37. Pline l'Ancien : *Historia naturalis* XXXV-65 et 66 ; *Natural History* vol. 9, p. 308s.

siennes en habileté technique; mais Apelle se déclarait toutefois supérieur en ceci que « il savait quand retirer sa main d'un tableau, pour ne pas qu'un trop grand fignolage des détails ne produise de désastreux résultats[38]. »

N'est-ce pas là, au moins en germe, une sorte d'apologie du *non finito*? De son côté, le neveu de Pline l'Ancien, Pline le Jeune, semblera avoir subi quelque influence de son oncle, par exemple quand il dégage la qualité qui peut se trouver dans un fragment d'œuvre:

> « Ce plaidoyer que tu m'as réclamé plus d'une fois et que je te promets constamment, je te l'envoie, mais il n'est pas complet, puisque je travaille encore à certaines de ses parties. En attendant, il n'est pas inutile de soumettre à ta critique ce qui m'en semble le plus achevé. — Si tu examines la tête seulement d'une statue, ou un de ses membres, ne pourras-tu pas juger de leur harmonie et de leur rapport (au tout), et par là de leur fini? Et pourquoi fait-on circuler des exemplaires du début d'un discours, sinon parce qu'on pense que certains fragments sont suffisamment accomplis, indépendamment des autres parties[39]? »

De Plotin à l'iconoclasme

Un siècle et demi après la mort de Pline le Jeune, Plotin rassemble, pendant les quinze dernières années de sa vie, la somme de son érudition dans ses *Ennéades*, où certains chapitres concernent directement des questions esthétiques, I-6 et V-8 en particulier. Plotin pense, comme les Pline, que la beauté peut se trouver dans des parties ou fragments d'œuvres d'art, sans qu'il soit toujours nécessaire de respecter la *symmétria* vitruvienne. Il a tendance à faire de la beauté une qualité qui se situe au-dessus des canons, dont elle peut tout de même s'inspirer; cette qualité trouve sa source dans l'esprit de l'artiste, dans la « forme interne » qui sert de paradigme à la forme matérielle de l'œuvre, laquelle éveillera l'émotion et l'émerveillement dans l'esprit de ceux qui l'observent, jusqu'à la contemplation et même l'extase[40]. — L'art acquiert ainsi chez Plotin une dynamique que souligne Panofsky en attirant l'attention sur le défi que l'artiste relève quand il injecte une sorte d'âme dans la matière de l'œuvre[41].

En rattachant spécifiquement l'art au beau, Plotin entreprend « la dislocation de la kalocagathie antique », suggère que « la beauté ne pouvait être que vision imparfaite et incomplète », et esquisse une « apologétique de l'informe[42]. » — Si Plotin cède à la tentation d'enter la beauté dans l'esprit sur une branche divine, il n'en affaiblit pas

-38. Pline l'Ancien: *Historia naturalis* XXXV-80; *Natural History* vol. 9, p. 318-321; Pollitt: *The Ancient View of Greek Art*, p. 128, 132 et 208; Gilbert et Kuhn: *A History of Aesthetics*, p. 90.
-39. Pline le Jeune: *Lettres* II-5, p. 59-61.
-40. W. Tatarkiewicz: *History of Aesthetics* I, p. 318-331.
-41. « So does (Plotinus) consider the beauty of a work of art to depend upon the injection of an ideal form into matter, overcoming the latter's natural inertia and inspiriting, spiritualizing, enlivening it — or at least attempting to do so. » (Panofsky: *Idea*, p. 27)
-42. Ces trois citations proviennent de R. Bayer: *Histoire de l'esthétique*, p. 68-9.

moins pour autant, et par ce qui vient d'en être rapporté, la tradition canonique antique. On ne pourra plus désormais aussi sûrement penser à une œuvre parfaite, parfaitement accomplie, et l'esthétique occidentale renoue enfin avec un aspect délaissé de la pensée aristotélicienne, celui de l'hylémorphisme (mentionné précédemment), qui suggérait que, dans l'œuvre d'art, la matière sensible constitue une virtualité analogique à celle qui se trouve dans l'esprit de l'artiste, et ainsi ouverte à de multiples formulations possibles, dont l'acte de l'artiste ne développe qu'un seul profil, avec plus ou moins d'habileté et de succès.

Bref, Plotin met en question certaines traditions esthétiques de type normatif et agrandit le clavier de la combinatoire esthétique, sur lequel viendront se pencher pendant les douze siècles suivants quelques trop rares philosophes et artistes, parmi lesquels Augustin, Thomas d'Aquin, Dante, Petrarca et Cennini, qui serviront de relais dans les prochaines pages.

De Plotin à Augustin, il y a un siècle et demi et une filiation esthétique directe. Pour Augustin, le beau se trouve dans ce qui plaît, et vice versa. Le beau s'épanouit dans l'harmonie, l'ordre, l'unité, mais aussi dans les contrastes, les antithèses et jusque dans la laideur du singe[43]. L'esthétique d'Augustin n'innove guère, et s'inscrit avec sa théologie dans une longue tradition qui proposait bien avant le Christianisme des rapports entre le beau, l'art et le divin, de Pythagore à Platon à Cicéron. Les dieux changent de noms et de masques, de prêtres et de liturgie, et cela n'empêche aucunement l'art de toujours faire semblant de les servir, en architecture ou en sculpture, en musique ou en rhétorique : si l'esthétique d'Augustin sert de pont entre la tradition antique et Thomas d'Aquin, pendant plus de huit siècles, c'est surtout parce que, peu de temps après la mort d'Augustin, la chute de Rome en 476 bouleverse le développement de la vie intellectuelle et artistique en Europe, et repousse les spéculations esthétiques presque dans les oubliettes.

Quantités d'œuvres plastiques et littéraires, de pratiques musicales et chorégraphiques disparaissent pendant que l'Europe est dévastée par les invasions barbares[44]. Du côté de Byzance, quelques débats prendront, loin de tout cela, racine dans l'interdiction biblique du culte des images[45], que Tertullien avait déjà rappelée au début du IIIe siècle. La crise de l'iconoclasme, qui a ébranlé le monde chrétien en voie de se construire sur les ruines de l'Empire romain et en compétition contre les avancées arabes, commence en 725, sous l'empereur Léon III, et débouche sur le Concile d'Hieria qui interdit

-43. W. Tatarkiewicz : *History of Aesthetics* II, p. 47-65, surtout 49, 61, 63.
-44. N'oublions pas pour autant l'incendie de la Bibliothèque d'Alexandrie sous César, en -47...
-45. *Exode* XX, 3-5 et *Deutéronome* XXVII,15.

en 754 le culte des images et ordonne de les détruire[46]. Une forte résistance se manifestera pourtant contre l'édit de 754, surtout dans le réseau des monastères qui surgissent un peu partout en Europe et servent souvent de refuge aux « icônes » autrement traquées par la censure. En 787, le Concile de Nicée rétablit le culte des images, jusqu'au second épisode de la querelle, quand Léon V l'interdit de nouveau vers 815, et c'est Theodora qui lèvera solennellement l'interdit enfin, en 843.

Cette longue querelle des images aura eu l'avantage d'attirer l'attention pendant plusieurs générations sur la peinture et la sculpture, même si cela se produit dans une perspective plus religieuse qu'esthétique. Une autre conséquence de cette querelle pourrait se trouver dans le fait que le dossier du *non finito* s'enrichit, si j'ose dire paradoxalement, d'innombrables œuvres religieuses anéanties, mutilées ou travesties en scènes séculières, pour échapper à la peste iconoclaste...

L'inachèvement médiéval

Nous retrouvons ainsi le *non finito* à la fois dans les ruines de l'Empire romain et dans les interruptions causées au développement de la pensée et de l'art en Europe par quelques siècles d'invasions, pillages et destruction, et aussi par la querelle iconoclaste des VIIIe et IXe siècles.

À l'époque carolingienne, de nouveaux centres intellectuels commencent à se constituer. À la cour impériale d'Aachen, Charlemagne se sent héritier de la Rome à la fois politique et artistique, et amorce une « renaissance » de la culture gréco-latine. Les pratiques artistiques se multiplient, surtout en architecture, accompagnée comme souvent dans l'histoire de la sculpture et de la peinture. Littérature, enluminure et musique y trouveront aussi occasions de se manifester, avec tous les arts décoratifs. L'Europe fermente, mais il faudra encore attendre quelque temps avant que l'esthétique ne retrouve des conditions propices à sa propre renaissance, des conditions culturelles aussi favorables que le furent celles de l'entourage grec de Pythagore, Platon ou Aristote. — Les monastères du Mont-Cassin et de la Grande-Chartreuse, les abbayes de Clairvaux et de Cîteaux, pour ne citer que ceux-là, constituent toutefois des îlots favorables à la pensée, et c'est un moine et théologien, Thomas d'Aquin, qui a fait ses premières études au Mont-Cassin avant de fréquenter les universités de Naples, de Cologne et de Paris, qui

-46. Dans ses *Commentarii* (1436), Ghiberti fera remonter cette crise au IVe siècle, sous l'empereur Constantin et le pape Sylvestre, et l'étend sur six siècles : « Ebbe la ydolatria grandissima persecutione in modo tale, tutte le statue et le picture fuoron disfatte et lacerate, et uilumi et commentarii et liniamenti et regole... » (Panofsky : *Renaissance and Renascences in Western Art*, p. 25) contribuera à relancer au milieu du XIIIe siècle des spéculations esthétiques tenues en veilleuse depuis près d'un millénaire.

L'esthétique thomiste est imprégnée, comme toute sa philosophie et comme tout le courant de pensée scolastique, de théologie ; mais Thomas d'Aquin a du souffle et de l'audace, sa curiosité l'entraîne à se nourrir de tout ce qu'il peut trouver dans ses recherches, et son esprit encyclopédique lui permet de reprendre les mêmes questions sous des angles variés, ce qui est une autre façon d'illustrer la dimension du *non finito* dans le savoir. À travers son œuvre colossale, il s'arrête en plusieurs endroits sur l'art, le beau et l'esthétique. Dans leur ensemble, ces réflexions et observations demeurent fidèles à la tradition antique, jusque dans les caractères du beau : « intégrité ou perfection, juste proportion ou harmonie, clarté[47]. »

Le réseau idéologique qui peut se constituer dans la tradition grecque autour des arts figuratifs (*mimèsis*, image, figure) attire l'attention des Scolastiques sur la fonction métaphorique de l'œuvre d'art, déjà soulignée par Aristote[48]. Et n'est-ce pas dans l'immense métaphore de ses nombreuses cathédrales que le génie médiéval exprime sa convergence symbolique, imprégnée à la fois de mystique géométrique, de méthode logique et d'élan inventif[49]? — C'est là une gigantesque entreprise, un immense chantier quelques fois séculaire, qu'on ne serait pas étonné de voir ponctué d'œuvres inachevées.

De fait, Thomas d'Aquin ne termine pas la « Tertia Pars » de sa *Summa theologiae*, pendant les dernières années de sa vie à Naples, et le résumé qu'il en entreprend sous le titre de *Compendium theologiae* demeure également inachevé. Le « Docteur Angélique » n'en a pas moins été beaucoup plus loin dans l'accomplissement de ses projets qu'un de ses ancêtres théologiens, Clément d'Alexandrie, qui ambitionnait au tout début du IIIe siècle d'écrire un grand traité de pensée chrétienne, « Du Maître », et qui ne réussit à rédiger que ses *Stromates* où sont jetées pêle-mêle des notes sur diverses doctrines et nombreux sujets.

La littérature médiévale ne manque pas de fournir au *non finito* quelques dossiers intéressants, comme celui de Chrestien de Troyes, dont une partie des œuvres est perdue, et qui n'a pas terminé son célèbre *Conte du Graal*, à la fin du XIIe siècle. Remanié et continué par divers successeurs pendant quelques générations, le texte du Graal en arrive à près de cinquante mille octosyllabes avant de rester en

-47. Thomas d'Aquin : *Summa theologiae*, I, Q. 39, art. 8 : « Integritas sive perfectio, debita proportio sive consonantia, claritas. » (W. Tatarkiewicz : *History of Aesthetics* II, p. 261) — Dans un contexte inattendu et « profanateur » peut-être, la triade thomiste citée est mise par Joyce dans la bouche de Stephen, dans *A Portrait of the Artist as a Young Man*, p. 211.
-48. Aristote : *Poétique*, 1457b et 1458a.
-49. W. Taterkiewicz : *History of Aesthetics* II, p. 165 et 200 (citation de Hugue de Saint-Victor) ; W. Woringer : *L'Art gothique* ; H. Focillon : *L'Art des sculpteurs romans* ; et aussi *Le Monde des symboles* publié au Zodiaque, etc.

quelque sorte en suspens, l'inépuisable quête semblant se poursuivre par delà la mort de Perceval et par delà la narration de ses aventures : « Ici se tait le conte, qui n'en dit pas davantage[50]... »

Plusieurs des grandes cathédrales médiévales sont demeurées inachevées en certaines de leurs parties, à Laon, Strasbourg, Amiens, Paris, Albi, Wells, Ely, l'Aquila. Le Duomo de Milan, commencé en 1386, ne sera achevé qu'en 1856. Pour les artisans et spectateurs de ces chantiers, la cathédrale était couramment perçue comme *work in progress* qui s'étirait dans nombre de cas sur un siècle et davantage, à une époque où la moyenne de vie se trouvait inférieure à cinquante ans. — À Bologne vers 1110, la construction de la Torre Garisenda s'interrompt dans son élan à plus de trois cents pieds de hauteur[51], hantée peut-être par le spectre de la fabuleuse Tour de Babel ?

Les spéculations esthétiques elles-mêmes paraissaient parfois déboucher à l'époque médiévale sur d'interminables débats, du moins de l'avis de nombreux Scolastiques parmi ceux qui forgeront le proverbe *De gustibus et coloribus non disputandum*...

-50. *La Quête du Saint Graal,* p. 242.
-51. B. Rudofsky : *Architecture Without Architects,* ill. 61.

MUTATION DE LA RENAISSANCE

Les bornes des grands chapitres de l'histoire sont placées par les historiens après que les événements ont cessé de se bousculer et de s'emmêler dans le cours du temps, dont le rythme varie de l'étale à la débâcle, de la rosée au volcan. Ces bornes relèvent souvent de l'arbitraire, de la commodité taxonomique ou mnémotechnique, ou de spéculations idéologiques, ce qui n'empêche pas d'en relever qui reposent sur d'indiscutables saillies dans la continuité historique. Et l'une des grandes préoccupations des historiens, semble-t-il, consiste à se disputer sur des bornes contestées, ce qui plonge à jamais une considérable partie des connaissances historiques dans le maelstrom du *non finito*.

Peu nous importe où se termine l'époque médiévale et où commence la Renaissance, puisqu'il ne s'agit pas ici d'établir une lecture chronologique compartimentée du déroulement historique, mais bien plutôt de prospecter les replis de ce labyrinthe, pour y surprendre des traces de *non finito* dans le domaine de l'art et de l'esthétique.

Vue avec le recul de plusieurs siècles et à travers les lunettes souvent divergentes de dizaines d'historiens, la Renaissance peut être perçue comme une période de clivage et de mutation. Vécue dans l'imbrication intime des générations successives, elle ressemblait probablement davantage à une trame serrée, ponctuée de reliefs et ruptures plus ou moins notables, qui animaient le déroulement du temps[1]. — Mutation? Certainement pas au sens biologique de brusque et radical changement, mais plutôt au sens de transformation relativement lente mais néanmoins profonde. Métamorphose, métamorphoses qui se multiplient et s'agglutinent, car ici pas plus qu'ailleurs il n'y a de génération spontanée, mais seulement l'évolution continuée de la vie des formes, en tout domaine, vie soumise au *non finito* aussi longtemps qu'elle demeure vie, c'est-à-dire devenir.

Pendant deux millénaires, de Pythagore à Alberti, la réflexion sur l'art semble demeurer plutôt linéaire, le beau se ramenant généralement à un harmonieux accomplissement de la forme, vertueusement et selon bonne mesure. Puis, en une génération, d'Alberti à

-1. Dans *Renaissance and Renascences in Western Art*, Panofsky se demande s'il est justifié de ranger toute la Renaissance en bloc derrière la lettre majuscule « R », et de désigner le bouillonnement médiéval par le pluriel « renascences » derrière son « r » minuscule. (P. 8 ; aussi p. 1s., 43s., 162s. ; et W. Tatarkiewicz : *History of Aesthetics* III, p. 24s.) — Vasari emploie déjà le mot « Rinascita » à la fin de la préface à ses *Vite*, en 1550 ; et vraisemblablement, « nous avons tort de nous imaginer que la nouvelle Florence naquit en un jour du cerveau de quelques inventeurs d'esthétiques », selon Pierre Francastel. (*Peinture et Société*, p. 19-20)

Leonardo, l'esthétique passera du régime traditionnel antique de l'ordonnance plutôt statique et normative à une vision dynamique de la forme, sans doute encore embryonnaire (justement...), où l'art peut toutefois déjà se concevoir selon une pratique expérimentale, où l'imagination revendique une fonction stratégique, où l'œuvre s'ébauche sans pudeur à travers des recherches parfois désordonnées. Des esquisses, considérées jusque-là comme déchets ou curiosités d'ordre secondaire (à de rares exceptions, dont celle de Pline soulignée en p. 58), seront exposées solennellement et copieusement louangées.

Mutation? — Mutations, au pluriel, qui feront dire que la Renaissance constitue une éblouissante transition entre l'époque médiévale et les temps modernes : mais toutes les époques ne sont-elles pas de transition, entre ce qui précède et ce qui suit, en ce que la vie offre d'inachevé, du moins jusqu'à son apocalypse? — Si le cours de l'histoire présente des changements de rythme et parfois même d'importants reliefs, la Renaissance en témoigne sans doute à sa façon, quand on observe l'évolution de l'Europe du milieu du Trecento à la fin du Cinquecento : deux siècles et demi pendant lesquels l'Europe refait, une fois de plus mais de façon singulièrement évidente, non seulement son architecture politique et géographique, mais encore son architecture idéologique et culturelle.

Dante, Petrarca et Boccaccio

Dante peut servir de charnière entre l'époque médiévale et la Renaissance, en nous entraînant vers Giotto puis vers Petrarca, Boccaccio et Lorenzetti. La voie se trouve ensuite ouverte vers Ghiberti et Alberti, puis sur le grand cortège qui rayonnera pendant plusieurs générations à travers toute l'Europe[2], jusqu'à la borne (puisque ces bornes sont tout de même utiles) de 1600.

Dante Alighieri assimile l'héritage culturel disponible des Grecs, des Latins et des Scolastiques, qu'il commente copieusement dans ses écrits en latin ; mais quand il s'agira d'écrire ses œuvres personnelles, ses poèmes, Dante rompra avec la tradition culturelle linguistique et emploiera son dialecte toscan, se faisant ainsi l'un des principaux forgerons de la langue italienne. La *Vita nuova* et *La Divine Comédie* se posent donc en pierres angulaires à la fois linguistiques et poétiques, au seuil de la Renaissance, encadrées de massifs d'allégories et métaphores, dont le jeu dans l'alambic de l'imaginaire favorise la dilatation et la combinatoire des images, et les livre à une sorte d'inachevable chorégraphie dans leurs contours textuels et dans les lectures qu'on en peut multiplier. Dans son entreprise poétique, Dante se voit toutefois confronté à plusieurs difficultés, parmi lesquelles une double résistance dans l'élaboration du texte : une première, instrumentale, celle de la langue employée, qu'il modèle à la fois avec vénération et hardiesse sur des monuments littéraires

-2. Voir A. Hauser : *The Social History of Art* II, chap. 1.

grecs et latins; une deuxième résistance surgit dans la forme de l'œuvre en chantier, qui trop souvent ne se plie pas au projet de l'artiste et dont la matière demeure sourde ou inerte devant le feu de son inspiration:

> *Vero è come forma non s'accorda*
> *molte fiate all'intenzion dell'arte*
> *perch'a risponder la materia è sorda*[3].

Les plus grandes inspirations, les plus flamboyants projets doivent ainsi tôt ou tard se réduire à des proportions moins ambitieuses, ou s'interrompre même, — et chaque artiste s'en rend compte quand il lui faut à regret abandonner la poursuite de ses chimères, entravé à la fois par les limites de son art et ses propres possibilités[4].

On sait l'influence de *La Divine Comédie* sur la Renaissance, et le sentiment des limites de l'artiste exprimé par Dante connaîtra de multiples échos et apportera sa récolte de matériaux au dossier du *non finito*, comme nous pourrons le constater dans les prochains chapitres.

Comme Dante, Petrarca et Boccaccio possèdent de vastes connaissances, de l'érudition même, et ces deux amis s'entendent à interpréter l'œuvre poétique comme une invention qui transforme la réalité sous son voile de fables[5]. Sous ce voile, que Boccaccio nous prévient de ne pas confondre avec le vulgaire mensonge, il y aura toujours quelque chose de sous-entendu, d'inachevable à la fois dans sa manifestation par l'artiste et dans sa lecture par ceux qui fréquentent l'œuvre d'art. On pourrait déjà penser à la *Primavera* de Botticelli, toujours énigmatique après de multiples et souvent astucieuses exégèses. Plus près de Petrarca et de Boccaccio, on pense à leur contemporain Ambrogio Lorenzetti et à ses fresques allégoriques au Palazzo Pubblico de Sienne, menacées par une autre sorte de voile, celui de la détérioration qui ronge sournoisement au fil des siècles la surface des murs, comme dans la chapelle de Giotto à Padoue, comme dans le cycle de la Croix de Piero della Francesca à Arezzo...

-3. Dante: *Paradiso* I-127 à 129. (*La Divine Comédie*, p. 375-6, en traduction littérale: vraiment comme la forme ne s'accorde pas souvent à l'intention de l'art, parce que la matière reste sourde à répondre...)
-4. « Ma or convien che mio seguir desista più dietro a sua bellezza, poetando, come all'ultimo suo ciascuno artista. » (Dante: *Paradiso* XXX-31 à 33; voir aussi XXX-19 à 22; *La Divine Comédie*, p. 531-2, traduction littérale: mais il convient que j'abandonne la poursuite de sa beauté dans ma poésie, comme l'artiste qui arrive à la limite de son art.
-5. « Velo amœnæ fictionis » note Petrarca, et Boccaccio: « Velamento fabulosa ». (W. Tatarkiewicz: *History of Aesthetics* III, p. 10 et 12.)

Des manuscrits et enluminures à Gutenberg

En 1374, la mort surprend Petrarca la plume à la main, travaillant à une vie de César, à des commentaires sur Virgile ou à tel autre manuscrit, selon les biographes consultés. C'est de toute façon douze ans avant que Chaucer ne laisse inachevés trois de ses *Contes de Canterbury*, et c'est peu de temps avant que Shéhérazade ne sauve sa vie, de l'une à l'autre de ses *Mille et une Nuits*, en laissant inachevé chaque nouvel épisode de son récit, ce qui lui donne le loisir d'inventer du même coup le suspens littéraire, le roman feuilleton et une nouvelle astuce féminine.

Derrière Chaucer, qui écrit en anglais une version du *Roman de la Rose*, derrière Boccaccio passionnément curieux de mythologie et légende, derrière une partie au moins du cinéma des *Mille et une Nuits*, il se trouve une immense toile de fond aux contours imprécis, aux nombreuses variantes et aux replis grouillant de mystères : les grandes fresques de légendes et récits emmêlés des *Eddas* et du *Niebelunglied*, des Cycles carolingien et breton, des troubadours et trouvères, de Joinville et Marco Polo, — tout cet énorme corpus débordant de telles puissances suggestives qu'on en connaît de multiples versions et «renaissances». N'y a-t-il pas en tout cela un long et immense écho à l'entreprise homérique, qui avait aussi tenté une vingtaine de siècles plus tôt de donner forme verbale à plusieurs des profils archétypaux de l'aventure humaine?

L'époque médiévale en avait à sa façon entrepris l'illustration, dans ses manuscrits enluminés et ses miniatures, sans parler des vitraux. Depuis les monastères de la côte irlandaise au VIIe siècle et à travers toute l'Europe, des évangiles, psautiers, apocalypses, livres d'heures sont calligraphiés et illustrés avec un art d'une patience et d'une finesse dont on trouve peu d'équivalent à travers l'histoire, et la Renaissance en voit se poursuivre la discrète entreprise, dont la seconde moitié du XIVe siècle et le début du XVe constituent un haut lieu, surtout en des ateliers parisiens et des châteaux de mécènes dans l'Est de la France. Plusieurs artistes y travaillent, souvent de façon anonyme selon les mœurs de l'époque, à somptueusement enluminer des livres, comme les maîtres dits de Rohan, de Bedford, de Boucicaut[6].

C'est cet état de choses que l'imprimerie va bientôt changer, en rendant possible la production mécanique d'exemplaires identiques, fondement de toute une nouvelle culture, qualifiée à juste titre de livresque, et qui s'épanouira dans la liturgie universitaire des éditions

-6. Les deux derniers auraient collaboré vers 1412 à l'illustration du *Livre des Merveilles*, recueil de récits de voyages faits en Orient par Marco Polo et d'autres. À l'époque, moins d'un demi-siècle avant l'invention de l'imprimerie et plus d'un siècle après que Marco Polo eut dicté dans une prison de Gênes son *Livre* à Rusticien de Pise, il existe plus d'une centaine de transcriptions plus ou moins fidèles du texte original écrit en langue d'oïl, mais tôt perdu. (*Le Livre des Merveilles*, Bibliothèque nationale de Paris n° 2810)

critiques et notes de bas de page[7]. L'esprit du notaire, enfin assuré d'obtenir ses copies conformes, remplacera celui des calligraphes pour qui la belle disposition d'une page importait parfois davantage que la rigoureuse transcription. Bientôt la xylogravure puis la gravure sur plaque de métal feront disparaître l'art de l'enluminure, où la réplique exacte serait sans intérêt aux yeux d'amateurs comme le duc Jean de Berry[8], qui commanda une éblouissante collection de livres enluminés au tout début du Quattrocento.

Les traités de Cennini et Alberti

À peu près contemporaine de l'invention de l'imprimerie, la génération italienne qui comprend Ghiberti, Angelico, Alberti et leur aîné Cennini établit dans quelques traités de peinture la synthèse de l'héritage antique et scolastique, et prépare le tremplin qui permettra à la génération suivante d'aller de l'avant, en art et en esthétique.

Il libro dell'arte de Cennino Cennini est rendu public vers 1437, et s'inspire largement de l'esthétique byzantine, et particulièrement du canon des proportions du *Manuel du Peintre du Mont Athos*, probablement écrit au XIe siècle et nourri de la tradition normative de Polyclète et de Vitruve. Si Cennini conseille de dessiner d'après nature et de développer patiemment son propre style, il note aussi que la peinture requiert non seulement de la dextérité mais plus encore de l'imagination *(fantasia)*, pour découvrir derrière les apparences des choses une autre réalité, d'abord invisible, que la main de l'artiste peut tirer de l'ombre et mettre en évidence[9]. Il ne s'agit donc pas du simple

-7. « The interface of the Renaissance was the meeting of medieval pluralism and modern homogeneity and mechanism — a formula for blitz and metamorphosis. » (M. McLuhan: *The Gutenberg Galaxy*, p. 141)

-8. Son impatience d'en posséder davantage était tellement grande qu'il arrachait ses artistes à leurs parchemins pour leur confier de nouvelles tâches, qu'il jugeait encore plus passionnantes ; c'est ainsi que les *Très belles heures de Notre Dame* sont restées incomplètes, et les frères Limbourg, auteurs des *Belles Heures* du duc de Berry, ne termineront pas eux-mêmes les *Très Riches Heures*, ni leur *Bible historiée*, qui connaîtra plusieurs autres collaborateurs au cours de plus d'un demi-siècle, avant de rester inachevée vers 1475 ; mais déjà au milieu du Trecento, une Bible commandée à Jean Pucelle par Jean le Bar n'était-elle pas restée inachevée ? — Les *Très Riches Heures* sont abandonnées à la mort du duc en 1416, ou peut-être même un peu avant, et ne seront continuées que trois quarts de siècle plus tard par Jean Colombe pour le compte de Charles de Savoie et Blanche de Montferrat. (*The 'Très Riches Heures' of Jean, Duke of Berry*, p. 22-6 ; J. Porcher: *L'Enluminure française*, p. 53-62) — Les *Belles Heures* des Limbourg sont acquises par Yolande d'Aragon, bibliophile et digne successeur du duc de Berry ; elle fonde un atelier qu'anime le maître de Rohan et où une autre célèbre suite de livres d'heures est réalisée ; et toutes ces aventures entre mécènes et artistes, dont on suit les jeux capricieux depuis déjà plus de deux millénaires, ne constituent-elles pas une autre dimension du *non finito* dans le monde de l'art, au delà de nombreuses œuvres laissées inachevées pour diverses raisons ?

-9. « E quest'é un'arte che si chiama depingnere, che conviene fantasia e hoperazione di mano, di trovare cose non vedute, chacciandosi sotto ombra di naturali e fermarle con la mano dando a dimonstrare quello che non ne sia. » (C. Cennini: *Il libro dell arte* I-27-28 ; W. Tatarkiewicz: *History of Aesthetics* III, p. 31 ; E. Panofsky: *L'Œuvre d'art et ses significations*, p. 74-88)

paraître conséquent à la *mimèsis*, mais bien de l'apparaître pictural, dont la combinatoire dépend directement de l'imagination de l'artiste et de son habileté à traduire sur le tableau sa *fantasia*, moitié-homme et moitié-cheval, s'il le désire[10].

Le livre *I Commentarii* qu'écrit Lorenzo Ghiberti en 1436 ne sera imprimé qu'au XXe siècle, mais des copies ont circulé du vivant de l'auteur. Ce livre tient davantage du recueil de notes que d'un ouvrage soigneusement achevé[11], mais n'en présente pas moins de l'intérêt dans chacune de ses trois parties. La première propose une histoire de l'art où les Anciens sont à l'honneur, et cite Vitruve et Pline; la seconde se fait commentaire subjectif, où défilent des artistes que l'auteur connaît et estime, et où s'esquisse une des premières autobiographies connues dans le monde de l'art; et la troisième rassemble des notes sur la théorie picturale, inspirées de «traités d'optiques antiques et médiévaux[12].»

Si les traités artistiques de Cennini, de Ghiberti et de leurs contemporains semblent traditionalistes, ceux d'Alberti se montrent plus innovateurs, et la personnalité de leur auteur domine le milieu du Quattrocento. Alberti est à la fois poète et peintre, dramaturge et sculpteur, athlète réputé pour diverses performances et premier grammairien de la langue toscane-italienne, docteur en droit canonique à vingt-quatre ans et grand voyageur pour l'époque, mathématicien et architecte, moraliste et urbaniste, pédagogue et théoricien de l'art, bref, un bel exemple de cet *uomo universale* que la Renaissance a su produire en une poignée d'exceptionnels génies[13].

Alberti s'est montré prolifique dans ses écrits, parmi lesquels trois traités d'art, qui ont eu une portée considérable, même si aucun n'a été imprimé du vivant de l'auteur. En 1435, il écrit en latin *De pictura*, qu'il traduit l'année suivante en toscan (*Della pittura*) et qui ne sera imprimé en latin qu'en 1540 et en italien au XIXe siècle. Vers 1464, il écrit en latin *De statua*, dont la première édition en italien paraît en 1568 et la première édition en latin au XIXe siècle. À partir de 1443, il met en chantier les dix livres de son ouvrage *De re aedificatoria*, qui ne sera publié qu'en 1485, treize ans après sa mort. — Ces détails concernant les trois traités artistiques d'Alberti veulent souligner l'aspect de *non finito* qui affecte les œuvres dont la diffusion est retardée, ou limitée au seul public restreint qui peut les connaître ou en comprendre le langage.

-10. «Mezzo huomo, mezzo cavallo, siccome gli piace, seconda sua fantasia.» (C. Cennini: *Il libro dell'arte* I-1)
-11. W. Tatarkiewicz: *History of Aesthetics* III, p. 52. — Plusieurs choses attirent l'attention sur Ghiberti; florentin, il contribue à illustrer le génie artistique qui rendra sa ville célèbre à la Renaissance, et se fait aussi un des partisans du style dit international, souscrivant largement au marché d'échanges de toutes sortes (idéologiques et esthétiques, techniques et scientifiques, politiques et éthiques) qui constitue le principal ressort de la Renaissance; orfèvre, architecte, sculpteur, peintre et écrivain, Ghiberti devient un des premiers exemples de l'Humaniste du Quattrocento, avec un accent encore un peu rustre.
-12. L. Venturi: *Histoire de la critique d'art*, p. 82.
-13. J. Gadol: *Leon Battista Alberti, Universal Man of the Early Renaissance*.

Alberti a-t-il développé autant qu'il l'aurait souhaité son ouvrage sur l'architecture, dont il présentait dès 1452 au moins une partie ou une ébauche au pape Nicolas V, un ami d'enfance ? Il semble qu'on ne le saura jamais absolument[14], et déjà le 17 juillet 1436, Alberti attirait l'attention de son lecteur, dans les dernières lignes de son traité sur la peinture et tout en implorant son indulgence, sur les imperfections et en quelque sorte l'inachèvement de son entreprise :

« S'il n'est pas satisfait, qu'il m'en blâme et qu'il en blâme autant la nature, qui impose cette loi en vertu de laquelle tous les arts ont connu des débuts pleins d'imperfections ; car rien ne peut en même temps naître et se parfaire ; et je crois que celui qui me succédera, s'il se montre plus attentif et plus ingénieux, pourra accomplir tout ceci de façon absolue et parfaite[15]. »

Tel est bien l'esprit de la Renaissance : à la fois le sentiment de naître et commencer, et celui de pouvoir perfectionner ce début encore inévitablement hésitant et gauche : *Nulla si truova insieme nato e perfetto*. Plus d'un siècle plus tard, Vasari pourra déjà entreprendre un premier bilan, fort impressionnant, de cette idéologie, dans ses *Vite*, même s'il appuie la « glorieuse renommée » d'Alberti sur ses livres plutôt que sur ses œuvres plastiques, — livres dont Vasari semble connaître les textes, au moins en partie, et qui lui ont probablement été utiles pour ses propres écrits[16].

D'une certaine façon fidèle héritier de la *concinnitas* vitruvienne et autres principes plastiques antiques, Alberti se voit aussi comme défricheur d'un nouveau domaine, et non seulement continuateur d'une tradition plus que millénaire. En s'appuyant sur la *Poétique* d'Aristote, il fonde la beauté de l'œuvre d'art en l'harmonie qui établit entre ses diverses parties l'ordonnance de la perfection, « si bien que l'on ne saurait rien ajouter ou retrancher ou changer sans tout ruiner[17]. » — Et à propos de ruines, Alberti va justement à Rome, un peu avant 1430, pour y examiner les ruines architecturales antiques, dont il mesure et relève pieusement les proportions qui lui inspireront plus tard les clauses de l'espèce de mariage de raison qu'il entrevoit entre l'héritage du passé et les exigences du présent. Si Alberti n'hésite pas à admirer certaines œuvres de contemporains comme Masaccio, Donatello ou Brunelleschi, il n'en retourne pas moins régulièrement au corpus des œuvres antiques, qui nourrissent le *De re aedificatoria*. Son culte de l'antique sait toutefois se pondérer de certaines réserves, même envers Vitruve dont il propose souvent une sorte de réincarnation :

-14. J. Gadol : *L.B. Alberti*, p. 9 ; selon A. Blunt, Alberti aurait continué « à modifier et à compléter (cet ouvrage) jusqu'à l'heure de sa mort en 1472. » (*La Théorie des arts en Italie de 1450 à 1600*, p. 19)
-15. Alberti : *Della pittura*, dernières lignes, ma traduction. — Voir l'édition préparée par C. Popelin et parue en 1868 à Paris, et l'édition préparée par J.R. Spencer et parue en 1956 à Yale University Press ; voir aussi *La Théorie des arts en Italie de 1450 à 1600*, où A. Blunt consacre tout son premier chapitre à Alberti.
-16. Vasari : *Le Vite... II*, p. 411-9.
-17. Alberti : *De re aedificatoria* VI-2 ; à propos de la *concinnitas*, voir aussi Blunt : *Théorie des arts...*, p. 35.

«Alberti déclare avoir trouvé très utiles les renseignements fournis par Vitruve; mais il est loin d'en faire une autorité définitive, et il lui arrive même d'en parler avec fort peu de respect. — En ce domaine comme en d'autres, Alberti se réserve le droit de porter un jugement sur le fond de chaque problème[18].»

Tel n'est-il pas encore l'esprit de la Renaissance, comme celui peut-être de toutes les époques dynamiques et tourmentées: une remise en question de l'acquis et une plongée dans l'inconnu, dans le devenir, c'est-à-dire dans la perspective même du *non finito*?

L'académie de Careggi et les Grands Ateliers

La Renaissance se déploie par pulsion en plusieurs plans et dimensions, agrandit la vision de l'homme à la fois dans l'espace géographique et astronomique, et aussi dans le temps, en récupérant d'abord l'Antiquité et en développant ensuite un appétit du futur. La Renaissance dilate le champ de conscience en bousculant les traditions sociales et culturelles, en accélérant la diffusion des idées par l'imprimerie, en stimulant dans tout le domaine des arts le pouls de l'imagination. Comme toujours, aux grands tournants de l'histoire, cette pulsion surgit de l'action plus ou moins convergente d'une poignée de personnes plus dynamiques et inventives, qui trouvent heureusement des conditions socio-culturelles et économico-politiques favorables à l'expansion et à la diffusion de leurs entreprises.

Le passage du Quattrocento au Cinquecento constitue l'un des hauts moments de la mutation de la Renaissance, comme à Florence autour de la cour des Medici. Le moine Savonarole meurt sur le bûcher en 1498, et «le puissant instrument au moyen duquel il a transformé et dominé Florence, c'est sa parole», comme l'écrit Burckhardt[19]. — Giovanni Pico della Mirandola, autre figure remarquable de l'époque, meurt en 1494, à trente ans seulement, après avoir écrit ses «neuf cents thèses» et avoir proclamé en quelque sorte la charte du nouvel Adam, dans son *De hominis dignitate*:

«Tu n'as reçu, Adam, ni visage ni dons qui te soient propres, afin que tu choisisses toi-même ton lieu, ton aspect et tes qualités, que tu les conquières et possèdes par toi-même; la nature se trouve emprisonnée en toutes ses autres espèces par des lois, mais toi, aucune borne ne te limite hors celle de tes libres décisions, et c'est de tes propres mains que tu peux te modeler; tu te trouves au centre du monde, afin de pouvoir examiner ce qu'il t'offre; tu n'es ni céleste ni terrestre, ni mortel ni immortel, et tu peux par toi-même et librement, à la façon du sculpteur ou du peintre, inventer avec fierté ta propre forme[20].»

-18. Blunt: *Théorie des arts...*, p. 26; Alberti: *De re aedificatoria* III-14 et VI-1.
-19. J. Burckhardt: *Civilisation de la Renaissance en Italie* III, p. 87.
-20. Pico: *De hominis dignitate*, début; voir aussi l'édition de Caponigri traduite en anglais, *Oration on the Dignity of Man*, p. 7-8. — En frontispice à *L'Œuvre au noir* de Marguerite Yourcenar, les derniers mots de ce passage de Pico («in quam malueris tu te formam effingas») sont traduits par: «tu achèves ta propre forme»; il ne s'agit pourtant pas d'achever, semble-t-il, dans la pensée de Pico, mais bien plutôt de préférer («malueris») et imaginer («effingas»), et donc de commencer et entreprendre; Érasme fera d'ailleurs écho plus tard à Pico, dans son *Traité de l'éducation des enfants* de 1529, en déclarant que «l'homme ne naît pas homme, il le devient, il se fait tel», — entreprise inachevable, de génération en génération...

La nouvelle vision que Pico propose de l'homme « renaissant » à la fin du Quattrocento évoque un être en devenir, et qui trouve dans son *non finito* en quelque sorte sa dynamogénie. La liberté radicale que Pico revendique pour ses semblables provoquera l'interdiction de la discussion publique de ses « neuf cents thèses », par décret papal à Rome en 1486 (Pico a vingt-trois ans) puis en Sorbonne en 1488. Surveillé et persécuté par la curie romaine, Pico sera emprisonné et verra plusieurs de ses « thèses » condamnées comme hérétiques, ce qui n'empêche pas les idées de circuler pour autant, et plusieurs de ses contemporains en viennent à concevoir comme lui l'homme sous la figure d'un artisan de sa propre réalité et de son propre devenir.

Sous le contrôle et la censure dont on les accable, des penseurs de l'époque développent discrètement, en marge du savoir officiel prêché par les universités et la religion, la *studia humanitatis*, vestibule de la libre pensée. Devant ces nouvelles perspectives, qui contournent faute de pouvoir le briser le moule hiérarchisé imposé à la curiosité intellectuelle et à la recherche, certains esprits s'excitent en se nourrissant aussi copieusement que possible aux rayons de bibliothèques où voisinent dans un fécond désordre les Anciens et les contemporains. L'un des principaux creusets de cette accélération, si j'ose dire, des particules mentales de l'époque, se trouve à Florence, où se réfugie justement Pico après son emprisonnement au donjon de Vincennes. L'esprit encyclopédique de Pico, sans doute exceptionnel aussi bien par sa précocité que par l'étendue de son appétit, trouve asile auprès de Lorenzo de' Medici, mais ce refuge était déjà lui-même miné d'autres périls...

Pendant la seconde moitié du Quattrocento, le climat social, culturel et politique de Florence est instable, mais tout se passe parfois comme si semblable climat favorisait l'entreprise intellectuelle et artistique ; et comme si par ailleurs une trop grande stabilité ne pouvait produire que des œuvres figées, à l'image même des institutions qui les encadrent ? — Florence se trouve alors dominée depuis plus d'un siècle par une famille de marchands et banquiers, les Medici, et Cosimo en a développé considérablement les collections d'art, autour de 1440, surtout dans une villa entourée de jardins sur la colline de Careggi, où Lorenzo de' Medici accueillera les lettrés et artistes dont il aimera s'entourer. La médiocre gestion que ce dernier fera de la fortune familiale débouchera sur des faillites à Londres, Lyon, Bruges, et préparera indirectement les soulèvements et pillages qui suivront sa mort en 1492 ; mais nous n'en sommes pas encore là, un quart de siècle plus tôt, et si Lorenzo n'est pas le plus important ni le plus éclairé des mécènes florentins de son temps, il n'en possède pas moins de l'ambition intellectuelle et pense, avec certains de ses contemporains, que des rencontres et discussions libres entre lettrés et artistes seraient plus favorables à l'avancement de la culture et du savoir que les cadres universitaires alourdis de scolastique et guettés par la curie romaine.

Quand Lorenzo prend le pouvoir familial en 1469, il est le protecteur de l'*Accademia* fondée par son grand-père Cosimo en 1462 à Careggi, et placée sous la tutelle de Marsile Ficino, dans le but de favoriser les rencontres et échanges dans un *studio* propice. Or Ficino éprouve pour la pensée de Platon une véritable dévotion, et c'est sous la règle des « dialogues » qu'il sera pendant une trentaine d'années le *Pater Familiae Platonicae*. Nous avons déjà souligné à propos de l'esthétique platonicienne qu'il y a dans la pensée de Platon une part ténébreuse héritée des mystères grecs, et c'est à cette part que Ficino donne d'abord écho dès 1463, en traduisant en italien l'*Asclepios*, livre de médecine et science hermétique venu des rites d'Épidaure, qui connaîtra ensuite en français et en espagnol beaucoup de succès ; mais Ficino n'en reste pas là, il travaille patiemment sur des essais didactiques et scientifiques qu'il rassemble en 1482 sous le titre pieux de *Theologia platonica*, et sur les grands textes de Platon, qu'il traduit et commente en latin dans son édition de 1484, ce qui le rend célèbre auprès des Européens lettrés de l'époque. Peu de temps auparavant, Landino a publié sa version commentée de la *Commedia* où Dante se trouve « travesti en poète platonicien[21]. »

L'Académie platonicienne de Careggi précède ainsi de quatre-vingts ans la fondation de l'Accademia Fiorentina (1541), première probablement de la longue lignée d'Académies qui proliféreront ensuite à travers le monde. Les idées esthétiques qui ont cours à Careggi entre 1462 et 1492 ne brillent pas toujours par leur originalité, et Ficino endosse le principe aristotélicien, repris par Vitruve et combien d'autres, du *nihil subtrahi nihil addi*[22] à l'œuvre d'art « achevée ». Les canons et théories antiques des proportions triomphent encore dans les rhétoriques de l'art. Une idée pourtant fermente, dans ce bel héritage pieusement recueilli des Anciens par la Renaissance de la fin du Quattrocento, et c'est l'idée, dont Pico se fait le promoteur, de l'Homme nouveau, de l'*Uomo Universale*, sorte de démiurge devant le savoir et les formes artistiques, qu'il peut « traiter, modifier et transformer[23]. »

La condition humaine s'apprête ainsi à conquérir une nouvelle dimension, qui se manifestera bientôt largement chez Leonardo et Michelangelo. À partir du début du Cinquecento en effet, les arts plastiques conquièrent leur place à part entière dans le monde de l'esprit, après des débats parfois orageux, à côté de la philosophie, des sciences, de la littérature. Le peintre ou le sculpteur pourra enfin

---

-21. A. Chastel : *Art et Humanisme à Florence*, p. 108. De 1482 à 1492, Politio présente, à la même académie florentine, d'importantes séries de conférences sur Homère et Aristote ; les questions et auteurs philosophiques ne constituent pas le seul menu à la villa de Careggi : l'art et l'esthétique retiennent aussi l'attention de Ficino et de ses amis, auxquels vient se joindre vers 1490 Pico della Mirandola, qui enrichira de son érudition, pendant les quatre ou cinq dernières années de sa trop courte vie, les débats autour de l'*Ut pictura poesis* et autres sujets culturels.
-22. Ficino : *Theologia Platonica* II-13 ; Chastel : *Marsile Ficin et l'art*, p. 5.
-23. Ficino : *Theologia Platonica* XIII-3 ; Chastel : *Marsile Ficin et l'art*, p. 60.

« démontrer par ses réalisations que la culture s'accomplit par l'art[24] » aussi bien que par d'autres moyens. Les débats autour du *Paragone* confirmeront cette promotion de l'artiste, sur laquelle il sera utile d'insister plus loin. Et si certains intellectuels continuent de lever le nez devant les odeurs d'ateliers, ce sera surtout par « rivalité professionnelle », et cela n'empêchera pas l'Accademia de Ficino d'avoir réussi, grâce en partie à son « platonisme esthétisant », selon l'expression de Chastel, à donner la parole au peintre et au sculpteur dans l'assemblée des « beaux esprits » ; à tel point que l'ambition d'un Leonardo l'incitera à placer le peintre devant le poète, le philosophe, le savant, le musicien, dans une polémique que nous commenterons plus loin.

Avant d'aborder les deux géants, Leonardo et Michelangelo, qui se débattront dans les transes du *non finito* comme jamais personne avant eux, semble-t-il, jetons un coup d'œil sur les conditions de travail de l'artiste à la fin du Quattrocento, en évoquant la toile de fond sur laquelle se détacheront leurs éminentes silhouettes.

« Le XVe siècle est, en Italie, l'âge des *botteghe*, pareilles à des firmes, organisées en petites usines, avec des directeurs et des assistants. Pour répondre à la demande d'une clientèle fort variée, mais où dominent l'élément municipal et l'élément religieux, les *botteghe* assurent de multiples travaux, inégalement rémunérateurs, modestes ou flatteurs, qui reviennent toujours à fournir et à mettre en place une pièce monumentale, peinte ou sculptée, et relèvent donc toujours plus ou moins de l'aménagement, du décor[25]. »

S'appuyant sur les commentaires des contemporains, puis sur ceux de Vasari, et encore sur les recherches accumulées surtout à partir du milieu du siècle dernier autour de l'art du Quattrocento, André Chastel réussit à évoquer l'esprit qui règne dans ces ateliers ou boutiques (*botteghe*), esprit artisanal hérité en bonne partie de la mentalité médiévale, et selon lequel fraternisent peintres et doreurs, sculpteurs et tailleurs de moulures, architectes et menuisiers, « quels que soient le prestige, les relations, les prétentions des maîtres ». — Ces maîtres voyagent, délèguent dans d'autres villes ou pays leurs assistants les plus habiles, les voient tôt ou tard quitter l'atelier pour ouvrir le leur : « phénomènes d'essaimage, de dédoublement, de spécialisation, de conflit. »

Le Quattrocento est aussi une époque d'importante urbanisation, et les nouveaux édifices, flanqués de tous ceux qu'on rénove, exigent des quantités d'œuvres plastiques, dépassant souvent la décoration.

-24. A. Chastel: *Le Grand Atelier* (Italie 1460-1500), p. 324-5 : « La prise de conscience de la nouveauté des intentions artistiques conduisait à la découverte d'une réforme nécessaire de la culture. Et plus les événements politiques étaient confus ou inquiétants, plus la situation religieuse se troublait, plus les problèmes scientifiques ou techniques s'avéraient insolubles, plus on pouvait croire que la meilleure réponse à ces difficultés était en un sens de multiplier les expériences artistiques. — L'Occident demandait à l'Italie le système de formes, l'appareil de notions qui devaient permettre de prendre possession d'un monde plein de difficultés et de surprises. La prise de conscience de l'âge nouveau passe maintenant par le grand atelier d'Italie. »
-25. A. Chastel: *Le Grand Atelier*, p. IX.

Chaque ville de quelque importance voit ainsi surgir des ateliers, plus ou moins en concurrence selon leur efficacité à remplir les commandes et aussi selon leur prestige, leur échelle de prix. La demande vient de toute l'Europe, et la région de Florence offre à elle seule une gamme étonnante et variée de ces ateliers d'artistes, à la fin du Quattrocento. Les « patrons » pouvaient alors choisir, selon leurs moyens et leurs goûts, entre tous ces ateliers : chez Botticelli pour une pièce de bravoure, chez Ghirlandajo pour quelque tableau d'autel ou une simple mosaïque de villa, chez Filippino Lippi pour un important retable ou quelques *cassoni*, chez Verrocchio pour une cuirasse ou un tombeau, chez Piero di Cosimo pour un tableau parfois fantastique, ou chez Neri di Bicci pour des pièces fabriquées de façon presque industrielle. — Il en va semblablement dans d'autres villes, et certains artistes plus en demande ou plus aventuriers deviennent de véritables nomades entre 1450 et 1500, sillonnant une grande partie de l'Europe. Si les Bellini et Carpaccio œuvrent surtout à Venise, et Piero della Francesca du côté d'Urbino et d'Arezzo, Bramante, Raffaello et Perugino voyagent d'une ville à l'autre selon leurs contrats. Leonardo va et vient entre Florence, Milan, Rome, et mourra en France. Michelangelo semble parfois se livrer à une fuite éperdue, zigzaguant entre Rome, Venise, Bologne et Florence, laissant derrière lui des sculptures, architectures et peintures en majorité inachevées.

Les voyages ne sont pas à l'époque de tout repos ni de tout confort, et les artistes italiens ne sont pas les seuls à s'y risquer pendant la Renaissance. Dürer, né et mort à Nuremberg, aura parcouru la Germanie, l'Italie et les Pays-Bas. Holbein le Jeune naît à Augsbourg, travaille à Bâle et à Lucerne, à Bourges et à Fribourg, en Lombardie et en Angleterre, à Anvers et meurt à Londres. Lucas Cranach l'Ancien, né en Franconie, fait comme bien d'autres artistes de l'époque son tour de compagnonnage avant d'œuvrer à Vienne, à Wittemberg et aux Pays-Bas. Personnage éminent de son temps, ce peintre est aussi propriétaire d'une pharmacie, d'une imprimerie, d'une librairie, d'un atelier bourdonnant (que son fils continuera à faire rouler), ce qui lui laisse encore le loisir de se faire bourgmestre et hôte des princes.

Les paragraphes précédents, qui peuvent sembler s'éloigner de la piste du *non finito*, soulignent comment l'horizon mental de l'artiste évolue à la fin du Quattrocento et comment s'accentue et se dilate son goût de la recherche et de l'expérience, non seulement sur le plan technique[26] mais aussi sur le plan esthétique. Le jeu des commandes favorise des innovations, et les nombreuses œuvres qui se font autour de chacun proposent de nouveaux défis. Chaque artiste se sent ainsi invité à participer à une entreprise immense et variée, dont on ne voit ni les limites ni l'achèvement.

Sollicité par des commandes, bousculé par la compétition et hanté par ses phantasmes, l'artiste ne termine pas toujours à l'époque son

-26. Par exemple, la révélation de la peinture à l'huile, d'origine flamande, crée un remous considérable dans les ateliers italiens autour de 1480. (Chastel : *Le Grand Atelier*, p. 286)

ouvrage, et même si la plupart des œuvres inachevées ont disparu, il en reste d'importantes qui ont été heureusement conservées. — Vers 1455, Francesco Sforza envoie Filarete construire sur le Grand Canal, à Venise, un palais qui ne sera pas terminé[27] ; en 1482, Leonardo ne termine pas une *Adoration des Mages* commandée par les moines de San Donato, à Scopeto ; à peu près au même moment, Botticelli laisse inachevée une *Adoration* qui sera repeinte en partie au XVIIe siècle et qu'André Chastel considère comme « l'une des compositions les plus visionnaires de la fin du Quattrocento[28] » ; une douzaine d'années plus tard, Filippino Lippi entreprend pour le compte de Lorenzo de' Medici « un sacrifice qui resta inachevé », selon Vasari[29] ; Dürer ne terminera pas, au tout début du Cinquecento, une *Vierge et Enfant*, et s'il achève en 1515 avec son équipe l'imposant assemblage de l'*Arc de triomphe*, gravé sur 192 planches pour Maximilien Premier, il n'exécutera en 1526 que 139 des 208 planches prévues pour le *Cortège triomphal*, ce qui fait tout de même une œuvre de 55 mètres d'envergure[30].

Promotion sociale de l'artiste

Au tout début du XVe siècle, les frères enlumineurs Limbourg jouissent d'une réputation qui les fait rechercher par les mécènes avertis, et la Renaissance n'est certes pas la première époque de l'histoire occidentale à choyer certains de ses artistes, puisque vingt siècles plus tôt Zeuxis et Apelle étaient considérés de leur vivant comme d'importants personnages. À partir du Quattrocento, il se trouvera sans doute encore des boudeurs (comme naguère Platon) qui n'accorderont ni admiration ni même respect aux artistes, mais rien ne pourra plus empêcher le peintre, par exemple, de développer une conscience de plus en plus aiguë de sa valeur, et de la souligner en inscrivant son nom sur son œuvre ou sur un *cartellino*. Dans sa fresque de l'*Annonciation* (1501) à Spello, Pintoricchio surmonte sa signature d'un autoportrait, comme Perugino le fait à la même époque dans sa fresque au Palazzo del Cambio de Perugia[31]. Certains artistes feront graver leurs noms sur des œuvres que leurs mains n'auront peut-être même pas touchées, et d'autres se contenteront dans des cas semblables d'y laisser la marque de leur atelier.

-27. A. Chastel : *Le Grand Atelier*, p. 36.
-28. A. Chastel : *Art et Humanisme à Florence*, p. 244. — Ce tableau se trouve à la Soprintendenza alle Gallerie de Florence, et trois fragments d'une variante ébauchée en clair-obscur à New York et Cambridge. (*Tout l'œuvre peint de Botticelli*, p. 110-1) — Le thème de la Nativité semble favoriser l'inachèvement, par une sorte de mimétisme symbolique qui pousserait les peintres à traduire l'iconologie de la Naissance et de l'Enfant en laissant aussi l'œuvre ouverte sur son propre devenir.
-29. Vasari, cité par A. Chastel dans *Art et Humanisme à Florence*, p. 155. (*Le Vite...* III, p. 266)
-30. *Dürer et son temps*, p. 130-6 : ces deux ouvrages gravés constituent probablement les plus grands « monuments de papier » de l'histoire des arts plastiques en Occident.
-31. Voir E.H. Gombrich : *Meditations on a Hobby Horse*, fig. 44-6.

Relisons Chastel:

«La collaboration des aides était fondée sur l'obéissance au schéma d'ensemble et l'application des règles communes à la *bottega*. Ces pratiques évolueront après 1500, quand le prestige nouveau des maîtres aura donné à l'imitation une signification moins mécanique. C'est ce qu'on observe fort bien autour de Raphaël. À partir de 1514-1515, l'abondance des commandes, l'impatience même de l'artiste, l'amènent à abandonner de plus en plus l'exécution à ses élèves. C'est ce qui gâte si fâcheusement, par exemple, le décor de la Farnésine. Mais cette pratique désastreuse a pu être acceptée sans objection apparente par les amis et les clients de l'artiste et par ses élèves même. Vasari explique que Raphaël faisait régner autour de lui une harmonie si extraordinaire que son inspiration se communiquait naturellement aux autres[32].»

Le statut social de l'artiste en Europe prend ainsi un tournant à la fois fascinant et périlleux, car la désinvolture d'un Raffaello risque de saboter la promotion sociale et culturelle conquise peu à peu par les corporations d'artistes. C'est bien de corporations qu'il s'agit, les premières guildes de peintres ayant été fondées en Italie, à Perugia dès 1286 et à Venise en 1290, puis à Véronne en 1303, à Florence en 1339, à Sienne en 1355. Une même corporation pouvait rassembler des architectes, maçons et briqueteurs, ou bien des peintres, doreurs, encadreurs et marqueteurs, et seuls les membres maîtres avaient le privilège d'ouvrir un atelier et d'y former des apprentis[33].

Dans ce contexte, peut-on parler de luttes de classes, — et pourrait-on souhaiter un champ davantage livré au tumulte inachevable du *non finito* que celui de la lutte des classes? — L'historien et sociologue de l'art Pierre Francastel note, dans une de ses études sur la Renaissance, la nécessité de bien observer la «variété des groupes humains, extraordinairement morcelés et sans cesse en voie de se défaire et de se reconstituer, qui participent à la production et à l'interprétation de tous les objets esthétiques, y compris les objets utilitaires[34]». — En soulignant le phénomène de la promotion sociale de l'artiste à la Renaissance, nous pouvons sembler nous éloigner du sujet du *non finito*, mais c'est pourtant montrer que ce dernier se manifeste aussi dans les changements[35] plus ou moins considérables

-32. A. Chastel: *Art et Humanisme à Florence*, p. 327; et *Le Grand Atelier*, p. 177.
-33. R. et M. Wittkower: *Born Under Saturn*, p. 9. — Voir aussi B. Teyssèdre: *Roger de Piles...*, p. 15-8.
-34. P. Francastel: *Peinture et Société*, p. 9.
-35. Dans l'Introduction portant sur «la notion de culture» à son livre *Sociodynamique de la culture*, A. Moles accorde une place stratégique à l'imagination, sans quoi il ne saurait y avoir d'art ni d'évolution continuelle des formes artistiques, d'une génération à l'autre; pour Moles, «la culture, matière de la pensée, représente ce qui est, et la pensée, ce qu'on en fait: la pensée est le devenir de la culture» (p. 30); l'interprétation qu'il propose de la culture humaniste de la Renaissance (p. 20-1 et 28) me semble toutefois trop statique, «réticulaire», «hiérarchisée», et cette vision réductrice ne convient certainement pas à un esprit en effervescence comme celui de Leonardo, qui témoigne au contraire d'une géniale capacité à remettre en question tout le savoir accumulé et ordonné par ses prédécesseurs, pour en faire le champ d'exploration et d'expérience d'un devenir en zigzag, comme pourraient dire Moles et Marshall McLuhan, à quoi nous ajoutons: et inachevable.

et rapides qui affectent le climat socio-culturel d'une époque, de toute époque, à la fois dans la production des œuvres d'art et dans leur interprétation.

Quand le riche banquier Cosimo de' Medici commence vers 1430 à s'intéresser aux arts et quand il offre bientôt des villas à ses protégés, il s'inscrit dans la lignée illustrée par Mécène et Auguste quinze siècles plus tôt; mais semblable régime de protecteurs a tendance à souder favoritisme et dirigisme: cadeaux et privilèges, pensions, commandes et bourses poussent les protégés vers la dépendance, la servilité[36], la flagornerie même et parfois l'arrivisme le plus cynique. À la fin du Quattrocento, Lorenzo de' Medici se trouvera pour sa part tellement passionné par son mécénat qu'il négligera les affaires familiales au point de provoquer des faillites en chaîne et de mettre Florence pratiquement en banqueroute, étant donné le rôle économique stratégique détenu en cette ville par les Medici depuis plusieurs générations.

Soumise en effet à une dictature économique contrôlée par les sept Guildes Majeures (ou *Arti Maggiore*, qui consolidaient le pouvoir des banquiers, manufacturiers et marchands), Florence subit aussi leur pression politique, plus ou moins directement et lourdement selon les jeux des coalitions, intrigues et négociations; les quatorze Guildes Mineures (ou *Arti Minori*, représentant les professions d'artisans et artistes) voudraient participer au gouvernement de la cité, et même si elles ont droit de vote, elles ne jouent qu'un rôle secondaire, derrière les grands patrons des *Arti Maggiore*, ce qui n'empêche pas ces Guildes Mineures d'être privilégiées par rapport aux travailleurs manuels (les *mechanici*), gênés d'organiser leurs revendications et luttes de promotion. Il y a bien eu en 1378 une tentative de renversement de l'ordre établi par les révolutionnaires *ciompi*, qui rêvaient même d'imposer leur dictature, mais après deux mois de pouvoir, ils sont renversés par des éléments modérés appuyant la classe des grands patrons et bourgeois, avec la conséquence que le véritable pouvoir glisse dans les mains de quelques familles riches, bientôt dominées par les Medici.

Pendant trois siècles, de 1430 à 1737, les Medici dirigeront plus ou moins fermement et heureusement Florence, avec quelques parenthèses toutefois (éclipse de 1492 à 1512, puis intermittence jusqu'en

---

-36. Vers 1500, devant l'attitude dictatoriale, courante à l'époque, d'une patronne des arts comme Isabelle d'Este, Leonardo se range du côté des très rares récalcitrants, plus encore que Vannucci ou Giovanni Bellini, tandis que Mantegna, Perugino et bien d'autres demeurent soumis de plus ou moins bonne grâce aux programmes imposés par les patrons et leurs petites cours. — « En déclinant les commandes d'Isabelle d'Este, en retardant indéfiniment la livraison de ses tableaux, en les laissant inachevés, Léonard réalise sa propre émancipation; il signifie que son œuvre lui appartient et qu'il en est le seul maître; plus tard, ayant entièrement parcouru le chemin qui mène de l'artisanat au dandysme, il abandonnera la peinture pour en finir avec la main », comme l'écrit R. Lebel dans un petit livre justement intitulé *Léonard de Vinci ou la fin de l'humilité*, p. 61-2.

1530), et une des visées de cette dynastie sera, surtout vers 1440 puis vers 1530, de faire de Florence l'Athènes des Nouveaux Temps, y compris subrepticement une certaine forme d'esclavage, déjà justifiée par Platon et par Aristote[37], — esclavage mieux camouflé toutefois à la Renaissance sous forme d'exploitation de la main-d'œuvre par les propriétaires d'ateliers, eux-mêmes dépendants des dirigeants de leurs guildes, puis des patrons qui décident des commandes, et enfin, tout en haut de la hiérarchie économique, des quelques grandes familles qui se disputent le pouvoir politique par l'économique.

À l'époque, comment l'artiste s'insère-t-il dans ce brassage social et quelle attitude prend-il, d'une génération à l'autre ? — Trop vaste question, puisque l'insertion et l'attitude de l'artiste se cherchent et tâtonnent en plusieurs directions, pendant ces deux siècles de la Renaissance et selon les ouvertures ou au contraire les obstacles qui se présentent, et aussi selon les tempéraments des différents artistes et selon leurs désirs de faire changer le régime imposé, la plupart se laissant ballotter par les circonstances. Tout cela n'est pas sans constituer une dimension remarquable du *non finito* dans le domaine artistique, en montrant les situations et fluctuations de l'insertion sociale, culturelle, économique et politique de l'artiste dans sa collectivité, son milieu, son époque.

Une réduction simpliste du fonctionnement économique en catégories manichéennes d'exploiteurs et exploités trahirait toutefois le dynamisme même de la société dans son processus sans cesse évolutif, et il faut souligner à la Renaissance l'importance des intermédiaires, particulièrement des « corporations » qui remplissent les fonctions complexes de rouages et engrenages, « syndicats » au sens général du terme, c'est-à-dire associations constituées autour des intérêts économiques et professionnels de certaines catégories de citoyens. Depuis le début du Trecento, le « syndic » est le délégué d'une région urbaine ou rurale auprès du seigneur des lieux, ou l'intermédiaire de demandes, revendications, décisions ; qu'il soit à la solde des patrons ou des ouvriers, le syndic n'est possible que dans un régime économique ouvert à la négociation (de *negotiatio* : commerce, justement axé sur le profit).

Quand Rembrandt peindra en 1661 les *Syndics de la Guilde des drapiers*, il illustrera de façon saisissante la complexité des rapports entre l'art et l'ensemble de la réalité sociale dont il fait partie, qu'il exprime à sa façon, c'est-à-dire aussi en intermédiaire et en médiateur, en dialecticien[38], et la traduction ou interprétation qu'il

---

-37. Aristote : *Politique* 1253b et 1256a ; quelques lignes plus loin, Aristote observe que l'accumulation des richesses a des limites et que l'enrichissement ne doit pas se faire abusif, ce qui ne simplifie pas la lecture d'un auteur qui, d'un côté, pose l'esclavage en assises du contrat social, et dénonce d'un autre côté les abus possibles du capitalisme ; — comme on sait, la toile de fond sociale de la Renaissance a souvent été brossée, et celle d'Arnold Hauser, utilisée en partie ici, demeure vraisemblable. (*The Social History of Art* II, p. 13-9)
-38. Dans un débat d'un beau désordre tenu à Paris le 17 octobre 1972 autour des rapports entre « Histoire de l'art et marxisme » — désordre qui ne fait que

►

propose n'est certes pas absolument fidèle ni conforme au profil le plus séduisant de l'institution sociale et économique qui lui commande le tableau. Le traitement que l'artiste impose ainsi au modèle ou sujet prend souvent un angle critique, même s'il y déploie discrétion ou astuce; par exemple, les « régents » du tableau de Rembrandt sont interrompus dans leurs négociations même, au moins pour le temps de la pose, et le peintre paraîtrait donner à cette interruption un air d'instantané photographique, comme s'il voulait signifier la saisie critique d'un des grands principes des affaires « modernes » : *Time is Money* — le temps, c'est de l'argent. — L'écrivain socialiste Ernst Fischer éclaire comme suit les rapports complexes entre l'artiste et la société :

> « Dans une société divisée en classes, celles-ci tentent de mettre l'art, cette voix puissante du collectif, au service de leurs intérêts respectifs. Les vociférations de la Pythie en transes étaient préparées très habilement et très consciemment par des prêtres aristocrates. Du chœur du collectif s'est détaché le chef du chœur; l'hymne sacré est devenu un hymne à la gloire des gouvernants; le totem du clan s'est subdivisé en dieux de l'aristocratie. Finalement, le chef du chœur, avec son don d'improvisation et d'invention, s'est transformé en barde, chantant sans accompagnement choral à la cour du roi et, plus tard, sur la place du marché[39]. »

Selon Ernst Fischer, la magie offerte par le sorcier dans la société archaïque tribale fait donc place au rituel mis en scène par le prêtre dans les premières sociétés urbaines, puis à l'artiste qui hérite de la périlleuse mission « d'exposer à ses semblables la signification profonde » de la vie, des événements qui la bouleversent, des rapports souvent énigmatiques qui soudent l'homme à la fois à ses semblables et aux grandes forces de la nature. La vie tribale primitive offrait toutefois une scène moins complexe, où « la division du travail et les conflits de classes » n'avaient pas encore arraché l'individu à une sorte de matrice confusément unifiée :

---

témoigner de la complexité du sujet —, la notion de médiation (médiation des œuvres et aussi des théories et méthodes élaborées autour d'elles) se montre fondamentale, vue la « difficulté à appliquer mécaniquement l'idée de la relation entre superstructure et infrastructure » socio-économiques (Olivier Revault d'Allonnes, *Esthétique et Marxisme*, p. 205 et 195) ; indifférent à la question de « l'essence de l'art » mais préoccupé par « les conditions historiques qui créent une institution nommée art », Marc Le Bot charge l'historien d'art de dégager dans le cours du temps telle « pratique spécifique » de l'art et de « penser, sans contradiction, une histoire de l'art à la fois autonome et hétéronome » (p. 235 et 192-3) ; voilà qui saisit l'artiste dans le trouble et l'ambiguïté de sa situation, surtout à la Renaissance ; l'artiste, à la fois autonome et hétéronome, dépendant des contraintes de la commande et champion de ce qu'Olivier Revault d'Allonnes appelle « les promesses de la liberté » (p. 19s) ; tout cela pourrait bien se résumer dans ce que Gilbert Lascault nomme « lutte idéologique : une critique de ce qui existe » (p. 196), et qui ferait des œuvres d'art le lieu d'une inépuisable dialectique, celle du *non finito* de leur production et de leur interprétation.
-39. E. Fischer : *La Nécessité de l'art*, p. 42 ; quelques lignes plus haut, Fischer cite l'*Io* où Platon fait du poète épique un inspiré, un « possédé » de l'esprit de Dieu — c'est-à-dire, commente Fischer, de l'esprit collectif : « Dieu est un autre nom du collectif » — ce qui évoquerait la « psyché collective » jungienne ?

« L'homme avait, en effet, payé très cher son accession à des formes sociales plus complexes et plus productives. Par suite de la différentiation des talents, de la division du travail et de la séparation des classes, il était aliéné non seulement à la nature mais à lui-même. — La société a besoin de l'artiste, ce suprême sorcier, et elle a le droit d'exiger de lui qu'il ait conscience de sa fonction sociale. Ce droit n'a jamais été discuté dans aucune société ascendante, au contraire de ce qui se passe dans une société décadente. Ce fut l'ambition de l'artiste imprégné des idées et de l'expérience de son temps, non seulement de représenter la réalité, mais aussi de la modeler. Le Moïse de Michel-Ange n'était pas seulement l'image artistique de l'homme de la Renaissance, l'incarnation dans la pierre d'une personnalité nouvelle et consciente d'elle-même ; c'était aussi un commandement gravé dans la pierre que Michel-Ange adressait à ses contemporains et à ses mécènes : Voici à quoi il faut que vous ressembliez, le siècle où nous vivons l'exige, le monde à la naissance duquel nous assistons le réclame[40]. »

Rappelons toutefois que le *Moïse* a été conçu pour le tombeau de Jules II, grand protecteur des arts et collectionneur d'antiquités (l'*Apollon*, le *Laocoon*), qui succède sur le trône pontifical romain à Alexandre VI, champion du népotisme et père de Lucrèce Borgia, elle-même protectrice des arts, lettres et sciences ; et tout ce beau monde ne semble pas particulièrement attentif aux leçons et encore moins aux commandements que voudrait graver dans ses marbres un artiste, fut-il Michelangelo ! — Au début du Cinquecento, l'Église se trouve flanquée de quelques remarquables bâtards et participe pour une part considérable au grand chantier de la Renaissance, en chargeant quantité d'artistes d'importantes commandes, selon les bons désirs des hautes personnalités qui se bousculent au Saint Siège, où le Concile de Trente entreprendra de mettre un peu d'ordre de 1545 à 1563. — Bref, et d'accord avec Ernst Fischer, nous pouvons du moins constater que l'artiste s'est pris au piège de ses propres ambitions et que ses œuvres sont devenues, par le mécanisme des commandes, marchandises suffisamment importantes pour attirer l'attention de l'Inquisition, qui regardera heureusement ailleurs en Italie à partir de la fin du Quattrocento.

Avec Leonardo et Michelangelo comme grandes vedettes de leur gent, les peintres, sculpteurs et architectes consolideront au Cinquecento une promotion sociale qui les fait entrer de plain-pied dans l'illustre enceinte des Arts libéraux[41], passant ainsi par étapes[42] du

-40. E. Fischer : *La Nécessité de l'art*, p. 42-3 et 47-8.
-41. Il y a souvent eu bousculade au cours des siècles dans la légitimation et la hiérarchie des Muses et des Arts libéraux, où se trouvent en compétition musique et astronomie, danse et littérature (y compris l'histoire et l'éloquence, la comédie et la tragédie, la poésie lyrique et épique), sans oublier la médecine et le droit, la philosophie et la théologie, et encore les sciences fondées sur l'expérience, qui connaissent aussi leur « renaissance » (physique, mathématiques, alchimie et bientôt chimie, biologie) ; les Arts libéraux comprennent en somme tout le domaine du savoir, soumis aux classifications que chaque culture détermine selon son échelle de valeurs au cours de son évolution, jusqu'à la Renaissance.
-42. « Deux fois dans l'histoire de l'art occidental nous pouvons observer le phénomène qui porte les praticiens des arts visuels du rang de simples artisans au niveau d'artistes inspirés : une première fois dans la Grèce du IVe siècle avant notre ère, et de nouveau au XVe siècle en Italie. » (R. et M. Wittkower : *Born Under Saturn*, p. 1, ma traduction.)

statut d'artisans «mécaniques» à celui de membres «nobles» de la société humaniste. La promotion sociale de l'artiste connaît une de ses étapes dans le conseil que Leonardo donne à l'artiste de travailler seul dans son atelier[43], et de ne plus par conséquent faire partie des *botteghe*. L'apprentissage dans les grands ateliers et le compagnonnage seront bientôt concurrencés par les académies ou écoles qui se développent à partir de 1560. Plusieurs artistes se dégagent de la servitude variable des commandes, et produisent librement des œuvres qu'une clientèle de plus en plus grande et variée recherche. Les amateurs d'art se multiplient, et aussi les artistes, ce qui augmente la compétition et suscite le foisonnement de formes artistiques en quête d'originalité : c'est déjà la voie ouverte, avec Michelangelo, vers le Maniérisme puis le Baroque.

L'artiste affiche de plus en plus son nom, sa personnalité, sa singularité, qui lui servent même à l'occasion de marque de commerce. Nous ne sortons pas de l'éclairage du *non finito* en observant cela, puisque cette attitude sociale de l'artiste se poursuit encore de nos jours, et jusque dans des tactiques publicitaires parfois trop préoccupées de promotion économique ou mercantile. La promotion de l'artiste dans la société en incite même certains à devenir collectionneurs d'objets d'art, selon Chastel :

«Beaucoup, continuant Donatello et Ghiberti, s'entourent d'antiques, d'objets choisis, qui ne sont pas des modèles d'atelier mais les symboles d'une culture. Signorelli, vêtu avec recherche, se présente comme un *signore e gentiluomo* ; Léonard est le plus élégant des hommes ; Raphaël, entouré comme un prince, s'oppose à Michel-Ange, 'seul comme un bourreau' ; mais tous entendent à être respectés. — C'est au temps de Laurent que l'assurance intellectuelle des maîtres a commencé à s'affirmer, en même temps que le souci de leur dignité sociale. Ils tendent à se présenter au même titre que les poètes et les humanistes, comme une catégorie privilégiée. — Les habitudes florentines favorisaient une sorte de promotion des maîtres qu'on allait bientôt égaler aux 'héros' supérieurs de la culture[44].»

Ainsi, le statut social et culturel de l'artiste connaît, du Quattrocento au Cinquecento, une évolution qui le place dans une «catégorie privilégiée» : mais l'artiste s'assoit-il tranquillement sur ses lauriers ? N'aura-t-il pas plutôt la tentation de poursuivre, dans son propre milieu, dans sa microsociété, l'interminable jeu de la compétition qu'il vient de tourner en sa faveur au sein de la Renaissance ?

«D'une manière générale, le respect public pour les artistes s'était immensément accru et devait s'accroître encore davantage lorsque l'adjectif 'divin' fut appliqué à Michel-Ange. — Cependant, dès que les arts visuels furent universellement admis au rang d'arts libéraux, les protagonistes commencèrent à se quereller sur la question de savoir lequel était le plus noble et le plus libéral. —

-43. Leonardo : *Notebooks* I, p. 248, n° 494 : «E se tu sarai solo ti sarai tutto tuo.» — Les Carnets de Leonardo seront généralement cités selon l'édition Richter établissant les manuscrits et les traduisant en anglais, et/ou selon le classement MacCurdy préfacé en français par Valéry.
-44. A. Chastel : *Art et Humanisme à Florence*, p. 287-8.

Au commencement, les Académies permirent la compétition individuelle, sans que leurs rivaux fussent écrasés, comme ç'avait été le cas avec les corporations, mais plus tard, elles devinrent à leur tour tyranniques[45]. »

Les débats rhétoriques autour du *Paragone* témoignent en effet d'une mini-lutte de classes, à l'intérieur du groupe des artistes, comme nous le verrons plus loin quand Leonardo et Michelangelo se dresseront l'un contre l'autre dans leurs opinions sur la peinture et la sculpture. À la Renaissance, le domaine de l'art affirme son autonomie intellectuelle, l'artiste s'établit en classe sociale, et l'œuvre d'art accentue son profil d'objet économique. Pour une bonne part, l'Académie de Careggi a contribué à cette profonde évolution, sans qu'on puisse pour autant la tenir responsable de certaines conséquences mercantiles :

« L'œuvre d'art est désormais soumise à la loi de l'offre et de la demande. Ce que Marsile Ficin n'a pas prévu, c'est qu'en donnant naissance à l'œuvre d'art, il ouvre grande la voie à une vaste commercialisation des peintures et des sculptures. Et à la spéculation. Dès sa naissance, la religion de l'Art est une religion du profit. Les bourgeois se précipitent pour organiser l'exploitation de ce marché des œuvres d'art, dont profiteront au premier chef les artistes et en second lieu les grands de ce monde. L'homme de la rue est exclu de ce trafic, il n'est ni assez riche ni assez digne pour y participer[46]. »

En s'institutionnalisant en structure économique, le monde de l'art passe du rituel médiéval au marché moderne, et on peut se demander si c'est à cela que Leonardo fait allusion dans une note laconique de ses *Carnets* : « Les Medici m'ont créé et m'ont détruit[47]. »

L'artiste, s'il atteint un certain niveau d'éminence, pourra désormais côtoyer les Grands. Le « maître » médiéval était la plupart du temps anonyme : le « génie » de la Renaissance verra son nom célébré et son accession à la souveraineté de l'acte créateur pourra même lui donner, comme à Michelangelo, l'allure d'un géant « terrible », capable même de tenir tête à un pape non moins terrible[48], et déjà flanqué de son vivant de deux biographes. L'artiste est devenu célébrité, légende, mythe même avant sa mort, et malgré toute la publicité qui trompettera autour de lui, Picasso n'en sera pas moins quatre siècles en retard sur Michelangelo !

-45. A. Blunt : *La Théorie des arts en Italie*, p. 89, 97 et 103.
-46. J. Gimpel : *Contre l'art et les artistes*, p. 47-8.
-47. Leonardo : *Carnets* II, p. 419 : « Li medici mi creorono e disstrussono. »
-48. Quand Michelangelo fuit Rome et le tombeau de Jules II en 1506, le pape s'en trouve irrité, et un incident diplomatique qui aurait pu avoir de désastreuses conséquences est évité de justesse. (*Born Under Saturn*, p. 38)

LE NON FINITO *CHEZ LEONARDO* ET *MICHELANGELO*

Deux génies s'affrontent

Le dynamisme évoqué par Ernst Fischer à propos de la fonction de l'artiste dans le tissu social enracine cette fonction dans le besoin d'entretenir avec l'énigme à jamais irréductible de l'univers un rapport symbolique, remodelé selon l'évolution de la société dans son système de valeurs, et qui en stimule à son tour la plus profonde transformation. Cette « naissance » continuée et poursuivie, de façon particulièrement consciente et aiguë à la Renaissance italienne (plus particulièrement encore au début du Cinquecento à Florence), peut aussi s'interpréter selon la perspective du *non finito*, soulignée plusieurs fois au cours des pages précédentes, et dont l'œuvre de Michelangelo offre une saisissante dramaturgie, non seulement dans la figure du *Moïse*, hantée par l'ambiguïté de l'esprit prophétique, mais encore à travers l'hallucinante galerie d'œuvres inachevées qu'il laisse derrière lui, comme Leonardo.

En 1501, Leonardo vient de terminer le deuxième projet d'un tableau représentant Sainte Anne, la Vierge et l'Enfant, projet qui, selon Vasari[1], émerveille les amateurs d'art florentins, et l'artiste, déjà célèbre, se voit proposer par le gonfalonier Piero Soderini, occupé à mettre un peu de calme à Florence pendant l'éclipse des Medici, un bloc de marbre d'abord ébauché en 1464 par Agostino di Duccio, puis repris en 1476 par Antonio Rossellino, et abandonné de nouveau sur les chantiers de la cathédrale. Sur le point d'entrer dans la cinquantaine, Leonardo n'éprouve en 1501 aucun enthousiasme devant ce défi, devant une tâche d'épuisants et longs labeurs, et d'autant moins que ses idées le portent à dédaigner la sculpture, surtout la taille directe, bruyante et poussiéreuse, à laquelle il préfère mille fois l'art plus raffiné et intellectuel de la peinture[2].

En 1501, Michelangelo a vingt-six ans, et il connaît le bloc de marbre abandonné sur les chantiers de l'Opera del Duomo, bloc que les Florentins appellent le Géant. La rumeur du désistement de Leonardo offre au jeune sculpteur une occasion inespérée de sortir de l'ombre où le tiennent les réputations de ses aînés, et selon l'ardente ambition de son âge il signe en août, avec les administrateurs du chantier de la cathédrale, un contrat à l'effet de sculpter la masse qui gît en son encombrant inachèvement depuis près de quarante ans. À la fin de 1503, Michelangelo termine ainsi dans ce bloc son *David*, le

---

-1. Vasari: *Le Vite...* III, p. 402.
-2. « La sculpture est moins intellectuelle que la peinture. — La peinture semble chose miraculeuse ('para cosa miracolosa'), elle possède d'infinies possibilités, interdites à la sculpture. » (Leonardo : *Notebooks* I, p. 329-330, nᵒˢ 655-6 ; et *The Literary Works of Leonardo da Vinci*, p. 94-5)

premier d'un cortège de surhommes qui serviraient d'effigies à la Haute Renaissance, selon une rhétorique emphatique dont il ne faudra pas s'étonner qu'elle ne parvienne pas toujours à parfaire ses altières ambitions ; celles de Michelangelo sont immenses et ne s'arrêteront pas au triomphe éclatant du *David*, preuve juvénile mais monumentale de ses exceptionnelles capacités, là où d'autres avaient échoué avant lui. Il est fier d'avoir réussi là où Leonardo n'a même pas osé s'essayer, mais il ambitionne encore de poursuivre son célèbre aîné sur son propre terrain, celui de la peinture, et l'occasion s'en présente quand le gonfalonier de Florence invite Leonardo à peindre sur un mur de la salle du Grand Conseil du Palazzo della Signoria une scène de l'histoire florentine. Leonardo met un an à commencer son carton, qui évoque la bataille d'Anghiari par laquelle Florence s'est débarrassée de l'invasion milanaise en Toscane[3]. Six mois plus tard, soit à la fin de 1504, le peintre n'a pas encore commencé à exécuter la fresque dont il a reçu commande. Devant le peu d'empressement de Leonardo, Michelangelo obtient qu'on lui confie un autre mur de la même salle du palais florentin.

En février 1505, les deux cartons sont exposés dans la salle, deux « victoires » qui dressent publiquement en combat singulier symbolique les deux artistes, car Michelangelo a aussi choisi de peindre une victoire florentine, celle de Cascina où ses compatriotes battirent les mercenaires anglais à la solde des Pisans en 1364. Les deux cartons s'offrent donc à l'admiration et à la discussion des Florentins : deux pièces de bravoure picturale, où la maîtrise réfléchie et lentement mûrie de Leonardo fait face à la fougue de son jeune rival, de près d'un quart de siècle son cadet en âge et dans le métier. À la sortie de ce tournoi du pinceau, où l'énergie créatrice semble se condenser dans le tourbillon musclé des personnages dessinés par les deux protagonistes, point de vainqueur pourtant, et les cartons eux-mêmes sont disparus, après avoir attiré des admirateurs venus de toute l'Italie et inspiré débats et polémiques[4], après avoir été copiés et enfin après avoir été oubliés et s'être dégradés.

Aiguillonné par l'agressivité de Michelangelo, Leonardo décide d'en imposer par une innovation technique, mais ne réussit pas à contrôler le mélange d'huile qu'il veut incorporer à la traditionnelle fresque à la détrempe, et abandonne bientôt le mur dont un fragment saura pourtant encore provoquer l'admiration un demi-siècle plus tard, jusqu'à ce que Vasari le gomme de ses propres fresques en 1557. De son côté, Michelangelo ne pourra même pas profiter du malheur technique de Leonardo, car le nouveau pape Jules II le somme de se rendre aussitôt à Rome et le charge de ce qui va devenir le plus grand des dossiers inachevés de sa carrière, celui du tombeau du pape.

-3. Le 29 juin 1441 selon certains, le 29 juin 1440 selon d'autres, dont G. Passavant qui commente les deux cartons dans *Le Temps des Génies*, p. 188s.
-4. Entre autres documents sur le sujet, voir « The Hall of the Great Council of Florence » par J. Wilde : « The Florentines realized that two powers of extraordinary vigour were here matched against one another. » (*Journal of the Warburg and Courtauld Institutes*, Londres, vol. 7, 1944, p. 79)

Ainsi en 1505, dans la salle du Conseil de Forence, Leonardo et Michelangelo se trouvent confrontés ensemble au *non finito*, et cela ne constitue pas une exception dans leurs carrières, débitées au contraire en tronçons par leurs nombreux déplacements et jonchées d'œuvres inachevées. L'époque est sans doute agitée, surtout dans la république oligarchique florentine où certain secrétaire de la chancellerie, encore jeune et obscur mais aussi ambitieux que Michelangelo et génial dans son domaine de la politique, plaide en faveur de l'audace et de l'innovation, contre la passivité et la prudence, convaincu que l'histoire constitue une aventure à la fois inachevée et inachevable. Niccolo Machiavelli aura, après le retour au pouvoir des Medici en 1512, tout le loisir d'écrire, en marge de l'action politique dont on le tiendra prudemment éloigné, des textes qui devront, pour être désignés convenablement, recourir à l'adjectif dérivé du nom de leur auteur. *Il Principe*, malgré le cheminement à la fois tortueux et implacable de son discours, comme le cours de la réalité historique dont il se nourrit en toute lucidité, gravite autour d'une énigme que Machiavelli ne peut résoudre, celle de la *fortuna*, c'est-à-dire du ressort qui change le cours de la vie et lui impose, malgré programmes et théories, une dimension d'imprévisible et d'inachevable.

Leonardo et Michelangelo tentent pour leur part souvent de harnacher cette *fortuna*, en acceptant d'importantes commandes et en s'engageant dans de multiples projets, mais ils n'en trouvent pas pour autant l'apaisement, et bien au contraire ils s'agitent, courent d'une ville à l'autre comme s'ils étaient possédés de quelque obscur appétit qui les entraîne sans relâche ailleurs, les rendant incapables d'accomplir en un même endroit et d'affilée plusieurs œuvres importantes, les empêchant même de terminer plusieurs de celles qu'ils entreprennent puis abandonnent avec la même fougue, semble-t-il. Le déroulement étrange et saccadé de la carrière de ces deux prospecteurs de génie leur donne l'air d'explorateurs jamais satisfaits de leurs découvertes, sans cesse obsédés par de nouvelles recherches, sollicités par de plus passionnantes expériences, au point d'en oublier les ébauches qui jalonnent leurs parcours, pour vivre plus intensément leur devenir dans son impossible achèvement.

Le *non finito* chez Leonardo

Leonardo naît bâtard près de Florence en 1452, dans un lieu et à une époque où la bâtardise n'est probablement pas plus fréquente qu'ailleurs, mais où elle ne constitue pas une tache de naissance qu'il faut absolument dissimuler. Inscrit comme «fils illégitime de Ser Piero da Vinci» aux archives familiales, Leonardo sera pourtant exclu du partage de la succession de Ser Piero le 30 avril 1506, ce qui suggérerait que même la bâtardise reconnue n'empêche pas la maternité de se fonder en fait, et la paternité, en foi.

Manifestant du goût pour les arts, Leonardo entre à seize ou dix-sept ans à l'atelier florentin de Verrocchio, où il fait son apprentissage et reçoit bientôt quelques commandes. En 1472, à vingt ans donc, il est

déjà inscrit à la corporation des peintres, et brosse une *Tête de Méduse*
dont le brillant apprenti se détache aussitôt après avoir atteint, de son
propre aveu[5], l'effet terrifiant souhaité. Ce trait de caractère s'accen-
tuera au fil de la carrière de Leonardo, aiguisant sans cesse son appétit
et aiguillonnant sa curiosité vers d'autres recherches, d'autres champs
d'explorations et de connaissances. Les *Carnets* témoignent de
multiples investigations, toujours insatisfaites et laissées en vrac, qui
bondissent de l'hydraulique à la musique, de la dissection à la
machine volante, des mathématiques à la peinture en clair-obscur,
des prophéties aux facéties, et Valéry en conclura à l'insatiabilité de
leur auteur :

> « Il se meut dans tout l'espace du pouvoir de l'esprit. Il ne sait pas sacrifier sa
> curiosité généralisée, les excursions de sa fantaisie, qui est profondeur, aux
> exigences d'une production suivie et de rapport certain. Il commence des œuvres
> qu'il abandonne[6]. »

Un coup d'œil sur la production de Leonardo met en effet aussitôt
en évidence une grande part d'inachèvement, et non seulement dans
ses célèbres *Carnets*. Ce qu'on connaît de sa peinture se ramène à une
trentaine d'œuvres, dont il serait prudent de mettre à part cinq pièces
plus ou moins contestées (la *Madone Dreyfus* de Washington, la
Madone Litta de l'Ermitage, le *Portrait de femme de profil* de la Pinaco-
thèque Ambrosiana, la *Dame à l'hermine* de Cracovie et la *Belle Fer-
ronnière* du Louvre). Une douzaine d'autres œuvres nous glissent
encore entre les mains, soit sept pièces perdues (le carton d'*Adam et
Ève*, la *Tête de Méduse*, un ange de 1475, la *Madone aux fuseaux* de 1500,
la *Léda* de 1503-1505, le carton de la *Bataille d'Anghiari* et son ébauche
murale[7]), deux pièces où d'autres peintres ont mis la main (le *Baptême
du Christ* des Uffici et la *Vierge aux rochers* de Londres), et trois pièces
altérées (la grande *Cène* de Milan, les entrelacs végétaux de la Sala
delle Asse du château Sforza, et le carton d'Isabelle d'Este au Louvre).
— Restent quatorze œuvres peintes, soit neuf tableaux terminés
(l'*Annonciation* de 1472 aux Uffici, la *Ginevra de' Benci* de 1475 à
Washington, la *Madone Benois* de 1478 à l'Ermitage, la *Madone à l'œillet*
de 1478 à Munich, et au Louvre la *Vierge aux rochers*, la *Mona Lisa*,
l'*Annonciation*, le *Bacchus* et le *Saint Jean Baptiste*) et cinq œuvres

-5. Selon Vasari : *Le Vite...* III, p. 393.
-6. Préface de Valéry aux *Carnets* de Leonardo, I, p. 12.
-7. Il a été rappelé précédemment que la murale d'Anghiari n'a pas été achevée,
semblerait-il surtout pour des raisons techniques ; rien pourtant n'empêchait
Leonardo de se raviser, d'abandonner l'huile pour retourner à la technique
éprouvée de la fresque traditionnelle ; une dizaine d'années plus tôt, pour la *Cène*
de Milan, il s'était déjà aventuré à utiliser de l'huile et des vernis dans la fresque ;
la raison profonde de l'abandon de la murale au Palazzo della Signoria se
trouverait peut-être plutôt dans l'impatience qui gagne l'artiste devant le gâchis
de la murale, et l'incite à se replier sur des travaux moins périlleux, même s'il se
déclare « disciple de l'expérience » dans ses *Carnets* (II, p. 302) ; et pour une autre
raison peut-être aussi, celle de la crainte des affrontements qui ne manqueraient
pas de se produire avec son jeune rival impétueux, Michelangelo, qui devait
peindre un autre mur de la même salle, et qui pouvait revenir de Rome
incessamment.

laissées inachevées par l'artiste : le *Saint Jérôme* de 1480, l'*Adoration des Mages* de 1481, le petit *Musicien* de 1490, le carton de *Sainte Anne* d'environ 1498 et la *Sainte Anne* de 1510[8].

Avant de commenter les cinq œuvres connues laissées inachevées par Leonardo, résumons le parcours géographique de sa carrière. Après son apprentissage dans l'atelier florentin de Verrocchio, il travaille de 1479 à 1482 dans les parages de la cour de Lorenzo de' Medici ; de 1482 à 1499, long séjour à Milan auprès de Lodovico il Moro ; en 1499, Leonardo s'arrête à Mantoue puis à Venise, et retourne à Florence ; en 1502, court séjour à Rome, auprès de César Borgia ; retour à Florence, auprès du gonfalonier Soderini ; séjour en 1506 à Milan, auprès de Charles d'Amboise ; retour à Florence de septembre 1506 à juillet 1507 ; à Milan auprès de Charles d'Amboise puis de Gian Giacomo Trivulzio de 1507 à 1513 ; à Rome auprès de Giuliano de' Medici jusqu'à la mort de ce dernier en 1517 ; et ultime étape à Cloux, près d'Amboise, chez François Premier, jusqu'à la mort de l'artiste le 2 mai 1519. — L'ensemble de ces déplacements géographiques, sans parler de leurs implications politiques et idéologiques, ne saurait s'expliquer uniquement par les circonstances extérieures : guerres, mort ou renversement de protecteurs, offres de commandes ; ni par le tempérament vagabond d'un dilettante surdoué se promenant avec désinvolture d'un mécène à l'autre. Leonardo offrirait plutôt, à travers ses périples, le profil d'un personnage instable, inquiet, dévoré d'une curiosité qui le pousse sans relâche vers d'autres horizons intellectuels à explorer, et ce personnage laisse derrière lui une masse de notes et dessins, de projets et ébauches, en vrac, et plusieurs œuvres importantes pourtant abandonnées dans leur inachèvement.

Voyons de plus près les cinq principaux tableaux que Leonardo laisse inachevés. Il a vingt-huit ans quand il entreprend son *Saint Jérôme* (1480, au Vatican depuis 1845), et l'abandonne à l'état d'ébauche monochrome, d'une impressionnante vivacité à la fois dans l'anatomie poussée du personnage, dans toute la mise en scène, dans la forme profilée du lion étendu au premier plan, dans la poésie du paysage esquissé au coin gauche supérieur ; longtemps perdu, puis scié en deux et dispersé, ce panneau a été prodigieusement sauvé de l'anéantissement, et on ne sait trop pourquoi son auteur ne l'a pas terminé.

Quelques mois après avoir abandonné le *Saint Jérôme*, Leonardo signe en mars 1481 un contrat l'engageant à peindre en deux ans et demi une *Adoration des Mages* pour le cloître de San Donato à Scopeto, près de Florence. Il en esquisse le fond en symphonie de bruns, puis quitte en 1482 Florence pour Milan, d'où il ne revient que dix-sept ans plus tard. Préparé par plusieurs dessins et par de méticuleuses études de perspective, cette *Adoration* demeure dans son ébauche une des

---

-8. Parmi les relevés consultés des œuvres de Leonardo, le Catalogue préparé par Angela Ottino della Chiesa dans *Tout l'œuvre peint de Leonardo*, préfacé par André Chastel.

compositions les plus dynamiques de Leonardo. Tout y participe d'une vie étonnante, qu'il n'aurait peut-être pas été facile de colorier de façon appropriée sans tomber dans une voyante confusion. La ruine antique qui meuble le haut du tableau accentue par contraste le grouillement des chevaux et personnages autour de la Vierge et de l'Enfant, en se déployant dans un large répertoire d'attitudes, d'expressions et de virtuosité. La masse plus sombre et statique des feuillages des deux arbres, en haut du tableau, ramène le regard sur le cheval qui trotte entre leurs troncs. La grandeur de l'œuvre semble favoriser un dessin sténographique, qui capte dans leur ressort commun la vivante mouvance de la scène et la pulsion rythmique du projet. L'artiste a peut-être senti, devant ce tableau naissant, le péril de vouloir habiller de couleurs une ébauche aussi turbulente, de sorte que son départ pour Milan viendrait sauver une œuvre aussi magistralement ébauchée du risque de « l'achèvement » ?

Un des deux escaliers de pierre dessinés en arrière-scène s'arrête sur un mur, et l'autre débouche sur le vide, à côté d'une arche en ruines[9] : de sorte que, dans ces deux escaliers, le thème visuel de la montée (de l'ascension aussi et de l'initiation) s'interrompt sur des impasses, la première par excès de fermeture (le mur), la seconde par excès d'ouverture (le vide). Pourrait-on y lire en filigrane le procès de toute action, de la vie ou de la destinée, de l'aventure même de la connaissance, ou plus simplement le procès de la saisie du réel dans le regard (et donc ici dans la peinture), ébauché par un artiste encore jeune en carrière (il n'a en effet pas trente ans quand il entreprend cette *Adoration*) mais curieux déjà de réfléchir sur tout et singulièrement sur son métier, — procès qu'il laissera d'ailleurs ouvert plusieurs fois encore dans le développement de sa carrière de peintre et de penseur ?

Un peu plus tard, vers 1490, Leonardo laisse inachevé un petit portrait de *Musicien* (Pinacoteca Ambrosiana, Milan) où le visage seulement est terminé. Le peintre aurait pourtant pu compléter ce tableautin en quelques jours.

Vers 1498, Leonardo laisse inachevé le carton de *Sainte Anne, la Vierge, l'Enfant et Jean Baptiste* (à Londres). Il peut sembler de la nature

-9. Dans une étude en perspective linéaire précédant l'ébauche de l'*Adoration des Mages*, les deux escaliers dessinés par Leonardo conduisent à une sorte de mezzanine grouillant de personnages. — On peut voir à Florence une autre *Adoration des Mages* inachevée, peinte par Botticelli vers 1493 ; une vingtaine d'années plus tôt, Botticelli a peint une autre *Adoration* (aux Uffici), où le peintre se représente lui-même à droite du tableau, et qui a pu influencer Leonardo dans son *Adoration* esquissée en 1481, surtout en ce qui concerne les éléments architecturaux en ruines qui occupent le haut des deux tableaux ; et Leonardo avait peut-être aussi l'intention de s'introduire en autoportrait dans le personnage à l'extrême-droite de son ébauche, comme Botticelli ? — Par ailleurs, l'*Adoration* esquissée en 1481 par Leonardo aurait-elle pu influencer Botticelli dans son *Adoration* peinte vers 1493 (Soprintendenza Galliere, Florence), puisqu'on constate dans les deux œuvres semblables grouillements et attitudes de personnages et chevaux : mais laissons à d'autres la tâche de trancher dans ces débats inachevables...

même du carton de se limiter à esquisser son sujet, évoquer seulement ou suggérer l'œuvre projetée, mais un carton ne saurait tout de même se ranger avec les liasses de dessins et ébauches que l'artiste crayonne en cherchant la forme convenable. Quand Leonardo exécute le carton de *Sainte Anne*, il ne s'applique pas à proposer à un éventuel patron une vision anticipée de ce que pourrait être le véritable tableau : il se contente de manifester l'émergence, sous sa main inspirée, d'une œuvre déjà autonome dans le flou de son ébauche, de son inachèvement. La nuance pèse, au point de vue sociologique au moins, car elle témoigne du processus de valorisation et de promotion de l'artiste à la toute fin du Quattrocento, processus dont Leonardo devient une illustration quand il se contente de présenter un projet de tableau sous la forme d'une ébauche où la finesse et la virtuosité s'entourent de nonchalance et de savant négligé (on dira plus tard *sprezzatura*) : l'artiste se fait démiurge, le peintre s'impose en *uomo universale* dont le génie se trouve dans son devenir.

Leonardo laisse inachevé un cinquième tableau, parmi ceux que nous connaissons maintenant, soit la version de *Sainte Anne, la Vierge et l'Enfant* (au Louvre) qu'il peint vers 1510, et qui a inspiré une gamme inouïe de commentaires, dont ceux de Freud dans *Un souvenir d'enfance de Léonard de Vinci* (1910), où le psychanalyste s'emporte dans des spéculations tantôt fascinantes et tantôt aberrantes, avant de déboucher sur une conclusion fort prudente et circonspecte, aveu répété d'impuissance :

«Même en possession de la plus ample documentation historique et du maniement certain de tous les mécanismes psychiques, l'investigation psychanalytique, en deux points importants, resterait impuissante à rendre compte de la nécessité qui commanda à un être de devenir ce qu'il fut. — Il nous faut reconnaître ici une marge de liberté que la psychanalyse reste impuissante à réduire. — La psychanalyse reste donc impuissante à expliquer ces deux particularités de Léonard : sa tendance extrême au refoulement des instincts, et son extraordinaire capacité à la sublimation des instincts primitifs. — Le don artistique et la capacité de travail étant intimement liés à la sublimation, nous devons avouer que l'essence de la fonction artistique nous reste aussi, psychanalytiquement, inaccessible[10].»

-10. Freud : *Leonardo da Vinci and a Memory of His Childhood*, p. 85-6 (dont je cite ici la traduction publiée dans *Psychanalyse*, p. 129-130). — En s'appuyant sur une note des *Carnets* (II, p. 418 ; *Notebooks* II, nº 1363), où Leonardo évoque un lointain souvenir d'enfance (un oiseau lui aurait ouvert et frappé la bouche de sa queue), sur une biographie approximative de Leonardo écrite par Merejkowski en 1895, sur une traduction douteuse des textes de l'artiste et sur une datation fantaisiste de ses tableaux, Freud semble avoir projeté quelques-unes de ses propres obsessions dans le dossier de son «client» ; le psychanalyste mêle des éléments disparates, et démasque derrière les visages de Sainte Anne et de la Vierge ceux de la mère illégitime de Leonardo, Caterina, et de sa jeune belle-mère ou mère adoptive, Donna Albiera ; puis Freud interprète un souvenir d'enfance brièvement noté par Leonardo (qui ne pouvait certes pas soupçonner l'usage qu'on ferait de ces lignes quatre siècles plus tard), confond l'oiseau rapace milan («nibbio») évoqué par Leonardo avec le vautour qu'il croit voir, après Pfister, dans le drapé des vêtements de la Vierge, ce qui entraîne une filiation phonétique ➤

Plutôt que d'ambitionner de scruter «l'essence de la fonction artistique» que Freud s'avoue impuissant à capturer dans sa grille psychanalytique (et pour dépouiller de ce qui pourrait lui rester de plumes le fumeux vautour que Freud pensait décrypter après Pfister dans les vêtements de la Vierge), il serait probablement plus efficace de s'en tenir au «fonctionnement» de l'entreprise artistique, et de constater à propos de Leonardo que ce fonctionnement se fait souvent par saccades, par jets, de façon intermittente et capricieuse même, au point de laisser à l'abandon, sans grande explication ou motivation, des œuvres que l'artiste a pourtant accepté de faire. La psychanalyse pourrait offrir d'autres pistes d'investigation, celles par exemple des actes manqués ou du complexe de l'échec, mais puisque Freud avoue lui-même son impuissance[11] à tout expliquer du «don artistique» et de son fonctionnement, aussi bien chercher ailleurs et ne pas assombrir l'activité artistique par le drame d'un instinct castré dans son dynamisme vital, et où trébuche la théorie freudienne. L'œuvre d'art se révèle peut-être davantage dans son inachèvement, dans le refus de l'ultime glacis, du suaire de la mort? Vers le milieu du premier chapitre de son étude sur Leonardo, Freud cite un livre d'Edmondo Solmi publié en traduction allemande à Berlin en 1908, qui souligne la perspective du *non finito*: «Son désir insatiable de comprendre tout ce qui l'entourait, et de pénétrer par un esprit de froide supériorité le plus profond secret de toute perfection, a condamné l'œuvre de Leonardo à demeurer à jamais inachevée[12].»

Le dynamisme d'un tel «insatiable désir» trouve une illustration presque insolente dans le carton que Leonardo se contente d'esquisser et dont l'exposition dans une salle du couvent des Servites à l'Annunziata attire pendant quelques jours nombre de visiteurs et les émerveille, selon Vasari[13]. L'intérêt et l'admiration que soulève à la toute fin du Quattrocento l'exposition en public de ce carton sert en quelque sorte d'écho au court mais provoquant défi lancé par Pico della Mirandola contre toute tradition et institution d'autorité une

---

abracadabrante entre la déesse égyptienne Mut à tête de vautour et le nom de mère en allemand («Mutter»), d'où l'hypothèse de rapports sensuels troubles entre le nourrisson Leonardo et sa mère illégitime puis sa mère adoptive, dans l'éclairage traumatisant du père absent, d'où l'homosexualité de l'artiste: C.Q.F.D. — Même si l'interprétation freudienne abusive de ce souvenir d'enfance de Leonardo a été infirmée dès 1923 par Maclagan et par d'autres plus tard, Freud n'en a pas démordu. (Voir J.J. Spector: *The Aesthetics of Freud*, p. 56-7, et l'introduction à *Leonardo da Vinci and a Memory of His Childhood*, p. 8-9) — Comme l'observait Gombrich à la fin d'une conférence de 1953 intitulée «Psycho-Analysis and the History of Art», les œuvres d'art sont des symboles, et non des symptômes; le texte de cette conférence est paru dans *Meditations on a Hobby Horse*, p. 30-44.

-11. Y aurait-il ici un mimétisme inconscient par lequel le psychanalyste tendrait à s'apparenter au génial artiste, en partageant semblable «impuissance» à accomplir son travail? — Contagion du *non finito*, jusque dans les inépuisables commentaires inspirés par les œuvres de Leonardo et de Freud...

-12. E. Solmi: *Leonardo da Vinci*, p. 46, cité par Freud dans *Leonardo da Vinci and a Memory of His Childhood*, p. 23; ma traduction.

-13. Vasari: *Le Vite...* III, p. 402 (déjà signalé).

quinzaine d'années plus tôt, en 1486, en tête des «Neuf cents thèses»
et au nom de la *Dignita dell'uomo*. Dès le premier paragraphe en effet,
Pico, après avoir salué les Pères de l'Église, cite Hermès Trismégiste et
l'*Hermetica* : quel «grand miracle» que l'homme! — et quelle audace
de la part de Pico, quand les bûchers sont encore aussi rapidement
inflammables!

Le discours de Pico sur la dignité humaine et le carton de
Leonardo se ressemblent en ceci qu'ils servent en quelque sorte de
manifestes au nouvel esprit de la Renaissance, qui présente l'homme
comme lieu et outil de recherche, d'interrogation, d'expérience. Ces
œuvres témoignent de la profonde transformation culturelle en
cours, toute tendue vers son plus dynamique devenir. Pico revendique la plus grande liberté de penser et Leonardo, la plus grande
liberté de peindre, chacun comme il l'entend et sans plus se soumettre
aux normes traditionnellement ou institutionnellement imposées.
Tous deux ensemble proclament la «dignité» de l'Homme qui
cherche, de l'Homme en marche et en devenir, dans une perspective
anthropocentrique où l'individu, la personne émerge dans la verti-
calité de sa conscience et de sa liberté. Qu'elle soit d'art chez
Leonardo ou de pensée chez Pico, l'œuvre se présente en acte de
recherche, d'aventure et de devenir, à la fois dans sa forme, son
langage et sa signification. L'œuvre devient question et interrogation,
débat et défi, qu'elle porte jusque sur la place publique, comme le
souligne avec insistance Pico à la fin de son *De hominis dignitate*, même
si on lui interdit de débattre publiquement ses «Neuf cents thèses».

Revenons aux tableaux inachevés de Leonardo. Trois des cinq
cités précédemment sont parmi les plus importantes œuvres de sa
carrière, à la fois par leurs qualités picturales et par leurs dimensions.
Le *Saint Jérôme* et l'*Adoration des Mages* se trouvent parmi ses premières
œuvres vraiment personnelles, au début des années 1480, et *Sainte
Anne* (au Louvre) vient une trentaine d'années plus tard, à la fin de
son activité picturale. Entre ces deux moments extrêmes de sa
carrière, il y a la masse grouillante des dessins de Leonardo et des
notes manuscrites, en grande partie griffonnées de telle sorte que,
pour les décrypter, il faut utiliser un miroir : là encore règne le *non
finito*, dans ce désordre d'écritures et grimoires, esquisses et fragments, — désordre que l'auteur cultive pendant de nombreuses
années et justifie par divers arguments, surtout en évoquant l'abondance, la diversité et la complexité des sujets qui piquent sa curiosité,
et aussi le manque de temps pour traiter tout cela convenablement :

«Ceci sera un recueil sans ordre, fait de nombreux feuillets que j'ai transcrits
avec l'espoir de les classer par la suite dans l'ordre et à la place qui leur
conviennent, selon les matières dont ils traitent ; et je crois qu'avant de terminer
ce recueil, j'aurai à reprendre plusieurs fois la même opération, de sorte que le
lecteur ne doit point me blâmer, car les sujets sont nombreux. — Ces choses, si je
les ai en moi ou non, les cent vingt volumes que j'ai composés le démontreront ;
pour ces livres, je ne me suis laissé arrêter ni par l'avarice ni par la négligence,
mais seulement par le temps. Adieu[14] !»

-14. Leonardo : *Carnets* I, p. 60 et 155 ; *Notebooks* I n° 4 et II n° 796.

Les écrits de Leonardo nous sont en effet connus par divers fragments manuscrits, souvent recopiés, et les textes « holographes » ne constituent pas toute cette masse ; ce qu'on connaît, par exemple, sous le titre du *Traité de la peinture* est dû à des retranscriptions plus ou moins fidèles, comme cela était encore courant au Quattrocento et au Cinquecento, ou à des versions imprimées fort variables, depuis les incunables[15].

À plusieurs reprises dans ses *Vite*, Vasari insiste sur le fait que Leonardo laisse inachevées plusieurs de ses œuvres, comme la *Cène* à la fresque du couvent milanais de Santa Maria delle Grazie ou le portrait de Mona Lisa :

> « Il donna aux têtes des Apôtres tant de noblesse et de majesté qu'il laissa inachevée celle du Christ, ne pensant pas pouvoir lui donner cette divine beauté que doit refléter son image. » — « Pour Francesco del Giocondo, Leonardo accepta de faire le portrait de sa femme, Mona Lisa ; il travailla à ce tableau pendant quatre ans, puis le laissa inachevé[16]. »

Vasari mentionne aussi le tableau d'une tête de Méduse entourée de serpents que le jeune Leonardo aurait commencé, peu après avoir peint le bouclier fameux, mais qu'il n'aurait pas terminé[17]. Vasari commente aussi le projet d'un monument à la gloire de Francesco Sforza, projet de Leonardo qui n'est pas sans ressembler au « drame du tombeau » de Jules II chez Michelangelo. Leonardo y travaille de façon intermittente pendant environ seize ans, jusqu'en 1499, avant de l'abandonner définitivement, et Vasari en profite pour nous proposer sur le *non finito* un saisissant éclairage :

> « Il commença (son monument équestre) dans une telle dimension qu'il ne put jamais l'achever, et comme le génie est souvent en butte aux faux jugements et à la méchanceté, certains prétendirent que Léonard, comme pour ses autres œuvres, l'avait commencé et ne voulait pas le finir, attendu que le couler d'un seul jet aurait été d'une difficulté incroyable. Et l'on peut croire que beaucoup ont porté ce jugement par expérience de ses œuvres, car beaucoup d'entre elles sont restées inachevées. Mais, en vérité, on peut croire que la grandeur et l'excellence de son âme firent qu'il avait visé trop haut, et que le fait de vouloir toujours chercher plus d'excellence et de perfection fut la véritable raison de la non réussite ; en sorte que l'œuvre fut retardée par le désir, comme l'a dit Pétrarque[18]. »

Chez Leonardo et selon Vasari, l'inachèvement d'une œuvre pourrait ainsi trouver sa raison dans le trop grand écart entre un ambitieux projet et les possibilités de sa réalisation, entre tel désir grandiose et les limites imposées à sa satisfaction ; l'œuvre inachevée témoignerait ainsi de la dynamique qui l'inspire selon une telle force qu'elle ne peut trouver les moyens de son entier accomplissement : c'est à peu de chose près notre hypothèse dynamogénique du *non*

-15. K. Clark : *Léonard de Vinci*, p. 142 ; préface de MacCurdy aux *Carnets* I, p. 17-56.
-16. Vasari : *Le Vite...* III, p. 396 et 402 ; je ne retiens pas le portrait de *La Joconde* du Louvre parmi les œuvres inachevées de Leonardo, parce que l'inachèvement indiqué par Vasari (qui n'a probablement jamais vu le tableau) prête à débat.
-17. Ibid. III, p. 394 : « Comme il fallait beaucoup de temps pour mener cette tête à fin, il la laissa inachevée, ainsi qu'il faisait presque toujours. »
-18. Ibid. III, p. 399. (Traduction de Ch. Weiss)

finito, à laquelle Leonardo fournit non seulement de nombreux et importants matériaux, mais encore une féconde et plus large perspective, en notant justement à propos de géométrie que « la limite d'une chose est le commencement d'une autre[19] », ce qui incorpore dans tout prétendu achèvement le ferment d'une poursuite et d'un devenir, le ressort d'un relais et d'une continuité, puisque l'œuvre terminée (quand elle l'est vraiment et absolument) n'en procède pas moins de celles qui la précèdent ou l'accompagnent, et conduit aux suivantes, ce que Vasari savait déjà comprendre et commenter :

> « La nature voulut combler Léonard de tant de faveurs qu'en toute chose où il appliqua sa pensée et son esprit il montra tant de divinité dans ses œuvres qu'il n'eut pas d'égal pour leur donner vivacité, bonté, grâce et beauté. On se rend bien compte que cette grande intelligence de l'art fut précisément cause que Léonard, qui commença beaucoup de choses, n'en finit aucune. Il lui semblait que sa main ne pourrait jamais atteindre la perfection de l'art, qu'il voyait dans ses œuvres par la pensée, d'autant plus que son imagination créait des difficultés extrêmes et des finesses merveilleuses, que ses mains, tant habiles qu'elles fussent, n'auraient jamais pu exprimer[20]. »

Au cours du Quattrocento, la peinture apprend en Toscane à traduire la douceur, et Leonardo vient perfectionner cet adoucissement par une sorte de clair-obscur singulier, ou *sfumato*, et aussi par quelque imprécision dans la composition, ou *componimento inculto*. Cela s'observe non seulement dans des détails ou fonds de certains tableaux, mais aussi dans les contours et profils des figures principales, qui émergent ainsi comme d'un léger brouillard, proposant une nouvelle syntaxe plastique que Chastel commente : « Au *sfumato* des contours s'ajoute le *non finito* des lointains, dans des ouvrages inoubliables, où la figure est associée à l'espace, le sentiment à la nature[21]. » — La démarche exploratrice, expérimentale, innovatrice et heuristique de Leonardo inspire toutes sortes de commentaires, d'autant plus variés que la contradiction s'étale avec le plus grand naturel dans les propos de l'artiste comme dans sa propre conduite ; et son *non finito* se trouvera ainsi mis en évidence par des historiens comme Kenneth Clark ou Gombrich :

> « *Di mi se mai fu fatto alcuna cosa* — A-t-on jamais fini, je vous le demande, quoi que ce soit — c'était la phrase qui coulait de la plume de Léonard à chaque pause de sa pensée. » — « He has learned to use the *componimento inculto* as if he had listened to Nietzsche's advice : You must be a chaos, to give birth to a dancing star[22]. »

-19. Leonardo : *Carnets* I, p. 558 ; aussi p. 75.

-20. Vasari : *Le Vite...* III, p. 390-1 ; ces lignes seront reprises presque textuellement à propos de Michelangelo, comme nous le verrons plus loin.

-21. A. Chastel : Introduction à *Tout l'œuvre peint de Léonard de Vinci*, p. 8. — Les références à la notion de *sfumato* sont nombreuses dans les notes de Leonardo, surtout autour des rapports entre ombre et lumière ou clair et obscur, pour les paysages, l'emploi des couleurs et les « préceptes » picturaux (*Carnets* II, p. 218, 252, 265, etc.) ; Leonardo conseille explicitement au peintre de « se borner à esquisser seulement sans les achever les petites figures et les objets lointains » (II, p. 225), de laisser son imagination s'inspirer des taches et formes diverses qu'on peut observer sur de vieux murs (II, p. 207), ou d'explorer quelque fantastique caverne (II, p. 423).

-22. K. Clark : *Léonard de Vinci*, p. 309 ; E.H. Gombrich : *Norm and Form*

►

La *terribilità* chez Michelangelo

Si l'œuvre peint de Leonardo se trouve jalonné de tableaux inachevés, l'œuvre sculpté de Michelangelo offre une célébration du *non finito* qui surprend d'autant plus qu'à l'époque les artistes polissent patiemment leur marbre et bronze dans tous les détails, fignolent et fioriturent, pour démontrer leur virtuosité technique et s'attirer par leur maîtrise attention et faveurs de protecteurs et mécènes sollicités par d'habiles concurrents.

Un inventaire de la statuaire de Michelangelo met en nombre inférieur les pièces achevées, et accentue ce bilan si on élimine de la liste les maquettes, les œuvres disparues ou détruites, et une dizaine d'œuvres secondaires, et si en plus on ne tient pas compte des œuvres douteuses ou continuées par d'autres.

Rappelons d'abord les principales œuvres détruites ou disparues, dans la statuaire de Michelangelo : l'*Hercule* de 1494, le *Saint Jean et l'Enfant* et le *Cupidon endormi* de 1496, l'*Apollon* de 1497, le *David* en bronze de 1502-1508, et le bronze de *Jules II* de 1507-1508. Les maquettes, comme les cartons chez Leonardo, s'inscrivent en quelque sorte inévitablement au rayon de l'inachevé, celui de l'esquisse, et ce serait ici forcer l'argument que de les ranger dans la liste déjà considérable, comme nous le verrons plus loin, des sculptures ostensiblement inachevées. Les sculptures secondaires évoquées au paragraphe précédent sont le *Crucifix* de San Spirito (1493), les trois statuettes du tombeau de Saint Dominique à Bologne (1494), les quatre statuettes de la cathédrale de Sienne (dont les dos ne sont qu'ébauchés), et les statues de *Léa* et *Rachel* (1542) accompagnant le *Moïse* du tombeau romain de Jules II en l'église San Pietro in Vincoli. Parmi les œuvres douteuses ou continuées par d'autres sculpteurs, citons enfin l'*Adolescent accroupi* de l'Ermitage (c. 1531 — Niccolo Tribolo), et le *Christ tenant la croix* de l'église romaine Santa Maria Sopra Minerva (c. 1520 — Pietro Urbano).

Que reste-t-il de la statuaire de Michelangelo ? — Du côté des œuvres achevées, le *Bacchus* de 1496, la *Pietà* de 1498, la *Madonna* de Bruges (1500), le grand *David* de 1501-1504, le *Moïse* de 1513-1515, et les effigies de Giuliano et Lorenzo de' Medici, réciproquement de 1526-1531 et de 1531-1534 ; soit sept pièces importantes, même si certaines surfaces des trois dernières œuvres ne sont pas entièrement terminées, sans qu'on sache trop pourquoi. — Et du côté des œuvres inachevées d'importance comparable, trois fois autant de sculptures, sans compter le buste de *Brutus* de 1539-1540.

Dès le début de sa carrière, à seize ans, Michelangelo laisse inachevées certaines parties de sa *Madonna della Scala* et de sa *Bataille des Centaures et des Lapithes*, et n'y retouchera plus. Une dizaine

---

(« Leonardo's Method of Working out Compositions »), p. 63. — Entre autres contradictions dans les *Carnets*, celles qui se rapportent à l'expérience ou au temps (I, p. 62 à 64). — La citation « Dimmi se mai fu fatto alcuna cosa » se trouve dans les *Notebooks* II, n° 1365, p. 414.

d'années plus tard, de 1501 à 1505, l'artiste laisse inachevées trois autres pièces, le *Tondo Taddei*, le *Tondo Pitti* et un *Saint Matthieu*[23]. Les deux *Esclaves* (1513) du Louvre, les quatre figures allégoriques et le groupe *Vierge et Enfant* de la chapelle florentine San Lorenzo, les quatre *Esclaves* (1530-1534) de l'Académie de Florence ne seront jamais terminés, ni le *David-Apollon* du Bargello (c. 1530), ni la *Victoire* (entre 1515 et 1534), ni les trois *Pietàs* de la fin de la vie de l'artiste (1550-1564).

Toute la longue carrière de Michelangelo se trouve ainsi ponctuée de sculptures inachevées. Du jeune néophyte qui avait seize ans en 1491[24], jusqu'au vieillard presque nonagénaire à la veille de mourir en 1564, c'est le même sculpteur qui arrête volontairement son ciseau sur le marbre, qui interrompt le développement de ses polis, pourtant parmi les plus savants que l'histoire ait conservés, qui laisse en suspens le sens même de l'œuvre en voie de se préciser au fil de l'accomplissement du travail. La statuaire inachevée de Michelangelo a naturellement retenu souvent l'attention, à commencer par celle de ses contemporains. Vers 1547 déjà, le sculpteur Baccio Bandinelli en propose une interprétation piquée de jalousie, dans une lettre au duc Cosimo de' Medici : « La raison pour laquelle Michelangelo n'a jamais fini ses sculptures est simplement parce qu'il n'a jamais accepté l'aide de personne, de peur d'en faire des maîtres[25]. »

La première édition des *Vite de' più eccellenti pittori, scultori e architettori* (1550) de Vasari se termine en apothéose par un long

-23. En 1503, Michelangelo accepte la commande d'une série de douze apôtres pour la cathédrale de Florence, mais n'ébauche que le *Saint Matthieu*; les médaillons en relief du *Tondo Pitti* et du *Tondo Taddei* ont pour leur part inspiré à Pierre Pradel les lignes suivantes : « Ce que ces œuvres offrent d'essentiellement nouveau pour nous, ce qui les apparente dans un mode d'expressionnisme original, c'est le contraste voulu par l'artiste entre certaines parties minutieusement achevées et d'autres demeurées au stade d'un génial épannelage; oppositions dues à l'abandon des œuvres, mais dans lesquelles se devine une audace technique qui bientôt se normalisera en véritable procédé médité. Cette manière se précise avec la figure bloc de *Saint Matthieu*. — Ce spectre, qui se débat dans sa gangue de marbre, matérialise l'aveu d'un renoncement à préciser l'idée par la perfection de la forme. » (*Michel-Ange*, p. 116)
-24. Plusieurs aspects et détails de la carrière de Michelangelo sont sujets de débats ou divergences, dont des dates; je m'appuie ici d'abord sur la deuxième édition des *Vite* de Vasari, celle qu'il a développée en 1568 (suivant l'édition Giuntina, Istituto Geografico de Agostini, Novara, 1967, 9 vols., utilisant à l'occasion la traduction de Ch. Weiss indiquée en bibliographie); je m'appuie aussi sur la *Vita de Michelagnolo Buonarroti* publiée en 1553 par un assistant du sculpteur, Ascanio Condivi; sur les données de l'ouvrage collectif intitulé *The Complete Work of Michelangelo*; sur *Michelangelo, the Complete Sculpture* de F. Hartt, dont l'illustration photographique est remarquable pour nombre de détails inachevés; sur les travaux de Ch. de Tolnay, de H. Thode, de E. Panofsky; et sur le *Michel-Ange, une vie*, publié en 1974 par M. Marnat.
-25. Sous-entendant peut-être: des rivaux? — Le tempérament et le génie de Michelangelo ont souvent provoqué l'envie chez certains artistes contemporains, et dès 1517 Jacopo Sansovino lui reprochait de se comporter en accapareur et ingrat. (Voir R. et M. Wittkower: *Born Under Saturn*, p. 73)

chapitre consacré à Michelangelo, mais des interprétations et commentaires de l'auteur semblent avoir déplu à l'artiste, déjà âgé de soixante-quinze ans, qui entreprend bientôt de dicter à un assistant et ami, Ascanio Condivi, l'histoire de sa vie et de sa carrière. La *Vita di Michelagnolo Buonarroti* de Condivi paraît en 1553, et projette sa lumière sur les œuvres inachevées du sculpteur bientôt octogénaire:

«Il a encore une très puissante faculté d'imagination («potentissima virtù immaginativa»), ce qui l'a conduit à se trouver peu satisfait de ses œuvres, qu'il a toujours rabaissées, car il ne lui semblait pas que sa main arrivât à rendre l'idée qui fermentait en lui[26].»

Dans la deuxième édition (1568) fortement augmentée de ses *Vite*, Vasari tient compte de la biographie écrite par Condivi, et s'en nourrit tout en la chicanant. Leonardo n'y reçoit toujours qu'une attention mitigée, comme dans l'édition de 1550, et c'est encore la massive personnalité de Michelangelo (mort en 1564) qui domine la scène, à la fois par sa *terribilità*[27] et par son génie, que Vasari n'hésite pas à qualifier de «divin» en présentant à ses lecteurs le tumultueux artiste dévoré d'une singulière exigence:

«Il n'était jamais satisfait de ce qu'il produisait. — Il avait une imagination si puissante et si développée, et ses idées étaient telles que, ne pouvant exprimer avec ses mains de si grandes et terribles visions, il a souvent abandonné des œuvres commencées et en a détruit d'autres[28].»

Ainsi se fonde la tradition critique autour de Michelangelo, et l'artiste lui-même semble d'accord avec ses deux premiers biographes pour souligner le rapport étroit entre la singularité géniale de l'œuvre, en particulier de la statuaire ponctuée de pièces inachevées, et l'insatisfaction dévorante devant l'impossibilité d'exprimer et traduire adéquatement et intégralement avec les mains les grandioses visions qui hantent l'imagination. C'est la *terribilità*, qui dresse dans l'histoire de l'art un profil d'artiste encore à peu près inouï, d'une puissance exceptionnelle à la fois dans l'invention (*concetto*) et dans la technique (*mano*), — artiste dont la lucidité implacable l'empêche de se contenter des effets faciles de la virtuosité, pour replonger énergi-

-26. A. Condivi: *Vita di Michelagnolo Buonarroti*, par. LXVIII, p. 56.
-27. En 1512, le pape Jules II aurait dit à Sebastiano del Piombo, en parlant de Michelangelo: «Il est terrible, et personne ne peut s'entendre avec lui!» — Cette réputation devient tôt inséparable du nom même de Michelangelo, mais les biographies de Condivi et Vasari laissent entendre que le «pape-soldat» n'était guère de caractère plus facile, surtout quand il menaçait l'artiste en octobre 1512 de le jeter au bas de son échafaudage, dans sa hâte de jouir du fabuleux plafond de la Sixtine, auquel le peintre désirait encore travailler un certain temps, parce qu'il «n'était pas fini comme il l'aurait voulu», selon Condivi; Vasari ajoute que l'artiste avait plus précisément l'intention de terminer *a secco* son plafond, mais qu'il n'eut pas la patience de reconstruire tout l'échafaudage, après l'avoir défait pour éviter que l'impatience du pape ne provoque des scènes irréparables. (*Le Vite...* VIII, p. 141)
-28. Ibid. VII, p. 204 et 229. — «... non poter esprimere si grandi e terribili concetti»: cette citation reprend à peu près mot à mot ce que Vasari écrivait au début de la troisième partie de ses *Vite* à propos des œuvres inachevées de Leonardo (voir p. 94).

quement dans le mystère de l'acte artistique, et le ramener inexorablement à cet écart inévitable entre la fulgurance de l'inspiration et la
grotesque forme matérielle que la main abandonne au *non finito*.

Condivi et Vasari nourrissent l'abondante tradition critique
autour de Michelangelo depuis plus de quatre siècles, ce qui
n'empêche nullement l'artiste de se trouver toujours aussi isolé dans
la *terribilità* de son génie, devenu depuis longtemps légende puis
mythe, parce que peu d'autres artistes ont pu dresser avec autant
d'énergie inventive des œuvres aussi puissantes. — Ce qui isole
Michelangelo dans sa sphère saturnienne constitue une sorte de
magnétisme qui a inspiré de nombreux commentaires pathétiques et
romantiques ; mais les excès d'affectivité et d'émotion, dans un
domaine comme celui de l'art et de l'esthétique (où l'œuvre propose
justement une communication entre la sensibilité de l'artiste et celle
du spectateur ou amateur), ne se trouvent-ils pas préférables à
quelque attitude qui se voudrait presque indifférente, voire neutre ou
frigide ?

Laissons-là ces discussions, et revenons à la question du *non finito*.
Dans un article qui propose une synthèse de cette question dans la
tradition critique occidentale depuis la Renaissance, Paola Barocchi
prétend qu'il revient à Vasari de « polariser pour toujours autour de
Michelangelo le problème du *non finito*, en s'appuyant sur le dynamisme qui en fait le sommet et le terme d'une prodigieuse parabole
sculpturale, et sur l'autorité d'un tel artiste[29]. »

Le génie de Michelangelo atteint au sublime, aussi bien dans ses
œuvres achevées que dans ses œuvres inachevées, mieux peut-être
même dans ces dernières, car le *non finito* tend à manifester « la liberté
créatrice, la *licenza*[30] » qui débarrasse des lois et canons accumulés
depuis des siècles et des millénaires par la tradition esthétique et cul-

-29. « Polarizzare per sempre il problema del non-finito attorno a Michelangelo,
coadiuvanti il senso dinamico che esso acquistova come culmine e termine di una
prodigiosa parabola scultoria, e l'autorità di tanto artista. » (P. Barocchi : « Finito e
non-finito nella critica vasariana », revue *Arte antica e moderna*, Rome, n° 3, 1958,
p. 226)
-30. « ... la perfezione delle opere compiute e incompiute del Buonarroti » ; « il
non-finito assurge per questa via a manifestazione della liberta creativa, della
licenza di Michelangelo. » (P. Barocchi, dans l'article cité au paragraphe précédent : « Finito e non-finito... », p. 230 et 225) — Voir aussi, parmi d'autres textes
sur le sujet, A. Rodin : « Phidias et Michel-Ange » (*La Revue*, Paris, n° 86, 1910) ;
A. Bertini : « Il problema del non finito nell'arte di Michelangelo » (*L'Arte*, Turin,
mars 1930, p. 121 à 138) ; C. Aru : « La veduta unica e il problema del non finito in
Michelangelo » (*L'Arte*, Turin, janvier 1937, p. 46 à 52) ; M. de Benedetti : « Il
cosidetto non finito di Michelangelo e la sua ultima Pietà » (*Emporium*, Bergamo,
mars 1951, p. 99 à 108) ; A. Chastel : « Le fragmentaire, l'hybride et l'inachevé »
(paru dans les actes d'un congrès tenu à l'université de Saarlande du 28 au 30 mai
1956, et publiés sous le titre de *Das Unvollendete als Künstlerische Form*, p. 83-89). —
Les articles cités ici et dans les pages suivantes de Barocchi, Bertini, Aru et
Benedetti m'ont été signalés par mon épouse, Louise Labelle-Robert, que je
remercie aussi de m'avoir traduit des passages de *La Letteratura artistica* de
Magnino et des *Trattati d'arte del Cinquecento* de Barocchi, en particulier des textes
de Dolce et Pino en rapport avec l'ébauche et l'esquisse.

turelle, pour laisser libre cours à son imagination personnelle, dont il enrichit l'histoire de l'art comme démiurge ou Protée.

On sait que Michelangelo fréquentait déjà à l'âge de quinze ans le Giardino florentin de San Marco, et la protection de Lorenzo de' Medici lui valut de rencontrer en sa cour les lettrés du cercle platonicien de Ficino, de 1489 à 1492. Il ne faut sans doute pas exagérer l'influence du courant néo-platonicien, alors à la mode à Florence, sur le jeune artiste, mais ses poèmes s'en nourriront pourtant abondamment un demi-siècle plus tard, et même ses figures peintes et sculptées, du moins selon Erwin Panofsky:

«De tous ses contemporains, Michel-Ange fut le seul à adopter le néo-platonisme non seulement en certains de ses aspects, mais en son intégrité; non pas comme un système philosophique séduisant (pour ne point parler de l'engouement du jour), mais comme une justification métaphysique de sa propre personnalité. Ses expériences émotives, qui atteignirent leur premier apogée avec son amour pour Tommaso Cavalieri, et leur second avec son amitié pour Vittoria Colonna, ont approché de l'idée de l'amour platonicien, en son sens authentique. Tandis que la foi néo-platonicienne en la 'présence du spirituel dans le matériel' donnait un fondement philosophique à son enthousiasme esthétique et amoureux pour la beauté, la tendance opposée du néo-platonisme, l'interprétation de la vie humaine comme d'existence irréelle, accessoire et torturante, comparable à la vie dans l'Hadès, s'accordait avec cette insatisfaction sans merci à l'égard de soi-même et du monde qui est le sceau même du génie de Michel-Ange. — Ses figures symbolisent le combat que livre l'âme pour échapper à l'esclavage de la matière, mais leur isolement plastique témoigne qu'on ne peut pénétrer leur prison. — Enchaînées inexorablement, elles ne peuvent s'évader d'une servitude tout ensemble invisible et inévitable; leurs facultés de mouvement semblent ligotées dès le départ, ou paralysées avant d'avoir pu s'achever; leurs plus terrifiantes contorsions et tensions musculaires ne semblent jamais capables d'aboutir à une action efficace, et bien moins à un déplacement. Le repos parfait, d'autre part, est tout aussi étranger à l'art de Michel-Ange que l'action réussie[31].»

Cette longue citation propose de nombreux échos à ce qui vient d'être dégagé dans les pages précédentes autour de Michelangelo et du *non finito*. En s'appuyant sur des poèmes du sculpteur, un autre historien familier de la Renaissance, Anthony Blunt, précise de son côté en quoi son œuvre s'imprègne du climat néo-platonicien:

«L'intérêt de l'artiste est presque complètement accaparé par l'image mentale intérieure, qui dépasse en excellence tout ce qu'on peut trouver dans le monde visible. — L'idée dans l'esprit de l'artiste est plus belle que l'œuvre finale, qui n'en est qu'un faible reflet[32].»

-31. E. Panofsky: *Essais d'iconologie*, p. 264, 265 et 261. — Le sixième chapitre de ce livre porte entièrement sur «Le mouvement néo-platonicien et Michel-Ange», et l'auteur donne parfois à ses commentaires par ailleurs érudits une coloration psychanalytique: l'absence radicale «d'action réussie» ne laisserait-elle pas toute la place aux «actes manqués» de la théorie freudienne, en appétit devant les «symptômes de l'essence intime de la personnalité de Michel-Ange», qui «donnent une expression visible à l'isolement d'un homme qui se dérobait à la promiscuité de ses semblables, et dont le penchant homosexuel avait assez de force pour inhiber, mais non pour remplacer, les formes d'amour courantes.»
-32. A. Blunt: *La Théorie des arts en Italie...*, p. 125; voir aussi E. Panofsky: *Idea*, surtout p. 116-9, où Michelangelo devient presque aristotélicien....

Dans ses lettres et poèmes en effet, Michelangelo fait souvent allusion aux difficultés d'accomplir l'œuvre, mais ne se rabat toutefois pas couramment comme Leonardo sur l'argument du manque de temps. La main doit faire l'effort long et patient d'obéir à l'esprit, pour tenter de traduire aussi bien que possible l'idée ou projet qui fermente dans l'imagination; trop souvent cependant, l'œuvre ne réussira pas à réaliser la forme désirée, surtout quand peindre et sculpter ne savent plus monopoliser toute l'attention de l'artiste[33], tiraillé par des préoccupations divergentes, contractuelles ou domestiques, amoureuses ou mystiques, philosophiques ou autres. — La longue vie de Michelangelo n'a certes pas manqué de ces «distractions», qui le bousculaient d'une ville à l'autre, de commandes en contrats, sous des patrons aussi ambitieux qu'impatients. Cette turbulence, et aussi son propre tempérament, porté à gonfler d'enthousiasme des projets que ses mains ne pourront plus harnacher, l'empêchaient sans doute de terminer bien des œuvres plastiques et des poèmes[34]. L'idéalisme néo-platonicien semblait hanter son esprit et provoquer des répercussions dans ses œuvres, comme s'entendent à le souligner Panofsky et Blunt, Chastel et d'autres encore; mais c'est dans l'œuvre même, dans le bloc de marbre par exemple, que l'écart entre le projet et sa réalisation trouve à se manifester plus dramatiquement, comme en témoignent d'abondance les sculptures inachevées, et comme Condivi et Vasari l'ont aussitôt compris, en soulignant fortement l'insatisfaction de l'artiste qui ne réussit pas à rendre adéquatement les fantasmes de sa tumultueuse imagination, écartelée entre les allégories néo-platoniciennes de l'*Amor divinus* et de l'*Amor vulgaris*, de la *Vita contemplativa* et de la *Vita activa* — allégories qui se traduisent dans le quotidien de l'atelier du sculpteur par l'écart entre le *furor dell'arte* et la *forza di levare*.

Un examen de la statuaire de Michelangelo ne peut évidemment pas éliminer d'office les œuvres terminées, comme le *Bacchus* ou le *David*, la *Pietà* de 1499 ou le *Moïse*, sous prétexte de mettre davantage en évidence les œuvres inachevées: mais qu'apportent donc le *Bacchus* et le *David* dans l'évolution de la sculpture en Occident? Ce sont deux pièces impressionnantes, certes, par leur taille et la virtuosité de leur exécution, mais des pièces qui demeurent dans la

---

-33. «... e solo a quello arriva
    La man que ubbidisce all'intelletto.
    ... Contrario ho l'arte al disiato effetto.
    Né pinger né scolpir fie più che quieti l'anima...»
(Sonnets 151 et 285 de Michelangelo, selon l'édition de 1960 de Girardi: «... et seule la main qui obéit à l'esprit arrive à cela» — i.e. à libérer le *concetto* du bloc de marbre — «mais mon art tourne le dos à l'effet désiré; ni peindre ni sculpter ne pourront plus apaiser mon âme»).
-34. Dans une édition des *Rime* de Michelangelo publiée à Turin en 1944, j'ai relevé plusieurs poèmes inachevés, et particulièrement les nᵒˢ 12, 14, 15, 16, 36, 37, 40, 53, 80, 107, 218 et 263; par ailleurs, on sait que ses poèmes sont truffés de *rifacimenti*, de variantes et reprises, que souligne pour sa part R.J. Clements dans «Michelangelo on Effort and Rapidity in Art» (*Journal of the Warburg and Courtauld Institutes*, vol. 17, 1954, p. 304).

tradition antique, inférieures peut-être en langage sculptural à l'*Apollon du Belvédère*, dans la collection de Giuliano della Rovere (le futur Jules II) depuis 1490 ; inférieures encore à l'éblouissant *Laocoon*, que Michelangelo aurait littéralement vu sortir de terre le 14 janvier 1506, au cours de fouilles pratiquées sous le patronage de Jules II dans une vigne voisine de la basilique romaine de Sainte-Marie Majeure[35]. En somme, le *Bacchus* et le *David* sont deux pièces de bravoure, fièrement et habilement taillées et polies par un jeune virtuose ambitieux. La *Pietà* de Rome, seule sculpture signée par Michelangelo (sur un bandeau passé entre les seins de la Mère), jouit de la faveur sentimentale d'un public près de cinq fois séculaire, mais n'en doit pas moins reconnaître ses limites inventives, celles même de ses surfaces et replis magistralement polis[36] par un jeune sculpteur de moins de vingt-cinq ans : mais cette *Pietà* ne demeure-t-elle pas bien traditionaliste, si on la compare à la dramaturgie bouleversante des trois *Pietàs* laissées inachevées par l'artiste à la fin de sa vie ? — Et le voisinage, à la Galerie de l'Académie de Florence, du *David* et des quatre *Esclaves* des Jardins Boboli, invite de semblable façon à constater que le *non finito* permet de faire éclater le langage plastique traditionnel, pour l'ouvrir à une toute autre perspective créatrice.

Que resterait-il en effet du tumultueux génie de Michelangelo s'il ne s'appuyait que sur le *David* de Florence, la *Pietà* et le *Moïse* de Rome, la *Madonna* de Bruges ? Sans sous-estimer ces œuvres, il faut dégager la supériorité, à la fois numérique, volumétrique et dynamique, des œuvres inachevées dans sa statuaire. Le *Moïse* lui-même, touffu dans le maniérisme de sa faconde, a été commencé en 1515 mais n'a été vraisemblablement complété qu'une trentaine d'années plus tard, sans toutefois être entièrement terminé : le sculpteur y laisse de rudes traces de ciseau et une protubérance brute du côté droit du cou, et le dessus de la tête et le bas de la main gauche n'ont pas été polis[37].

Ce *Moïse* sert, comme on sait, de pivot à un drame qui s'étendra de 1505 à 1545, et qui hantera l'artiste. C'est en effet en 1505 que Michelangelo étale l'ambitieux appétit du début de sa trentaine dans

-35. D'après le témoignage de Francesco da Sangallo, qui aurait accompagné avec Michelangelo son père, Giuliano, architecte qui recommandera Michelangelo à Jules II pour le projet du tombeau, et qui dirigeait le développement des collections d'œuvres d'art du pape, y compris les œuvres antiques. (*Michel-Ange et son temps*, p. 103-4)
-36. L'arrière de la *Pietà* de 1499 n'est qu'ébauché ; on comprend bien sûr qu'un sculpteur ne soit pas porté à fignoler les parties d'une œuvre qui seront dissimulées dans une niche, mais on comprend moins pourquoi Michelangelo juxtapose abruptement dans cette *Pietà* le haut poli de savants drapés et les traces brutes du ciseau qui a labouré le marbre et l'a fait éclater ; ainsi rapprochée de la rude impatience du tailleur, la complaisance étalée sur les chairs polies du gisant et dans les replis des vêtements de la Mère n'en devient que plus décorative, soumise à la convention de l'illusion imitative (tissu/marbre) qui plaît et trompe à la fois ; encore jeune, Michelangelo laisse déjà la *terribilità* du sujet de la « pietà » se manifester, mais discrètement par le *non finito*.
-37. F. Hartt : *Michelangelo, the Complete Sculpture*, p. 156-163.

le colossal projet d'un monument funéraire à la gloire de Jules II, — monument qu'il voit d'abord sous forme de mausolée à trois étages peuplé de plus de quarante statues de haute taille. En 1513, quelques mois après la mort du pape Jules II, le projet est encore nébuleux, et un deuxième contrat réduit le nombre des statues à trente-deux. Le *Moïse* est bientôt entrepris, et deux figures (les *Esclaves* du Louvre) qui resteront inachevées. En 1516, un troisième projet réduit à vingt le nombre des statues; et le tombeau continue de rétrécir, à travers les plans subséquents de 1526 et de 1532. Enfin, en 1542, un sixième projet fournit la matière au dernier contrat, et se trouve «complété» en 1545, avec l'aide de plusieurs assistants, dans l'église romaine de San Pietro in Vincoli. Le *Moïse* y témoigne d'une lutte de quarante ans contre l'obsédante tendance, chez le sculpteur, à se trouver insatisfait devant les réductions infligées, aussi bien par sa main que par les circonstances, aux flamboyantes visions de son imagination survoltée[38].

Toute la carrière de sculpteur de Michelangelo se trouve ainsi ponctuée d'œuvres inachevées, depuis la *Madonna della Scala* de ses seize ans jusqu'à la *Pietà Rondanini* qui tient compagnie à l'octogénaire. Sans qu'on comprenne trop pourquoi, il s'obstine à tailler pendant trois quarts de siècle des blocs de marbre qu'il abandonne en cours de travail, quand ses dons géniaux pourraient plus facilement se manifester dans des disciplines plastiques comme la peinture et l'architecture, qu'il maîtrise aussi bien. Il ne semble pas percevoir ses sculptures inachevées comme des échecs ou des formes avortées, car il les aurait détruites: n'a-t-il pas brûlé peu avant sa mort quantité de dessins, esquisses, cartons et maquettes[39]? — Pour comprendre le *non finito* dans la statuaire de Michelangelo, le courant de pensée néoplatonicien semblerait fournir une perspective plus adéquate que celle que proposerait la psychanalyse[40], en ceci surtout que la réalité extérieure ou l'œuvre sculptée ne saurait offrir qu'un faible reflet de

---

-38. Cette hypertrophie de l'imagination avait déjà inspiré au jeune artiste la folle idée de sculpter une gigantesque figure dans un promontoire de Carrara, en avril 1505.

-39. Vasari: *Le Vite...* VII, p. 229. — Michelangelo n'a pas suivi l'exemple du sculpteur antique Apollodorus, qui allait jusqu'à anéantir des statues terminées qui ne lui donnaient pas satisfaction (Pline: *Historia naturalis* XXXIV-81); et quand il tentera de détruire sa *Pietà* du Duomo, ses aides n'auront pas trop de difficulté à l'en empêcher, selon Vasari (*Le Vite...* VII, p. 204).

-40. L'essai de Freud sur *Le Moïse de Michel-Ange* (1914) a ouvert la voie à des explorations souvent étonnantes et parfois déroutantes, comme dans *L'Arbre jusqu'aux racines*, où D. Fernandez, sans doute pour mieux «étudier l'interaction entre l'homme et l'œuvre, et leur unité saisie dans ses motivations inconscientes» (p. 39), voudrait faire du *non finito* chez Michelangelo l'apanage de personnages masculins âgés, et par là faire de son œuvre un «rituel parricide» (p. 139) enraciné dans une inhibition infantile, inévitablement, et sans cesse suspendu dans son élan meurtrier; en voilà assez pour entraîner le «psychobiographe» à déclarer bien «achevés» les deux *Esclaves* du Louvre, la *Madonna della Scala*, les allégories de la Nuit et de l'Aurore, et l'effigie de Lorenzo de' Medici, puisque tout ce beau monde ne peut être considéré comme personnages masculins âgés, nécessaires à la thèse du rituel parricide (p. 140): mais pourquoi avoir négligé de joindre au cortège précédent les trois ultimes *Pietàs*?

l'idée ou *concetto* que l'artiste porte en son esprit, et que celui qui observe l'œuvre peut tenter d'entrevoir à partir de la forme sculptée, même si elle n'est qu'ébauchée : car l'œuvre ne constitue qu'une forme intermédiaire entre l'image qui inspire les mains de l'artiste dans leurs travaux, et l'image qui se développe dans l'esprit de celui qui perçoit l'œuvre[41]. — L'apport singulier de Michelangelo, c'est d'avoir su arrêter sa main dans le cours même de son travail, pendant l'émergence dynamique de la forme se libérant[42] de la gangue de marbre, sous la tumultueuse poussée de la *forza di levare*[43] et du *furor dell'arte*. Le travail de l'artiste, c'est d'arracher au matériau du sens en lui donnant forme, et rien n'oblige, sinon quelque canon arbitraire et paralysant, à polir, fignoler et achever l'œuvre. Michelangelo rejette la tradition normative vitruvienne, assise sur la proportion et la règle, comme l'observe déjà Vasari à propos de l'ornementation architecturale de la chapelle des Medici, en soulignant que les « licences » affichées par l'artiste brisent les liens, les chaînes par quoi ses semblables se trouvent depuis longtemps contraints d'œuvrer selon certains modèles traditionnels[44].

L'allégorie des formes sculpturales qui émergent peu à peu de l'eau, proposée par Vasari, trouvera un écho chez André Chastel commentant à propos de Michelangelo « l'activité créatrice chez un artiste qui concevait son travail comme la libération de l'image enfermée dans le bloc de marbre. La sculpture est un dévoilement progressif de la forme, et c'est seulement par sa place dans ce processus que le *non finito* a pu apparaître comme une nouvelle modalité du style[45]. »

Dans sa biographie de Michelangelo, Condivi écrit, à propos de la *Madonna* inachevée de la chapelle Medici, que « l'ébauche n'empêche

-41. Voir le commentaire au *Symposium* de Platon par Ficino ; E. Panofsky : *Essais d'iconologie*, tout le chapitre sur « Le mouvement néo-platonicien et Michel-Ange », p. 255 à 313, et particulièrement p. 265 : « Ses figures symbolisent le combat que livre l'âme pour échapper à l'esclavage de la matière », — et la note 6 où le corps humain, interprété dans un sonnet de Michelangelo comme prison terrestre (« carcer terreno », Frey n° 109), s'inscrit dans la tradition néoplatonicienne.
-42. Vasari utilise la *Victoire* et les quatre *Esclaves* pour commenter une des méthodes sculpturales de Michelangelo : l'artiste taillerait le marbre comme si les formes émergeaient progressivement de l'eau. (*Le Vite...* VII, p. 232)
-43. C'est en réponse à l'enquête de Benedetto Varchi que Michelangelo dans une lettre de 1549, utilise pour la sculpture une distinction entre la technique du modelage (« per via di porre ») et celle de la taille (« per forza di levare ») ; tailleur lui-même, il accorde bien sûr sa préférence à la seconde, et apparente la première à la peinture, ajoutant toutefois que tous ces débats lui semblent oiseux et que « on y passe (ou perd) plus de temps qu'à faire des statues »... (*Lettres de Michel-Ange* II, p. 122-3)
-44. Vasari : *Le Vite...* VII, p. 156 ; plus loin, pour souligner la dimension « statique » de sculptures « achevées » par Michelangelo « en sa jeunesse », comme le *David* de Florence ou le *Bacchus* et la *Pietà* de Rome, Vasari recourt au critère antique : « On ne pourrait leur ajouter ni enlever l'épaisseur d'un grain de mil sans les abîmer. » (P. 204)
-45. A. Chastel : *Art et Humanisme à Florence*, p. 331.

ni la perfection ni la beauté de l'œuvre », ce que confirme Vasari[46]; on
tenait donc déjà au Cinquecento en haute estime les œuvres sculptées
inachevées de Michelangelo, comme le démontre encore le fait que
vers 1565 le Grand Duc de Toscane demande qu'on abrite dans une
grotte spectaculaire voisine du Palazzo Pitti les quatre *Esclaves* inachevés[47] que Lionardo Buonarroti (neveu et héritier du sculpteur) vient
de lui offrir.

Ainsi le *non finito* fait en quelque sorte son entrée officielle dans le
domaine de l'art, par les statues inachevées de Michelangelo, qui
« nous permettent de prendre une part active dans sa démarche
créatrice. Il ne nous donne pas des formes closes dans leur réalité
statique et objective, mais les présente dans leur devenir, les laissant
souvent seulement ébauchées. Certaines de ses sculptures se
montrent en voie d'émerger graduellement du bloc informe, comme
images du processus créateur même[48] », selon l'un des principaux
commentateurs de son œuvre, Charles de Tolnay. — À la lumière des
observations de Condivi et Vasari, de Tolnay et Chastel, les sculptures
inachevées de Michelangelo proposeraient une dramaturgie singulière, où le *non finito* révélerait l'œuvre en voie de naître — *actu
nascendi* — et saisie dans son émergence par la main qui se retire, au
lieu de poursuivre et parfaire, mais qui se retire avec une telle
« autorité », une telle audacieuse stratégie, que ce qui semblerait
manquer se trouve amplement compensé par le *furor dell'arte*, soudainement révélé dans le dynamisme même de l'impérieux désir
créateur.

Le travail de l'artiste se fait ainsi critique et autocritique, procès à
niveaux multiples : procès de la forme en cours d'émergence, saisie
brusquement dans une de ses étapes et livrée telle quelle ; procès
aussi d'une tradition esthétique où l'œuvre devait être achevée et
fignolée ; procès encore de la maïeutique inventive, où le désir se
trouve bousculé dans le cortège de ses feintes et repentirs, et où le *non
finito* conjugue l'énigmatique devenir à la fois de l'œuvre et de l'artiste
dans le partage d'une même ouverture, d'une naissance continuée
imaginairement dans le suspens de l'exécution, et revendiquant un
même sursis pour fuir l'achèvement, c'est-à-dire la mort. — Le *non
finito* chez Michelangelo, loin de témoigner d'un échec ou d'un avortement de l'œuvre, manifesterait plutôt, dans le devenir flagrant de la
forme, une sorte de dépassement ou de transgression du simple achèvement ou de la simple perfection, qu'une main habile peut toujours
facilement produire. Le *non finito* permet de renouer, dans l'affirma-

-46. « Lo sbozzo non impedisce la perfezione e la bellezza dell'opera. » (A. Condivi: *Vita di Michelagnolo Buonarroti*, par. XLIV) — « On devine dans l'ébauche
toute la perfection de l'œuvre. » (Vasari: *Le Vite...* VII, p. 158)
-47. Dans les jardins florentins de Boboli ; voir, par exemple, F. Hartt:
Michelangelo, the Complete Sculpture, p. 256.
-48. Ch. de Tolnay: *The Complete Work of Michelangelo* I, p. 25, ma traduction ; à
rapprocher du texte de Chastel cité deux paragraphes plus haut.

tion de la puissance au delà de l'acte[49], avec le dynamisme du *concetto* qui fermente toujours dans l'esprit de l'artiste, et bientôt dans l'imagination du spectateur, de l'amateur.

Les derniers mois du vieillard Michelangelo se passeront autour de la *Pietà* Rondanini, ultime figure du pathétique cortège des inachevés, pendant que s'ébauche dans le ciel de Rome le symbole de la « renaissance » de son antique grandeur, la coupole de la basilique du Vatican, dessinée par Michelangelo en 1546 et qui ne sera terminée, après quelques modifications, qu'une vingtaine d'années après la mort de son architecte ; mais la maquette de la coupole est là, à son chevet, et tient compagnie à ses dernières insomnies pendant que s'épaississent autour de lui les ombres de la mort. Là encore brille comme inextinguible veilleuse le *concetto*, l'imaginaire et obsédant projet, toujours plus prompt et plus vaste et plus fulgurant que l'œuvre, livrée aux infirmités, maladresses et fatigues de la *mano*.

-49. Allusion à la théorie hylémorphique d'Aristote ; E. Panofsky souligne, dans *Idea*, l'aspect aristotélicien plutôt que néo-platonicien observable autour de Michelangelo, par exemple dans l'utilisation qu'il fait du mot *concetto* au lieu de *idea* (p. 119-121).

UNE ÈRE NOUVELLE
EN ART ET EN ESTHÉTIQUE

Concetto et Paragone

À partir de Leonardo, et surtout après Michelangelo, le *non finito* n'est plus une infirmité ou un défaut. Il s'affirme comme la plus adéquate ou la moins réductive traduction du *concetto*, c'est-à-dire de ce levier dans l'esprit qui s'appuie sur l'imagination et inspire aux mains de métamorphoser la matière en forme d'art. Avec Leonardo et Michelangelo, les normes esthétiques traditionnelles sont contestées ou répudiées, et l'œuvre d'art devient lieu et témoignage d'une recherche, d'une expérience, d'une heuristique qu'il n'est plus nécessaire de pousser jusqu'à son ultime achèvement, si on parvient en cours de travail à traduire le sens dynamique du projet ou *concetto*. Autrement dit, la qualité de l'œuvre d'art se dissocie de ce qui constituait depuis des millénaires son critère habituel, soit l'achèvement. Cette qualité de l'œuvre, que Condivi trouve dans l'ébauche même et qu'il nomme encore gauchement la *perfezione*[1], c'est le dynamisme de l'œuvre, sa puissance proprement esthétique, et peut-être déjà sa participation active à l'aventure imaginaire, à travers des œuvres qui naissent les unes des autres depuis l'âge des cavernes, et provoquent les prochaines explorations.

Une fois digéré par l'histoire l'effet de surprise, la mutation que constitue l'apport de Leonardo et surtout de Michelangelo dans l'évolution des formes plastiques en Occident, il devient possible de constater qu'ils ont tous deux voulu utiliser au maximum les pouvoirs de l'imagination, sans pour autant l'hypertrophier ni la fourvoyer dans le délire mental. — Avec eux, et aussi avec Raffaello et Dürer, les deux Holbein et les deux Cranach, Giogione et Tiziano, bref, au cours du Cinquecento, l'artiste devient en quelque sorte vedette. Sa réputation se développe en proportion de ses innovations et inventions, de sa versatilité et de sa virtuosité, selon le génie de sa personnalité, qui manifeste son pouvoir créateur et le rend de plus en plus indépendant des «patrons» et mécènes. La promotion sociale de l'artiste l'incite à penser que, pour avancer dans son art, le seul métier technique ne suffit pas, qu'il y a autre chose en cause, des idées, une conception de l'art favorisant l'éclosion d'œuvres différentes, nouvelles. Voulant consolider sa promotion sociale, qui le distingue désormais du simple artisan, l'artiste portera en son propre micro-milieu la lutte de classes qui lui a obtenu son nouveau statut social, et ce sera le débat parfois orageux du *Paragone*, ou comparaison des arts entre eux.

-1. *Perfezione* que Condivi accouple à la *bellezza* : voir p. 104, note 46.

Depuis toujours sans doute, l'artiste réfléchit à la fois à son métier et à sa création, en travaillant à ses œuvres. Les preuves ou traces qui nous restent de cette réflexion se trouvent surtout dans les écrits, et particulièrement dans des traités comme ceux de Vitruve ou d'Alberti, et aussi dans des œuvres philosophiques ou littéraires. Un des apports de Leonardo se remarque justement dans l'abondance et l'originalité de ses propos sur l'art, même s'il faut plonger dans le fouillis de ses *Carnets* pour les dégager ; et ce fouillis n'évoque-t-il pas une exagération du *sfumato* du tableau transposé dans la pensée, ou autrement le jeu des allusions et reflets déjà soulignés dans le *Sophiste*[2] de Platon ? — Comme si l'imprécision des formes pouvait éveiller le jeu des associations dont les Surréalistes et les psychanalystes feront une stratégie privilégiée de l'imagination, quatre siècles après Leonardo.

En comparant les recherches esthétiques de Leonardo et de Michelangelo sous l'éclairage de l'inachèvement de l'œuvre, André Chastel écrit :

> «En ce qui concerne Léonard, le passage-clef est sans doute l'analyse du *componimento inculto* et de ses avantages, qui recommande de jouer sur l'indétermination des formes. On se trouve dans un état proprement poétique, à l'unisson de la nature, quand les formes conservent quelque chose de l'amorphisme du rêve par contraste avec l'image définie. Le *non finito* a ici une résonance cosmique. Chez Michel-Ange, il a, au contraire, une implication éthique. Il l'a souvent indiqué dans ses difficiles poèmes. L'art du sculpteur arrache à la matière les figures englouties et l'on retrouve à tous les stades du travail une analogie convaincante avec l'effort et les tourments de l'âme aux prises avec sa propre complexité. L'inachevé manifeste la forme insuffisamment dévoilée[3].»

Chez Leonardo, l'écart platonicien entre l'idée et la chose se traduit par ceci : «Concevoir est l'œuvre du maître, et exécuter, l'acte du serviteur[4].» — Semblable vision implique, en tranchant aussi nettement, une indifférence relative par rapport à l'accomplissement ou l'achèvement de ce qui est conçu, indifférence qui expliquerait en grande partie le *non finito* de beaucoup de ses entreprises. Cette indifférence semble indissociable de la conception que Leonardo se fait de l'expérience, qu'il place au-dessus de toute autre démarche possible, dont celle qui se réfugie derrière l'autorité des Anciens :

> «Je ne suis pas de ceux qui allèguent l'autorité des maîtres, mais j'allègue l'expérience, maîtresse de leurs maîtres. Eux vont, gonflés et pompeux, vêtus et parés non de leurs propres travaux mais de ceux qui les ont précédés, et me contestent les miens. Et s'ils me méprisent, moi inventeur, combien plus

---

-2. Dont une traduction commentée par Ficino paraît chez Alopa à Florence en 1496. (R. Bayer : *Histoire de l'esthétique*, p. 101) — Pour le *sfumato* et ses implications néo-platoniciennes, voir plus haut, p. 94, note 21.
-3. A. Chastel : «Le fragmentaire, l'hybride et l'inachevé», p. 84 (article déjà cité p. 98, note 30). — La «résonance cosmique» atteindrait chez Leonardo son point culminant dans les dessins du *Déluge* (conservés au château de Windsor avec les notes correspondantes), évoquant dans leur sténographie tourbillonnante un chaos à la fois originel et apocalyptique (selon A. Chastel : *Art et Humanisme à Florence*, p. 332-3 ; voir aussi *The Literary Works of Leonardo da Vinci*, p. 351-8).
-4. Leonardo : *Carnets* I, p. 86.

blâmables sont-ils, qui ne sont pas inventeurs mais trompeteurs et déclamateurs des œuvres d'autrui. — Mes conclusions sont le résultat de l'expérience pure et simple, laquelle est ma vraie maîtresse. — Quiconque dans une discussion invoque l'autorité des Auteurs fait usage non de son esprit mais de sa mémoire[5]. »

Cette profession de foi en l'expérience (expérience presque « sauvage », solitaire et instinctive, insatiable et se manifestant en vrac en divers domaines) place Leonardo en position remarquable dans l'évolution de la pensée au début du Cinquecento, même si ses *Carnets* ne sont publiés que beaucoup plus tard, le *Trattato della Pittura* tiré de ses manuscrits à partir de 1651, et d'autres groupes de fragments à la fin du XIXe siècle seulement. Les idées de Leonardo n'en circulaient pas moins autrement, par ses conversations, par ce qu'on en disait dans le prolongement de sa fabuleuse réputation, et par le témoignage de ses nombreuses entreprises, en grande partie inachevées. En ce qui concerne l'art surtout, et spécifiquement le rapport entre l'idée ou concept ou projet de l'œuvre et son exécution, Leonardo propose un tableau saisissant dans une note traitant du jugement des œuvres d'art par le peintre lui-même :

> « Quand une œuvre accomplit son projet, c'est triste signe pour le projet ; et quand une œuvre dépasse son projet, c'est pire, parce que l'auteur s'étonne d'avoir si bien travaillé ; et quand le projet demeure supérieur à l'œuvre, c'est merveilleux signe, et le jeune artiste qui se trouve dans de telles dispositions fera sans doute d'excellents travaux. Il fera peu d'œuvres, mais d'une telle qualité qu'elles susciteront l'admiration des hommes qui en contempleront les qualités[6]. »

De toute évidence, ce texte de Leonardo implique une « défense et illustration » de sa propre carrière, mais il n'en demeure pas moins original, et fort utile pour éclairer à sa façon le dynamisme de l'œuvre d'art. Leonardo n'emploie pas le mot *concetto*, mais le mot *giudizio*, ce qui introduit une étape intermédiaire entre l'idée ou concept de l'œuvre, dont l'artiste a d'abord l'intuition ou qui apparaît dans sa pensée, et le projet qui fermente et se développe ensuite dans son imagination, selon le travail de l'intelligence qui délibère devant plusieurs possibilités et en choisit une, avec discernement ou judicieusement (*giudizio*). En ce sens, Robert Klein notait que, selon Leonardo, « l'œuvre devait être perpétuellement devancée dans l'esprit de l'artiste par une fonction critique et non par une image idéale toute faite[7]. »

-5. Ibid. I, p. 59, 60, 86 ; ailleurs, il observe que « l'art de la peinture va déclinant lorsque les peintres n'ont pour modèle que les tableaux de leurs prédécesseurs : ceux qui étudient les Auteurs et non les œuvres de la nature sont en art les petits-fils et non les fils de la nature. » (II, p. 229-230)
-6. « Del giudicare il pittore le sue opere e quelle d'altrui. — Quando l'opera sta pari col giudizio quello è tristo segno in tal giudizio ; e quando l'opera supera il giudizio questo è pessimo, com'accade a chi si maraviglia d'avere si bene operato ; e quando il giudizio supera l'opera questo è perfetto segno, e s'egli è giovane in tal disposizione, senza dubbio questo fia eccellente operatore, ma fia componitore di poche opere ; ma fieno di qualità che fermeranno gli uomini con admirazione a contemplar le sue perfezioni. » (Leonardo, Codex Urbinas 1270, au Vatican, folio 131 verso ; cité dans *Trattato della Pittura, Libro A*, p. 74-5 ; ma traduction.)
-7. R. Klein : *La Forme et l'intelligible*, p. 346, note 1.

La démarche empirique de Leonardo l'éloignerait du platonisme, sans l'en sevrer complètement pour autant (comme le remarquent R. Klein, A. Chastel et d'autres), le rapprochant de la dialectique aristotélicienne de l'acte et de la puissance, qui deviendra encore plus manifeste chez Michelangelo, même si elle se dit chez ce dernier plutôt par le *concetto* que par le *giudizio*[8]. — Déjà Condivi soulignait le conflit chez Michelangelo entre le *concetto* et la *mano*, et l'artiste précisait qu'il travaillait *col ciervello*, et non *con le mani*; et Vasari insistait sur la difficulté d'exprimer «*si grandi e terribili concetti*[9]» chez l'artiste qui en traduisait la prépondérance sur la matière par le *non finito* de ses sculptures les plus tumultueuses.

Ainsi et grâce aux œuvres, réflexions et écrits de Leonardo et de Michelangelo, la terminologie esthétique connaît au Cinquecento une de ses fécondes périodes. Les «concepts» sont débattus, et confrontés avec les œuvres et les démarches des artistes, de sorte qu'ils semblent acquérir cette «fonction critique» évoquée par Robert Klein, et stimulent la conscience esthétique en évolution continuelle autour de l'art. Le *Paragone* en fournit un autre champ de débats, où s'affrontent une fois de plus Leonardo et Michelangelo.

La tradition du *Paragone*, ou comparaison des arts entre eux, fait partie de la rhétorique occidentale depuis longtemps, comme en témoigne déjà Horace dans un célèbre passage de son *Art poétique*: «Ut pictura poesis[10]...» — Dans un de ses manuscrits, Leonardo résume les propos qu'il tenait volontiers sur la peinture, la plaçant nettement au-dessus de la poésie, de la musique, de la philosophie même, et surtout de la sculpture:

«La peinture surpasse toute œuvre humaine. — Les poètes ont mis la peinture au rang des arts mécaniques, mais en vérité la peinture est une science et l'authentique fille de la nature, et parente de Dieu lui-même. — En art, on peut dire que les peintres sont les petits-fils de Dieu. — La sculpture est moins intellectuelle que la peinture; la peinture est plus belle que la sculpture, elle offre

-8. «In Michelangelo, the *concetto* was basic, explicit, and accompanied with dramatic implications.» (R.J. Clements: *Michelangelo's Theory of Art*, p. 23) — «*Concetto*, when it does not simply stand for 'thought', 'concept' or 'plan', means the free, creative notion that constitutes its own object, so that it in turn can become the model for external shaping; as the Scholastics put it, the *forma agens*, not the *forma acta*.» (E. Panofsky: *Idea*, p. 119; à la page suivante, Panofsky relève l'interprétation aristotélicienne que Benedetto Varchi, réputé platonicien pourtant, fait du sonnet intitulé «Non ha l'ottimo artista in se alcun concetto», en citant le septième livre de la *Métaphysique* d'Aristote; autre façon de voir que l'Académie florentine et avant elle l'Académie de Careggi n'étaient pas aussi uniquement obsédées de platonisme qu'on l'a dit souvent.)
-9. A. Condivi: *Vita di Michelagnolo Buonarroti*; Vasari: *Le Vite...* VII, p. 229 (déjà cité); *Lettere di Michelangelo*, éd. Milanesi, 1875, p. 489; «un conflitto tra aspirazione intellettuale e realizzazione artistica, il non finito nelle scultura sia il suo stesso mezzo di espressione: il conflitto sorge soltanto fra di esso e il giudizio critico di Michelangelo o la sua aspirazione artistica» (A. Bertini: «Il problema del non finito nell'arte di Michelangelo», *L'Arte*, Turin, mars 1930, p. 134).
-10. Vers 361 à 365. — Voir l'étude de R.W. Lee: *Ut Pictura Poesis* (The Humanistic Theory of Painting), d'abord publiée dans *The Art Bulletin* n° 4, 1940, p. 197-269, et reprise en petit livre en 1967.

plus de merveilles, elle dispose de plus de ressources, elle semble chose miraculeuse qui rend visible l'invisible. — La sculpture n'est pas une science, mais bien un métier mécanique (*arte meccanichissima*), provoquant des sueurs qui se mélangent avec la poussière pour former une boue sur le visage, ce qui donne au sculpteur l'air d'un boulanger, ou de quelqu'un qui sort d'une tempête de neige ; de plus son atelier est sale et déborde de poussière et d'éclats de pierre[11]. »

Leonardo voudra bien faire de la musique une sorte de sœur de la peinture, mais une sœur « infortunée », qui disparaît dans l'instant même de son apparition[12], en conservant toutefois une noblesse et une qualité dont la sculpture serait démunie. — Ces propos de Leonardo, colportés et sans doute partagés par d'autres personnes, Michelangelo en a ouï-dire et, en 1549, une enquête de Benedetto Varchi, portant sur les mérites respectifs de la peinture et de la sculpture, lui fournit l'occasion d'une réplique vengeresse, trente ans après la mort de son « rival abhorré[13] » :

> « Si celui qui a écrit que la peinture était plus noble que la sculpture comprend de la même façon toutes les choses sur quoi il a écrites, ma servante les aurait mieux écrites que lui ! J'ai longtemps pensé qu'il y a entre la sculpture et la peinture la différence qu'il y a entre le soleil et la lune, mais j'ai changé d'opinion et pense maintenant que peinture et sculpture valent la même chose. — Qu'on abandonne donc ces disputes, qui nous prennent plus de temps que celui employé à faire des statues[14]. »

Ainsi, même un débat rhétorique peut prendre, chez un artiste comme Michelangelo, des accents de rudesse qu'il n'a certes pas dans l'élégant livre de Castiglione, *Il Cortegiano*[15], écrit entre 1514 et 1518 et publié en 1528, où l'on peut constater que la hiérarchie traditionnelle des disciplines intellectuelles, scientifiques et techniques se trouve bousculée au début du Cinquecento, et particulièrement dans le cas de Leonardo, à qui il est fait allusion quand on y lit que « un des plus

-11. Leonardo : *Carnets* II, p. 189-193 ; *Treatise on Painting* I, par. 49, p. 35 ; *The Literary Works of Leonardo da Vinci*, p. 91-101 et 76-81.
-12. Leonardo : *Carnets* II, p. 193 et 358 ; A. Chastel : *Art et Humanisme à Florence*, p. 190 ; et à propos de la querelle des arts dans l'Humanisme florentin, p. 419-420 et 519.
-13. K. Clark : *Léonard de Vinci*, p. 161 ; K. Clark colore ainsi le sentiment de Leonardo envers Michelangelo, au moment où le premier écrivait ses commentaires désobligeants et dédaigneux sur la sculpture ; je retourne ici la direction de ce rapport d'inimitié entre les deux artistes, inimitié qui remonte au moins à la compétition qui les place l'un en face de l'autre déjà autour du bloc de marbre abandonné sur les chantiers du Duomo de Florence en 1501, et plus rudement encore en 1505, lors de la « bataille des cartons » commentée précédemment ; la rivalité entre les deux artistes s'était développée en « sdegno grandissimo », selon l'expression de Vasari rappelée par Clark, à la même page 161 de son *Léonard de Vinci*.
-14. *Lettres de Michel-Ange* II, p. 122-3.
-15. B. Castiglione : *Il Cortegiano* I, 50-54, trad. C.S. Singleton : *The Book of the Courtier*, p. 78-84 ; dans ces paragraphes du premier livre, Emilia Pia, Gian Cristoforo Romano, le comte Lodovico Canossa et Cesare Gonzaga conversent, de façon à la fois mondaine et érudite, dans une salle du palais ducal d'Urbino.

grands peintres de ces temps dédaigne la peinture, où il est pourtant exceptionnel, et s'occupe de philosophie, où il développe d'étranges idées et des chimères inouïes qu'il ne pourrait même pas figurer en tableau, malgré son génie[16]. »

Sprezzatura, **Maniérisme et Baroque**

En somme, avec Leonardo et Michelangelo, l'œuvre d'art devient aventure et expérience, lieu d'exploration libérée des normes pour se faire forme ouverte et livrée à «la sensation immédiate de naître et devenir[17]», ce qu'André Chastel commente à sa façon: «La double autorité de Léonard et de Michel-Ange introduisait le *non finito* comme une valeur positive, au moment où l'autorité des formes claires et finies était complète, du moins à Florence et à Rome[18]. »

Après avoir longuement souligné l'apport stratégique de Leonardo et Michelangelo au *non finito* dans le domaine de l'art et de l'esthétique, voyons plus largement la Renaissance, dont les mouvements d'évolution et de mutation, divers et multiples, ne se limitent certainement pas à la seule ville de Florence, ni à la compétition entre Florence, Rome et Venise, ni à la seule Italie. La Renaissance, c'est un tourbillon d'idées et d'aspirations, de sentiments et de tourments, qui zigzaguent à travers l'Europe selon des rythmes et avec des résultats variables. La Renaissance trouve l'un de ses principaux ressorts dans l'idée de progrès, qui parcourt les *Vite* de Vasari en orientant le cycle des quatre étapes (naissance, maturation, vieillissement et mort) vers le mythe de l'éternel retour: une naissance en somme continuée, un recommencement, ou littéralement une « renaissance ». Vasari pourra bien écrire qu'après les grandioses performances des génies de son temps, il faudra craindre la régression plutôt qu'espérer d'autres conquêtes[19], mais c'est un homme vieilli et un peu aigri qui s'exprime ainsi, et tel repli ou piétinement apparent ne conduit-il pas tôt ou tard vers d'autres conquêtes, vers d'autres horizons? Et n'est-ce pas cela, la dynamique du *non finito* dans le tissu en quelque sorte vivant de l'Histoire tramée au fil continu de l'actualité.

Le Cinquecento déploie au delà de Florence les visions truculentes de Bruegel et de Rabelais, la *Commedia dell'arte* et son cortège d'improvisations spectaculaires, la fabuleuse épopée du Romancero espagnol. Les horizons géographiques se dilatent dans des proportions gigantesques, devant les caravelles d'Amerigo Vespucci et de Christophe Colomb, à un point tel que le ciel lui-même s'en trouve

---

-16. Ibid. II, par. 39; *The Book of the Courtier*, p. 138; passage à rapprocher du commentaire de Vasari à propos de l'inachèvement chez Leonardo: «Ses idées capricieuses le poussèrent à étudier la philosophie des choses naturelles...» (*Le Vite...* III, p. 391)
-17. S. Bettini: «Sul non-finito di Michelagiolo», dans *La nuova Italia*, 20 juin 1935, p. 189: «la sensazione immediata del suo nascere e divenire».
-18. A. Chastel: *Art et Humanisme à Florence*, p. 332.
-19. Vasari: *Le Vite...* II, p. 81.

perturbé, du moins dans la tête d'astronomes comme Copernic, qui démontre le double mouvement des planètes (dont la Terre) sur elles-mêmes et autour du soleil, selon son traité *De revolutionibus orbium coelestium*[20].

La mécanique astrale traditionnelle faisait de la Terre le centre immobile et privilégié de l'Univers, favorisant ainsi une cosmologie anthropocentrique que Copernic s'est bien gardé d'attaquer dans sa dimension religieuse et théologique; mais sa nouvelle théorie n'en détrône pas moins la descendance d'Adam d'une sorte d'annexe plate au Paradis terrestre, où l'on s'est réfugié depuis des siècles, malgré des visions astronomiques moins statiques proposées déjà par les pythagoriciens et Ptolémée, que prolonge et précise Copernic. En invitant chacun à douter des «vérités» imposées de toutes pièces en astronomie, Copernic bouscule la dogmatique traditionnelle non seulement en proposant des vues différentes, mais surtout en appuyant ses arguments et hypothèses sur des observations expérimentales et scientifiques, plutôt que sur le principe d'autorité.

Copernic n'est pas seul à entreprendre cette croisade de la libération de la connaissance, qui propulse la pensée sur le terrain mouvant de l'expérience et se défait des harnais des dogmes et des normes, pour plonger dans le *non finito* de la recherche. Peu de temps avant la publication du traité astronomique copernicien, Érasme publiait en 1529 son *Traité de l'éducation des enfants*, où il écrivait que «l'homme ne naît pas homme, mais le devient». C'est là un fidèle écho à certains propos déjà cités de Pico. Érasme aussi se présente comme un animateur, une sorte d'accélérateur de particules mentales qui sème des idées et soulève des discussions à travers l'Europe, de Rome à Paris, de Florence en Angleterre, de Cambrai à Bâle où il meurt en 1536. Il incarne l'*homo viator* de la Renaissance, errant à travers l'Europe, fuyant de trop accaparants patrons ou des villes ravagées par la peste, pour chercher ailleurs quelque rare manuscrit ou quelque protecteur plus libéral. Il manifeste un pieux respect devant les textes anciens, mais n'hésite pas à leur juxtaposer d'audacieuses innovations. Il se sert habilement de sa raison sans pour autant châtrer son imagination. Son sérieux ne l'empêche pas de se faire à l'occasion ironique, ce qui devient une autre façon d'accommoder ses contradictions, et en cela entre autres choses Machiavelli se trouve son digne et exact contemporain. Le *Prince* et l'*Éloge de la Folie* sont écrits au même moment, et le pamphlet polémique de 1511 prépare naturellement l'*Essai sur le libre arbitre* de 1524, et sa non moins naturelle condamnation par Rome. Érasme devient ainsi une charnière grinçante entre le dogmatisme médiéval et l'esprit critique de la future Encyclopédie. Avec lui, la pensée s'engage plus librement dans le relatif, et son domaine s'affirme une fois de plus comme une sphère dont on ne peut finir d'explorer les frontières.

-20. Cette théorie, considérée d'abord comme fantaisie suspecte d'un chanoine illuminé, devra attendre les confirmations apportées par le télescope à partir de 1609 avant d'être prise au sérieux, au point même d'être mise à l'index par l'Église en 1616.

Le *non finito* de toute connaissance fermente sans doute depuis longtemps, depuis au moins Socrate, dans l'esprit de nombreux penseurs, et la perspective du doute et de la recherche, de l'interrogation et de l'exploration, a trouvé d'importants relais de Pico à Leonardo, puis maintenant d'Érasme à Montaigne, qui pratique avec fermeté et avant la lettre le «doute méthodique» cartésien, et qui place à «l'enseigne de l'expérience» le treizième et dernier chapitre du troisième livre des *Essais*, sur lesquels il a travaillé pendant de longues années, et qu'il remaniait et remodelait encore au moment de sa mort en 1592:

«Il n'est désir plus naturel que le désir de connaissance. — Les lois se maintiennent en crédit non parce qu'elles sont justes, mais parce qu'elles sont lois. — Certes, c'est un sujet merveilleusement vain, divers et ondoyant que l'homme. — Ainsi, lecteur, je suis moi-même la matière de mon livre. — Je ne peins pas l'être, je peins le passage[21].»

Sous cet éclairage, les *Essais* se présentent, en leur titre même, comme prototype de l'œuvre ouverte, d'une recherche qui n'est plus linéaire ni dogmatique, mais court au contraire en tous sens, s'interroge et inquiète. — D'autres inquiétudes sont encore soulevées à l'époque en divers domaines, par des œuvres comme celles de Rabelais, Luther, Calvin: les certitudes traditionnelles, sclérosées, s'affaissent en même temps que s'exalte l'imagination qui reprend ses droits devant les multiples défis et possibilités qui s'ouvrent à elle.

En arts plastiques, la Renaissance conduit graduellement au Maniérisme et au Baroque, ou du moins à ce qu'on appelle ainsi, par un cheminement complexe qui finit par apparenter d'une certaine façon l'Académie de Ficino et l'École de Fontainebleau, comme deux extrémités d'une des plus actives périodes de la «vie des formes» en Occident. Cette parenté se comprend mieux si on veut bien ne pas trop schématiser la lecture des événements, ne pas coller trop fermement des étiquettes stylistiques sur les œuvres et les artistes. Car une grande partie du génie de Leonardo repose sur les contradictions qui animent sa pensée et sa carrière, comme chez d'autres hautes personnalités de son temps. Les innovations et audaces se bousculent, et Ficino lui-même dissociait déjà la beauté de la théorie traditionnelle des proportions, en invoquant le *furor* platonicien, ce qui ne l'empêchait pas par ailleurs de retrouver la tradition normative en considérant l'univers comme «un tout se refusant à ce qu'on lui enlève ou ajoute quoi que ce soit[22].» Castiglione, dans son *Libro del Cortegiano*, observe que «différentes choses peuvent plaire de façon semblable», et que le jugement esthétique semble être soumis à la relativité puisqu'il se trouve incapable de choisir entre d'excellents tableaux de Leonardo, Mantegna, Raffaello, Michelangelo et Giorgione[23]. L'année de la publication du *Cortegiano*, en 1528, Dürer fait paraître son *Traité des proportions* où il répète ce qu'il a déjà écrit en

-21. Montaigne: *Essais*, p. 428, 431, 22, 20 et 327.
-22. W. Tatarkiewicz: *History of Aesthetics* III, p. 108 et 111.
-23. Castiglione: *Il libro del Cortegiano* I-37 (*The Book of the Courtier*, p. 60).

1512, que les jugements esthétiques lui semblent bien incertains : « Ce que la beauté peut être, je ne le sais point, car il suffit d'un peu trop ou de pas tout à fait assez pour tout gâter[24]. »

Toute l'importance qu'on voudrait accorder aux deux géants Leonardo et Michelangelo ne relègue pas pour autant dans l'ombre Dürer ni Carpaccio, ni d'autres de leurs importants contemporains comme Hieronymus Bosch, les deux Holbein et les deux Cranach, Bruegel le Vieux, Tintoretto, Jean et François Clouet, qui ont contribué à marquer le cours du Cinquecento de tableaux illustrant plusieurs des aspects ou facettes de ce qu'on appellera le Maniérisme, c'est-à-dire d'un courant qui n'est pas tout à fait propre à ce siècle, qui possède de multiples visages et davantage encore de possibilités, irréductibles à un standard unique, et qui se caractériserait plutôt par la prolifération libre de tendances stylistiques variables. Bref, c'est le *non finito* qui se glisse jusque dans la convergence de la stylisation, comme pour l'empêcher de s'enfermer dans tel ou tel autre système, en activant certaines de ses contradictions[25].

Vasari incarne et illustre à sa façon le Maniérisme du Cinquecento, à la fois par les idées qui circulent dans ses *Vite*, par le bilan impressionnant qu'il entreprend de son époque, et aussi par ses propres œuvres plastiques. Son admiration se trouvant partagée irréductiblement entre les Anciens et ses contemporains, il prêche d'un côté la *perfetta regola*[26], bien assise sur l'étude des proportions, plans et compositions des modèles plastiques antiques ; mais il ouvre par ailleurs largement cette *regola* à des modèles d'un autre type, ceux de la nature, capables d'inspirer à chaque artiste des conjugaisons inépuisables dans leur travail d'invention de formes et d'œuvres. Et si l'artiste possède du génie, comme Michelangelo, qui domine tumultueusement les *Vite*, il pourra dépasser les perfections des Anciens, des Modernes et de la Nature même[27], par cette *maniera* qui conjugue maîtrise de l'imitation des Anciens, autonomie audacieuse de l'œuvre nouvelle, et puissance inventive du génie qui le relie au dynamisme de la nature, le tout fondant en sa singulière personnalité l'exceptionnel artiste.

Et ainsi, la *maniera* de l'artiste (d'où le « Maniérisme », ne l'oublions pas) établit un inventaire et aussi une critique de ce qui a été fait

---

-24. Cité dans W. Tatarkiewicz : *History of Aesthetics* III, p. 258 ; cette dernière observation se ramène toutefois à une longue tradition qui remonte à Aristote, comme nous l'avons déjà souligné.

-25. Voir W. Friedlaender : *Mannerism and Anti-Mannerism in Italian Painting*, p. 78 : c'est dans la manifestation de caractères individuels de plus en plus marqués (*maniera*) que Friedlaender voit la source de la prolifération d'œuvres en diverses directions à l'époque (« ... this process of transformation took various forms among the individual artists, who were extremely different from each others »).

-26. Au début de l'introduction à la troisième partie de ses *Vite*, Vasari précise que cette « perfetta regola » comprend cinq éléments : la « regola » elle-même, puis « ordine », « misura », « designio » et « maniera » (*Le Vite...* III, p. 377).

-27. Vasari, fin de l'introduction à la troisième partie des *Vite* III, p. 381.

auparavant, pour mieux explorer d'autres voies, d'autres possibilités, d'autres «perfections», qui en arrivent à se dépouiller de leur rigidité normative traditionnelle pour se faire «perfectibles», relatives et exploratrices, pour se nourrir du *furor dell'arte*, de la *figura serpentina*, du *contrapposto*. Après avoir été harnaché par des règles stylistiques généralement répressives, qui imposaient l'imitation plus ou moins servile de modèles anciens et l'obéissance à tels canons, l'élan inventif revendique le droit de se livrer à ses propres recherches et expériences, à une *fantastica idea non appogiata all'imitazione*[28], à une sorte de fantasmatique où l'imagination se débarrasse du carcan de la double imitation des Anciens et de la Nature, pour se livrer aux fantaisies et caprices du Maniérisme, et bientôt aux bizarreries du Baroque.

La grande aventure que vivent les formes plastiques, du début du Cinquecento jusqu'au milieu du XVIIᵉ siècle, répand à travers l'Europe ses marées et frémissements. En Italie et en Flandre, aux Pays-Bas et en France, en Angleterre et en Espagne, du côté de Prague et de Vienne, de Munich à Fontainebleau, les nouvelles allégories plastiques déploient leurs chorégraphies dans une prolifération qui semble inépuisable. Et c'est justement par ses abus que la tourmente maniériste puis baroque s'affaiblit et se dissout : en voulant combattre et abattre un Classicisme jugé trop académique, on en arrive à imposer un nouvel académisme, c'est-à-dire un autre masque du conformisme, avec sa propre quincaillerie de canons et préceptes, de modèles et stéréotypes. Ce nouvel académisme s'appuie sur «l'autorité» de la longue génération de Michelangelo, Cranach et Tiziano, qui sert d'assises à la génération de Pontormo, Bruegel et Bronzino.

À Fontainebleau, le Rosso et Primaticcio ouvrent la voie à Nicolo dell'Abate et Antoine Caron, dont la *Sibylle de Tibur* pourrait résumer la fantasmatique picturale maniériste en Europe autour de 1580, du moins selon le profil de son épanouissement du côté de Fontainebleau où, sous l'impulsion du caprice d'un roi, un manoir médiocre devient l'écrin d'une étonnante dilatation de l'imaginaire, en donnant au Maniérisme de gigantesques proportions, en fondant une scénographie dont tout l'environnement visuel se fait allégorie fantastique, dans une végétation ornementale redondante à laquelle participe d'enthousiasme une équipe venue de toute l'Europe célébrer l'apothéose du Grand François et adapter à sa gloriole des réminiscences gréco-romaines, tout en tournant le dos au colossal corpus des œuvres médiévales, romanes et gothiques. Ainsi Fontainebleau constitue un chantier plutôt qu'une école, un atelier qui fonctionne de façon irrégulière et par vagues pendant près d'un siècle, de 1528 à la mort de Henri IV en 1610. C'est une entreprise complexe et ambiguë, une énorme allégorie dont on a égaré une partie du code, si jamais code complet il y eut. L'architecte Lebreton pourra bien s'efforcer de réconcilier les contradictions de Fontainebleau, en maquillant par l'élégance le disparate et le discontinu de l'entreprise, mais on ne

-28. W. Friedlaender : *Mannerism and Anti-Mannerism in Italian Painting*, p. 6.

s'étonnera pas de constater qu'elle demeure, malgré tout, inachevée et énigmatique, et que des noms d'artistes sont sans œuvres comme des œuvres sont anonymes[29].

Fontainebleau témoigne de l'essaimage du courant maniériste, dont Vasari souligne remarquablement l'évolution. Dans la première édition de ses *Vite*, en 1550, l'artiste semble encore soumis au respect des Anciens et de la Nature, et au principe esthétique de la *mimèsis*. Dans l'édition revue et augmentée de 1568, les valeurs précédentes se trouvent contestées par le *furor dell'arte*, et la tradition esthétique normative héritée de Vitruve et d'Alberti se voit bousculée par la nouvelle «manière», *capriciosa* et *bizzarra*, celle des *fantasie*[30]. C'est ainsi que l'œuvre d'art cherche ses nouveaux appuis du côté de la spontanéité et de l'invention, et que l'artiste tend à imposer son individualité, sa personnalité, et même son génie, s'il s'en trouve capable, à l'exemple magnifié de Michelangelo. Libéré en grande partie des dogmes mimétiques anciens, l'artiste pourra même à l'occasion secouer un des jougs les plus solides de la tradition, celui de l'achèvement de l'œuvre. Ne se sentant plus contraint d'imiter servilement, ni même à peu près fidèlement des modèles imposés, l'artiste revendique le privilège de l'invention originale, au point même de ne plus terminer son œuvre[31], et la forme triomphe enfin de la norme en demeurant en suspens, ouverte.

Dans *Norm and Form*, E.H. Gombrich s'attache justement à souligner l'importance de «l'esprit d'expérimentation» qui transforme la théorie de l'imitation des Anciens en théorie du progrès artistique, du Quatrocento jusqu'au Maniérisme. Rappelant qu'au tout début de la Renaissance, un Cennini conseillait encore au jeune artiste de copier jusqu'à la complète fidélité les travaux de ses maîtres ou ancêtres, et qu'on attendrait de ce jeune artiste devenu à son tour maître de la virtuosité plutôt que de l'invention, Gombrich attire ensuite l'attention sur l'un des plus importants apports de Leonardo, celui du dessin qu'il construit en ajoutant des traits, comme s'il modelait en glaise, ne cherchant plus à fixer quelque profil idéal d'un seul jet, mais poursuivant au contraire son travail de recherche et d'expérimentation en toute liberté, au risque d'emmêler inextricablement la composition[32]. Une nouvelle phénoménologie de l'œuvre s'ébauche ainsi, une nouvelle économie de la création ou de la démarche artistique se dessine, selon quoi la phase de réalisation acquiert une importance stratégique, une intensité émotive telle qu'elle ne pourra plus être abandonnée à des assistants ou exécutants,

-29. Voir le double document *Fontainebleau* publié à l'occasion d'une exposition à la Galerie nationale d'Ottawa en mars 1973 (prolongement partiel d'une exposition parisienne au Grand Palais à la fin de 1972), en particulier la préface d'A. Chastel au tome I et l'introduction de S. Béguin au tome II.
-30. Voir J. Rouchette: *La Renaissance que nous a léguée Vasari*, p. 75-97.
-31. La statuaire de Michelangelo s'impose ici comme exemple magistral, incitant un Benvenuto Cellini à exposer en public son *Persée* inachevé, vers 1554. (*La Vita*, LXXXIV, *Autobiography*, p. 458)
-32. E.H. Gombrich: *Norm and Form*, p. 58.

voire à des apprentis; mais on comprend que l'artiste, en tenant ainsi à accomplir personnellement toute son œuvre et refusant d'en déléguer quelque étape à d'autres, n'aura pas toujours la possibilité de la terminer, pour diverses raisons, par manque de temps ou de patience, ou simplement parce qu'il s'y refusera, peut-être pour en sauvegarder la saveur de surgissement, le dynamisme de gestation et de naissance?

À la fin de son introduction à la troisième partie de ses *Vite* de 1568, Vasari couronne le génie de Michelangelo en déclarant que la force, la perfection et l'élégance de sa « manière » défient toute comparaison. Et quand il commentera, dans la longue narration qu'il fait de la vie du sculpteur, le geste qui l'amène à brûler peu de temps avant sa mort quantité de dessins et esquisses, Vasari prétendra que cet autodafé vise à faire disparaître les traces des laborieuses recherches auxquelles même un aussi grand génie se trouve obligé[33]. On pourrait longuement discuter cette opinion, et il vaut peut-être mieux chercher ailleurs, par exemple dans le commentaire que propose R.J. Clements du travail de Michelangelo, en l'éclairant par la tradition cicéronienne à l'effet que ce soit déjà tout un art que de n'en point montrer: *ars artem celare est*[34]. Les divers sens du mot *ars* en latin permettent d'en tirer que l'art véritable consisterait à dissimuler le métier ou la technique, c'est-à-dire l'effort et le travail. Autrement dit, l'œuvre trouverait une nouvelle forme de perfection dans la grâce ou l'élégance qu'elle affiche, pour mieux dissimuler le labeur. Cette idée esthétique circule couramment au Cinquecento, celle de la *sprezzatura* du *Cortegiano* de Castiglione, indéfinissable qualité qui les résumerait toutes dans sa nouvelle magie: « pour le dire par un mot nouveau, manifester en toute chose une certaine *sprezzatura*, qui dissimule la maîtrise et montre que celui qui parle et œuvre le fait sans effort et presque sans y penser[35]. »

Cette *sprezzatura* ou élégance, qui présiderait à toute la conduite du « courtisan[36] », se traduit encore par un sens développé du relatif, devant tant de choses qui peuvent plaire semblablement[37], et on en trouve un écho jusque dans les *Dialogos em Roma* (1538) où Francesco da Hollanda fait dire à Michelangelo que l'œuvre d'art doit dissimuler les labeurs qui en accompagnent l'exécution, pour paraître avoir été faite sans effort, rapidement et avec la plus grande aisance. Dans son *Dialogo della pittura*[38] (1557), Lodovico Dolce met en vedette

-33. Vasari: *Le Vite...* III, p. 381 et VII, p. 229.
-34. R.J. Clements: « Michelangelo on Effort and Rapidity in Art », p. 301 (article déjà cité, p. 100, note 34).
-35. « Per dir forse una nova parola, usar in ogni cosa una certa sprezzatura, che nascenda l'arte e dimostri, cio che si fa e dice venir fatto senza fatica e quasi senza pensarvi. » (Castiglione: *Il libro del Cortegiano* I-26; *The Book of the Courtier*, p. 43)
-36. Courtisan: familier d'une cour, à l'époque, et participant à ses fêtes, pompes et cortèges (d'où *Cortegiano*, de *corteggio*).
-37. « Varie cose piacciono », Castiglione: *Il Libro del Cortegiano* I-37.
-38. W. Tatarkiewicz: *History of Aesthetics* III, p. 151 et 214; voir aussi P. Barocchi: *Trattati d'arte del Cinquecento*, et J.S. Magnino: *La Letteratura artistica*.

semblables grâce et élégance sur les lèvres de son héros l'Aretino, et la *sprezzatura* se présente comme fine fleur du Maniérisme et germe du Baroque, en dégageant la forme de la dictature répressive des normes, et faisant semblant de la libérer de toute trace de labeur. — La *sprezzatura* conduit donc ainsi au Baroque, qui a parfois mauvaise presse à cause surtout, peut-être, des contorsions que lui inspire son *horor vacui*, qu'un Eugenio d'Ors interprétera pourtant de façon dynamique en proposant de voir un des principaux ressorts du Baroque dans son appétit des contraires : « L'esprit baroque, — pour nous exprimer à la façon du vulgaire, — ne sait pas ce qu'il veut. Il veut, en même temps, le pour et le contre. Il bafoue les exigences du principe de contradiction[39]. »

La dialectique passionnée du Baroque met en effet en évidence le mouvement, le rythme, le dynamisme de toute vie. Le Baroque s'élance, vrille, dilate. Il force les normes au delà de leurs lignes de tolérance, pour mieux faire s'épanouir la forme libérée, permettant à l'œuvre de transgresser les mesures et limites imposées conventionnellement par la tradition et l'atavisme qui s'installe si la tradition devient inertie. Magnétisé par l'aventure de prospecter « la beauté de l'infini[40] », le Baroque n'hésite pas à prendre ses risques, entre autres ceux de l'exagération délirante et de l'emphase, suivant une trajectoire qui semble vouloir explorer toutes les directions à la fois. Refusant de se laisser capturer entre des bornes définies plus ou moins arbitrairement, le Baroque débouche sur le *non finito* non seulement par le dynamisme débordant et parfois ampoulé de son esthétique, mais encore sur le plan historique, où « l'esprit baroque » ne saurait s'encadrer entre deux dates, ou se limiter en deux ou trois générations, pour le triomphe des classificateurs qui tiennent à ranger rigoureusement les choses derrière leurs étiquettes. L'esprit baroque propose, au delà de toute taxonomie, une certaine manifestation débridée de l'imaginaire, au risque de voir cette aventure se fourvoyer.

Pour en éclairer l'immense gamme, on pourra toujours constater les différences qui s'imposent entre la *Sixtine* ou le *Moïse* de Michelangelo, et les machines allégoriques d'Andrea Pozzo ou la *Transverbération de Thérèse* par Bernini ; ou d'autres différences, entre les bizarreries anecdotiques d'Arcimboldo (qui font apparaître en trompe-l'œil des visages sous des architectures fantaisistes de fruits, légumes ou poissons) et les visions fantastiques peintes moins d'un siècle plus tôt par Bosch. À un niveau moins trivial qu'Arcimboldo et moins apocalyptique que ce précurseur du Baroque qu'est Bosch, le Greco et Rubens peuvent se rapprocher dans un étonnant voisinage baroque, le premier allongeant ses figures selon ses propres aspirations spirituelles, le second s'étalant sensuellement parmi les redondances de la chair. Indépendamment de l'impiété éventuelle de

-39. E. d'Ors : *Du Baroque*, p. 29.
-40. H. Wölfflin : *Principes fondamentaux de l'histoire de l'art*, p. 162 ; et à propos de la dialectique norme-forme, Gombrich : *Norm and Form*, p. 97-8.

ce rapprochement, le Greco et Rubens témoignent bien à leur façon, au début du XVIIᵉ siècle, d'une semblable ambition d'évoquer, par la célébration et l'apothéose du corps humain, plus que ce que le tableau dit couramment. Ainsi la *Vision de saint Jean* du Greco et l'*Érection de la Croix* de Rubens débouchent ensemble sur une semblable perspective visionnaire, où le pinceau demeure en quelque sorte surpris par la rhétorique qui le pousse en de telles extravagances.

Comme le note Eugenio d'Ors à propos du Baroque, « on n'occupe pas impunément une loge d'avant-scène dans le théâtre du mystère », — et l'artiste qui décide de transgresser les normes courantes risque de perdre pied devant de vertigineux horizons où « toute conclusion est un nouveau commencement[41] » : les horizons même du *non finito*.

Le Baroque, si difficile à ficeler dans une définition commode[42], trouve une grande partie de sa richesse en son farouche débordement à toute classification rigoriste, en sa prolifération touffue de formes artistiques fort variées qui suggérait à Eugenio d'Ors l'image d'une forêt dont l'entrée serait flanquée de deux monuments littéraires tumultueux : le *Paradis perdu* de Milton et l'*Apocalypse* de Jean l'évangéliste[43]. Entre ces deux pôles vertigineux, le Baroque propose tout le champ de l'imaginaire dont le parcours, sans cesse continué et repris dans le *non finito* de son aventure énigmatique, se fait ébauche, *abbozzo* de son devenir.

L'*abbozzo*, Pascal et Desiderio

Dans l'ombre que projettent sur le Cinquecento les génies de Leonardo et de Michelangelo, l'esthétique se trouve profondément marquée par la question du *non finito*, et l'œuvre d'art ne peut plus prétendre aussi légèrement qu'auparavant à s'accomplir parfaitement et de façon inaltérable et absolue dans sa forme, comme le résume à la fin de ce siècle Giordano Bruno : « rien n'est parfaitement beau, le beau est relatif[44] ». — De plus en plus souvent, l'œuvre demeurera l'ébauche plus ou moins développée du projet original de l'artiste, et quand elle semble remplir le projet d'un artiste de moins vive imagination, elle demeure soumise à la lente mais inévitable transformation du temps[45].

-41. E. d'Ors : *Du Baroque*, p. 214 et 10.
-42. Entre autres documents, voir *Arts baroques* de C. Roy, p. 10 et 117 ; et *Formes du temps* de G. Kubler, p. 178.
-43. E. d'Ors : *Du Baroque*, p. 36.
-44. « Nihil absolutum pulchrum, sed ad aliquid pulchrum. » G. Bruno : *De Vinculis in genere*, c.1590. (W. Tatarkiewicz : *History of Aesthetics* III, p. 296)
-45. Le temps en effet modifie l'œuvre, surtout de façon matérielle, par exemple par les craquelures et changements chromatiques d'un tableau, pouvant conduire à la destruction plus ou moins accidentelle ou partielle de l'œuvre ; elle sera soumise à une autre sorte d'altération, due aux diverses manières de la percevoir ou interpréter, selon les éclairages qu'on dispose autour d'elle et les contingences culturelles des générations successives ; la succession des générations déplace en

►

Depuis le début du Cinquecento et par-delà le labyrinthe de leurs options stylistiques et esthétiques, les artistes semblent s'entendre sur ce point que c'est dans sa propre personnalité, dans son esprit et dans son imagination que l'artiste trouve l'inspiration et la forme de son œuvre, et cette œuvre d'art se distingue en conséquence des autres objets par cette dimension non-matérielle, «mentale[46]». Comme Gombrich le souligne en marge de dessins de Leonardo, l'artiste se sent désormais concerné d'abord et principalement par son pouvoir d'invention, et non plus par la virtuosité à déployer dans l'exécution de l'œuvre[47]. Ainsi sollicitée à la fois par le pôle traditionnel de l'imitation et par le pôle novateur de l'invention, l'œuvre d'art favorisera à partir de la Renaissance une esthétique semblablement écartelée : d'un côté, la norme des Anciens ou des nouveaux Maîtres ou de la Nature, c'est-à-dire le règne de la raison et de l'*éthos*, celui d'Apollon qui fonde l'œuvre sur le respect des conventions académiques et la pousse vers son «achèvement»; de l'autre côté, la forme des Modernes et de l'Imaginaire, le règne de l'instinct et du *pathos*, celui de Dionysos présidant à l'œuvre ouverte, révolutionnaire, «inachevée».

Au cours du Cinquecento, la valorisation ou la promotion sociale de l'artiste, déjà esquissée comme on l'a souligné précédemment à la fin du Quattrocento, se poursuit et met davantage en évidence, dans le milieu culturel, le geste créateur et ce que Robert Klein appellera «la conscience de l'individualité artistique[48]», ou sa *maniera* personnelle. Les plaidoyers entrepris par Ghiberti, Alberti et Ficino en vue de démontrer que peinture et sculpture dépassaient le seul niveau des arts mécaniques et pouvaient prétendre de plein droit au rang des

effet les centres d'attraction, esthétiques et autres, et chambarde les échelles de valeurs selon des fluctuations irrégulières et en bonne partie imprévisibles, qui n'en finissent pas moins pour autant et tôt ou tard par toucher l'un ou l'autre des deux grands pôles mythiques d'Apollon et de Dionysos, dont les oppositions se trouveraient ainsi complémentaires, selon les mouvements complexes du balancier historique. L'histoire des œuvres d'art oscille en effet et zigzague, tantôt favorisant l'ordre et la norme, tantôt le chaos et la licence, chaque mouvement excessif en tel sens provoquant immanquablement la tendance contraire ; et c'est ainsi que Walter Friedlaender (*Mannerism and Anti-Mannerism in Italian Painting*) en arrive à observer qu'autour de 1520, par exemple, une nouvelle tendance se manifeste dans les arts plastiques en Italie, en s'opposant aux canons classiques ; puis les œuvres de Iacopo Carrucci Pontormo, de Rosso Fiorentino et de Francesco Mazzola Parmigianino pousseront le Maniérisme à un tel niveau d'exagération que cela provoquera un demi-siècle plus tard un mouvement opposé, celui de l'Anti-Maniérisme ou Néo-Classicisme illustré par Caravaggio ; Louis Le Nain et Poussin ne seront alors plus très loin, mais une telle lecture des mouvements artistiques ne doit pas conduire à leur réduction selon un régime linéaire simpliste, qui ferait disparaître du tableau des artistes comme le Greco et Rubens.

-46. On se souvient que Leonardo figurait la peinture en «cosa mirocolosa», et on peut lire sous sa plume : «Diro che la pittura e mentale.» (*Notebooks* I, n° 656 ; et *Treatise on Painting* I, p. 8 et II, p. 18)

-47. «What concerns the artist first and foremost is the capacity to invent, not to execute.» (E.H. Gombrich : *Norm and Form*, p. 60)

-48. R. Klein : *La Forme et l'intelligible*, p. 341-2.

arts libéraux, sont repris avec fougue par Leonardo, Michelangelo et leur biographe Vasari. Les débats autour du *Paragone*, de l'*Ut pictura poesis* et de l'*Ut rhetorica pictura*[49], montrent bien la continuité de pensée allant d'Aristote, Cicéron, Horace et Plutarque jusqu'à nos partisans actuels d'esthétique comparative comme Étienne Souriau ou Louis Hourticq. Ainsi le domaine esthétique se dilate en une immense salle de miroirs et d'échos, où proliférerait une inépuisable symphonie, à jamais inachevée.

Dès le Cinquecento et grâce aux illustres génies de Leonardo et de Michelangelo, l'artiste peut revendiquer son «adoubement», puisqu'il ne se présente plus socialement comme simple artisan, «mécanicien» de formes matérielles. Sa promotion en fait un inventeur, un créateur, qui œuvre d'abord et davantage avec son esprit, son intelligence, son imagination qu'avec ses mains[50]. Le *divino* Michelangelo en conséquence ose tenir tête à des papes, néglige de terminer de prestigieuses commandes, affronte publiquement des personnages aussi influents que ses collègues Aretino et avant lui Leonardo. Ce dernier nous invite à constater avec quelle déférence plusieurs Grands apprenaient à considérer certains célèbres artistes du temps, au point qu'Isabelle d'Este priera un délégué d'intervenir en sa faveur auprès du peintre, en précisant que, «s'il consentait à entreprendre une toile pour notre studiolo, nous lui laisserions le choix du sujet et du moment[51]. »

Devant le fier Leonardo, Isabelle délaisse donc l'attitude du patron superbe, habitué à dicter jusque dans les détails des tableaux commandés à un Mantegna ou à un Perugino[52]. Désormais l'artiste de quelque envergure et réputation peut brandir son *furor dell'arte* et peut-être même sa *terribilità*, s'il en possède, pour imposer l'œuvre d'art non seulement dans son parachèvement, mais déjà l'œuvre encore en élaboration et en genèse, à l'état d'ébauche ou d'esquisse. C'est ainsi qu'entre le *concetto* ou *idea* de l'œuvre en projet dans l'esprit, et l'œuvre même dans sa forme développée, un domaine transitoire attire désormais l'attention et commence à fasciner, domaine qu'on observera et examinera avec une curiosité de plus en plus intriguée.

Au cours du Cinquecento, les dessins, esquisses et ébauches, jusque-là généralement ignorés et même dédaignés, commencent en effet à intéresser les amateurs d'art, et deviennent bientôt objets de

-49. «Ut rhetorica pictura» de J.R. Spencer, dans *Journal of the Warburg and Courtauld Institutes*, 1957, n° 20, p. 26-44.
-50. Dans *Idea*, E. Panofsky cite un texte de Leonardo à propos de l'artiste imaginant son œuvre: «Esso lo ha primo nella mente e poi nelle mani» (p. 248, note 37) ; à rapprocher d'une lettre de 1542 de Michelangelo: «Io rispondo che si dipinge con cervello e non con le mani» (citée dans W. Tatarkiewicz: *History of Aesthetics* III, p. 148).
-51. Lettre d'Isabelle d'Este à Piero de Nuvolaria. (*Documenti e Memorie riguardanti la vita e le opere di Leonardo da Vinci*, Beltrami, 1919, p. 65)
-52. Voir p. 78, note 36.

collection et donc de commerce[53], — en partie parce que ces œuvres soulèvent un coin du voile derrière lequel se dissimule la mystérieuse alchimie de la création artistique, derrière lequel travaille dans l'ombre propice l'insaisissable génie, dont certains aspects se manifestent plus clairement à travers ce qu'ébauche sa main qu'à travers l'œuvre accomplie selon la théâtralité de la *sprezzatura* et de ses dissimulations. La théorie hylémorphique aristotélicienne proposerait ici le génie comme une puissance de créer ou d'inventer, plutôt que comme l'acte accompli de cette invention, — ce que Arnold Hauser souligne dans la mutation artistique et esthétique de la Renaissance[54].

La valorisation des esquisses et ébauches, dessins et cartons trouve chez Vasari un important tournant, puisqu'il en fait grand éloge et même collection. D'autres amateurs d'art y cherchent comme lui, en marge d'œuvres plus importantes, quelque confidence d'artiste, encore fraîche de la première inspiration et libre des apprêts qu'imposent les conventions aux pièces d'art parachevées. Leonardo et Michelangelo nous ont déjà invités à distinguer entre les œuvres inachevées de quelque façon et les œuvres entièrement terminées, ce qui laisse large place à toute la gamme des dessins, souvent voués à la perte ou à la destruction jusqu'au Cinquecento. A propos justement de dessins de Leonardo, Gombrich observe que l'esquisse (*schizzo*) se différencie de l'ébauche (*abbozzo*), en ceci que le *schizzo*[55] constitue un

---

-53. « Uno schizzo non poteva nel Cinquecento avere valore commerciale, auzi nelle botteghe era una specie di proprieta comune; il concetto di plagio per l'arte grafica non era ancora nato; il disegno del Maestro veniva sfruttato una infinità di volte, sottemettendolo a innumerevali variazioni. » (N. Ivanoff: *I Disigni Italiani del Seicento*, p. XXI; voir aussi l'article de R. Longhi: «L'inizio dell'abbozzo autonomo», *Paragone* n° 195, mai 1966, p. 25-9.)

-54. A. Hauser: *The Social History of Art* II, p. 63-4: «The most important step in the development of the concept of the genius is from the idea of actual achievement to that of the mere capacity to achieve. — The appreciation of and growing fondness for drawings, rough drafts, sketches, the *bozzetto*, for the unfinished work generally, is a further step in the same direction. — For the Renaissance, the drawing and the sketch became momentous not merely as artistic forms, but also as documents and records of the creative process in art; they were recognized to be a particular form of expression on their own, distinct from the finished work; they were valued because they revealed the process of artistic invention at its starting point, where it was almost completely merged with the subjectivity of the artist.»

-55. « The sketch is no longer the preparation for a particular work, but is part of a process which is constantly going on in the artist's mind; instead of fixing the flow of imagination it keeps it in flux. » (E.H. Gombrich: *Norm and Form*, p. 61, après avoir cité *La Peinture* de 1770 de Lemierre: «Le moment du génie est celui de l'esquisse, c'est là qu'on voit la verve et la chaleur du plan...», p. 60). — Semblable opinion était courante en Toscane au Cinquecento, même si en Vénitie et surtout dans le cercle d'Aretino on semblait confondre esquisse et ébauche en une même opération de l'imagination à la recherche de diverses possibilités pour l'œuvre future. Entre autres textes en ce sens, le *Dialogo di pittura* de 1548 de Paolo Pino, et le *Dialogo della pittura intitolato l'Aretino* de 1557 de Lodovico Dolce: «Voglio ancora avertire che, quando il pittore va tentando ne' primi schizzi le fantasie che genera nella sua mente la istoria, non si, de contentar d'una sola, ma trovar più

►

moment autonome du processus qui se poursuit dans l'esprit de l'artiste, sans pour autant orienter le travail de l'imagination en telle direction précise ni l'y enfermer, comme le fait l'*abbozzo*; malgré cette servilité, on reconnaît à l'*abbozzo*, comme au *schizzo*, une valeur esthétique intrinsèque, surtout depuis la célèbre «bataille des cartons» de 1505. Une œuvre en chantier comme le *Persée* de Benvenuto Cellini pourra être exposée en public à l'état d'ébauche vers 1554, et Vasari n'hésitera pas à déclarer que telle sculpture seulement ébauchée par Donatello fait plus d'effet que telle autre statue soigneusement fignolée de Luca della Robbia[56]. Un siècle plus tard, vers le milieu du XVIIe, les esquisses de Giovanni Benedetto Castiglione retiendront l'attention d'amateurs d'art comme le Florentin Filippo Baldinucci[57]. Au début du XVIIIe siècle, Antoine Coypel marque de sa griffe tous les dessins de la collection royale du Louvre, et un peu plus tard le collectionneur et marchand d'estampes parisien Pierre-Jean Mariette marque d'un M encerclé les dessins qui lui passent sous la main.

L'œuvre somptueusement et minutieusement terminée impose souvent une sorte de distance que l'ébauche ne suggère aucunement. Au contraire, l'ébauche attire, invite à un rapport plus spontané et intime, favorise une rêverie dans les marges, comme le recueil des *Pensées* de Pascal, une des œuvres inachevées les plus célèbres de toute la littérature[58]. Œuvre étrange et fascinante dans ses méandres, le livre des *Pensées* se présente en un double inachèvement: celui de centaines de notes laissées par Pascal à sa mort, et celui des divers classements qu'on a tenté d'en faire depuis l'édition de 1670. Devant une œuvre d'une aussi grande «mobilité», ne pourrait-on pas évoquer un certain relativisme de l'esprit apparenté probablement à celui de Montaigne: «Vérité au-deçà des Pyrénées, erreur au-delà»?

---

invenzioni e poi fare iscelta di quella che meglio riesce, consideranto tutte le cose insieme e ciascuna separamente.» (P. Barocchi: *Trattati d'arte del Cinquecento* fra Manierismo e Contra-Riforma I, p. 170) — En distinguant selon l'éclairage toscan le *schizzo* de l'*abbozzo*, le premier constituerait la note sténographiée par un artiste qui pense en quelque sorte à haute voix devant une feuille de papier, sans projet précis de tableau ou sculpture à faire, se laissant aller à sa fantaisie; chaque esquisse devient ainsi une œuvre autonome, souvent inscrite dans une suite de variantes, et toujours inévitablement inachevée par rapport aux normes courantes du tableau accompli ou de la sculpture terminée; et l'*abbozzo* constituerait une étude ou étape préparatoire à telle œuvre à faire, en gestation.

-56. Cellini: passage de *La Vita*, LXXXIV; Vasari: *Le Vite* de 1568, cité et commenté par A. Chastel dans *Art et Humanisme à Florence*, p. 229-230. (Voir la citation de Vasari en épigraphe, page 17.)

-57. A. Blunt: «The Drawings of Giovani Benedetto Castiglione», *Journal of the Warburg and Courtauld Institutes*, Londres, vol. 8, 1945 (Kraus Reprint, 1965, p. 161-174).

-58. Éclipsant allègrement la *Franciade* que Ronsard abandonne après n'avoir écrit que quatre des vingt-quatre chants prévus, ou les *Règles pour la direction de l'esprit* que Descartes laisse en suspens à la dix-huitième, ou encore les *Provinciales* que Pascal interrompt sur l'ébauche de la dix-neuvième lettre.

La préoccupation apologétique de son entreprise littéraire détourne toutefois Pascal de la perspective sociale des *Essais*, et débouche sur une constatation inquiète, angoissée même, des limites de l'esprit humain laissé à ses propres ressources : « Il faut parier ; cela n'est pas volontaire, vous êtes embarqués. » Ce recours au pari forcé témoigne d'une prise de conscience non seulement de l'inconnu, mais encore de l'inconnaissable, de l'infini, en un certain sens du *non finito*, qui pourrait aussi se manifester discrètement dans les jeux ambigus de la figuration picturale : « Quelle vanité que la peinture, qui attire l'admiration par la ressemblance des choses, dont on n'admire point les originaux ! — Un portrait porte absence et présence[59]... »

Tout tableau porte en effet à la fois présence et absence. Et en tant qu'objet symbolique, l'œuvre d'art s'inscrit dans une perspective ouverte, à la fois par son rôle de médiation entre l'imagination de l'artiste et celle de l'amateur, et par le fait qu'elle ne sera toujours qu'une sorte d'ébauche[60] de ce qu'elle pourrait être au delà de telle forme. Tout au long de la Renaissance, l'habileté du peintre s'affirme dans la figuration en trompe-l'œil de la troisième dimension sur la surface du tableau (présence/absence de la figure), que le Baroque tend à pousser jusqu'aux délires de la virtuosité, au point d'évoquer par le tableau le mouvement même, dont Monsu Desiderio se fera en quelque sorte une spécialité.

Le dossier « Monsu Desiderio » constitue une énigme doublement intéressante sous l'angle du *non finito*, d'abord par le peu que nous savons de l'artiste, lui-même double, et ensuite par le caractère singulier des œuvres « cataclysmiques » qu'on y trouve. Sous le nom de Monsu Desiderio (Monsieur Didier), il y aurait deux peintres lorrains originaires de Metz et installés à Naples dans la première moitié du XVIIe siècle. Didier Barra aurait peint surtout des panoramas napolitains et des vues imaginaires de Jérusalem ou fantaisistes de Venise ; François de Nome aurait peint de grandioses architectures imaginaires, souvent disloquées par des cataclysmes et séismes, et évoquant à travers le tumulte des ruines et des colonnes en voie de s'écrouler quelque fantastique et palpitante fin du monde : scènes d'explosions dans des édifices, villes en flammes ou en ruines truffées d'exécutions ou de statues se livrant sur les socles à d'étranges danses périlleuses. Tout cela constitue une des énigmes de la peinture européenne, d'autant plus qu'il semble probable que Didier Barra et François de Nome aient partagé le même atelier napolitain, où auraient pu aussi travailler et collaborer d'autres artistes. L'examen d'un tableau comme la *Tour de Babel*[61] laisse croire que les deux compatriotes en exil y auraient mis la main, la masse architecturale principale relevant du style de Barra, et la scène du premier plan, de celui de François de Nome.

-59. Pascal : *Œuvres*, p. 507, 550, 504 et 533, citations des *Pensées* n°s 60, 418, 40 et 260 selon le classement Lafuma.
-60. Nous reviendrons subséquemment sur l'*abbozzo*, particulièrement à propos de Roger de Piles, Watteau, Delacroix.
-61. F. Sluys : *Monsu Desiderio*, p. 22 et 61-2.

La peinture de François de Nome attire par l'espèce de suspension du temps qu'elle fixe dans sa figuration : les chutes d'objets sont interrompues dans leur mouvement, comme la photographie instantanée pourra le faire voir deux siècles plus tard. Et cette interruption de la chute suspend la figuration du tableau dans une bizarre impression d'inachèvement, prolongée par l'écriture du peintre, étonnamment rapide et comme haletante, plus apparentée dans certaines parties d'œuvres[62] au graphisme nerveux des peintres gestuels des années 1950 à New York ou à Paris, plutôt qu'à des tableaux « agités » d'Andrea Pozzo, Rubens ou Delacroix. Les œuvres les plus tumultueuses de « Monsu Desiderio » sont ostensiblement bizarres, mais leur invention et les variations de leur thématique ne se laissent pas réduire à la stéréotypie pathologique de la schizophrénie, comme on a voulu le démontrer[63]. L'exploration, voire l'exploitation de leitmotive et de thèmes peut se comprendre par les « métaphores obsédantes » (dont parlerait Charles Mauron), sans pour autant qu'on bascule les œuvres qui les affichent dans des dossiers cliniques ou psychopathologiques. De toute évidence, François de Nome alias Monsu Desiderio est hanté par certaines visions de cataclysme : et après ? Devant lui, en face de Naples, n'y a-t-il pas le Vésuve ? Et dans son imagination sans doute surchauffée, une obsédante propension à évoquer l'insaisissable, à sténographier quelques-unes des pulsions les plus étonnantes du Baroque, dans le délire de ses inépuisables manières et dans la perspective de son *non finito* ?

Querelles d'Anciens et de Modernes

Au XVIIᵉ siècle, l'esprit d'un Pascal, aiguillonné par le doute et fasciné autant par l'exploration intellectuelle que scientifique, jusqu'aux vertiges de l'indéfiniment grand ou petit, s'apparente à l'esprit de Descartes, et aussi à celui de Galilée[64]. Dans le domaine

-62. En particulier *Explosion dans une église* et *Architectures imaginaires et ruines* (tableaux reproduits dans *Monsu Desiderio*, catalogue nᵒ 85, p. 49 et 108-9, et nᵒ 105, p. 124-5 et 51).
-63. Pourquoi le docteur F. Sluys tente-t-il d'imposer en dogme l'hypothèse de la schizophrénie de François de Nome (*Monsu Desiderio*, p. 43-52), puisqu'il déplore au début du chapitre suivant que trop d'hypothèses « presque toujours stériles » (p. 53) plongent dans la confusion ce que l'on peut savoir de cette œuvre ?
-64. Galilée osait prétendre, au cours d'une polémique en 1615, qu'en matière de connaissance scientifique, la Religion et l'Écriture sainte n'ont pas juridiction ; mais le poids de l'Autorité se fait sentir autour de lui, entretenant de sourdes peurs devant la vigilance du Saint-Office : si les bûchers de l'Inquisition ne sont plus aussi facilement inflammables, il reste beaucoup de prisons dont les portes s'ouvrent plus aisément à l'entrée qu'à la sortie. On a prévenu Galilée d'être prudent dans ses propos, et il se tiendra coi quand les écrits de Copernic seront condamnés par Rome en 1616. En 1618, l'apparition de trois comètes relancent les polémiques astronomiques, mais Galilée demeure discret, et il lui faudra attendre une invitation du nouveau pape Urbain VIII pour se décider à publier en 1623 un essai intitulé *Il Saggiatore* : titre qui convient bien à l'attitude du savant qui « essaie » d'observer les choses et proposer des explications, en hypothèses affiliées à la quête inachevable du savoir.

littéraire et esthétique, semblable débat sur les frontières de la connaissance reprend en pleine Académie française, quand fait rage, de 1687 à 1694, la «querelle des Anciens et des Modernes», où se manifeste une critique parfois virulente du principe d'autorité contraignant au culte et à l'imitation des Anciens, dont les œuvres ont subi l'épreuve du temps. Ce que les Modernes revendiquent surtout, c'est le droit d'imaginer, inventer, explorer, et donc de considérer que l'activité artistique ne s'achève ni dans la fabrication de l'œuvre ni dans sa connaissance. Par exemple, tel tableau ne sera jamais qu'un fragment de ce qu'on appelle la peinture, et la perception qu'on en peut avoir ne sera toujours qu'une parmi des centaines et des milliers d'autres, passées et présentes, possibles et futures.

Avant d'éclater à l'Académie française des lettres, fondée en 1635, la querelle des Anciens et des Modernes fermente déjà une vingtaine d'années plus tôt, soit vers 1666-1668, autour de l'Académie royale de peinture et de sculpture fondée en 1648. La controverse entre dessin et coloris se nourrit amplement du débat italien *disegno/colore*[65] que synthétisait déjà en 1548 le *Dialogo di Pittura* de Paolo Pino. À Paris, les partisans de la Tradition, pilotés par Le Brun, trouvent en Félibien des Avaux le laudateur attitré de Poussin, à qui rend hommage la préface aux premiers *Entretiens sur les vies et les ouvrages des plus excellents peintres anciens et modernes* de 1666 ; et les partisans de la Modernité trouvent en Rubens le turbulent coloriste souhaité, dont Roger de Piles se fait admirateur enthousiaste. Pour Roger de Piles, l'exécution de l'œuvre semble beaucoup moins importante que son invention, qui témoigne du génie même de l'artiste ; pour Félibien, ce génie doit s'encadrer de «règles, réflexions et assiduité du travail», qui permettent entre autres avantages de voir plus «de choses de ces sortes de taches ou de lignes confuses[66]» évoquées par le vieux mur de Leonardo.

Les débats picturaux se poursuivront autour de l'Académie parisienne pendant une quarantaine d'années, à peu près sans interruption et selon une thématique relativement restreinte, de sorte que les discussions languissent souvent, mais n'en illustrent pas moins à leur façon la dynamogénie du *non finito* : il suffit d'un détail, d'une lacune dans telle argumentation, d'un éclairage différent pour relancer les disputes, et les positions de chacun ne sont pas toujours tranchées au couperet ni ne sont toujours les mêmes au fil des ans. Par exemple, Félibien se trouve évincé de l'auguste Assemblée dès 1668, pour refus de se plier à sa censure dogmatique, et Roger de Piles, d'allure pourtant non-orthodoxe, entrera à l'Académie, par la petite porte, pour y entretenir poliment mais fermement la polémique. Les protagonistes pourraient se diviser principalement en deux camps : les Poussinons, si l'on permet, et les Rubensons : les premiers prêchent le dessin, le culte des Anciens, l'esprit classique, le respect

---

-65. Voir aussi les textes de Dolce, Vasari, etc. ; B. Teyssèdre : *Roger de Piles*, p. 53, et pour la suite du présent paragraphe, p. 76, 121, 154, 642s.
-66. Félibien : *Entretiens...*, cité dans *L'Art de la Peinture*, p. 241 et 243.

des normes et traditions; les seconds préfèrent la couleur, le culte des Modernes, l'esprit de progrès, la cause de l'imagination et de l'innovation; mais comme les débats durent longtemps et s'attiédissent, on ne s'étonne pas trop de voir parfois des protagonistes se réconcilier, par lassitude, distraction ou opportunisme, tantôt aux pieds de Raffaello, tantôt par excès de décorum dans des échanges d'arguments de plus en plus raffinés, que des adversaires complaisants leur tendent avec une certaine *sprezzatura*[67]. — L'époque se trouve dominée par la «Raison», et d'interminables argumentations et ratiocinations se déploient dans les cénacles de lettrés, jusqu'à imposer leur dictature à la Nature: c'est en effet l'époque de Le Nôtre, Versailles, Boileau:

«Aimez donc la Raison. Que toujours vos écrits
Empruntent d'elle seule et leur lustre et leur prix. —
Hâtez-vous lentement et, sans perdre courage,
Vingt fois sur le métier remettez votre ouvrage.
Polissez-le sans cesse et le repolissez.
Ajoutez quelquefois, et souvent effacez[68]... »

Derrière l'*Art poétique* de Boileau, on devine celui d'Aristote, et aussi l'esprit cartésien, mais les recettes du théoricien ne sont pas toujours parfaitement convaincantes ni superbement efficaces, puisque l'œuvre nécessite tant de labeurs multiples, qui affaiblissent sérieusement telle vaniteuse proclamation colorée de *sprezzatura*:

«Ce que l'on conçoit bien s'énonce clairement,
Et les mots pour le dire arrivent aisément[69]. »

N'y aurait-il pas une certaine parenté entre le patient modelage de la forme artistique déclamé par Boileau, et ce que Passeri disait de l'artiste baroque Andrea Sacchi, qui «travaillait dans un esprit inconfortable, sachant parfaitement bien la différence entre le bon et le mieux, ce qui l'empêchait d'être jamais satisfait[70] » ? — Encore ici, nous rencontrons l'insatisfaction de l'artiste, comme chez Michelangelo, ou chez Mozart en 1791, quelques mois avant sa mort: «Je ne peux pas bien t'expliquer mon impression, c'est une espèce de vide qui me fait très mal, une certaine aspiration qui, n'étant jamais satisfaite, ne cesse jamais, dure toujours, et croît de jour en jour: même mon travail ne me charme plus[71]. » — Ces propos de Mozart viennent appuyer de façon étonnante l'hypothèse dynamogénique du *non finito*: l'insatisfaction devant l'œuvre déjà faite découle de ce qu'elle

-67. Roger de Piles, par exemple, «recycle» la *mimèsis* du côté du *non finito* de la lecture de l'œuvre: «La véritable peinture doit appeler son spectateur par la force et par la grande vérité de son imitation; et le spectateur surpris doit aller à elle, comme pour entrer en conversation avec les figures qu'elle représente.» (*Cours de peinture par principes*, 1708, p. 6; voir aussi *Roger de Piles* par B. Teyssèdre, p. 528, 309, etc. pour d'autres rapprochements entre Félibien, de Piles et autres rhéteurs.)
-68. Boileau: *Art poétique*, 1674, chant I, vers 37-8 et 171-4.
-69. Ibid., vers 152-3.
-70. Cité par Wittkower dans *Born Under Saturn*, p. 62.
-71. Mozart: *Lettres de Mozart* II, p. 302.

n'a pas accompli parfaitement et entièrement son projet, et le vide ressenti devant ce manque, cette carence, pousse l'artiste à entreprendre d'autres œuvres, même s'il n'en éprouve pas toujours le même «charme», le même plaisir, au fil du dur quotidien. L'insatisfaction encore, en revenant vers Boileau et un peu au delà, chez Descartes qui fait l'inventaire de la complexe entreprise du savoir et voit s'étendre devant lui le champ inépuisable de la recherche expérimentale : «Je remarquais, touchant les expériences, qu'elles sont d'autant plus nécessaires qu'on est plus avancé en connaissances. — Il est vrai que, pour ce qui est des expériences qui peuvent y servir, un homme seul ne saurait suffire à les faire toutes[72].»

L'ambition d'élaborer une méthodologie rigoureuse de la pensée ne peut éviter les servitudes de l'humaine condition, et Descartes sait et sent qu'esprit et corps se trouvent intimement soudés, de telle sorte que raison et imagination, lucidité et fantaisie, certitude et doute s'interpénètrent au point que le philosophe, aux dernières lignes de son *Discours de la méthode*, en arrive à souhaiter «jouir sans empêchement de son loisir» et l'employer à agrandir le champ de ses connaissances, dont les contours demeurent à jamais inachevés. Constatant à la fin de ses *Méditations* «l'infirmité et la faiblesse de notre nature», Descartes renouvelle le regret de manquer du loisir nécessaire à recherche plus poussée, et débouche sur une double perspective d'inachèvement, à la fois dans le domaine d'une morale «provisoire» et dans celui du savoir que la pensée ne peut développer qu'en doutant : «Je suis une chose qui pense, c'est-à-dire qui doute[73].»

Est-ce semblable doute qui empêchera Poussin d'écrire son Traité de la peinture, dont on ne retrouve dans ses papiers à sa mort en 1665 qu'une douzaine de fragments? Le neuvième fonde la notion de nouveauté sur le renouvellement des dispositions et expressions des éléments de la composition, de sorte qu'un thème ancien et maintes fois traité pourrait paraître «singulier et neuf» sous la main d'un artiste inspiré[74]. Est-ce encore le doute qui incitera Poussin, à la fin de sa vie, à offrir au cardinal Massini un *Apollon et Daphné* inachevé, au moment où il vient pourtant de compléter le grand cycle de ses *Quatre Saisons*? Est-ce encore le doute qui incite Roger de Piles à s'inspirer de Pline l'Ancien et peut-être aussi de la *sprezzatura* de Castiglione, quand il met en évidence le *non finito* de l'œuvre d'art non seulement dans sa propre forme, mais encore dans le rapport imaginaire qu'elle suscite chez l'amateur :

«Les ouvrages les plus finis ne sont pas toujours les plus agréables, et les tableaux artistement touchés font le même effet qu'un discours où les choses, n'étant pas expliquées avec toutes leurs circonstances, en laissent juger le lecteur,

-72. Descartes : *Discours de la méthode*, sixième partie, p. 61 et 68.
-73. Dernières lignes de la sixième partie du *Discours de la méthode*; dernières lignes de la sixième des *Méditations*; début de la troisième des *Méditations*; et c'est au début de la troisième partie du *Discours* que Descartes écrit : «Je me formai une morale par provision.»
-74. Poussin : «Remarques sur la Peinture», dans *Artists on Art*, p. 157.

qui se fait un plaisir d'imaginer tout ce que l'auteur avait dans l'esprit. Les minuties dans le discours affadissent une pensée et en ôtent tout le feu ; et les tableaux où l'on a apporté une extrême exactitude à finir toutes choses, tombent souvent dans la froideur et la sécheresse. Le beau fini demande de la négligence en bien des endroits et non pas une exacte recherche dans toutes les parties. Il ne faut pas que tout paraisse dans les tableaux, mais que tout y soit sans y être[75]. »

« Un portrait porte absence et présence », notait déjà Pascal, et c'est dans cette ambiguïté de la figuration (de toute re-présentation artistique) que fermente le doute, qui aiguillonne la curiosité et empêche que la recherche ne se satisfasse de ses acquis. C'est ce qui manque au savoir qui en entretient le devenir — ce « vide » dont Mozart soulignait aussitôt la contrepartie positive, celle d'une « aspiration » ou du désir — et nous retrouvons l'hypothèse dynamogénique du *non finito*, dont Roger de Piles entrevoit la répercussion chez l'amateur d'art, devant l'*abbozzo*, l'esquisse, le dessin (ou « dessein » : projet, désir, vision) :

« Les Desseins touchés et peu finis ont plus d'esprit et plaisent beaucoup davantage que s'ils étaient plus achevés, pourvu qu'ils aient un bon caractère et qu'ils mettent l'idée du spectateur sur un bon chemin : la raison en est que l'imagination y supplée toutes les parties qui y manquent ou qui n'y sont pas terminées, et que chacun les voit selon son goût[76]. »

Ainsi tout semble se passer comme si l'exécution de l'œuvre d'art se prolongeait et se dilatait dans la suspension de son achèvement, et comme si cette suspension stimulait chez l'amateur la démarche imaginaire qui lui permet de connaître l'œuvre. Les querelles entre partisans des Anciens et partisans des Modernes, qui servent de pont dans les domaines de l'art, de la littérature et de l'esthétique en France entre le XVIIᵉ et le XVIIIᵉ siècles, rappellent à leur façon que l'histoire aussi s'inscrit dans la dynamique du *non finito*, non seulement parce qu'on n'arrive jamais à établir et inventorier tous les éléments et toutes les dimensions du passé ou même de quelques-uns de ses fragments, mais encore parce que le présent glisse constamment dans un devenir en partie au moins énigmatique, et inachevable en ce qui demeure devenir. Toute histoire culturelle, peu importe la civilisation en cause, se trouve ainsi périodiquement secouée par quelque querelle qui oppose les forces de la tradition et de la norme à celles de l'innovation et de la transgression. À chaque époque, la jeune génération ambitionne de se faire une place à travers l'établissement (*Establishment*, diraient les Anglophones) de ceux qui sont déjà installés et connus depuis plus ou moins longtemps. Et cette dialectique ne s'achève jamais, elle renaît d'une génération à l'autre plus ou moins fougueusement, et constitue peut-être la dynamique même de l'histoire, qui transforme l'avenir en passé par le jeu et le débat d'une actualité sans cesse renaissante et inachevable.

Quand en 1687 Charles Perrault attaque les Anciens et conteste leur autorité et leur supériorité, pour mieux chanter les louanges des Modernes, on ne s'étonne pas de voir aussitôt se dresser des oppo-

-75. Roger de Piles : *Conversations sur la connaissance de la Peinture*, p. 69-70.
-76. R. de Piles : *Abrégé de la Vie des Peintres*, XXVI, p. 70.

sants en Boileau, La Fontaine et La Bruyère. Ce qui étonnera quelque peu, c'est de voir l'Académie française pencher du côté de la nouveauté, mais l'institution se trouve encore jeune, fondée depuis 1635, et accueille pendant la querelle, en 1691, un nouvel avocat de la thèse du progrès en Fontenelle. Le grand Arnauld réussit à calmer les protagonistes Boileau et Perrault, mais n'empêchera pas la querelle de rebondir autour d'Homère, que l'érudite Madame Dacier traduit scrupuleusement en 1699 et que Houdart de la Motte adapte plus librement en 1713, ce qui amènera Fénelon à se porter cette fois en arbitre, dans sa *Lettre à l'Académie* de 1714, en proposant d'admirer et goûter à la fois les Anciens et les Modernes, ouvrant une fois de plus dans l'histoire de l'esthétique les écluses à la thèse de la relativité du beau et du goût, que l'abbé Jean-Baptiste Du Bos développe en 1719 dans ses *Réflexions critiques sur la poésie et la peinture* : le *non finito*, encore...

Le jeu de l'esprit au XVIIIe siècle

Le climat intellectuel européen du début du XVIIIe siècle favorise de façon plus large encore que chez Du Bos une vision relativiste et inachevée de la connaissance. Le *Dictionnaire historique et critique* de Bayle, publié en 1697, bouscule déjà à sa façon la hiérarchie traditionnelle du savoir, et des idées fort diverses profitent de l'ordre alphabétique du dictionnaire ou de l'encyclopédie[77] pour susciter d'interminables débats. Le premier tome de l'*Encyclopédie* dirigée par Diderot paraît en 1751 et attire à la fois les éloges de Voltaire et la suspicion des Jésuites. En 1752, nombre d'exemplaires du deuxième tome sont saisis, brûlés, ou sauvés par dissimulation. Harcelée de dénonciations, frappée de censures et même interdite en 1759, l'*Encyclopédie* française se trouve même «châtrée», selon l'expression de Diderot en novembre 1764, par son propre éditeur, le libraire parisien Le Breton. Enfin, la publication des monumentales archives du savoir se termine en 1772, mais sans vraiment s'achever, car on sait désormais que le savoir constitue un champ que la recherche laboure et remanie, défriche et prospecte, par une interrogation critique que cette recherche voue au doute et au *non finito*, même dans les plus colossales entreprises de dictionnaires et d'encyclopédies. De fait, ces nouveaux instruments de la connaissance en dégagent plus souvent les limites qu'ils n'en établissent définitivement les architectures. Par exemple, à l'article de l'*Encyclopédie* de Diderot consacré au «génie», Saint-Lambert souligne l'énergie singulière qui anime l'imagination, et constate que «ses lumières, s'élançant au delà du passé et du présent, éclairent l'avenir», ce qui fait qu'à cause de son dynamisme insatiable le génie sera «mieux senti que connu par l'homme qui veut

---

-77. Ephraïm Chambers : *Cyclopaedia, or an Universal Dictionary of Arts and Sciences*, Londres, 1728.

le définir[78]. » Cela ressemble à ce que Diderot écrit au début de son *Traité du beau* : « Comment se fait-il que presque tous les hommes soient d'accord qu'il y a un beau ; qu'il y en ait tant entre eux qui le sentent vivement où il est, et que si peu sachent ce que c'est[79] ? » — Dans un paragraphe de ses *Pensées détachées* esthétiques, Diderot oppose la rigueur des normes à la prolifération des formes, en rappelant la relativité du goût :

> « J'en demande pardon à Aristote, mais c'est une critique vicieuse que de déduire des règles exclusives des ouvrages les plus parfaits, comme si les moyens de plaire n'étaient pas infinis. Il n'y a presque aucune de ces règles que le génie ne puisse enfreindre avec succès[80]. »

Belle introduction au roman *Jacques le Fataliste*, publié d'abord en allemand en 1792, avant de paraître dans sa langue originale[81] en 1796. Diderot y invente en quelque sorte l'anti-roman, en brisant systématiquement le fil du récit par des interruptions, parenthèses, digressions, et même par des régressions inouïes qui permettent aux personnages de gommer ce qui vient de leur arriver et de repartir de plus belle dans une autre direction, vers d'autres aventures burlesques ou imprévisibles. Le procédé de l'interruption narrative s'accentue probablement encore du fait que Diderot a travaillé à plusieurs reprises à ce roman, entre 1766 et 1783, et ne l'a jamais vraiment terminé : comment aurait-il pu en effet figer Jacques et son maître sans renier leurs enchevêtrements et pirouettes, c'est-à-dire leur façon même d'être ? Dès les premières lignes du roman, la question cruciale est posée : « Est-ce que l'on sait où l'on va ? » — Et cette question, c'est le romancier lui-même qui la pose, en se dressant effrontément sur le seuil de son œuvre et en taquinant son lecteur[82].

Diderot le déclare en toutes lettres : « Il est bien évident que je ne fais pas un roman[83] », et en cela même il ne prétend pas être tout à fait original, la fin du manuscrit de *Jacques le Fataliste* citant un « paragraphe copié de la vie de Tristram Shandy[84] », curieux ouvrage écrit par l'auteur anglais Laurence Sterne et publié à Londres en neuf volumes de 1760 à 1767. Curieux ouvrage en effet, bourré de

-78. J. et M. Charpentier : *L'Encyclopédie*, p. 104.
-79. Diderot : *Traité du beau*, p. 13.
-80. Ibid. p. 136.
-81. À la même époque, le gentilhomme anglais William Beckford écrit en français un roman bizarre intitulé *Vathek, conte arabe*, qu'il fait paraître en 1787 mais qui aura été traduit en anglais et publié à son insu l'année précédente. En 1865, Mallarmé écrira une louangeuse « Préface à Vathek », qu'un avant-propos d'E. Bressy commente dans l'édition de *Vathek* parue chez Corti à Paris en 1973.
-82. « Vous voyez, lecteur, que je suis en beau chemin, et qu'il n'en tiendrait qu'à moi de vous faire attendre un an, deux ans, trois ans, le récit des amours de Jacques, en le séparant de son maître et en leur faisant courir à chacun tous les hasards qu'il me plairait. » (Diderot : *Jacques le Fataliste*, p. 36-7)
-83. Ibid. p. 47.
-84. Ibid. p. 327 ; dans l'édition citée ici, Y. Belaval signale dans ses notes les principaux renvois à *Tristram Shandy*.

digressions, citations (en grec, latin, français, etc.), interruptions ou lacunes (par exemples, le chapitre 24 du volume IV manque délibérément, de même que les pages 33-4, remplies de deux rectangles noirs, et les pages 183-4, remplies de deux rectangles marbrés). Sterne s'amuse à insérer la préface à peu près au tiers de *Tristram Shandy*, soit au cœur du volume III, et à se moquer des dédicaces, qu'il sème au début du livre, à la fin du huitième chapitre du premier volume, et entre le volume VIII et le volume IX; et comme on peut le lire à la fin de la postface d'une édition de cet « anti-livre » : « La fin de Tristram Shandy, c'est qu'il n'y aura pas de fin[85]. »

Le jeu inépuisable et parfois étourdissant des possibles que le romancier tient avec la plume dans sa main, Sterne et Diderot ont osé le jouer sur un clavier inusité, paradoxal et en quelque manière satirique : « Lecteur, si vous me savez peu de gré de ce que je vous dis, sachez-m'en beaucoup de ce que je ne vous dis pas », écrit Diderot dans *Jacques le Fataliste*[86], en attirant ainsi l'attention sur les sous-entendus, sur l'immense espace (littéraire et autre) qui s'ouvre derrière les mots, entre les lignes et les paragraphes, autour de l'uniforme rectangle typographique gutenbergien; espace où les rapports entre le réel et l'imaginaire jouent sans fin, à un point tel qu'on ne sait plus trop ce qui est donné comme vécu et ce qui n'est peut-être que rêvé ou inventé, à un deuxième degré, dans l'invention du roman. Fable et vérité entretiennent dans l'œuvre des rapports suspects, et leur promiscuité suscite dans le domaine esthétique une variante du « doute méthodique » que Sterne et Diderot explorent en virtuoses, en démontant de la main gauche comme de malhabiles apprentis horlogers les rouages du roman qu'ils remontent aussitôt comme par magie de la droite.

L'œuvre devient jeu : art ludique. En ce milieu du XVIIIe siècle, Johann Sebastian Bach vient de mourir, sans avoir terminé son monumental *Art de la fugue*, mais il a orienté le cours de la musique occidentale vers des possibilités de variations pour ainsi dire inépuisables, celles de la polyphonie instrumentale et vocale dont les claviers d'orchestration dilatent de façon gigantesque la combinatoire mélodique. En contrepoint à l'entreprise du vieux Kapellmeister, celle du peintre Watteau, qui fête allègrement sa courte vie dans la galanterie féerique d'un art où tout semble conserver la volatile fraîcheur du croquis évoquée par le comte de Caylus :

> « Il en est où le génie seul domine, qui nous donnent un spectacle ravissant. Quel charme, en effet, ne goûtons-nous pas en voyant le feu d'une première idée jetée sur le papier ou empreint sur une maquette, production d'un instant où tout est esprit et où la manœuvre n'est pour rien[87]. »

-85. G. Weales : « Afterword » à *Tristram Shandy*, p. 544 : « The end of Tristram Shandy is that there shall be no end. »
-86. Diderot : *Jacques le Fataliste*, p. 41.
-87. Comte de Caylus : « Réflexions sur la Peinture » de 1747, dans *Vies d'Artistes du XVIIIe siècle*, p. 132.

La brillante carrière de Watteau, précocement interrompue quand l'artiste n'a que trente-sept ans, demeure par là inachevée, mais son biographe le comte de Caylus semble trouver d'autres aspects à l'inachèvement de son œuvre, non seulement dans les copieux cartons de croquis et esquisses du peintre, mais encore dans des interruptions en cours d'œuvre et dans l'insatisfaction fréquente de l'artiste:

«Elle (la légèreté de l'outil) est composée de ces *laissés*, qu'on ne peut comparer qu'à ces sous-entendus, à ces mots suspendus qui sont l'agrément de la conversation. On peut les sentir et non les définir: ils disent ce qu'il faut sans s'apesantir et sans abuser de la finesse.» — «Le motif de ses dégoûts pour ses propres ouvrages peut se trouver dans la situation d'un homme qui pense mieux et plus grand qu'il ne peut exécuter[88].»

La «légèreté de l'outil» évoque la *sprezzatura*, les «laissés» font écho à la technique d'écriture de Diderot dans *Jacques le Fataliste*, et l'insatisfaction de l'artiste s'apparente à celle que Condivi et Vasari observaient chez Michelangelo ou que Mozart déplorera peu de temps après Watteau. — Tout cela contribue à faire de l'œuvre d'art un lieu où se manifeste de diverses manières le *non finito*, comme il se manifeste aussi dans le courant philosophique qui passe à l'époque par Spinoza et Leibniz, et que le baron d'Holbach a mis en évidence dans l'*Encyclopédie* de Diderot. Sans développer de thèses spécifiques sur l'art ou l'esthétique, Spinoza rattache la beauté à la subjectivité de l'activité de l'imagination, et propose une vision de l'homme où le dynamisme du désir le propulse vers ses multiples possibles (surtout *Éthique* III), un mouvement en quelque sorte inachevable, et cette vision conviendrait à l'hypothèse du *non finito* en tant que dynamique esthétique. Chez Leibniz, la réflexion sur l'art se greffe aux propos concernant l'imagination et sa combinatoire — ou art d'inventer[89] — de sorte que la pyramide des mondes possibles ne se conçoit que dans le continuel mouvement produit par le fait de «réveiller en nous tous les enfants endormis». Quand Leibniz tente de préciser les fondements du jugement esthétique, il débouche sur quelque chose de vague, sur un «je ne sais quoi» qui n'est pas sans rappeler le *Io non so che* d'Alberti[90], — ce qui se retrouve fréquemment dans l'histoire de l'esthétique depuis les Grecs jusqu'à aujourd'hui, et nourrit notre hypothèse du *non finito*. L'esthétique proprement dite ne trouvera d'ailleurs ses fondements méthodiques qu'au

-88. Comte de Caylus: «De la légèreté de l'outil» de 1755, et «Vie de Watteau» de 1748, dans *Vies d'Artistes du XVIIIᵉ siècle*, p. 152 et 14.
-89. «Combinatoire: Pour Leibniz, cette même science (mathématique, qui a pour objet de former par ordre toutes les combinaisons possibles d'un nombre donné d'objets, de les dénombrer et d'en étudier les propriétés et les relations), appliquée aux concepts de tout ordre et constituant ainsi la partie synthétique de la logique, de sorte qu'elle se confond avec l'art d'inventer.» (Lalande: *Vocabulaire technique et critique de la philosophie*, p. 150)
-90. W. Tatarkiewicz: *History of Aesthetics* III, p. 371 et 382; pour Spinoza, p. 369 et 380; s'attachant à définir la beauté, Alberti écrivait «che a me non sara facile di explicarlo con le parole» (p. 93; et en p. 455, W. Tatarkiewicz rappelle le fréquent recours au «nescio quid» dans l'histoire du jugement esthétique).

milieu du XVIIIe siècle, chez Baumgarten qui publie en 1750 la
première partie de son *Aesthetica*, et la seconde, demeurée fragmentaire, en 1758.

C'est que l'esthétique, comme d'autres champs de recherche et de
connaissance, bute souvent sur des questions difficiles, parfois même
énigmatiques. On recourt alors à quelque subterfuge, à un dogme
peut-être, ou aux points de suspension qui font fraterniser artistes et
esthéticiens autour du *non finito*... Quand Kant, par exemple,
entreprend sa «Critique de la faculté de juger esthétique», il scrute le
jugement de goût et veut éclairer l'art et le beau par les notions de
sublime et de génie: mais qu'est le génie? Parmi d'autres choses,
ceci:

> «Troisièmement, le génie se montre moins dans la réalisation de la fin
> proposée dans la présentation d'un concept déterminé, que dans l'exposé ou
> l'expression d'idées esthétiques, qui contiennent pour ce projet une riche
> matière; et par conséquent le génie fait apparaître l'imagination libérée de toute
> conduite par des règles, et cependant comme finale pour la présentation du
> concept donné[91].»

À relire ces lignes, on pourrait s'étonner de voir se dresser
derrière les propos du philosophe les profils tourmentés des *Esclaves*
de Michelangelo venant témoigner de l'écart irréductible entre le
concetto et la *mano*, écart où se déploie justement le domaine de
l'imaginaire et qui fonde l'esthétique sur des «jugements de goût» qui
chercheraient en vain l'appui de quelque «principe objectif»
immuable, selon le langage kantien: la connaissance que nous
pouvons acquérir de l'art demeure ouverte, inachevée en quelque
sorte parce qu'elle s'enracine dans «une représentation empirique
singulière» dont l'expérimentation se poursuit dans la subjectivité
«judiciaire» esthétique de chacun, aimantée par le pôle du sublime,
ce sublime qui se trouvera chez Hegel à l'étape médiane de l'art
symbolique[92]. Poursuivant en effet la réflexion sur l'art entreprise par
Kant une génération plus tôt, Hegel l'intègre dans une vision dialectique de l'histoire et l'éclaire par le dernier chapitre de sa *Phénoménologie de l'Esprit*: le «savoir absolu» reste voilé, incomplet, énigmatique comme le Sphinx, et la démarche philosophique (ou esthétique) se trouve ainsi appelée à se poursuivre, se reprendre et se
continuer dans l'aventure sans fin de l'esprit et de la connaissance.
Dans l'art égyptien, Hegel observe que «le symbolisme fait du
symbole une énigme», mais l'art symbolique, en approfondissant
l'opération analogique de l'esprit, en arrivera à montrer que
«l'énigme porte en elle-même sa solution», tandis que «les symboles
proprement dits restent toujours sans solution», puisqu'en art, la
recherche de l'énigme «peut être considérée comme un jeu d'esprit
symbolique, mais un jeu d'esprit voulu et conscient, qui met à

-91. Kant: *Critique de la faculté de juger*, par. 49, p. 147.
-92. Kant: *Critique de la faculté de juger*, par. 36, 37 et 25; p. 122-3 et 87; — Hegel:
Esthétique, tome 3 sur «L'art symbolique», deuxième chapitre sur «Le symbolisme
du sublime», p. 106s.

l'épreuve l'ingéniosité et la facilité de réaliser des combinaisons, et son mode de représentation, qui a pour but de provoquer la solution, se détruit ainsi lui-même[93]. » En poursuivant son analyse, Hegel en arrive à l'art romantique, où s'intensifie le « jeu d'esprit symbolique » :

« L'intériorité romantique peut se manifester dans toutes les circonstances possibles et imaginables, s'accommoder de n'importe quels états et situations, commettre d'innombrables erreurs et s'engager dans des complications infinies, provoquer des conflits et se procurer des satisfactions de toutes sortes, étant donné que ce qu'elle cherche, ce n'est pas un contenu objectif et valable en soi, mais son propre reflet, quel que soit le miroir qui le lui renvoie[94]. »

En cherchant à éclairer la notion du « beau artistique » par celle de « l'idéal », Hegel dégage, à travers la prolifération phénoménale des formes artistiques, une « animation générale » où se manifeste l'esprit et son « infinité interne » :

« On pourrait, en en retournant le sens, dire que l'art fait de chacune de ses figures un Argus aux mille yeux, afin que l'âme et la spiritualité apparaissent en tous les points de la phénoménalité ; qu'elles manifestent leur présence non seulement dans la configuration du corps, dans l'expression du visage, dans les gestes et les attitudes, mais aussi dans les actes et les événements, dans les discours et les sons, bref dans toutes les conditions et contingences de la phénoménalité, elles doivent devenir l'œil reflétant l'âme libre dans toute son infinité interne[95]. »

Ces passages de l'esthétique hégélienne suggèrent, derrière les facettes et fragments qu'offrent les œuvres d'art de « l'infinité interne » de l'esprit, le *non finito* de l'expérience esthétique, à la fois dans la phénoménologie de la production de l'œuvre et dans celle de son inépuisable lecture. L'esthétique hégélienne elle-même constitue un monument inachevé, plus encore que celle de Baumgarten puisqu'elle a été composée à partir de notes que Hegel utilisait dans ses cours à Berlin de 1818 à 1829, auxquelles l'éditeur Hotho a ajouté des cahiers d'étudiants, avant de publier le tout en 1835, quatre ans après la mort du philosophe, qui n'en a donc pas revu les détails, ni même l'architecture générale.

-93. Hegel : *Esthétique*, tome 3 sur « L'art symbolique », p. 104 pour le symbolisme du Sphinx, et p. 161 pour la suite.
-94. Ibid. tome 5 sur « L'art romantique », troisième chapitre sur « L'indépendance formelle des particularités individuelles », p. 128-9.
-95. Ibid. tome 2 sur « L'idéal du beau », début du troisième chapitre sur « Le beau artistique ou l'idéal », p. 106-7.

DES VISIONS ROMANTIQUES
À L'UTOPIE DE L'ŒUVRE ABSOLUE

Le souffle romantique et le *non finito*

Devant l'*Esthétique* de Hegel, on songe aux *Pensées* de Pascal et, par-delà vingt-cinq siècles, à l'œuvre de Socrate telle que dialoguée par Platon. On peut aussi songer, en ce premier tiers du XIXᵉ siècle, et justement selon la perspective hégélienne, à l'art romantique et plus précisément aux œuvres romantiques où fragment et inachèvement se rencontrent fréquemment et témoignent à leur façon d'une recherche d'Absolu et d'Infini qu'il est impossible de jamais atteindre. Pour Hegel, rappelons-le, l'art, la religion et la philosophie semblent constituer trois voies par lesquelles l'esprit humain tendrait à dépasser l'ordre de la nature et à se dépasser lui-même, pour tenter d'atteindre à la sphère supérieure, celle de l'Absolu, dont la saisie ne pourra jamais être ni parfaite ni satisfaisante[1]; le champ de la conscience s'en trouve perturbé, et le sentiment qui en résulte n'est pas sans parenté avec «l'égarement» éprouvé plus tôt par Pascal:

> «Tout le monde visible n'est qu'un trait imperceptible dans l'ample sein de la nature; nulle idée n'en approche, nous avons beau enfler nos conceptions au delà des espaces imaginables, nous n'enfantons que des atomes au prix de la réalité des choses; c'est une sphère infinie dont le centre est partout, la circonférence nulle part[2].»

Ainsi toute connaissance trouverait à la fois sa source et son aboutissement dans l'inconnu, dont les frontières se dilatent et reculent à mesure que les idées prétendent les saisir. L'aventure de la conscience en demeure inachevée, du moins dès qu'elle pousse suffisamment loin sa recherche, sa quête, jusqu'au niveau de l'énigme:

> «Qu'est-ce qu'un homme, dans l'infini? — Qu'est-ce que l'homme, dans la nature? Un néant à l'égard de l'infini, un tout à l'égard du néant, un milieu entre rien et tout, infiniment éloigné de comprendre les extrêmes; la fin des choses et leurs principes sont pour lui invinciblement cachés dans un secret impénétrable; également incapable de voir le néant d'où il est tiré et l'infini où il est englouti; que fera-t-il donc, sinon d'apercevoir quelque apparence du milieu des choses dans un désespoir éternel de connaître ni leur principe ni leur fin; toutes choses sont sorties du néant et portées jusqu'à l'infini. — Nous voguons sur un milieu vaste, toujours incertains et flottants. — Rien ne peut fixer le fini entre les deux infinis qui l'enferment et le fuient[3].»

Comme l'entreprise philosophique ou religieuse, et selon la perspective hégélienne rappelée précédemment, l'entreprise artisti-

---

-1. «Art, religion et philosophie ont ceci en commun que l'esprit fini s'exerce sur un objet absolu, qui est la vérité absolue.» (Hegel: *Esthétique*, tome 2 sur «L'idée du beau», début du premier chapitre, p. 16)
-2. Pascal: *Œuvres*, p. 526 (*Pensées* nᵒ 199).
-3. Ibid. p. 526-7.

que débouche aussi sur l'Absolu, sur le *non finito* de la connaissance ressenti par Pascal, et plonge la conscience de l'homme dans un sentiment de déréliction éprouvé par Rousseau et exprimé dès les premières lignes de ses *Rêveries du promeneur solitaire*, dont la dixième «Promenade» demeure inachevée en avril 1778 : «Me voici donc seul sur la Terre, n'ayant plus de frère, de prochain, d'ami, de société que moi-même[4]... »

Vers 1800, plusieurs artistes européens tendent à élargir les frontières de leur champ de conscience, à la fois dans le temps et dans l'espace, comme s'ils voulaient «meubler» la solitude ressentie et exprimée par Rousseau et d'autres, et atténuer les vertiges pascaliens qui la tourmentent ; mais les nouvelles explorations ne feront souvent qu'intensifier et approfondir l'inquiétude et le trouble de l'esprit, en abordant par exemple aux vastes domaines des mythes du «Nord» avec le mouvement du *Sturm und Drang* et autrement avec les essais de Germaine de Staël. De son côté, le *Génie du Christianisme* reprend contact avec les monuments médiévaux, et Hegel se nourrit de tout cela pour élaborer son esthétique, particulièrement sa vision de «l'art romantique». L'année même de la mort de Hegel paraît en 1831 le roman de Hugo inspiré par le pittoresque fantastique médiéval, *Notre-Dame de Paris*.

Le domaine romantique est, comme l'on sait, vaste et touffu, et une page de *René* en résume la complexe thématique, en autant que cela soit possible en quelques lignes :

«Mais comment exprimer cette foule de sensations fugitives, que j'éprouvais dans mes promenades ? Les sons que rendent les passions dans le vide d'un cœur solitaire ressemblent au murmure que les vents et les eaux font entendre dans le silence d'un désert : on en jouit, mais on ne peut les peindre. L'automne me surprit au milieu de ces incertitudes : j'entrai avec ravissement dans les mois des tempêtes. — Notre cœur est un instrument incomplet, une lyre où il manque des cordes. — Qu'il fallait peu de choses à ma rêverie ! — Un secret instinct me tourmentait : je sentais que je n'étais moi-même qu'un voyageur. — La nuit, il me semblait que la vie redoublait au fond de mon cœur, que j'aurais la puissance de créer des mondes[5]. »

Ces lignes de Chateaubriand rassemblent plusieurs des perspectives de la vision romantique, perspectives à la fois exaltées et confuses, parcourues par une profonde inquiétude et même hantées souvent par «le vent de la mort» qui favoriserait tel «vol vers des régions inconnues que ton cœur demande». — Chez Kant, la réflexion sur l'art et la nature peut aussi conduire à des antinomies, d'ailleurs favorables au développement de jugements esthétiques et téléologiques capables de s'accommoder «d'une certaine obscurité[6]. » Cette obscurité ne sera plus refoulée par quelque armature idéologique, mais au contraire assumée et mise en évidence par la sensibilité romantique, dont il serait utile d'évoquer un des berceaux, celui du *Sturm und Drang*.

-4. Rousseau : *Rêveries du promeneur solitaire*, p. 29.
-5. Chateaubriand : *René*, p. 43-6.
-6. Kant : *Critique de la faculté de juger*, Préface de 1790, p. 19.

C'est à Strasbourg vers 1769 que s'amorce ce mouvement, qui s'étend en Rhénanie et proteste d'abord contre le Classicisme et le rationalisme d'inspiration française : Goethe, Herder, Schiller et quelques autres jeunes écrivains veulent exprimer des valeurs culturelles et des sentiments où dominent l'instinct, la nature libre de toute robe canonique, la passion nourrie d'outrance shakespearienne et exprimée selon le génie germanique. Ils sont enthousiastes dans leur jeunesse et épris de liberté, les membres du groupe de Strasbourg, ils rejettent les carcans de l'autorité et des normes, et ambitionnent d'employer et déployer toutes leurs énergies à la recherche de formes artistiques convenant à leur dynamisme. Ce n'est qu'en 1776 que le groupe trouve son nom, dans le titre d'une pièce dramatique de Klinger, *Sturm und Drang*, mais le souffle révolutionnaire de «tempête et impulsion» ou «d'orage et élan» exalte dès le début les imaginations, selon une perspective qu'illustre Goethe quand il commence à écrire en 1773 sur Prométhée un drame qui demeure inachevé et dont il tirera plus tard un court et dense poème. En 1774, dans les célèbres *Souffrances du jeune Werther*, Goethe met en vedette un héros dévoré de passion qui nous intéresse au moins de trois façons sous l'angle du *non finito*, puisque ce texte sera repris par l'auteur en 1782, que le héros en se suicidant laisse son amour et sa destinée inachevés, et que l'œuvre s'ouvre sur des résonances difficiles à circonscrire et en quelque sorte infinies, et suffisamment suggestives pour provoquer plusieurs suicides chez des lecteurs trop influençables.

Goethe apporte encore d'autres éléments au dossier du *non finito*. Il ne rédigera pas les drames ésquissés autour de «génies» comme Socrate ou Mahomet, et toute sa carrière sera hantée par l'ombre de Faust. Au début de la vingtaine, il ébauche sa première version du drame faustien, où l'*Urfaust* s'élance déjà vers une «vie vaste et infinie», accordée aux ambitions du *Sturm und Drang* et du jeune poète ; une vingtaine d'années plus tard, en 1790, Goethe ébauche une autre vision, moins tumultueuse, de l'énigmatique héros, sous le titre de *Faust, un fragment* ; avant d'entrer dans la soixantaine, Goethe retrouve une fois de plus la figure obsédante de Faust, et publie en 1808 la première partie d'une tragédie qui atteint un niveau universel et cosmique, malgré son état partiel ; en 1816, Goethe fait paraître une esquisse de la deuxième partie de son drame *Faust*, dont il entreprend la rédaction suivie de 1826 à 1831 ; quelques semaines avant sa mort, à 82 ans, il travaille encore à des retouches et développements de «son» drame, celui de l'Inaccessible que Faust tente de toucher grâce à Méphistophélès, dans une quête tourmentée dont Marguerite sera l'infortunée compagne.

On ne pourra jamais terminer le drame de Faust et le refermer sur lui-même, puisque son dynamisme singulier et mythique se fonde sur un insatiable appétit de connaître, sur une exigence d'Infini, sur des rêves démesurés. Car au delà de l'alchimiste, du mage, de ce personnage né vers 1480 dans le Wurtemberg et dont l'existence littéraire et légendaire remonte au *Livre de Faust* publié en 1587 par Johann Spesz, c'est d'un mythe dont il s'agit, d'une des configurations profondes de la conscience humaine, celle de la connaissance et aussi de la quête de l'Absolu et de l'Infini. Le personnage légendaire du docteur Faustus inspire dès 1590 Christopher Marlowe, puis est traduit ou adapté en Bohème, en France et jusqu'au Danemark. On lui fait aussi les honneurs des tréteaux de foires et de marionnettes. Il renaît sous la plume de Lessing en 1760, sous celle de Klinger en 1791. En 1776 et 1778, Friedrich Maler Müller entreprend deux approches de Faust, qui demeurent inachevées. Le rayon de bibliothèque hanté par Faust s'allonge depuis Goethe, en passant par le *Manfred* (1817) de Byron, par Pouchkine en 1826 (qui ne termine pas deux ans plus tard un roman intitulé *Le Nègre de Pierre le Grand*), par Grabbe en 1829, par Lenau en 1834-40, par Bailey en 1839, par Heine en 1856, par Vischer en 1861; les métamorphoses de Faust se poursuivront encore dans *Peer Gynt* (1880) d'Ibsen, dans *Axël* (1885) de Villiers de l'Isle-Adam, dans *Le Déclin de l'Occident* (1918) d'Oswald Spengler, dans *Doktor Faustus* (1948) de Thomas Mann, et dans les deux parties inachevées de *Mon Faust* (1940-45) de Valéry.

Le drame faustien déborde d'un pouvoir suggestif qui semble ainsi inépuisable, inachevable, et dont on trouve des rebondissements en dehors du domaine littéraire. En musique, Faust inspire des opéras à Spohr en 1816, à Berlioz en 1846, à Gounod en 1859, à Boito en 1868, et à Ferruccio Busoni soixante-cinq ans plus tard (Busoni meurt en 1924, laissant inachevé son *Faust,* que termine Jarnach). Faust inspire encore des suites symphoniques à Wagner, à Schumann et à Liszt (qui en écrira deux versions en 1857 et en 1880). Au début du XXe siècle, en une quinzaine d'années, autant de films seront tournés autour de Faust[7], dont cinq ou six par Méliès, ce qui montre qu'il n'est pas facile d'en finir avec lui, et ce qui n'empêchera pas plusieurs autres cinéastes d'y regarder encore, comme René Clair dans *La Beauté du Diable* en 1950 et Claude Autan-Lara dans *Marguerite de la Nuit* en 1955.

Le mythe faustien concentre une grande partie de la dramaturgie romantique, et la sensibilité romantique absorbe et digère, avec un appétit parfois déconcertant, nombre de disparités et même de contradictions, selon une dialectique qui permet par exemple à Goethe et Schiller de se comprendre et même d'être amis, malgré d'énormes écarts entre les deux personnalités. L'œuvre de Schiller naît dans le berceau du *Sturm und Drang,* et il verse au dossier du *non finito* un ouvrage d'esthétique qu'il voulait intituler *Kallias* (ou de la beauté), et qu'il ébauche dans une série de lettres envoyées à C.G. Körner en 1792. L'année suivante, Schiller rédige dans le sillage kantien des essais sur le sublime et le pathétique, toutes choses intuitives en l'esprit romantique.

-7. Voir *Le Mythe de Faust,* document préparé par A. Dabezies, « U-Prisme », Colin, Paris, 1972, 400 p.

Qu'est donc le Romantisme? La première des *Lettres de Dupuis et Cotonet*, datée du 8 septembre 1836 par Alfred de Musset, a su de façon piquante s'en exclamer[8], mais c'est peut-être l'abbé Bremond qui a raison, étant donné le culte de l'individualisme dans le génie romantique: «Il y a autant de Romantismes que de Romantiques!» — Dans les dernières lignes de son essai intitulé *L'Âme romantique et le rêve*, qui propose un itinéraire allant de Lichtenberg et Goethe à Rimbaud et Proust, Albert Béguin atteint une dimension profonde du génie romantique, quand il écrit: «Avec stupeur, je découvre que je suis cette vie infinie: un être dont les origines remontent au delà de tout ce que je puis connaître, dont le sort dépasse les horizons où atteint mon regard[9].»

Le génie romantique «d'époque» ne craint pas semblable vision dilatée et écartelée de la condition humaine. Il en recherche plutôt la vertigineuse et parfois obscure perspective, avec passion, et intègre l'infini et l'incomplétude dans son champ de conscience et dans son dynamisme. Schelling voyait «dans l'œuvre d'art la réconciliation d'une dissonance, une aspiration enclose dans du fini[10]», se montrant en cela bien accordé à telle vision de Hegel citée précédemment (p. 135). Avant Hegel, Germaine de Staël laissait déjà sa plume souligner les secrets rapports entre le fini et l'infini, posant l'homme — et l'art — dans une perspective qui s'imprègne du *non finito*:

«Ce que l'homme a fait de plus grand, il le doit au sentiment douloureux de l'incomplet de sa destinée. Les esprits médiocres sont, en général, assez satisfaits. — Mais les âmes à la fois exaltées et mélancoliques sont fatiguées de tout ce qui se mesure, de tout ce qui est passager, d'un terme enfin, à quelque distance qu'on le place.» — «L'on demande s'il est possible de concevoir l'infini; cependant, ne le conçoit-on pas, au moins d'une manière négative, lorsque, dans les mathématiques, on ne peut supposer aucun terme à la durée ni à l'étendue? Cet infini consiste dans l'absence de bornes; mais le sentiment de l'infini, tel que l'imagination et le cœur l'éprouvent, est positif et créateur. L'enthousiasme que le beau idéal nous fait éprouver, cette émotion pleine de trouble et de pureté tout ensemble, c'est le sentiment de l'infini qui l'excite. — La nature a revêtu l'infini des divers symboles qui peuvent le faire arriver jusqu'à nous[11]...»

En ouvrant largement le jeu des rapports et correspondances non seulement entre l'infini et la conscience humaine, mais encore entre les arts, les littératures et les cultures de l'Antiquité et de l'Europe contemporaine (surtout Allemagne, Angleterre et France), Madame

---

-8. Pour le plaisir d'en rappeler quelques lignes: «Ô la belle chose, monsieur! C'est l'infini et l'étoilé, le chaud, le rompu, le désenivré, et pourtant en même temps le plein et le rond, le diamétral, le pyramidal, l'oriental, le nu à vif, l'étreint, l'embrassé, le tourbillonnant; quelle science nouvelle! C'est la philosophie providentielle géométrisant les faits accomplis, puis s'élançant dans le vague des expériences pour y ciseler les fibres secrètes...» (Musset: *Œuvres complètes*, p. 877); tout ce qui dans le Romantisme se nourrit de l'infini et de l'insaisissable, serait-ce par humour ou autrement, en vient de quelque façon au *non finito*...
-9. A. Bégin: *L'Âme romantique et le rêve*, p. 403.
-10. R. Bayer: *Histoire de l'esthétique*, p. 259.
-11. Germaine de Staël: *De la littérature*, I-XI; et *De l'Allemagne*, IV-I (dans *Œuvres complètes* I, p. 254 et II, p. 224-5).

de Staël indique au travail critique une perspective à peu près inexplorée jusqu'à elle, et à peu près sans limites, celle du comparatisme. En dilatant ainsi et de multiples façons le champ du savoir, en art et en esthétique comme en d'autres domaines, le Romantisme ne s'effarouche nullement du *non finito* et de ses innombrables visages, bien au contraire, comme on peut le constater entre autres chez Hugo, qui profite d'un manifeste pour retourner de fond en comble et «révolutionnairement» certains principes classiques:

> «La muse moderne sentira que tout dans la création n'est pas humainement beau, que le laid y existe à côté du beau, le difforme près du gracieux, le grotesque au revers du sublime, le mal avec le bien, l'ombre avec la lumière; elle se demandera si c'est à l'homme à rectifier Dieu; si une nature mutilée en sera plus belle; si enfin, c'est le moyen d'être harmonieux que d'être incomplet[12]...»

Dans la littérature romantique allemande, les «fragments» de Novalis sont justement célèbres, et aussi ceux de Hölderlin et de Friedrich Schlegel:

> «Tout l'imprévu de notre vie constitue un matériau dont nous pouvons construire ce que nous voulons. Qui a beaucoup d'esprit fera beaucoup de sa vie. Toute rencontre, toute conjoncture, pour l'homme absolument spirituel, serait le premier élément d'une séquence infinie, le commencement d'un roman sans fin[13].»

> «Je ne puis donner de ma personnalité nul autre échantillon qu'un système de Fragments, parce que je suis moi-même quelque chose de ce genre. Nombre d'œuvres des Anciens sont devenus des fragments; nombre d'œuvres des Modernes le sont également dès l'origine. — L'art créateur romantique est encore en devenir, et c'est même son essence propre et son caractère spécifique que de ne pouvoir jamais atteindre la perfection, d'être toujours et de devenir éternellement nouveau[14].»

Dans le domaine esthétique, le fragment renvoie à ce qui manque, et illustre à sa façon la dynamogénie du *non finito*: carence, faille, inachèvement deviennent autant de stimulants pour le travail de l'imaginaire. N'y a-t-il pas, en toute œuvre d'art de quelque importance, cette «ouverture» par quoi elle demeure mystérieuse, énigmatique, secrète et par là même fascinante? S'interrogeant sur les poèmes de Hölderlin et par eux sur la poésie et l'art, Heidegger écrivait:

> «Les poèmes apparaissent comme un coffret non encore contemplé, où ce que le poème dit est préservé: le dernier pas, mais aussi le plus difficile, de toute interprétation, consiste à disparaître avec tous ses éclaircissements devant la pure présence du poème. Le poème se tenant alors sous son propre statut apporte lui-même immédiatement une lumière aux autres poèmes[15].»

Un fragment éclaire un autre fragment, comme les facettes d'une pierre précieuse qu'on aurait taillée avec fantaisie, de façon imprévisible. Un poème conduit à un autre poème. Un tableau naît de tableaux précédents. L'œuvre nouvelle se trouve déjà en partie dans

---

-12. Hugo: Préface de *Cromwell*, p. XI-XII.
-13. Novalis: «Les Fragments: Pollens», dans *Les Romantiques allemands*, p. 211.
-14. F. Schlegel: «Fragments», dans *Les Romantiques allemands*, p. 262 et 267.
-15. M. Heidegger: *Approche de Hölderlin*, p. 7-8.

l'œuvre faite, et à l'œuvre dans l'œuvre à venir. Dans le coffret dont parle Heidegger, il doit y avoir un autre coffret, une série infinie de coffrets, tous plus grands les uns que les autres, au lieu d'être plus petits ? — Les Romantiques anglais se montrent aussi portés vers les fragments. Coleridge laisse plusieurs œuvres fragmentaires, dont les aphorismes de *Aids to Reflexion* (1825) et un ouvrage posthume intitulé *Anima Poetae*. Wordsworth n'écrit que deux parties du grand poème philosophique qu'il projette d'intituler *Le Reclus*. L'interruption précoce des carrières de Keats, Shelley et Byron (respectivement à 25, 30 et 36 ans) laisse en quelque sorte leur œuvre inachevée, en plus de l'*Hyperion* que le premier publie sans le terminer en 1820, et en plus des fragments poétiques qui se trouvent dans les papiers du second avec l'ébauche abandonnée d'un drame sur Charles I.

Les écrivains romantiques français laissent aussi derrière eux quantité de fragments. Par exemple, Hugo ne termine pas ses visions de *La Fin de Satan* et de *Dieu*. Lamartine n'écrit que deux des chants de la vaste épopée mystique projetée dès son jeune âge, soit *Jocelyn* et *La Chute d'un Ange*. Et Stendhal laisse inachevés ses *Souvenirs d'égotisme*, un roman intitulé *Lucien Leuwen*, et un archipel d'ébauches romanesques : *Le Juif, Le Lac de Genève, Paul Sergar, Une position sociale, Madame Tarin, Le Conspirateur, Philibert Lescale, A-Imagination, Féder, Le chevalier de Saint-Ismier, Don Pardo, Le Rose et le Vert*[16].

Dans sa préface de 1805 à l'édition réunissant *Atala* et *René*, Chateaubriand faisait état de sa docilité devant les critiques qui lui avaient suggéré de nombreuses retouches : «*Atala* a été réimprimé onze fois : cinq fois séparément et six fois dans le *Génie du Christianisme*; si on confrontait ces onze éditions, à peine en trouverait-on deux tout à fait semblables. La douzième, que je publie aujourd'hui, a été revue avec le plus grand soin[17]...»

Ces propos laissent peut-être apparaître en filigrane le « Vingt fois sur le métier» de Boileau, mais on peut y trouver autre chose que le seul souci du bel artisan ou du fin ciseleur qui en arrive, après quatre ans employés «à revoir cet épisode», à la décision de rédiger une douzième et dernière version : car *Atala* et *René* demeurent des épisodes, fragments du monumental *Génie du Christianisme*, que Chateaubriand se réserve toujours le droit de retoucher ou altérer, pour qu'il convienne davantage à son désir[18], puisque l'auteur se trouve bien conscient du débat, qui nous est devenu familier, entre le projet ou désir de l'œuvre, et l'œuvre telle qu'elle se fait, sans jamais parvenir à accomplir toutes les visées qui l'ont inspirée. — D'autres

---

-16. Dans sa préface intitulée «De l'inachèvement» à l'édition des *Romans abandonnés* de Stendhal, Michel Crouzet parle à leur propos de «romans inachevés et inachevables» (p. 10).

-17. Chateaubriand : «Préface à Atala et René», dans *Anthologie des préfaces des romans français du XIXᵉ siècle*, p. 72.

-18. «Je saurai ce qu'il faudra changer au *Génie du Christianisme* pour le rendre tel que je désire le laisser après moi, s'il me survit.» (*Anthologie des préfaces...*, p. 72 : mais entre savoir ce qu'on désire et l'accomplir, il y a encore cet écart...)

écrivains français du début du XIXᵉ siècle éprouvent semblables sentiments. S'attachant à observer et traduire «les différences des sensations humaines», Sénancour précise, dans ses «Observations» de 1804 sur *Obermann*, que ce livre se présente comme «un ouvrage que l'on peut seulement esquisser, mais non prétendre jamais finir[19]». Plus tard, dans une Note ajoutée en 1837 à une édition augmentée de *Notre-Dame de Paris*, Victor Hugo fait allusion à la difficulté (pour ne pas dire: à l'impossibilité) de réaliser parfaitement son projet, même si son roman «a peut-être ouvert quelques perspectives vraies sur l'art du Moyen Âge, sur cet art merveilleux jusqu'à présent inconnu des uns et, ce qui est pis encore, méconnu des autres; mais l'auteur est bien loin de considérer comme accomplie la tâche qu'il s'est volontairement imposée[20].» — Comme Edmond de Goncourt dans sa Préface de 1884 à *Chérie*, chaque artiste ne se demande-t-il pas, devant l'œuvre qui vient de sortir de ses mains, *mutatis mutandis*: «Pour le livre que je rêvais, il eût peut-être été préférable de[21]...» — Peut-être, mais Edmond de Goncourt nous incite à quitter le climat romantique, favorable au *non finito* dans les pulsions de sa sensibilité, pour voir rapidement si le Réalisme et le Naturalisme s'en trouveraient aussi affectés, à un moindre degré, toutefois, selon toute probabilité? Zola, par exemple, quand il développe sa théorie du «Roman expérimental» (1880) en s'appuyant sur l'*Introduction à l'étude de la médecine expérimentale* de Claude Bernard, prend soin de souligner que «l'idée d'expérience entraîne avec elle l'idée de modification[22]», ce qui assouplit considérablement l'interprétation rigide et étroite que l'on fait souvent du déterminisme prôné par le romancier, puisque le «tempérament» conserve une importante marge dans le déroulement de l'histoire, qui ne saurait donc être soumise à la règle de fer du fatalisme, à soigneusement distinguer du déterminisme: «Le fatalisme suppose la manifestation nécessaire d'un phénomène indépendant de ses conditions, tandis que le déterminisme est la condition nécessaire d'un phénomène dont la manifestation n'est pas forcée[23].»

La large fresque des Rougon-Macquart peut sembler remplir méthodiquement et intégralement son projet, celui de brosser en une vingtaine d'épisodes «l'Histoire naturelle et sociale d'une famille sous le Second Empire»; mais il faut relever, malgré la matière copieuse que Zola étale, nombre de coupures et lacunes entre ces épisodes, déroulés comme autant de fragments relativement indépendants, comme autant de groupes de figures grouillantes, modelées par un sculpteur qui ne réussit pas toujours à conserver l'attitude de clinicien et de froid témoin «scientifique» dont il prétendait se draper: l'imagination et la sensibilité de Zola l'entraînent en effet souvent (et heureusement!) dans des perspectives où les passions des personnages

---

-19. Ibid. p. 100-1.
-20. Ibid. p. 131.
-21. Ibid. p. 273.
-22. Ibid. p. 317.
-23. Ibid. p. 335.

et « tempéraments » qu'il met en scène atteignent jusqu'aux vertiges mythiques et visionnaires d'un Balzac : qu'il suffise d'évoquer l'épopée de la Grève dans *Germinal,* entre le monstre dévorant de la Mine et « la vision rouge de la révolution » sur les visages hagards des houilleurs affamés, ou la Locomotive de *La Bête humaine.* Souvent chez Zola le souffle de l'inspiration dépasse largement la stricte technique d'écriture du doctrinaire naturaliste, et un roman comme *L'Œuvre* offre une dramatisation de l'hypothèse dynamogénique du *non finito* en art. Le personnage principal de ce roman, Claude Lantier, inspiré en partie par Manet et Cézanne, semble incapable d'arriver à accomplir dans ses œuvres ce qu'il recherche et désire, et qui ne cesse de tourmenter son imagination, au point de l'arracher du lit (où Christine vient de ranimer l'ardeur première de leur liaison) et le ramener une ultime fois devant le tableau inachevé, inachevable, qui hante son atelier et le pousse au suicide : « Claude s'était pendu à la grande échelle, en face de l'œuvre manquée[24]... » — À la queue du convoi funèbre et jusqu'à la fosse, on pourra suivre une conversation entre deux amis du peintre suicidé, Sandoz et Bongrand, qui parlent de l'interminable aventure de la recherche et de la connaissance, du *concetto* et de l'*abbozzo,* du devenir de la vie et de l'œuvre, de la réalité fragmentaire de toute chose et de l'imposture de toute entreprise qui se prétendrait parfaite et absolument achevée :

> « Je croyais trouver les études qu'il avait faites sur nature pour son grand tableau, ces études superbes dont il tirait ensuite un si mauvais parti. — Je ne connais de lui que des ébauches, des croquis, des notes jetées. — Il n'a pas été l'homme de la formule qu'il apportait. Je veux dire qu'il n'a pas eu le génie assez net pour la planter debout et l'imposer dans une œuvre définitive. Et voyez, autour de lui, après lui, comme les efforts s'éparpillent ! Ils en restent tous aux ébauches. — La vie avorte, elle aussi ! Jamais on ne s'est tant querellé et jamais on n'y a vu moins clair que depuis le jour où l'on prétend tout savoir. — Nous ne sommes pas une fin, mais une transition, un commencement d'autre chose. — Il est bien heureux, il n'a pas de tableau en train, dans la terre où il dort. — Autant partir que de s'acharner comme nous à faire des enfants infirmes, auxquels il manque toujours des morceaux, les jambes ou la tête, et qui ne vivent pas. — Moi qui pousse mes bouquins jusqu'au bout, je me méprise de les sentir incomplets et mensongers, malgré mon effort[25]... »

Ces bribes du finale de *L'Œuvre* montrent chez Zola une certaine persistance de la sensibilité romantique, et par-dessus la fosse de Claude Lantier, jetons un coup d'œil sur une fosse d'un autre type, celle de l'orchestre. Les annales de la musique romantique ont retenu en effet plusieurs œuvres inachevées et, parmi les plus célèbres, la huitième symphonie de Schubert, l'opéra *Rubezahl* de Weber, deux symphonies de Schumann, le *Faust* de Lenau dont Liszt n'écrit que deux épisodes, et la neuvième symphonie de Bruckner. Nous n'en finissons pas pour autant avec les Romantiques, puisqu'il faut une fois de plus rebrousser chemin et changer de perspective, pour jeter un coup d'œil au fil des pages suivantes sur quelques visionnaires

---

-24. Zola : *L'Œuvre,* p. 487.
-25. Ibid. p. 491, 492, 497, 498 et 502.

comme Goya et Blake, et jusqu'à Nietzsche, hantés chacun à sa façon par certaines des grandes pulsions de ce qu'on peut appeler la sensibilité romantique. ,

Quelques visionnaires, de Goya à Blake...

On pourra peut-être s'étonner des zigzags et replis manifestes, au fil des chapitres précédents, par exemple à propos d'Alberti ou Michelangelo, Montaigne ou Pascal. Les pages suivantes en fourniront d'autres, à propos de Rabelais ou Delacroix, Mallarmé ou Nerval. Cela mérite peut-être quelques lignes d'explication, sinon de justification.

Une tradition de lecture historique et d'interprétation critique qui décide de compartimenter orthogonalement sa matière, selon des cadrages rigoureux de périodes ou de styles, trouverait inévitablement ma démarche suspecte ou même gravement fautive, sinon parfaitement inacceptable, selon ses propres lunettes ; mais selon les miennes, cette démarche convient à l'esprit de notre présente recherche autour du *non finito* en art et en esthétique, puisque les pistes qui s'ouvrent entre les œuvres sont elles-mêmes méandreuses, et puisque l'exploration et la prospection en cours ne veulent surtout pas trahir ni même camoufler leur caractère défricheur ni leur perspective expérimentale. Tout au long de la deuxième partie de l'ouvrage, il ne s'agit pas en effet de démontrer systématiquement et absolument une thèse, selon telle mécanique implacablement linéaire et compartimentée, mais il s'agit d'éprouver une hypothèse, celle de la dynamogénie du *non finito*, de diverses manières et à travers un «labyrinthe» d'œuvres rattachées à plusieurs champs artistiques et esthétiques.

Cette épreuve suit son cours selon les pistes qui s'offrent et se croisent, sans grille réticulaire rigoureusement orthogonale. Bref, il s'agit de sonder et interroger, sans soumettre à la question ni à la torture, et je ne serais pas étonné que la présente recherche en tire quelque allure d'inachèvement, — par contagion de son leitmotiv du *non finito*, puisque cela était prévu dès la première page, celle qui attirait l'attention sur ces «travaux en cours» ; et cela s'apparenterait à la «méthode progressive-régressive» de la *Critique de la raison dialectique* de Sartre, où le projet (ici l'hypothèse du *non finito*) «représente en lui-même l'unité mouvante de la subjectivité et de l'objectivité» : puisqu'une certaine conception et/ou pratique de la méthode permettrait, «dans un esprit d'empirisme absolu», «d'apprendre, et non de retrouver[26].»

-26. Sartre : «Questions de méthode», au début de *Critique de la raison dialectique*, p. 66 et 103 ; l'absolu dont Sartre colore l'empirisme me semble inutile, puisqu'il risquerait d'entraver la démarche heuristique de la connaissance ; si la méthode prétend aider la connaissance dans sa libre recherche et son expérience, aussi bien ne pas affliger d'absolu l'empirisme, ni le relativisme d'ailleurs, et aussi bien retrouver dans la méthode un simple outil, qui convient ou non, qui s'émousse aussi, comme l'observait Claude Bernard...

Les œuvres de certains grands visionnaires, nourries d'inspiration exaltée et souvent réalisées dans un tumultueux enthousiasme, débordent de quelque façon vers l'inachèvement, puisque jamais les formes artistiques ne semblent pouvoir réussir, dans semblable perspective et malgré leur envergure parfois géniale, à traduire pleinement et intégralement les projets qui les font naître, comme nous avons pu le remarquer déjà à plusieurs reprises au cours des chapitres précédents. Le XIXᵉ siècle européen, gonflé du souffle du Romantisme, en propose une illustration qui s'offre dans un somptueux et dramatique cortège. Des artistes comme Goya et Delacroix, Turner et Blake, Baudelaire et Poe, Balzac et Hugo, Rimbaud et Lautréamont, Nerval et Nietzsche ont creusé d'inquiètes galeries dans le labyrinthe de l'imaginaire, et nous proposent des visions étonnantes, vertigineuses même souvent, qui débouchent sur l'énigmatique. Voyons un peu si et comment le *non finito* s'y manifeste.

Quand Goya meurt à Bordeaux dans la nuit du 15 au 16 avril 1825, il laisse inachevé un portrait de Jose Tio de Molina. Si nombre d'artistes laissent ainsi des œuvres en chantier à leur mort, par contre les gravures de Goya nous attirent davantage, parce que plusieurs d'entre elles se limitent à évoquer dans le vif de leur surgissement certaines pulsations du thème abordé. Parfois, comme dans *El sueno de la razon produce monstruos*[27], il est possible de suivre les étapes de la dégradation d'une intuition originellement puissante, à mesure qu'elle se précise en fonction d'un achèvement technique visé, ici celui de la gravure. Dans son dessin préliminaire, l'artiste se représente lui-même affalé à une table, comme endormi; derrière lui, à peine esquissés, une dizaine de visages humains s'emmêlent dans un tourbillon dominé par les sabots et la tête d'un cheval à l'air affolé, sous lequel grouille une lugubre ménagerie de chauves-souris, hiboux et félins; le dessin préparatif à la gravure fait disparaître, derrière l'homme endormi, le cortège des visages humains et le cheval, s'affaiblissant ainsi d'au moins trois façons : le coin gauche supérieur de l'image demeure vide (environ 1/5 de la surface), le centre se trouve envahi par une énorme chauve-souris, et le coin gauche inférieur (le dessous de la table) est obturé par une inscription qui deviendra le titre de la gravure sur la plaque de cuivre. Dans un des états tirés de cette gravure, comme dans le tirage définitif, la vision de Goya se précise et s'amenuise, au point de dissiper une grande

-27. Titre de la 43ᵉ planche des *Caprichos* et des dessins préparatoires; le catalogue *The Changing Image: Prints by Francisco Goya* reproduit le dessin préliminaire, le dessin préparatif, un état de la gravure et un exemplaire du tirage (p. 102-5) ; c'est à ces quatre images que s'attache le commentaire ci-dessus; dans ce catalogue, publié à l'occasion d'une exposition des estampes de Goya au musée des beaux-arts de Boston en 1974, on peut lire: «As this exhibition so clearly illustrates, the artistic process of bringing an idea to its fullest realization is often as illuminating and fascinating as the final print» (p. VII) ; en comparant esquisses, états et épreuves, on pourrait parfois constater que les esquisses sont plus fascinantes et dynamiques, par leur élan de surgissement et leur ouverture sur un devenir qu'une citation de Vasari viendra souligner un peu plus loin.

partie du *sfumato* et du mystère qui donnaient à son premier dessin sa force singulière de suggestion. En ramenant le dormeur au niveau du quotidien, par la plume et le pinceau qui apparaissent sous son coude droit et par les vêtements plus soigneusement dessinés (comme les animaux), Goya réduit considérablement la teneur en «monstre» de son œuvre, et semblable réduction n'est pas exceptionnelle dans ses gravures. — La série *Desastres de la guerra* propose plusieurs planches qui continuent sous un aspect différent le thème d'une planche précédente, et qui s'intitulent en conséquence «Lo mismo», «Tampoco», «Ni por esas», «Tanto y mas», («Le même», «Ni cette fois», «Ceux-ci non plus», «Encore pire») : l'artiste indique ainsi que sa vision du thème ne se satisfait point d'une seule image, et en poursuit l'exploration. Le dessin préparatoire à la onzième planche[28] de cette série montre plus de dynamisme plastique, plus de vitalité expressive, plus de puissance suggestive que la gravure elle-même. — Dans la suite des *Disparates* (ou *Los Proverbios*), la sanguine du «Géant qui danse» («Bobalicon») impressionne et effraie beaucoup plus que sa version gravée, du moins à mon opinion, par sa plus sauvage saveur légendaire ou mythique, que la «cuisine» du traitement linéaire de la gravure rabaisse à un niveau plus anecdotique et quotidien ; et cela se voit encore en comparant la sanguine, l'état et le tirage de l'image représentant une femme enlevée par un cheval[29].

Les deux suites de gravures intitulées *Desastres de la guerra* et *Disparates* n'ont pas été publiées du vivant de Goya, qui en avait tiré des états et des épreuves. Rien ne prouve donc que l'artiste n'aurait pas retouché les plaques de cuivre, ou même transformé peut-être considérablement ces suites, s'il avait pu les publier de son vivant : elles en demeurent en quelque sorte inachevées, ou du moins suspendues dans leur possible devenir. — Dans la suite de la *Tauromaquia*, les dessins préliminaires et les planches nos 2, 21, 32 et E[30] illustrent de saisissante façon l'observation suivante de Vasari : «Nombreux sont les peintres qui réalisent dans la première ébauche de leur œuvre quelque chose de bon, d'audacieux même jusqu'à un certain point, comme s'ils étaient guidés par la flamme de l'inspiration, — mais ensuite le fini fait disparaître ce qu'il y a d'audacieux[31].» — L'œuvre de Goya fournirait plusieurs illustrations à cette observation, et ce n'est pas diminuer la puissance ni l'originalité des suites de planches qu'il a gravées que de constater que les esquisses préliminaires et les états se montrent souvent plus dynamiques, dans leur architecture plastique.

Il serait intéressant de comparer, dans l'œuvre picturale de Goya, des tableaux bien connus comme les deux volets de la *Maja* ou *La famille de Charles IV*, et la série des quatorze peintures de la «Quinta

-28. Ibid. p. 142 : «Ni por esas».
-29. Ibid. p. 264-5 : «El caballo raptor».
-30. Il s'agit de la planche E, rejetée de la suite publiée par Loizelet, «La muerte de Pepe Illo», première variante (Ibid. p. 211-3, 230, 242 et 245-6).
-31. Vasari : *Le Vite...*, cité par A. Blunt dans *La Théorie des arts en Italie*, p. 165.

del Sordo» (1820-1823), détachées des murs de la maison madrilène
où Goya les a faites à plus de soixante-dix ans, et conservées au Prado
depuis 1898. Ces œuvres «noires» marquent une sorte de rupture
dans l'histoire de la peinture occidentale, à la fois sur le plan
thématique et sur le plan technique. Sur le plan thématique, les perspectives ouvertes par Goya dépassent les vertiges visionnaires
proposés par un Bosch ou un Greco et entreprennent, littéralement et
symboliquement, un horrifiant dépeçage de la réalité humaine. Sur le
plan technique, le coup de brosse des tableaux de la Maison du Sourd
lance un pont entre Rubens et Van Gogh, tout en ouvrant la voie à
Delacroix et aux Impressionnistes, indépendamment de la dominante
des palettes de chacun.

Le cycle des tableaux «noirs» de Goya est inachevé à la fois dans
l'aspect ébauché de plusieurs de ses fragments, l'obscure inspiration
qui les anime, le panorama chaotique des quatorze pièces qui ne
semblent pas avoir reçu de titres, bref dans l'énigmatique signification de cet ensemble, qui n'en est pas un véritablement ou logique-
ment, tout en constituant par son groupement une des séries les plus
puissantes de la peinture occidentale[32]. Les scènes du *Sabbat*, de
Saturne dévorant ses fils, des *Parques*, de la *Panique*, de la *Lutte au bâton*, de
la *Vision fantastique* (pour employer des titres courants de ces
œuvres), ébranlent dans leurs fondements coutumiers la thématique
et même la mythologie, et sténographient dans leur fiévreuse *terribilità* les tortures du Sphinx : car la destinée humaine s'en trouve
brutalement éclairée par une flamboyante inspiration, alimentée au
brasier abyssal de l'Horreur, et Goya n'a plus, à soixante-quinze ans, à
atténuer ou autrement voiler la sombre pulsion de son génie, comme
il a dû le faire souvent au cours de sa carrière de peintre de cour.
L'ultime et fulgurante vision du Sourd transgresse les normes,
s'arrache à toutes traditions, chavire dans l'Insondable, là où plus rien
ne saurait satisfaire à la mesure d'une forme de virtuose.

L'observation de Vasari citée quelques lignes précédemment
s'inscrit dans une perspective esthétique que nous connaissons déjà,
et dont Pline l'Ancien posait un des jalons en son temps, quand il
écrivait, il y a près de vingt siècles, que l'artiste a tout avantage à ne pas
trop vouloir fignoler son œuvre[33].

-32. Voir «Dans la maison du sourd, Goya hurle sa confession», article de
R. Charmet paru dans *Jardin des Arts*, Paris, octobre 1970, p. 14-25.
-33. À propos d'Apelle, Pline rapporte en effet une anecdote où le célèbre
portraitiste d'Alexandre le Grand aurait déclaré, «devant une œuvre de
Protogène qui faisait démonstration de beaucoup de labeur et d'un soin
scrupuleux du détail» : «Ce rival est sans doute mon égal, et même mon
supérieur en tous points, mais je l'emporte sur lui en ceci que je sais arrêter ma
main sur le tableau» : «Et aliam gloriam usurpavit, cum Protogenis opus
inmensi laboris ac curae supra modum auxiae miraretur, dixit enim omnia sibi
cum illo paria esse aut illi meliora, sed uno se praestare, quod manum de tabula
sciret tollere, memorabili praecepto nocere saepe nimiam diligentiam» (Pline
l'Ancien : *Historia naturalis* XXXV, 80 ; une partie de ce passage a déjà été citée en
page 59.

Citant Byron dans son *Journal,* Delacroix écrivait à peu près dans le même sens que «les poésies de Campbell sentent trop la lampe ; il n'est jamais content de ce qu'il fait, il a gâté ses plus belles productions en voulant trop les finir ; tout le brillant du premier jet est perdu. Il en est de même des poèmes comme des tableaux : ils ne doivent pas être trop finis[34].»

À près de soixante ans, fort d'une œuvre picturale prolifique et de centaines de pages de réflexions sur l'art, Delacroix en arrive à son tour à penser, à la lumière d'une longue et intelligente pratique de son métier, que les œuvres «ne doivent pas être trop finies», de crainte qu'elles ne versent dans la redoutable «perfection apportée laborieusement à l'art d'ennuyer». Le premier janvier 1861, en faisant le point à l'aube de la nouvelle année, Delacroix tente de résumer sa démarche, sa quête, sous l'éclairage d'un «combat éternel[35]». Quelques semaines avant sa mort, il ajoute une note au crayon pour rappeler que «le premier mérite d'un tableau est d'être une fête pour l'œil[36]» : une fête immense et sans doute sans achèvement, du moins sans absolue satisfaction. Le peintre laissera inachevé son *Petit dictionnaire philosophique des beaux-arts,* et son *Journal* demeure incomplet, parce qu'on y relève d'importantes périodes lacunaires et parce que Delacroix en a arraché de nombreuses pages. Et tout «journal» personnel ne se limite-t-il pas à retenir seulement certains fragments et aspects du vécu quotidien qu'il éclaire et interprète, maquille parfois et corrige plus ou moins considérablement, comme le fait sur une autre échelle chacun des journaux qui paraissent à travers le monde ? Dire les choses, n'est-ce pas les interpréter et de quelque façon aussi les corriger ? La *mano* ne corrige-t-elle pas en le traduisant dans une forme artistique le *concetto* ? Corriger, selon Delacroix : «Il y a deux choses que l'expérience doit apprendre : la première, c'est qu'il faut beaucoup corriger, la seconde, c'est qu'il ne faut pas trop corriger[37].»

Delacroix n'est pas visionnaire à la façon de Goya, cela est évident, mais il atteint à des figurations saisissantes de la destinée humaine dans certaines de ses évocations historiques ou mythiques comme les *Massacres de Scio,* la *Mort de Sardanapale, Hamlet et Horatio au cimetière,* le *Combat du Giaour et du Pacha,* l'*Attila* du plafond de la bibliothèque de l'Assemblée nationale à Paris, ou le *Médée* de 1862. En commentant dans son *Journal,* le 2 mars 1847, «un des grands avantages de l'ébauche», Delacroix écrit que «le tableau ne semble jamais fini». Ailleurs, en faisant allusion à «l'inachevé de Rembrandt», il voit dans l'ébauche une ouverture propice au travail de l'imagination, à un point tel qu'aucune œuvre ne pourrait jamais être considérée comme parfaitement et absolument complète et terminée :

«L'édifice achevé enferme l'imagination dans un cercle et lui défend d'aller au delà. Peut-être que l'ébauche d'un ouvrage ne plaît tant que parce que chacun

-34. Delacroix : *Journal,* au 25 janvier 1857, III, p. 38-9.
-35. Ibid. III, p. 317.
-36. Ibid. au 22 juin 1863, III, p. 335 ; il meurt le 13 août.
-37. Ibid. au 8 mars 1860, III, p. 277.

l'achève à son gré. » — « Finir demande un cœur d'acier : il faut prendre un parti sur tout et je trouve des difficultés où je n'en prévoyais pas. — C'est dans ce moment que vous apparaît votre propre faiblesse et combien ce que l'homme appelle un ouvrage fini ou complet contient de parties incomplètes ou impossibles à compléter[38]. »

Pline et Delacroix ne sont certes pas les seuls à déplorer qu'une trop grande recherche de perfection ruine de nombreuses œuvres, et Quentin de La Tour[39] entre autres partage semblable opinion. De son côté, John Ruskin voit dans l'inachèvement un moyen de plus grande expression[40], et même une catégorie esthétique préférable au fini exagéré, au fini qui ne trouverait sa justification que dans la préoccupation de remplir, de saturer, de fignoler l'œuvre d'art, quand l'imagination y cherche plutôt quelque nourriture nouvelle[41], quelque champ d'exploration. L'esthétique proposée par Ruskin s'appuie sur une vision dynamique de l'univers, où les formes naturelles, et à leur exemple les formes artistiques, sont chargées de force, d'énergie, de pouvoir[42]. Et la fonction singulière de l'artiste consiste à investir le maximum possible de cette énergie dans son œuvre, pour mieux et plus fortement toucher nos imaginations. Toute conception dynamique de l'œuvre d'art tend en effet à la présenter comme une sorte de lieu ouvert, où l'imagination dispose de latitude, aussi bien en ce qui concerne l'artiste créateur que ceux qui veulent connaître sa production. Par ailleurs, on comprend qu'un fignolage excessif emprisonnerait l'œuvre dans une camisole de force, dans une présentation rigide peu favorables au libre jeu de l'imaginaire, puisque tout s'y trouverait parachevé et imposé dans le moindre détail.

De Ruskin au peintre Turner, il y a à peu près le rapport de Boileau à Molière, c'est-à-dire le rapport du commentaire théorique à partir d'œuvres magistrales. Et le scrupule du détail, dénoncé par Ruskin, ne paralyse sûrement pas les tableaux de Turner, du moins s'il s'agit de tableaux postérieurs à 1834, comme *Séance de musique* ou *Intérieur à*

-38. Ibid. dans l'ordre des quatre citations, 2 mars 1847, I, p. 198 ; 16 octobre 1850, I, p. 418 (Rembrandt) ; 20 avril 1853, II, p. 23 ; et 15 janvier 1861, III, p. 320-1.
-39. « I should be disgusted with this passion for perfection, since it makes me spoil so many works. » (Dans *Artists on Art*, p. 172 ; qu'on me pardonne de citer Quentin de La Tour en traduction anglaise !)
-40. « It will be understood how precious the intelligence must become, which renders incompletion itself a means of additional expression. » (Ruskin : *The Seven Lamps of Architecture*, p. 163-4)
-41. « Both the finish and incompletion are right where they are the signs of passion or of thought, and both are wrong, and I think the more contemptible of the two, when they cease to be so. » (Ruskin : *Modern Painters*, vol. I, Part II, sec. I, chap. VII, par. 10 ; et dans *The Lamp of Beauty*, p. 33) — « Observe, then, whenever finish is given for the sake of realization, it is wrong ; whenever it is given for the sake of adding ideas, it is right. All true finish consists in the addition of ideas, that is to say, in giving the imagination more food. » (Ruskin : *Stones of Venice*, vol. III, chap. IV, par. 22-3 ; et dans *The Lamp of Beauty*, p. 61)
-42. « The sculptor must paint with his chisel : half his touches are not to realize, but to put power into the form » (Ruskin : *The Seven Lamps of Architecture*, p. 163 ; le « Power » s'y trouve la troisième des sept Lampes de l'Art).

Petworth, Phryné et Démosthène, Incendie au Parlement de Londres, La Douane à Venise, Rain and Steam and Speed, ou *Lever de soleil au château de Norham.* Les grandes symphonies chromatiques de William Turner, qui servent de vaste prélude à l'Impressionnisme et font somptueusement chanter la palette, sont entourées du grouillement d'une vingtaine de milliers d'esquisses et croquis que l'artiste gardait secrets. Les plus belles œuvres de Turner semblent demeurer dans une sorte de suspension, d'inachèvement qui ouvre sur des perspectives insoupçonnées, inattendues, sur une sorte de *schizo* où «tout se brouille, et c'est là que se produit la percée (non pas l'effondrement) ; — nous l'avons vu pour le peintre Turner, pour ses tableaux les plus accomplis qu'on appelle parfois tableaux 'inachevés': dès qu'il y a génie, il y a quelque chose qui n'est plus d'aucune école, d'aucun temps, opérant une percée — l'art comme *processus* sans but, mais qui s'accomplit comme tel[43].»

C'est en effet une percée, une traversée du tableau par la lumière que Turner propose, traversée qui se poursuit indéfiniment, dans des visions qui nourrissent somptueusement l'imagination et la laissent à jamais hésitante entre la menace apocalyptique des plus «violentes désintégrations[44]», et le miracle toujours possible d'un nouvel Éden. — En cela, Turner se montre le digne cadet de son compatriote William Blake, même si l'œuvre picturale du premier ne se trouve pas aussi fortement tourmentée que ce que nous propose l'auteur de *The Marriage of Heaven and Hell.* Poète, peintre et graveur, Blake veut conjuguer dans son entreprise artistique des intuitions prophétiques et des visions mystiques. Ses projets sont grandioses, illuminés, accordés au moins partiellement au souffle romantique qui balaie l'Europe depuis la fin du XVIIIᵉ siècle. Comme plusieurs artistes empreints de sensibilité romantique, Blake laisse quantité de fragments et esquisses, et plusieurs œuvres inachevées, comme son essai de 1791 sur la *Révolution française,* l'ambitieux cycle de *Vala ou les Quatre Zoas,* et l'illustration de l'*Enfer* de Dante. La *Divine Comédie* obsédera Blake pendant les derniers mois de sa vie. En une quinzaine de jours, il ébauchera une centaine de dessins d'inspiration dantesque, dont il ne pourra tirer, avant sa mort, que «sept gravures qui, pour être inachevées, n'en figurent pas moins parmi ses chefs-d'œuvre[45]», et toute son entreprise artistique prend une fascinante texture si on l'éclaire par la déclaration qu'il faisait, encore jeune pourtant, au premier conservateur de l'Académie royale londonienne, Moser: «Ce que vous appelez achevé n'est même pas commencé[46]!»

-43. G. Deleuze et F. Guattari: *L'Anti-Œdipe,* p. 157-8 et 443.
-44. J. Lindsay termine son livre sur Turner par ces lignes: «In his work modern art was fully and definitely born, with all the possibilities of good and evil, of violent disintegrations and of great new integrations, which we see being worked out in the century following his death» (*Turner, His Life and Work,* p. 218).
-45. K. Raine: *Blake,* p. 195.
-46. Ibid. p. 195 et 24.

La quête mystique d'un William Blake emprunte pour s'exprimer des formes artistiques complexes, d'apparence souvent obscure et même parfois hermétique, peut-être parce que la cosmogonie qui hante son imagination trouve ses assises mobiles dans des profondeurs peu explorées auparavant, celles de l'inconscient. Il y a chez Blake une étonnante approche psychologique de l'art, où la sensibilité et la sensualité deviennent les voies nécessaires à la connaissance supérieure, capable de conduire jusqu'à l'illumination ultime : « Si les portes de la perception étaient nettoyées, toute chose apparaîtrait à l'homme comme elle est, infinie ; car l'homme s'est refermé sur lui-même de telle sorte qu'il ne voit toutes choses qu'à travers les failles étroites de sa caverne[47]. »

...et de Balzac à Nietzsche

Une fois de plus dans l'histoire des arts, la quête d'un visionnaire comme Blake conduit l'artiste jusqu'au seuil vertigineux de l'Infini, de cette part de la conscience humaine qui semble à jamais demeurer indéfinissable, même pour un Balzac dont l'ambitieuse fresque de la *Comédie humaine* se présente d'abord à son esprit « comme un rêve, comme un de ces projets impossibles que l'on caresse et qu'on laisse s'envoler[48]. » — Balzac y travaillera en forçat pendant une vingtaine d'années et, selon son propre « Catalogue », l'énorme cycle devait comporter environ 137 romans, groupés sous trois grandes parties. Une cinquantaine des romans prévus sont demeurés à l'état de projets, dont sept ont été ébauchés, et six romans imprévus au Catalogue ont plus tard trouvé place dans la *Comédie humaine,* qui comprend ainsi un peu plus de 90 titres : voilà qui fait de ce monument littéraire, malgré ses écrasantes dimensions, un chantier à jamais inachevé... Balzac possède une vision dynamique de l'homme, ne se lasse pas d'y observer « une puissance incalculée » et d'en traduire les inépuisables ressources imaginaires et passionnelles, qu'un étrange roman intitulé *Séraphita* fait basculer du côté de la mystique swedenborgienne : « Ceux qui veulent apercevoir chez moi une intention de considérer l'homme créature finie se trompent étrangement : Séraphita[49]... »

En préfaçant une édition qui groupe cinq « nouvelles » ou ébauches de romans de Balzac, Robert André dessine une « poïétique » balzacienne où « l'épreuve de la genèse d'une œuvre » fait « éclater l'insuffisance de l'artiste par rapport à ses ambitions » : jamais

-47. Blake : *The Marriage of Heaven and Hell,* dans *The Portable Blake,* p. 258 ; à la fin d'une étude intitulée *Fearful Symmetry,* Northrop Frye note, en marge de la thématique des portes et barrières chez Blake, que le dynamisme de l'artiste est de les forcer : « Gates are to be opened » (p. 428).
-48. Balzac : Avant-propos de 1842 à la *Comédie humaine,* dans *Anthologie des préfaces des romans français du XIXᵉ siècle,* p. 226.
-49. *Anthologie des préfaces...,* p. 239.

le projet imaginaire (*concetto*) ne réussit en effet à s'accomplir parfaitement, et «l'art est par nature la poursuite obligée de l'inaccessible[50]. » — Cet inaccessible, cet insaisissable, Balzac semble en faire le pôle magnétique et obsédant du *Chef-d'œuvre inconnu* :

> «La Forme est un Protée bien plus insaisissable et plus fertile en replis que le Protée de la fable. — Qu'y manque-t-il ? Un rien, mais ce rien est tout. — Le trop de science, de même que l'ignorance, arrive à une négation: Je doute de mon œuvre !» — « Il y a une femme là-dessous ! s'écria Porbus en faisant remarquer à Poussin les couches de couleurs que le vieux peintre avait successivement superposées en croyant perfectionner sa peinture[51]... »

Le vieux peintre Frenhofer, après avoir travaillé une dizaine d'années à sa *Belle Noiseuse*, a fini par la rater à trop vouloir la perfectionner, ce qui accorde Balzac à Pline l'Ancien, Vasari, Delacroix et à combien d'autres. Pour éviter de tout embrouiller ou de gâter son œuvre, l'artiste apprend à y laisser un certain inachèvement, par rapport à la vision qui l'a inspirée dans l'appétit de son utopie ; mais si l'artiste ne réussit pas à pousser son œuvre jusqu'à la perfection rêvée, n'est-ce pas en partie à cause des limites imposées par les techniques de telle ou telle autre « discipline » artistique, comme le pensait Dante, et n'y aurait-il pas possibilité de contourner cet empêchement en conjuguant plusieurs disciplines, comme Blake quand il conjugue toutes ses énergies de peintre, graveur et poète visionnaire ? Là encore, et par une escalade périlleuse, il semble bien que l'artiste ne fait qu'agrandir proportionnellement son insatisfaction, à la mesure même de son désir : déçu, voire frustré de ne pouvoir hisser à bout de bras son œuvre jusqu'au sommet que son imagination illumine pourtant si bien, l'artiste en viendra à projeter ce miraculeux pouvoir ailleurs, et à en investir une autre discipline artistique moins contraignante que la sienne, comme Balzac par la bouche de sa cantatrice Massimilla Doni : «Les autres arts imposent à l'esprit des créations définies, la musique est infinie dans les siennes[52]. » — La musique, justement, inspire au conteur et compositeur allemand Hoffmann une théorie des correspondances esthétiques reliant Swedenborg à Baudelaire, en passant par Balzac, qu'évoque Samuel de Sacy en citant l'auteur de la *Princesse Brambilla*, Hoffmann : «Lorsque j'entends de la musique, je trouve une analogie et une réunion intime entre les couleurs, les sons et les parfums[53]. » — Aussi bien faire aussitôt place aux

> «... longs échos qui de loin se confondent
> Dans une ténébreuse et profonde unité,
> Vaste comme la nuit et comme la clarté,
> Les parfums, les couleurs et les sons se répondent[54]. »

-50. R. André : Préface à cinq courtes œuvres de Balzac : *Le Chef-d'œuvre inconnu* suivi de *Pierre Grassou, Sarrasine, Gambara* et *Massimilla Doni*, p. 11, 14 et 15.
-51. Balzac : *Le Chef-d'œuvre inconnu*, p. 31, 32, 40 et 58 ; Arnold Hauser propose une parenté entre Frenhofer et Pygmalion, dans *The Social History of Art* IV, p. 55.
-52. Balzac : *Le Chef-d'œuvre inconnu*, p. 293.
-53. Cité dans Balzac : *Le Chef-d'œuvre inconnu*, en Notice, p. 354.
-54. Baudelaire : sonnet des «Correspondances», *Œuvres*, p. 46.

L'ambition baudelairienne est vaste, au moins autant que celles de Blake ou Balzac, et voudrait parvenir, par l'art, à « créer une magie suggestive contenant à la fois l'objet et le sujet, le monde extérieur à l'artiste et l'artiste lui-même » : mais n'est-ce pas là s'abandonner à l'utopie, et tenter de franchir « le gouffre infranchissable, qui fait l'incommunicabilité, (et) reste infranchi[55] » ? — Ces deux citations de Baudelaire proviennent de textes demeurés inachevés : un article intitulé « L'Art philosophique », et *Mon cœur mis à nu*, recueil de notes et fragments publié après la mort du poète. Baudelaire a laissé plusieurs autres fragments, ébauches et projets, semblable en cela à celui dont il a si bien traduit les écrits, dont il s'est fait le héraut, et dont il a partagé d'hallucinantes visions : Edgar Allan Poe, à propos de qui Baudelaire réclame comme droit fondamental pour l'homme — et singulièrement pour l'artiste, pourrait-on croire — « le droit de se contredire et le droit de s'en aller[56] », — ce double droit justifiant chez l'artiste non seulement l'interruption d'une œuvre, sa transformation plus ou moins radicale, sa répudiation ou même sa destruction, mais justifiant aussi l'arrêt temporaire ou définitif de toute production artistique. Car créer une œuvre, du moins à un certain niveau d'implication imaginaire, c'est transgresser quelque interdit, c'est aller au delà du quotidien et du familier, c'est plonger dans des vertiges qui finissent par effrayer même les plus audacieux parmi les artistes. Plusieurs y ont perdu la raison ou la vie, et l'on comprend Baudelaire de revendiquer pour ses semblables le droit de se taire ou de « s'en aller ». — L'œuvre d'art, quand elle tend vers tel niveau d'intensité et de vertige, se reconnaît souvent en ceci qu'elle s'ouvre sur des profondeurs énigmatiques et propose par là des visions inachevées parce qu'inachevables, dont Marie Bonaparte semble avoir perçu le profil quand elle écrit, dans son étude freudienne de Poe :

> « L'œuvre littéraire raconte une certaine histoire cohérente manifeste, mais quelque chose d'autre en même temps, une histoire secrète, sous-jacente, profonde, qui s'intrique à l'autre, l'histoire superficielle, et en constitue la trame profonde. — De fait, et il (l'homme civilisé) a beau ne pas se l'avouer, il jouit toujours plus ou moins, par l'imagination — tout en pouvant les déplorer et s'apitoyer consciemment — des catastrophes variées de l'univers. — Une œuvre d'art d'où le malheur est exclu, où il n'y a que douceur et bonheur, fait toujours plus ou moins une impression fade[57]. »

La lunette freudienne incline la psychanalyste Marie Bonaparte à considérer « le sadique Baudelaire » et « le nécrophile Poe » comme deux frères figés dans ces rôles, ce qui ne l'empêche heureusement pas de remarquer aussi dans leurs œuvres « ce qui émeut le cœur de tous les hommes[58]. » L'envergure et la profondeur vertigineuses de l'entreprise de Poe ont attiré et fasciné Baudelaire, qui ne s'en fait pas seulement le cordial traducteur, mais qui s'en trouve le premier « analyste », déjà capable de développer autour de l'œuvre et du

-55. Baudelaire : *Œuvres*, p. 424 et 636.
-56. Baudelaire : « Edgar Poe, sa vie et ses œuvres », *Œuvres*, p. 341.
-57. M. Bonaparte : *Edgar Poe* III, p. 781 et 832.
-58. Ibid. III, p. 812 et 830.

personnage de Poe des études d'une exceptionnelle connivence et d'une singulière pénétration. À l'occasion, Baudelaire prendra le détour quelque peu ironique du point de vue d'un Américain moyen hypothétique pour souligner en Poe une personnalité «géniale» sans doute, mais aussi débraillée et alcoolique, «un être erratique, une planète désorbitée». En écrivant cela, Baudelaire n'esquisse-t-il pas en filigrane, sur le tableau qu'il brosse de ce frère imaginaire, son autoportrait — leur sombre destinée les rapprochant ensemble dans la pénombre mystérieuse des visionnaires :

«Les illuminés ont été les plus grands des hommes. Pourquoi faut-il qu'ils soient châtiés de leur grandeur? Leur ambition n'était-elle pas la plus noble? L'homme sera-t-il éternellement si limité qu'aucune de ses facultés ne puisse s'agrandir qu'au détriment des autres[59]? »

Encore ici, comme en d'autres passages précédents au fil de notre recherche autour du *non finito* en art et en esthétique, se dressent le manque, le défaut, la limite: bref, ce qui d'un côté empêche l'être ou l'œuvre d'atteindre à la perfection ou au parachèvement, et ce qui par le fait même et d'un autre côté pousse l'homme à poursuivre sa quête, à entreprendre malgré tout l'œuvre nouvelle, qu'on sait promise à un échec au moins partiel et relatif. La perfection, l'infini, l'absolu constituent un domaine interdit, que l'homme tente de transgresser de diverses manières, par la mystique, la pensée, l'art[60], prenant obstinément d'assaut ce «gouffre infranchissable»: il n'y a donc pas à s'étonner que de téméraires explorateurs en reviennent perturbés ou hagards, voire hantés à jamais par l'absurde ou quelque tentation suicidaire[61]. Puisqu'il semble impossible à l'homme d'atteindre parfaitement l'idéal (*concetto* ou projet) qu'il peut pourtant imaginer, sa conscience s'en trouve insatisfaite et même frustrée, à la mesure de son imagination, c'est-à-dire de son génie, de son pouvoir inventif. — Quand il cherche à formuler le caractère fondamental de la beauté, Baudelaire ne peut éviter d'en souligner la perspective insaisissable, le profil énigmatique, et sa dimension variablement subjective :

«Le Beau est toujours bizarre. — J'ai trouvé la définition du Beau, de mon Beau: c'est quelque chose d'ardent et de triste, quelque chose d'un peu vague, laissant carrière à la conjecture. — Ce qui n'est pas légèrement difforme a l'air insensible, d'où il suit que l'irrégularité, c'est-à-dire l'inattendu, la surprise, l'étonnement sont une partie essentielle et la caractéristique de la beauté[62]. »

Datées du 13 mai 1856, ces lignes semblent un écho à tel passage de la Préface de *Cromwell* (1827) où Hugo conjuguait beau et laid, difforme et gracieux, ombre et lumière, et se demandait même si la

-59. Baudelaire: «Edgar Allan Poe, sa vie et ses ouvrages», *Œuvres*, p. 320 et 335.
-60. Selon Hegel dans son *Esthétique*: voir précédemment, p. 136, note 1.
-61. Encore à propos de Poe, Baudelaire écrit: «... l'absurde s'installant dans l'intelligence et la gouvernant avec une épouvantable logique... l'ivrognerie de Poe était une méthode de travail, énergique et mortelle, mais appropriée à sa nature passionnée» (*Œuvres*, p. 345 et 344; Baudelaire plaçait le «goût de l'infini» à l'entrée des *Paradis artificiels*: vin et alcool, haschich et opium).
-62. Baudelaire: «Exposition universelle 1855» et *Mon cœur mis à nu*, dans *Œuvres*, p. 362, 626 et 625.

mutilation n'accentuerait pas la beauté, et l'incomplétude, l'harmonie[63]? — Comme Blake, mais de façon marginale, Hugo a voulu
explorer, au delà de la seule écriture verbale, une autre dimension du
cours de la plume sur le papier: celle du dessin, et ses sonores architectures verbales trouvent de saisissantes correspondances, plus
frustes sans doute mais parfois hautement visionnaires, dans plus
d'un millier de lavis, dessins et tableautins divers, où il se montre
audacieux avant-coureur de l'Impressionnisme, précurseur de la
bande dessinée, prophète de techniques picturales qui seront à la
mode un siècle plus tard[64], comme le Tachisme, la peinture gestuelle
ou l'Action Painting new-yorkais. — Comme on peut le constater en
visitant le musée parisien de Hugo, Place des Vosges, ses œuvres
dessinées ou peintes sont demeurées généralement au niveau des
esquisses, croquis, ébauches et études. Leur degré d'inachèvement
varie considérablement, de la simple tache doublée par le pli du
papier (comme dans le test de Rorschach...) jusqu'à telle aquarelle
que n'aurait peut-être pas désavouée Monsu Desiderio, ou telle autre
que Paul Klee aurait pu signer, ou tel «paysage abstrait» curieusement apparenté à ce qu'avait fait Turner ou à ce que fera Zao Wou-ki!

Quittons pourtant le musée Hugo et ses lavis, qui se rattachent
d'ailleurs davantage, en y repensant bien, dans leur fréquent inachèvement, à l'autonomie du *schizzo* plutôt qu'à la médiation de l'*abbozzo*
(voir p. 123), d'autant plus que ces œuvres ne serviront pas d'étapes
préparatoires à des tableaux, — et revenons quelque peu sur la quête
baudelairienne. Déchirée par le sentiment d'un Idéal à jamais insaisissable, cette quête se fourvoie souvent dans le Spleen fangeux, mais
l'art saura encore venir et comme par miracle illuminer l'abysse, grâce
justement à «la magnifique imagination qui coule dans les dessins de
Victor Hugo, comme le mystère dans le ciel[65]»: le mystère,

-63. Texte cité précédemment, page 141.
-64. Dans une lettre du 29 avril 1860 envoyée justement à Baudelaire, Hugo
écrit: «J'ai fini par mêler (à mes dessins à la plume) du crayon, du fusain, de la
sépia, du charbon, de la suie, et toutes sortes de mixtures bizarres qui arrivent à
rendre à peu près ce que j'ai dans l'œil et surtout dans l'esprit.» — Relevons au
passage dans les commentaires de Hugo cet «à peu près», soulignant une fois de
plus l'écart, qui nous est devenu familier, entre le *concetto* imaginaire, dans l'esprit
de l'artiste, et ce qu'en fait la main en cours de production de l'œuvre; et ajoutons
que Hugo incorpore à certains de ses tableautins du café ou des empreintes (de
fougère, de dentelle, etc.); il plie ou gratte, lacère ou brûle le papier sur lequel il
travaille, y colle des pièces de papier découpé ou de dentelle, y verse
copieusement de l'encre, dont il observe ou provoque la coulée, et explore
ensuite les traces et les taches; il utilise des plumes épointées pour éclabousser
«accidentellement» son dessin, et dessine parfois dans l'obscurité, sur une table
utilisée aussi pour des séances de spiritisme (sur l'Île de Jersey, en 1853-55);
certains graphismes maladroits ont fort probablement été faits de la main gauche
(il était droitier); il invente en quelque sorte «l'automatisme pictural», le
«paysage abstrait» et l'éclaboussure autonome (qui deviendra chez Jackson
Pollock le *splashing* de l'Action Painting: voir l'illustration n° 140, entre autres,
p. 127 de *Victor Hugo dessinateur*).
-65. Baudelaire: «Salon de 1859», dans *Œuvres*, p. 418.

l'inexplicable, l'inexprimable, l'inexpugnable, et pourtant de quelque
façon le nécessaire au cœur du quotidien subjectif:

> « L'idéal n'est pas cette chose vague, ce rêve ennuyeux et impalpable qui nage
> au plafond des académies; un idéal, c'est l'individu, redressé par l'individu,
> reconstruit et rendu par le pinceau ou le ciseau à l'éclatante vérité de son
> harmonie native. — Les poètes, les artistes et toute la race humaine seraient bien
> malheureux, si l'idéal, cette absurdité, cette impossibilité, était trouvé: qu'est-ce
> que chacun ferait désormais de son pauvre MOI, de sa ligne brisée[66]? »

Ainsi Baudelaire invite à passer de l'ordre de l'Idéal abstrait et
absolu à celui d'UN idéal individualisé et singulier, relatif et dynamique parce que saisi dans son *actio nascendi*. Le caractère irréductible de l'Idéal s'infiltre ainsi fragmentairement ou analogiquement
dans les replis de la « ligne brisée » qui marque en chacun ses limites et
donc son inachèvement, puisque le champ de conscience projette par
l'imagination son écho au delà de toutes frontières, dans la pensée,
dans la mystique, dans l'esthétique. — Nietzsche en propose une des
tentatives les plus audacieuses et vertigineuses, à la fin du XIXᵉ siècle,
mais avant d'aborder ces débats torturés entre l'Idéal et l'Inachèvement dans la conscience humaine dilatée jusqu'à ses extrêmes
confins, jetons un rapide coup d'œil sur trois autres poètes français
qui ont vécu à leur façon semblable tragédie entre 1850 et 1875 :
Nerval, Lautréamont et Rimbaud.

Le début de la carrière littéraire de Gérard de Nerval sera
profondément marqué par la traduction qu'il fait du premier *Faust* de
Goethe, et aussi par un héritage qui l'incite à interrompre ses études
de médecine. Sa petite fortune se trouve tôt dilapidée dans une
publication vouée à l'éloge d'une actrice, Jenny, qui épousera ensuite
un musicien, mais dont l'image prendra dans l'esprit du poète ruiné
des dimensions mythiques, au point même de rendre chaotiques ses
rapports avec la réalité quotidienne. Son «voyage en Orient»
l'entraîne beaucoup moins loin que d'autres sortes de voyages,
imaginaires, qui font chavirer son esprit et le conduisent jusqu'au
suicide d'une nuit glaciale de janvier 1855. Dès la première page
d'*Aurélia*, Nerval présente le rêve comme une «seconde vie», où «le
monde des Esprits s'ouvre» sur des «mystères» bizarres et ténébreux, investis du pouvoir de faire surgir dans l'esprit «des délices
infinis». Ces redoutables délices ne sauraient hanter quotidiennement l'imagination sans l'affoler complètement, mais «en recouvrant
ce que les hommes appellent la raison, faudra-t-il regretter de les
avoir perdues[67]? » — Ce que Nerval appelle au début de la troisième
partie d'*Aurélia* «l'épanchement du songe dans la vie réelle», trouve
une de ses perspectives dans la superposition (presque cinémato-
graphique) de deux figures féminines, celles d'Adrienne et de Sylvie,
«deux moitiés d'un seul amour: l'une était l'idéal sublime, l'autre la
douce réalité», selon le «Dernier feuillet» du chapitre des *Filles du feu*
intitulé Sylvie. «Chimères», pourrait-on décréter en retournant ce

-66. Baudelaire: « Salon de 1846 », *Œuvres*, p. 245 et 244.
-67. G. de Nerval: *Aurélia*, dans *Œuvres*, p. 399.

mot contre le poète qui en a chapeauté une série de sonnets, — ce qui n'empêcherait aucunement Nerval d'avoir scruté, avec une lucidité déconcertante, cet «être indéfinissable, taciturne et patient, assis comme un sphinx aux portes suprêmes de l'existence»; être qui semble posséder le secret dont «l'alphabet magique, l'hiéroglyphe mystérieux ne nous arrivent qu'incomplets et faussés»; être qui souffle au poète son credo de visionnaire: «L'imagination humaine n'a rien inventé qui ne soit vrai, dans ce monde ou dans les autres, et je ne pouvais douter de ce que j'avais VU si distinctement[68].»

Le combat nervalien, aventure en forêt nocturne d'un chevalier égaré «contre un inconnu qui était lui-même», hante une grande partie de l'esprit romantique, prolonge le drame faustien, et oblige la quête de la connaissance aussi bien que l'entreprise de l'œuvre artistique à faire encore et toujours face à l'inachèvement inévitable, que le suicide dramatise jusqu'à suspendre indéfiniment toute représentation du monde et toute compréhension de l'existence, dans le souffle brusquement coupé du trop aventureux visionnaire.

Une quinzaine d'années après le suicide de Nerval, un garçon prend avec insolence la relève et proclame son credo de poète dans une lettre écrite à dix-sept ans: «Je est un autre. — Il faut se faire voyant, par un long, immense et raisonné dérèglement de tous les sens. — Ineffable torture... — Il (le Poète) arrive à l'inconnu! Et si ce qu'il rapporte de là-bas a forme, il donne forme; si c'est informe, il donne de l'informe[69].» — Malgré ses «illuminations» et autres «délires», malgré la fulgurance de ses visions et sa virtuosité dans «l'alchimie du verbe», l'artiste rimbaldien ne peut éviter de heurter lui aussi le mystère et l'inconnaissable, dont il sait et sent ne pouvoir rendre que des échos approximatifs et fragmentaires, à travers le voile d'une insurmontable aliénation: «La vraie vie est absente. Nous ne sommes pas au monde. — J'écrivais des silences, je notais l'inexprimable, je fixais des vertiges[70].»

La carrière littéraire de Rimbaud propose à sa façon une dramatisation de l'inachèvement. Commencée précocement par un garçon de seize ans, elle s'interrompt brutalement quand il a moins de vingt ans. Rimbaud meurt dix-huit ans plus tard, sans jamais être revenu aux délires verbaux de son hallucinante jeunesse, dont la mince liasse, malgré toute son intense audace, demeure à jamais ouverte sur une énigme qui ne cesse de nourrir commentaires et exégèses passionnés et contradictoires.

L'énigme Rimbaud, inachevable dans les lectures qu'on en peut entreprendre, et parente en plus d'un point avec l'énigme Nerval (dont le jeune prodige du verbe semble parfois s'inspirer discrètement), et encore parente avec l'énigme Lautréamont... Les dates sont

---

-68. Dans l'ordre des trois citations précédentes: *Œuvres*, p. 451, 429 et 422.
-69. Rimbaud: lettre du 15 mai 1871 adressée à Paul Demeny, reproduite dans *Poésies*, p. 219-223.
-70. Rimbaud: *Une Saison en enfer*, dans *Poésies*, p. 116 et 120.

là : à l'automne 1868 paraît à Paris un fascicule contenant le premier des *Chants de Maldoror*, repris au début de 1869 dans une anthologie intitulée *Parfums de l'âme* et publiée à Bordeaux. Le jeune Rimbaud en est encore à ses premières poésies en alexandrins quand la mort du jeune Isidore Ducasse, le 24 novembre 1870, rend orphelins les *Chants de Maldoror* et les *Poésies* qui semblent déjà répudier ces *Chants* à peine nés. — Rimbaud a-t-il lu Lautréamont avant d'écrire ses propres *Illuminations* et sa propre *Saison en enfer*, pour ensuite les renier comme Ducasse venait de renier *Maldoror* dans ses *Poésies*? — Voilà qui déborde notre essai sur le *non finito*[71], tout en indiquant certaines perspectives d'inachèvement dans les œuvres de Rimbaud et Lautréamont, diversement interrompues peu de temps après leurs premières et extravagantes performances, toutes vibrantes encore des visions qui les ont suscitées, et peu importe le degré d'ironie des auteurs.

Si les visions cauchemardesques de Bosch, Fuseli et Goya semblent parfois se mêler dans l'œuvre tumultueuse et ambiguë de Lautréamont; si Blake et Balzac ont entrepris d'ouvrir d'énormes chantiers dont d'importantes parties sont demeurées en friche; si Poe et Nerval ont osé s'aventurer si loin dans les abysses de l'inconscient qu'ils n'en sont pas revenus; c'est tout de même à Nietzsche que revient le sombre honneur de dominer, de sa haute taille, le cortège des grands visionnaires qu'il ferme au XIXᵉ siècle. — Profuse et complexe, l'œuvre nietzschéenne se présente un peu comme un maelstrom au fond duquel se dessine l'image de Zarathoustra que son scribe s'apprêtait à précipiter dans le feu de l'Etna. Les visions de Nietzsche se moulaient difficilement sous l'écriture, et trouvaient fréquemment dans l'aphorisme une forme mieux adaptée à l'insatiable recherche qui les stimule, puisque l'aphorisme suspend le travail de la pensée en la brusquant dans une sorte de condensé, qui conserve ainsi de l'ébauche sa fascinante ouverture sur une forme à venir. L'entreprise nietzschéenne tend ainsi dans son ensemble vers une *Volonté de puissance*, dont l'écrivain n'a rédigé que le premier des quatre volumes projetés en 1887, soit un peu plus d'un an avant qu'une crise de démence ne s'empare de son esprit, à moins de quarante-cinq ans. Nietzsche mourra onze ans plus tard, en 1900, et il faudra attendre encore une dizaine d'années la parution des fragments et ébauches de son ultime œuvre.

Extrêmement sensible aux apparences protéiformes de la réalité et obsédé par une vision dionysienne de l'univers, Nietzsche semble considérer le champ de la conscience comme un chantier chaotique, livré à la tourmente d'un devenir enchaîné à son incessante invention. L'homme semble y trouver sa destinée dans le profil archétypal de *l'homo viator* auquel s'apparente Zarathoustra lui-même, par le long

---

-71. En troisième et dernière partie, à propos des lectures plurielles de l'œuvre d'art, nous retrouverons brièvement Lautréamont flanqué du cortège sonore de ses nombreux préfaciers et de la pagaille de ses commentateurs.

cycle de son itinéraire. Dès le Prologue d'*Ainsi parlait Zarathoustra*, le prophète en effet quitte son pays natal et part ; et aux dernières lignes de la quatrième partie du texte, il se lève encore et part, quittant « sa caverne, rayonnant et fort comme un soleil du matin venu de montagnes sombres[72].» — Zarathoustra entreprend un itinéraire, ou peut-être plus précisément une quête, constituée d'une «succession de départs et de retours, de déceptions et de régénérations et de re-commencements», dont la courbe se trouve dominée par la thématique de «l'éternel retour[73]». Au début du commentaire génétique et passionné que Nietzsche fait de sa propre œuvre dans *Ecce Homo*, il présente la «philosophie» comme «la recherche de tout ce qui est étrange et problématique dans la vie», comme «une longue expérience que je tiens de ce voyage dans tout ce qui est interdit[74].» La philosophie nietzschéenne, ne l'oublions pas, se double d'une poétique où l'auteur se trouve inséparable du visionnaire, et où « l'abîme» qu'il a en lui[75] non seulement l'empêche de donner à ses visions des formes adéquates, qu'il pourrait parachever, mais l'entraîne jusqu'à chavirer dans la folie à quarante-cinq ans.

Ainsi, plusieurs des artistes visionnaires, dont les œuvres ponctuent de leurs feux le cours du XIXe siècle, nous montrent qu'à un certain niveau d'exigence et de vertige, tout se passe comme si l'œuvre d'art ne pouvait plus éviter de demeurer en quelque sorte en suspens, dans sa forme même, ou du moins dans le parachèvement de son projet. Et cet inachèvement se répercute sur la lecture qu'on en peut entreprendre, la rendant à son tour inachevable. L'hypothèse dynamogénique du *non finito* y trouve d'importants appuis, mais dans cette dramaturgie de l'œuvre d'art, une perspective d'utopie semble s'ébaucher, qu'il faudrait maintenant sonder à propos d'artistes comme Wagner, Mallarmé et Van Gogh, qui marquent la fin du XIXe siècle de leurs œuvres.

-72. Nietzsche : *Ainsi parlait Zarathoustra*, p. 3 et 466. — Dans son Introduction à l'édition citée, G.-A. Goldschmidt note que ce livre devait comporter une cinquième partie, selon divers plans ébauchés entre 1881 et 1886 ; cette dernière partie ne fut pas écrite, ce qui laisse donc *Zarathoustra* inachevé (p. XV et XVI).
-73. Introduction de G.-A. Goldschmidt à *Ainsi parlait Zarathoustra*, p. XVI ; cette Introduction se termine sur une citation d'Albert Camus selon laquelle l'œuvre nietzschéenne, dans la perspective mythique de l'Éternel retour, pourrait se nourrir de la dynamogénie du *non finito* : «Nietzsche n'a jamais pensé qu'en fonction d'une apocalypse à venir, non pour l'exalter, car il devinait le visage sordide et calculateur que cette apocalypse finirait par prendre, mais pour l'éviter et la transformer en renaissance» (p. XL).
-74. Nietzsche : *Ecce Homo*, p. 9.
-75. Ibid. p. 51.

Utopie de l'œuvre absolue : Wagner

Le drame nietzschéen rappelle qu'en tout penseur, en tout inventeur de formes (qu'elles soient conceptuelles ou matérielles) veille un démiurge, qui s'arrache dans certaines circonstances favorables à son guet et tente de jouer pour quelque moment le rôle vertigineux d'Architecte de l'Univers. C'est Michelangelo à la Sixtine, Wagner dirigeant l'*Anneau des Nibelungen*, Balzac tramant sa *Comédie humaine*; c'est aussi Newton orchestrant la gravitation universelle, Einstein figurant la théorie de la relativité, Norbert Wiener jetant les bases de la cybernétique. De la *République* de Platon au *Capital* de Marx, en passant par la *Nouvelle Atlantide* de Francis Bacon ou la *Cité du Soleil* de Campanella, par le *Télémaque* de Fénelon ou le phalanstère de Fourier, c'est toujours semblable mirage de la cité idéale qui fascine et obsède certains visionnaires, perpétuels insatisfaits qui ne sombrent heureusement pas tous comme Nietzsche sous les prophéties surhumaines de quelque fulgurant Zarathoustra.

À la limite, chaque nouvelle entreprise de quelque envergure ne s'inspire-t-elle pas de l'ambition légitime de réaliser de façon éclatante enfin ce qui n'a encore jamais été accompli ? Dans la géographie du haut savoir occidental, Harvard ne ferait peut-être que relayer Athènes, Alexandrie, Florence, Oxford, Paris, dans une longue chaîne de « centres » où ressurgissent, avec le sérieux de leur vanité, les inévitables dogmatiques de la connaissance. Et l'abbaye de Thélème dresse son profil moqueur[1] par-dessus les grilles et les tours de tous les temples du savoir, en pavoisant aux couleurs gaies de Rabelais.

Le Classicisme, l'Encyclopédie, le Romantisme, le Symbolisme et combien d'autres « écoles » d'art ou d'esthétique ont connu leurs années de gloire, puis la pénible épreuve de la contestation, du rejet et enfin de l'oubli. Plus près de nous, des mouvements comme ceux du Surréalisme ou du Bauhaus, de la Psychanalyse ou du Structuralisme, n'ont pas hésité à entreprendre à leur tour et à leur façon la recherche éperdue du Graal de la connaissance. Toutes ces démarches fondent d'abord leur légitimité sur l'appétit de savoir, s'engagent tôt ou tard dans des perspectives de plus en plus ambitieuses, et se butent enfin contre d'insatiables objectifs, dont l'horizon s'élargit et recule à mesure qu'on prétend s'en rapprocher et en conquérir les frontières ; mais le désir, qui préside à ces recherches et en inspire le cours, peut parfois se faire tellement impératif et communicatif que la dimension utopique des recherches n'apparaît plus distinctement aux yeux de leurs mandarins, adeptes ou néophytes : ils en semblent tous « possédés », et possiblement jusqu'au sectarisme, voire jusqu'à l'intolérance massacrante.

-1. Rabelais: *Gargantua* I, 52-8 ; dans *Œuvres*, p. 190-207. — Reviennent en mémoire l'enviable devise: «Fay ce que vouldras», et le début de l'inscription affichée à la grande porte de Thélème :
«Cy n'entrez pas, hypocrites, bigotz,
Vieulx matagotz, marmiteux, borsouflez... »

Laissons-les à leurs entreprises, inachevables puisqu'elles renaissent sous des masques différents d'une génération à l'autre, — et retrouvons la piste de l'œuvre absolue, qui cherche parfois à s'accomplir dans la projection et la dilatation imaginaire et idéalisée de l'œuvre totale, parfaite et intégralement parachevée. Chimère, mirage, utopie? Étymologiquement, l'utopie constituerait un «non-lieu», désignerait une sorte d'impossibilité, d'autant plus fascinante qu'on parvient à la concevoir plus ou moins distinctement, sans toutefois jamais arriver à s'y établir. — Vision, hallucination? Ou phantasme exaltant, ressort d'une fantasmatique singulière, où le produit de l'imagination ne se réduirait plus à une tentative avortée de dépassement du réel, mais deviendrait stimulant apte à élargir l'aventure imaginaire jusqu'à forcer les frontières ataviques de la réalité?

Selon semblable perspective, le dynamisme qui sert de moteur à la fantasmatique, ce pourrait être l'intensité et l'ampleur de la vision qui gonfle l'imagination au point d'entraîner dans l'élan de son délire une action qui finira par métamorphoser au moins un fragment ou un aspect du réel. Le phantasme, le projet se fait semence[2] d'action, d'une action qui ne pourra toutefois jamais entièrement s'achever selon les paradigmes et normes illusoires des institutions culturelles. Plusieurs œuvres d'art trouveraient ainsi leurs assises dynamiques, leur énergie structurante, le sens de leur «pro-jet», l'armature de la «somme» qu'elles ambitionnent de constituer. Ainsi Bach ne termine pas son *Art de la fugue*, Beethoven déclenche des chœurs dans la finale de sa neuvième symphonie, Wagner s'égare dans de grandioses machines scéniques, Varèse et Le Corbusier s'appuient l'un sur l'autre pour construire leur *Poème électronique* ; ainsi s'écrivent la *Divine Comédie* ou la *Comédie humaine*[3], s'ébauche le *Livre* de Mallarmé, prolifère en marge de l'*Odyssée* homérique l'*Ulysse* de Joyce ; ainsi surgissaient jadis les murales de Lascaux ou l'Acropole d'Athènes, et plus près de nous les cathédrales médiévales ou... le Palais Idéal du facteur Cheval! — Entre la Tour de Babel et le *Gesamtkunstwerk* wagnérien, les rêves des démiurges renaissent indéfiniment, inlassablement, instinctivement.

On ne sait trop s'il est plus facile de transcrire en musique ou en littérature, ou de tailler dans le dur le bouillonnement des plus fulgurantes visions? Peut-être, puisque la *Ville cybernétique* de Schöffer,

---

-2. «Tout est germe», notait Novalis dans ses *Fragments* de 1798 (cité dans *Les Romantiques allemands*, p. 236) ; et ce germe serait désir: plus loin et à propos de «l'œuvre comme désir», nous nous y arrêterons; dans *Art et politique*, Mikel Dufrenne relie aussi l'utopie au désir (p. 173 et 185: «le désir est le ressort de l'utopie»).

-3. La fresque balzacienne, comme celles de Homère, des *Eddas*, des Cycles bretons ou des *Mille et une Nuits*, constitue une trame trop ample pour être parcourue en une seule fois, d'où leur perception fragmentée, suspendue, inachevée, comme ce fut aussi le cas lorsque surgit vers 1840 dans les journaux français la mode du roman feuilleton, qui a connu une nouvelle vague au cinéma et surtout à la télévision vers 1960.

comme la *Cité radieuse* de Le Corbusier et l'*Icarie* de Cabet demeurent encore des architectures de papier; mais toutes ces «fictions» n'en exercent pas moins pour autant leurs insinuantes séductions dans le domaine de l'imaginaire, comme si les utopies constituaient des hypothèses stimulantes, plutôt que des culs-de-sac schizoïdes. En effet, l'utopie en tant que fiction explore plus volontiers le rêve que le cauchemar, et entretient dans l'imagination un haut degré d'oxygénation. Depuis la Tour de Babel jusqu'au New York actuel, de gigantesques cacaphonies d'édifices ont engendré la confusion ou se sont contentés de la traduire en dur, ont accentué la nostalgie édénique, ont réveillé le mythe de la Terre promise : car tout se passe comme si une réalité décevante (et pour qui a déjà goûté au philtre de l'onirisme, quelle réalité ne l'est pas?) stimulerait l'imagination et sécréterait des visions, jusqu'au point d'inciter l'artiste à enfourcher l'utopie pour mieux respirer l'air de quelque sublime Atlantide imaginaire.

Ainsi nourrie de fantasmagorie, l'œuvre nouvelle veut paraître plus exaltée et excitante, mais n'en demeure pas moins pour autant en retrait et en retard, par rapport à l'amplitude du projet intuitif, de l'originelle inspiration. — Et au fil sans fin de leur quête, que peuvent donc faire les artistes, sinon entreprendre d'autres œuvres, puis d'autres encore, se relayant de génération en siècle et en continent au service empressé d'une même chimère? N'est-ce pas dans l'obscur labyrinthe où il est prisonnier qu'Icare fabrique ses ailes? N'est-ce pas dans une prison de Naples que Campanella décrit la *Cité du Soleil*? — N'est-ce pas dans la surdité que Beethoven[4] orchestre la seconde moitié de son œuvre? — Tout semble se passer comme si quelque important obstacle se trouvait nécessaire, ou du moins propice à l'invention, en art comme en d'autres domaines : sans difficulté, sans défi, sans désir d'outrepasser, point de création. La force créatrice, la pulsion inventive ne se déclencherait qu'en prenant appui sur ce qu'elle veut dépasser, qu'elle sait qu'elle ne dépassera pas entièrement, et qui relève à la fois du réel et de l'imaginaire.

Entre l'ordre du réel et celui de l'imaginaire, l'utopie remplit une fonction dialectique de liaison, de pont, d'osmose. Que l'on pense ou non que l'imaginaire et le réel se complètent ou se conjuguent ne change pas cette fonction, mais éclaire seulement de façon différente la fantasmatique qui la figure. En opposant radicalement l'imaginaire au réel, il n'en faut pas moins consentir des droits de passage, des voies de communication entre les deux ordres, puisque l'imagination œuvre et se manifeste dans la réalité humaine quotidienne. Et l'utopie constitue l'une de ces voies. Si en revanche on conçoit

-4. Dans son «Testament d'Heiligenstadt», rédigé le 6 octobre 1802 (donc à l'âge de 32 ans), Beethoven évoque de façon pathétique l'envahissement de la surdité qui le jetait déjà à 26 ans «dans le complet désespoir, et peu s'en fallut que je ne misse fin à mes jours : l'Art, uniquement lui, voilà ce qui m'en a retenu». (*Les Romantiques allemands*, p. 640) — Paradoxalement, cet «Art» dont la poursuite obsédante conduit au suicide ou à la folie certains artistes, devient pour d'autres la vitale bouée (et pour les premiers aussi, possiblement, avant l'Irréparable).

l'imaginaire comme intégré au réel, il n'en faut pas moins admettre des écarts et différences, non seulement de type conceptuel (des mots différents, qui devraient rendre compte de choses différentes), mais aussi de type pragmatique, puisque, par exemple, mon imagination et ma raison se trouvent irréductibles au fonctionnement l'une de l'autre, même si l'utopie leur offre un champ propice de collaboration.

Le dynamisme de la pensée gravite en bonne partie sur l'articulation entre le réel et l'imaginaire, la poussant à s'appuyer davantage tantôt sur l'un, tantôt sur l'autre, et n'avançant que par une sorte de processus dialectique les conjuguant sans cesse. Plutôt que contradictoires, réel et imaginaire sembleraient complémentaires, entretenant entre eux des rapports complexes dont l'économie ne sera probablement jamais entièrement inventoriée ni explicitée. La perception de la réalité ne saurait en effet se figer dans le cadre statique de tel mécanisme, mais se modifie selon le déroulement des expériences vécues, des réflexions entretenues, des pressions et sollicitations de l'extérieur, et aussi selon l'action concurrente de l'imaginaire : qu'ai-je effectivement perçu et vécu, et qu'ai-je imaginé percevoir et vivre, au cours de la dernière semaine ou depuis dix ans ? — Ne s'agit-il pas de dynamogénie, au fil des paragraphes précédents, puisque le sens de la réalité, considérée comme sorte d'organe mental, semble accroître sa fonction sous l'influence stimulante de l'imaginaire ?

Retrouvons par ce détour l'œuvre d'art, lieu propice à la prolifération dynamogénique : chez l'artiste, l'œuvre constitue en effet le lien sensible et matériel entre sa perception du réel et la projection de cette perception dans l'imaginaire. L'artiste invente, c'est-à-dire transforme le réel grâce au jeu imaginaire, en soumettant à l'épreuve d'une sorte d'alchimie un fragment ou aspect de l'univers matériel conjugué ou confronté à une parcelle de sa vision. Et l'invention ne constitue pas nécessairement une tentative d'évasion de la réalité, pas plus pour l'artiste que pour le savant ou le technicien. La fantasmatique qui opère dans l'invention, indépendamment de sa complexité et de sa relative obscurité, n'en permet pas moins à l'inventeur d'agir sur le réel[5], grâce à son imagination, ce qui n'élimine pas pour autant une autre possibilité, selon laquelle l'invention servirait de prétexte à une fuite de la réalité ; mais dans cette dernière hypothèse, remarquons que l'invention ne cause pas la fuite, mais qu'elle lui sert seulement de moyen, qui pourrait se trouver ailleurs (dans la drogue, l'alcool, le voyage, la philatélie, les mondanités, la pornographie, etc.) ; et ainsi, ne nous méprenons pas sur ce qui pourrait ressembler à une fuite, par

---

-5. Agir de façon sensible, à la fois matérielle et technique, comme cela se vérifie dans le domaine des applications scientifiques (appareils, machines, etc.), et dans le domaine des objets produits par les artistes ; dans sa *Théorie générale de l'invention*, René Boirel étudie justement une série «dynamologique» qui comprend des dimensions technique, scientifique, mathématique, physique, esthétique, historique, morale, philosophique (p. 64-196).

exemple chez Mallarmé, puisque son entreprise artistique se fait productive, voire besogneuse, et durement conquise sur «le hasard vaincu mot par mot[6]»...

Quelques artistes de la fin du XIXe siècle nous permettent d'examiner d'un peu plus près l'utopie de l'œuvre absolue, dans l'avantage qu'ils offrent d'être ni trop loin ni trop près de nous. La distance historique se trouve ainsi suffisante à la fois pour que nous ne soyions plus impliqués d'une façon émotivement personnelle dans leurs circonstances socio-culturelles, et pour que notre perception de leur réalité ne souffre pas de cette distorsion qu'un trop grand écart dans le temps pourrait provoquer.

Wagner d'abord. En renouant avec la tragédie grecque antique, où poésie, musique, danse et architecture convergeaient en un même *drama*, en une «action» synthétique, l'entreprise wagnérienne voudrait constituer une symbiose scénique, en poussant beaucoup plus loin l'irruption des voix que Beethoven avait osée dans son ultime symphonie. Richard Wagner rêve de dépasser largement une simple stratégie de synthèse scénique de diverses formes d'art. Ce qu'il vise, c'est l'œuvre d'art totale, — *Gesamtkunstwerk* capable de métamorphoser, grâce au souffle mythologique, les récifs de l'histoire en exaltations légendaires, et les épaves du quotidien en songes enchanteurs. La vision wagnérienne conjugue donc l'imagination la plus exaltée et une «machine» soigneusement huilée de la technique scénique. Pour servir d'écrin à son sortilège mythique et à sa doctrine esthétique, Wagner obtient même de Louis II de Bavière qu'on construise et inaugure en 1876 le Festspielhaus, pour présenter somptueusement ses œuvres à Bayreuth. — Commencée dans de pénibles conditions, la carrière de Wagner semble ainsi se terminer dans l'apothéose, sans toutefois entièrement s'achever puisque le mythe dont l'artiste a voulu gonfler son œuvre a happé l'auteur lui-même et l'a déjà hissé au rang des légendes avant sa mort au palais vénitien de Vendramin en 1883.

En retenant surtout *Tristan et Isolde*, la tétralogie de l'*Anneau des Nibelungen* et *Parsifal*, nous voyons le dynamisme créateur de Wagner se manifester à la fois sur le plan de l'organisation de la forme artistique et sur celui de la perspective symbolique. En ce qui concerne l'écriture musicale, *Tristan* innove au point de lancer un pont entre la musique romantique, lyrique et exubérante, et le

---

-6. «Appuyer, selon la page, au blanc, qui l'inaugure son ingénuité, à soi, oublieux même du titre qui parlerait trop haut: et, quand s'aligna, dans une brisure, la moindre, disséminée, le hasard vaincu mot par mot, indéfectiblement le blanc revient...» (Mallarmé: «Le Mystère dans les lettres», *Œuvres*, p. 387). — Ce «blanc qui revient», n'est-ce pas celui du *non finito*, qui ramène le parcours accompli à sa source originelle, celle de la blancheur vierge de la page, sans jamais lui permettre de s'achever? — L'allusion précédente à la fuite se trouve dans «Brise marine» de Mallarmé, (*Œuvres*, p. 38):
«La chair est triste, hélas! et j'ai lu tous les livres.
Fuir! là-bas fuir!... »

dodécaphonisme viennois[7]. — Sur le plan de l'architecture de l'œuvre, la tétralogie innove au point de proposer une vaste fresque, d'une durée de dix-huit heures, que l'artiste a mis près d'un quart de siècle à maçonner, soit de 1851-52 à 1874. D'allure ambiguë, paraissant tantôt obscure et enchevêtrée, tantôt limpide et simple, l'énorme *Anneau* se love dans la mythologie scandinave et propose le triomphe de l'amour et de la révolution, même si ce triomphe bifurque parfois vers le «nirvâna» bouddhique, dans un étonnant ménage avec l'épopée nordique; mais dans l'esprit exalté de Wagner, il semble bien que Veda et Edda ne font pas nécessairement chambre à part à l'auberge de l'Imaginaire et, par-delà siècles et continents, peuvent se fondre dans tel fabuleux Ragnarok[8]! — Sur le plan de la perspective symbolique, *Parsifal* substitue au lieu de la saga germanique celui de la mythie celtique, et débouche sur un étrange rituel où le Graal se dépouille de sa substance religieuse traditionnellement chrétienne, sans pour autant lui substituer celle d'un nouveau culte.

Selon les trois plans d'innovation qui viennent d'être rapidement évoqués, le dynamisme créateur ou inventif de Wagner propose une esthétique ouverte, suggère de nouvelles voies qu'il n'explore pas entièrement. L'artiste s'arrête en voie d'évolution et de prospection, suspend un parcours pourtant magistral mais auquel il ne semble pas pressé de mettre le point final. Les audaces d'écriture de *Tristan* marquent sans doute un tournant important, une sorte de mutation dans l'évolution musicale en Occident, et montrent une fois de plus que pour un grand inventeur l'acquis ne constitue jamais un avoir satisfaisant et parfaitement achevé. Si cet inventeur est le musicien Wagner, il ne fera pas porter sa recherche uniquement sur la graphie de son art, mais il s'attaquera aussi à l'architecture de l'œuvre, remettant en question modèles et monuments que la tradition impose d'autorité ou par atavisme à la vénération. Bousculant les normes les plus respectées, fracassant les frontières des canons institutionnalisés et même du «bon goût», Wagner charpente ses *Nibelungen*, puisqu'il en a à la fois l'appétit et le génie. Malgré tout insatisfait d'une fresque

---

-7. «L'emploi du chromatisme qui arrive à détruire la notion de tonalité, dont Mahler et les dodécaphonistes de l'école viennoise tireront des leçons radicales, est la conséquence de la volonté exprimée par Wagner de dépasser la musique en conciliant les inconciliables, c'est-à-dire la tension et le mouvement, la profondeur et l'énergie, le combat et l'extase. Les accords de septième et de neuvième y sont traités comme les accords parfaits sur lesquels reposait l'harmonie classique; les dissonances réagissent les unes sur les autres sans jamais trouver de résolution perpétuelle. Il n'y a plus de tonalité fixe, chaque groupe d'accords existe par lui-même, établissant sa propre tonalité. Le dynamisme musical, sans cesse créé, sans cesse expirant, sans cesse renaissant, arrive à une atmosphère d'incertitude, d'anxiété et de trouble qui constitue l'expression la plus aiguë et la plus intérieure du romantisme musical.» (Marcel Schneider, article «Richard Wagner», *Encyclopaedia Universalis*, vol. 16, 1973, p. 957)
-8. «The whole world, with gods and mortals, will go under one day in Ragnarok, the 'Twilight of the Gods'.» (Harald Hveberg: *Of Gods and Giants, Norse Mythology*, p. 68)

pourtant aussi grandiose et hallucinante, il voudra réchauffer sa vieillesse en évoquant l'exaltante épopée de *Parsifal*, et plongera son héros dans l'énigme d'un nouveau rite dont personne ne semble connaître le dieu ni le sens exact. Ainsi Parsifal devient l'étrange héros qui, après avoir transgressé l'interdit et surmonté l'épreuve, conquiert un Graal dont il ne sait trop que faire, puisqu'il ne réussit pas à en percer l'énigme, et qu'il présente avec quelque embarras dans un cérémonial ambigu. Ce héros en quelque sorte égaré ne figure-t-il pas tout artiste, dont Wagner, dans la même et inévitable incapacité de boucler un itinéraire pourtant extraordinairement puissant? Mais quand on le croit au faîte, le génie avoue, avec Baudelaire, «l'impossibilité de tout dire[9]», et retire la main de l'œuvre pour montrer l'inévitable perspective du *non finito*.

Plutôt que de feuilleter le dossier Wagner sous l'éclairage d'une problématique «synthèse des arts», revoyons-en plutôt quelques aspects sous l'éclairage baudelairien des «correspondances[10]», dont on trouverait aujourd'hui une sorte de prolongement dans l'interdisciplinarité scientifique. Le projet wagnérien ne manque certes pas d'ambition, et le génie de l'artiste s'y déploie avec évidence. En substituant au mot «génie» le mot «dynamogénie», nous pourrions chercher, sous les œuvres issues du projet wagnérien, quelque important ressort ou «volonté de puissance» par laquelle une certaine filiation s'accomplit dans l'esthétique germanique entre Schopenhauer, Nietzsche et Wagner. Ce dynamisme, au sens d'une force qui veut explorer les possibles et dépasser les frontières ataviques, bouscule et perturbe l'économie passive de l'avoir et de l'acquis, et débouche sur le domaine stimulant du devenir; cette nouvelle perspective révèle aussitôt une sorte de trouée, par laquelle l'organe de l'imagination se trouve à la fois attiré et excité, ce qui amplifie d'autant son fonctionnement: c'est la dynamogénie, telle qu'on peut la concevoir en esthétique et selon laquelle l'artiste prend appui sur un projet plus ou moins grandiose et net, et tente d'en accomplir le maximum possible dans son œuvre, tout en sentant plus ou moins consciemment que le désir qui travaille son imaginaire ne pourra jamais trouver une forme sensible et matérielle parfaitement et intégralement adéquate; — d'où la dynamogénie continuée, en d'autres œuvres.

La démarche de Wagner s'articule sur un temps de réflexion, qu'il souligne par la publication en 1849 de deux essais intitulés *Art et révolution* et *L'Œuvre d'art et l'avenir*. Ces deux essais dégagent, dans la pensée esthétique du musicien, des dominantes qui unissent en une

---

-9. Lettre de Baudelaire à Wagner, datée du 17 février 1860. (Cette citation provient de l'édition de la Bibliothèque de la Pléiade des *Œuvres complètes* de Baudelaire, p. 1492, et non de l'édition L'Intégrale utilisée ailleurs).
-10. Plus d'un an avant son article daté du 18 mars 1861 sur «Tannhaüser», Baudelaire a déjà entendu et admiré des extraits de *Tannhäuser* et *Lohengrin* au Théâtre des Italiens, comme il l'écrit avec enthousiasme à Wagner le 17 février 1860; et dans son article de mars 1861, il cite au début les deux quatrains de son sonnet des «Correspondances» (*Œuvres*, p. 513).

même direction, celle du devenir, avenir et révolution, et c'est selon cette dynamique que se développe ensuite le vaste cycle qui conduit de *Tristan* à *Parsifal* en passant par la tétralogie de l'*Anneau*, et dont Baudelaire pressentait déjà les somptueuses résonnances à la seule lumière de *Tannhäuser* et *Lohengrin*:

« Tout ce qu'impliquent les mots: volonté, désir, concentration, intensité nerveuse, explosion, se sent et se fait deviner dans ses œuvres. Je ne crois pas me faire illusion ni tromper personne en affirmant que je vois là les principales caractéristiques du phénomène que nous appelons génie; ou du moins, que dans l'analyse de tout ce que nous avons jusqu'ici légitimement appelé génie, on retrouve lesdites caractéristiques. En matière d'art, j'avoue que je ne hais pas l'outrance; la modération ne m'a jamais semblé le signe d'une nature artistique vigoureuse. J'aime ces excès de santé, ces débordements de volonté qui s'inscrivent dans les œuvres[11]... »

Le peu qu'il connaît de la musique wagnérienne incite Baudelaire à parler de « majesté fulgurante », faisant sur lui l'effet d'une « opération spirituelle », d'une « révélation »:

« Ma volupté avait été si forte et si terrible, que je ne pouvais m'empêcher d'y vouloir retourner sans cesse. Dans ce que j'avais éprouvé, il entrait sans doute beaucoup de ce que Weber et Beethoven m'avaient déjà fait connaître, mais aussi quelque chose de nouveau que j'étais impuissant à définir, et cette impuissance me causait une colère et une curiosité mêlées d'un bizarre délice[12]. »

N'est-ce pas justement le plaisir esthétique qu'évoque ainsi Baudelaire, plaisir dynamogénique dans son inachèvement, dans son impossible épuisement, que l'on éprouve sans pouvoir parfaitement l'analyser, et qui provoque à la fois quelque irritation sans doute mais aussi le désir d'y regoûter, d'encore l'expérimenter et autrement? — Plus loin, Baudelaire revient sur ce « bizarre délice » produit et entretenu par la musique wagnérienne en lui:

« Ce qui me paraît donc avant tout marquer d'une manière inoubliable la musique de ce maître, c'est l'intensité nerveuse, la violence dans la passion et dans la volonté. Cette musique-là exprime avec la voix la plus suave ou la plus stridente tout ce qu'il y a de plus caché dans le cœur de l'homme. Une ambition idéale préside, il est vrai, à toutes ses compositions; mais si, par le choix de ses sujets et sa méthode dramatique, Wagner se rapproche de l'antiquité, par l'énergie passionnée de son expression il est actuellement le représentant le plus vrai de la nature moderne[13]. »

Comment ne pas parler d'une « ambition idéale » en effet quand l'artiste entreprend de conjuguer la dramaturgie grecque et le Romantisme européen, les mythologies antique et nordique, l'invention exaltée et l'esprit critique, la vision fulgurante et la technique savamment rodée, pour enfin relier tout cela dans l'apothéose d'une forme soigneusement enveloppée par l'*arioso*? — Wagner semble ainsi disposer d'une personnalité telle que son sens de la réalité intègre ses intuitions de visionnaire et stimule au lieu de le brimer son pouvoir de création artistique, au point même de s'attirer les faveurs

-11. Baudelaire: « Richard Wagner et Tannhäuser à Paris », *Œuvres*, p. 523.
-12. Ibid. p. 514.
-13. Ibid. p. 523.

du roi de Bavière, qui pousse le mécénat jusqu'à faire ériger à Bayreuth le Festspielhaus. Sans cette généreuse protection, Wagner aurait peut-être été emporté dans le maelstrom de ses exaltations vers des abysses semblables à ceux qui ont engouffré l'esprit de son cadet et grand ami d'une certaine époque, Friedrich Nietzsche?

Autrement dit, l'utopie wagnérienne est non seulement habitable, en un certain sens, mais même confortablement aménagée: ses visions peuvent se déployer dans un palais de pierre qui a l'allure d'un temple, et l'artiste règne en démiurge, architecte et grand-prêtre suprême, dans cette enceinte qui accueille depuis un siècle les pèlerins et aussi les fanatiques[14] du cosmos wagnérien. L'enthousiasme du visionnaire a emporté l'auteur des *Nibelungen* bien au delà de ce qu'avait entrevu Baudelaire, dans une carrière colossale où le génie inventif demeure génie, c'est-à-dire extraordinaire désir et capacité de faire des œuvres supérieures; mais en quoi consiste donc ce singulier pouvoir? Dans sa *Théorie générale de l'invention*, René Boirel répond en citant justement Wagner:

«La conscience inventive est conscience d'une insatisfaction en présence du donné ou, plus généralement, de l'acquis. C'est ce qu'il y a de vrai dans l'exagération romantique de la formule de Wagner: — L'homme qui n'a pas été, dès son berceau, doté de l'esprit de mécontentement de tout ce qui existe, n'arrivera jamais à la découverte du nouveau[15].»

La maladie d'idéalité mallarméenne

Il ne faut pas pour autant se représenter l'artiste sous les traits bourrus d'un insatisfait chronique ou morbide. L'artiste ressemblerait plutôt à un infatigable et insatiable chercheur, toujours curieux et désireux de pousser plus loin ses explorations de la forme artistique. Chaque nouvelle œuvre, devenant nouvel «acquis» selon la «phénoménologie de l'invention» analysée par René Boirel, provoque une insatisfaction conduisant l'artiste, comme tout chercheur, à entreprendre l'œuvre suivante, à poursuivre sa quête, comme les exemples de Wagner et de Mallarmé le montrent d'évidence.

Le dossier Mallarmé déborde de commentaires multiples, parfois divergents et même contradictoires, mais souvent inspirés de ce qu'on peut désigner par l'utopie de l'œuvre absolue[16]. À défaut d'un

---

-14. L'œuvre de Wagner provoque chez certains amateurs et mélomanes une exaltation qui peut devenir sectaire, surtout sous l'influence de certaines positions antisémites et de tendances parfois fascistes chez le compositeur; c'est à cela que s'en prend Adorno dans son *Essai sur Wagner*, pour en dénoncer l'envoûtement; plus tard, Adorno commentera «l'orientation trop psychologique» de sa critique de l'œuvre wagnérienne. (Voir M. Jimenez: *Adorno: art, idéologie et théorie de l'art*, p. 60 et 73)
-15. R. Boirel: *Théorie générale de l'invention*, p. 21; Baudelaire cite la même formule de Wagner dans son article «Richard Wagner et Tannhäuser», II, *Œuvres*, p. 514, — avec une variante: «... doté *par une fée* de l'esprit de mécontentement...»
-16. Rappelons seulement les études de Henri Mondor, Jean-Pierre Richard, Georges Poulet, Maurice Blanchot, Gardner Davies, Charles Mauron; du psychiatre Jean Fretet (*L'Aliénation poétique*, 1946); et de Jacques Schérer.

palais en dur où loger son Idéal, à défaut d'un temple où célébrer son Mythe[17], Mallarmé substitue à la véritable scène du théâtre wagnérien une scène mentale, celle du «comme si», dilatant ainsi l'espace creux du non-lieu («u-topie») en temps, Temps absolu où une imaginaire immortalité s'étalerait infiniment:

«L'immortalité exige que nous soyions, d'une manière ou d'une autre, un abrégé de l'univers. — Je fais comme si j'étais immortel, puisque en toute chose, je cherche une synthèse, puisque je poursuis quelques symboles qui expliqueraient l'infini[18].»

Presque à la même époque, vers la fin du XIXe siècle, Mallarmé et Wagner semblent désirer condenser, dans le microcosme de l'œuvre d'art, un peu de l'énergie universelle par le chiffre de quelques symboles ou mythes. Une investigation psychanalytique de l'œuvre de Mallarmé pourrait détecter dès son jeune âge «éloignement de la réalité commune et attirance d'autre chose: la révélation des puissances du langage[19]» — lesquelles puissances n'empêchent toutefois pas le développement contigu et conscient, chez le poète, d'une «atonique et aride impuissance», affectée par le spleen baudelairien:

«Je n'ai pas écrit depuis longtemps, parce que le spleen m'a entièrement envahi. — L'ennui est devenu chez moi une maladie mentale et mon atonique impuissance me rend douloureux le plus léger travail. — J'ai bien peur que (Geneviève) ne soit, comme son père, une créature spleenétique et misérable; — moi, qui suis maintenant dans une de mes plus tristes périodes de sécheresse et d'aride impuissance[20].»

Au delà de toutes polémiques, l'œuvre de Mallarmé se présente de telle sorte que ses obscurs ressorts deviennent inséparables de son envergure formelle, qui se dresse à la fois selon l'amplitude parfois vertigineuse de son projet et selon la complexité de son alchimie intérieure; car l'entreprise mallarméenne conjugue de façon serrée la perspective «spleenétique» et la perspective alchimique, puisqu'il ne s'agit de rien de moins que du Grand Œuvre, du Livre:

«J'ai toujours rêvé et tenté autre chose, avec une patience d'alchimiste, prêt à y sacrifier toute vanité et toute satisfaction. Comme on brûlait jadis son mobilier et les poutres de son toit pour alimenter le fourneau du Grand Œuvre. Quoi? C'est difficile à dire: un livre, tout bonnement, en maints tomes, un livre qui soit un livre, architectural et prémédité, et non un recueil des inspirations du hasard, fussent-elles merveilleuses... J'irai plus loin, je dirai: le Livre, persuadé qu'au fond il n'y en a qu'un, tenté à son insu par quiconque a écrit, même les Génies. L'explication orphique de la Terre, qui est le seul devoir du poète et le jeu littéraire par excellence[21].»

-17. Dans «Richard Wagner et Tannhäuser», Baudelaire cite à ce propos Wagner lui-même: «Je me voyais nécessairement amené à désigner le mythe comme matière idéale du poète» (*Œuvres*, p. 516).
-18. Conversation entre Mallarmé et J.-H. Rosny, rapportée par Rodenbach et citée par C. Mauron dans *Mallarmé par lui-même*, p. 57.
-19. Ibid. p. 30-1.
-20. Passages de lettres de Mallarmé à Cazalis, du 23 mars 1864, du 11 avril 1864, et de juillet 1864 (dans *Correspondance, 1862-1871*, p. 110, 113, 123 et 124).
-21. Mallarmé: «Autobiographie» de 1885, *Œuvres*, p. 662-3.

Pour Mallarmé, alchimie et jeu se conjugueraient donc pour faire du «Livre» une sorte de Verbe de l'Univers, dans un sublime dessein dont «l'Idéal» hantera son esprit de 1866 jusqu'à sa mort en 1898, sans toutefois parvenir à «sortir du Rêve et du Hasard» cet Œuvre absolu[22]. Un tiers de siècle n'aura pas suffi à harnacher la chimère, à apprivoiser l'utopie en demeure, et le vieux poète demandera qu'on brûle les ébauches de son Rêve, secrets grimoires qui ont été conservés pourtant, du moins en partie: bribes, fragments, calculs plus ou moins hermétiques, allusions ténébreuses, hiéroglyphes en somme et lambeaux d'une grandiose utopie. Écartelé entre Rêve et Hasard, Mallarmé conserve cette lucidité qui éclairait déjà, trente ans avant sa mort, l'ambition démesurée de son original dessein et la transgression qu'il appelle:

«J'ai commis le péché de voir le Rêve dans sa nudité idéale, tandis que je devais amonceler entre lui et moi un mystère de musique et d'oubli. Et maintenant, arrivé à la vision horrible d'une œuvre pure, j'ai presque perdu la raison et le sens des paroles les plus familières[23].»

Si «le Rêve dans sa nudité idéale» rend impossible toute traduction adéquate de la vision que l'artiste peut intuitionner, le Hasard ne se laissera pas davantage apprivoiser pour que s'accomplisse le rituel utopique de l'Œuvre absolu, puisque l'itinéraire qui s'ouvre sur le blanc originel de la page conduit à un autre blanc, celui du silence:

«Appuyer, selon la page, au blanc, qui l'inaugure, son ingénuité, à soi, oublieuse même du titre qui parlerait trop haut: et, quand s'aligna, dans une brisure, la moindre, disséminée, le hasard vaincu mot par mot, indéfectiblement le blanc revient, tout à l'heure gratuit, certain maintenant, pour conclure que rien au delà et authentiquer le silence[24].»

Chez Mallarmé, la dynamique du projet traverse l'écriture et ne saurait se réduire entièrement, par exemple, à l'obsession de certaines métaphores ni même à tel «mythe personnel[25]», malgré les efforts d'exégètes qui voudraient en convaincre leurs lecteurs. Il faudrait se demander, devant tels commentaires de type psychanalytique, si

-22. «J'avais, à la faveur d'une grande sensibilité, compris la corrélation intime de la Poésie avec l'Univers, et, pour qu'elle fût pure, conçu le dessein de la sortir du Rêve et du Hasard et de la juxtaposer à la conception de l'Univers.» (Lettre de Mallarmé à Villiers de l'Isle-Adam du 24 septembre 1867, dans Correspondance, 1862-1871, p. 259) — Rappelons quelques jalons du projet du «Livre» dans la carrière de Mallarmé: lettres de 1866 à Aubanel et à Villiers, Igitur de 1869, l'esquisse d'une «Autobiographie» envoyée à Verlaine en 1885, «Le Livre, instrument spirituel» et «L'Action restreinte» de 1895, et Un Coup de dés de 1897, sans oublier les fragments d'Hérodiade et d'Igitur.
-23. Mallarmé: lettre du 20 avril 1868 à François Coppée, dans Correspondance, 1862-1871, p. 270.
-24. Mallarmé: «Le Mystère dans les Lettres», dans Œuvres, p. 387.
-25. «Les principales formes du mythe personnel semblent fixées, chez notre poète, vers la dix-huitième année» (C. Mauron: Mallarmé par lui-même, p. 84); hypothèse discutable en proportion de son allure péremptoire, que C. Mauron tente de mieux étayer dans Des Métaphores obsédantes au Mythe personnel, p. 299-333.

parfois les obsessions et complexes décryptés dans des œuvres d'art ne hantent pas les auteurs de ces commentaires davantage que les auteurs d'œuvres où le moindre soupçon de virus psychiques est aussitôt incubé par les commentateurs, avec une sollicitude triomphante ? — La dynamique du projet mallarméen s'exalte, à partir de 1866, à partir donc du moment où germe le *concetto* d'un Œuvre grandiose, hanté par l'Idéal et l'Absolu, dramatisé par la crise que vient de connaître le jeune écrivain de vingt-quatre ans : « Je suis maintenant impersonnel, et non plus Stéphane que tu as connu, — mais une aptitude qu'a l'Univers spirituel à se voir et à se développer, à travers ce qui fut moi[26]. » — Une trentaine d'années plus tard, Mallarmé demeure toujours fidèle au même projet de l'Œuvre absolu[27], qu'un Poète suffisamment anonyme et universel, donc purifié, devrait pouvoir écrire. Et pour mieux préparer sa main à cette sublime tâche, Mallarmé désire terminer en 1897 l'*Hérodiade*, commencée jadis, en 1864, l'année de la naissance de sa fille Geneviève. Il lui faudrait pour cela du temps, qui lui fera défaut puisque la mort interrompt un an plus tard sa très lente écriture, dans des circonstances qui laissent perplexe[28].

En mourant, Mallarmé laisse dans des boîtes de thé ses notes pour le « Livre » dont il rêvait depuis un tiers de siècle, dans la Tentation d'Absolu qui hantait son champ de conscience, comme supplice de Tantale entretenu et prolongé par la lucidité de l'artiste sous un éclairage d'allure parfois morbide : de son ascendant baudelairien, Mallarmé aurait-il hérité d'un ineffaçable stigmate, celui de « l'Héautontimorouménos » :

> « Je suis la plaie et le couteau
> Et la victime et le bourreau
> Je suis de mon cœur le vampire[29]... »

-26. Lettre de Mallarmé à Cazalis du 14 mai 1867, dans *Correspondance, 1862-1871*, p. 242.
-27. Voir G. Davies : *Vers une explication rationnelle du Coup de dés*, p. 23.
-28. Dans l'après-midi du 8 septembre 1898, alors qu'il travaille à l'*Hérodiade* malgré une laryngite, Mallarmé se trouve soudain pris d'un spasme, suffoque et se débat devant deux témoins ahuris et impuissants à l'aider, sa femme Marie et sa fille Geneviève ; le lendemain, un médecin vient rendre visite au poète et veut examiner sa gorge : « Mallarmé, qui veut faire la démonstration de la crise de la veille, est tout à coup repris d'un spasme », s'étrangle, bleuit et meurt devant sa femme, sa fille et le médecin. (H. Mondor : *Vie de Mallarmé* II, p. 802). La lecture « psychocritique » de cette tragédie se devine : « L'œuvre se confond avec le suicide. Le spasme de la glotte qui tua Mallarmé n'en fut peut-être que la traduction psychosomatique. » (C. Mauron : *Mallarmé par lui-même*, p. 121) — « Peut-être ». — À la limite, chaque être vivant serait un mort en sursis ou un suicidaire au ralenti ? — À rapprocher des circonstances bizarres de sa mort, certains propos de Mallarmé : « Tel opère le Mime, dont le jeu se barre à une allusion perpétuelle sans briser la glace : il installe, ainsi, un milieu, pur, de fiction. » (« Crayonné au théâtre », *Œuvres*, p. 310 ; — mais il pourra se trouver que soudainement le jeu s'abolisse et que la fiction devienne réalité : le Mime s'étrangle en faisant semblant.
-29. Baudelaire : *Œuvres*, p. 91 ; C. Mauron n'hésite pas à glisser à ce propos vers le sadomasochisme, dans son *Mallarmé par lui-même*, p. 61.

L'œuvre de Mallarmé demeure inachevée, pathétiquement, non seulement en plusieurs de ses entreprises comme l'*Hérodiade*, mais surtout en sa quête centrale, celle du « Livre » : lieu et pôle d'un rituel sans cesse repris au cercle infernal, tentant de transgresser l'interdit comme l'insatiable débauche sadienne ou la tonitruante rhétorique de Lautréamont, comme la *Saison* rimbaldienne ou les écritures de Proust, Kafka ou Joyce. L'ambition de Mallarmé à poursuivre son œuvre au delà des frontières familières incitait le poète à se dé-personnaliser, puis à figurer le masque d'Igitur, l'écrivain devenant héros comme Shakespeare devient Hamlet. — La trame d'*Igitur*, esquissée en 1869, indique déjà « le Minuit où doivent être jetés les dés[30] » et sert de prélude au *Coup de dés* de 1897, qui en propose une variante dont l'architecture scripturale se trouve ventilée, découpée et rythmée selon une disposition typographique singulière. À son tour, le *Coup de dés* lance d'un côté un pont vers l'*Hérodiade* (dont Mallarmé n'a écrit que les premiers fragments en 1864-1867), et de l'autre annonce le *Livre*.

De l'âge de vingt-deux ans à sa mort à cinquante-six ans, Mallarmé ponctue sa carrière littéraire de pièces inachevées, confirmant ainsi sa hantise de l'Œuvre absolu et s'avouant écartelé entre un profond sentiment d'impuissance et sa « maladie d'idéalité[31] ». Comme Michelangelo et combien d'autres artistes, il ressent la tragédie de l'œuvre, inachevable : Igitur et Hérodiade ne pourraient communi-quer que dans l'écart imaginaire entre l'Infini et le Néant, là où le Rêve se mire au Hasard des « cendres des astres » en l'insondable Azur, là où Hérodiade ne cesse de montrer qu'elle « aime l'horreur d'être vierge », et Igitur sombre de vertige dans l'Absolu. Solitaires et tragiques, les deux personnages ne pourront jamais se rencontrer vraiment, s'en consolent peut-être en assumant l'absurdité de leur

-30. Mallarmé : « Argument » d'*Igitur*, *Œuvres*, p. 434 ; la section IV d'*Igitur* s'intitule déjà « Le Coup de dés » (p. 441). Dans *Vers une explication rationnelle du Coup de dés*, G. Davies souligne dans l'entreprise mallarméenne l'importance de l'indécision, du suspens, chez l'artiste en quête de l'Œuvre absolu (p. 119-141) ; auparavant dans le même essai, G. Davies écrivait pourtant que « le *Coup de dés* représente l'aboutissement de toutes les ébauches d'*Igitur*, repensées et remaniées sans cesse pendant une période de près de vingt-cinq années ; le texte publié par le Dr Bonniot ne paraît donc pas être celui d'un conte inachevé : il réunit plutôt les différents états intermédiaires d'une œuvre conçue successive-ment sous la forme d'un conte, d'un drame et d'un poème en prose, et dont le *Coup de dés* constituerait la version définitive. Tel est, à notre avis, le sens de la mention — Déchet — trouvée sur la couverture du manuscrit d'*Igitur* » (p. 53). — Les esclaves ébauchés par Michelangelo n'étaient-ils pas aussi des « déchets » du projet du tombeau plusieurs fois remanié et rapetissé de Jules II, ce qui ne les empêche pas de constituer des formes artistiques autonomes dans leur inachèvement ? Pourquoi le *Coup de dés* constituerait-il la « version définitive » d'*Igitur* ? Des ressemblances même nombreuses ne semblent pas nécessairement imposer une genèse aussi catégorique, et chacune des quatre œuvres en cause (*Hérodiade, Igitur, Un Coup de dés* et le *Livre*) pourrait bien revendiquer son indépendance, au moins relative, par le fait qu'elle cherche et trouve sa propre forme dans son inachèvement même.
-31. Mallarmé : *Igitur*, III, *Œuvres*, p. 440.

être dans une volupté et une lucidité exemplairement mallarméennes, mais derrière Igitur n'y aurait-il pas l'ombre de Hamlet, dont le poète écrit en octobre 1886 :

«Avance le seigneur latent qui ne peut devenir, juvénile ombre de tous, ainsi tenant du mythe. Son solitaire drame! et qui, parfois, tant ce promeneur d'un labyrinthe de trouble et de griefs en prolonge les circuits avec le suspens d'un acte inachevé, semble le spectacle même pourquoi existent la rampe ainsi que l'espace doré quasi moral qu'elle défend, car il n'est point d'autre sujet, sachez bien: l'antagonisme de rêve chez l'homme avec les fatalités à son existence départies par le malheur[32].»

Ainsi se dresse le théâtre, s'élève l'architecture de Mallarmé, en un mythe du labyrinthe où un pèlerin solitaire semble se perdre dans la quête égarée de sa virtualité, car ce héros a visage de «seigneur latent qui ne peut devenir», rivé au «suspens d'un acte inachevé», à l'irréductible écart entre l'Idéal et l'œuvre: et «sachez bien qu'il n'est point d'autre sujet»! — Puisque le poète évoque le théâtre, relisons ce qu'il en écrit ailleurs :

«Je crois que la Littérature, reprise à sa source qu'est l'Art et la Science, nous fournira un Théâtre, dont les représentations seront le vrai culte moderne; un Livre, explication de l'homme, suffisante à nos plus beaux rêves. Je crois tout cela écrit dans la nature de façon à ne laisser fermer les yeux qu'aux intéressés à ne rien voir. Cette œuvre existe, tout le monde l'a tentée sans le savoir; il n'est pas un génie ou un pitre qui n'en ait retrouvé un trait sans le savoir. Montrer cela et soulever un coin du voile de ce que peut être pareil poème, est dans un isolement mon plaisir et ma torture[33].»

Voilà qui nous ramène à l'Œuvre, au Livre, à cette «explication de l'homme» qui comblerait enfin les «plus beaux rêves»? — Mais cherchant appui, Mallarmé trouve le vide, puis recherche une fois de plus compagnie chez Baudelaire dont l'écho du sonnet des «Correspondances» semble meubler son isolement:

«La Nature est un temple où de vivants piliers
Laissent parfois sortir de confuses paroles;
L'homme y passe à travers des forêts de symboles[34]...»

«Tout cela écrit dans la nature», pour le visionnaire Mallarmé, et le cérémonial de l'entreprise artistique devrait en permettre un certain décryptage, en favoriser l'herméneutique. En cherchant son lignage, le poète remonte par Baudelaire à Hamlet puis à Perceval, et au delà du Graal jusqu'à Œdipe devant le Sphinx: l'Énigme. Tel me semble être l'itinéraire obscur où s'écrit le Livre, en demeurant sublime désir de saisir l'Idéal, «mon plaisir et ma torture». Mallarmé n'en laissera inévitablement que des esquisses, fragments et lambeaux à propos de quoi il écrit la veille de sa mort, avec une lucidité dévorante, sa «Recommandation quant à mes papiers»:

«Le spasme terrible d'étouffement subi tout à l'heure peut se reproduire au cours de la nuit et avoir raison de moi. Alors, vous ne vous étonnerez pas que je pense au monceau demi-séculaire de mes notes, lequel ne vous deviendra qu'un

-32. Mallarmé: «Hamlet», *Œuvres*, p. 300.
-33. Mallarmé: «Sur le théâtre», *Œuvres*, p. 875-6.
-34. Baudelaire: «Correspondances», *Œuvres*, p. 46.

grand embarras; attendu que pas un feuillet n'en peut servir. Moi-même, l'unique, pourrais seul en tirer ce qu'il y a... Je l'eusse fait si les dernières années manquant ne m'avaient trahi. Brûlez par conséquent: il n'y a pas là d'héritage littéraire. — Croyez que ce devait être très beau[35]...»

Malgré les dernières volontés de Mallarmé et grâce à Jacques Schérer, les ébauches et notes du poète pour son Livre ont été publiées en 1957: telles qu'elles sont parues, près de soixante ans après la mort de leur auteur, elles ne manquent pas de dérouter, voire de décevoir, et on ne saura jamais avec certitude absolue si tous les matériaux laissés par Mallarmé le 9 septembre 1898 s'y trouvent. On y relève une grande importance accordée aux «séances d'interprétation de l'Œuvre, du Livre»; aux plans de financement, publicité et mise en marché de l'entreprise, qui devait permettre au poète de passer «de l'élite à la foule» et faire fortune, en vendant 480 mille exemplaires du fabuleux Livre à un franc de profit chaque exemplaire[36]... — Au fil des dizaines de feuillets du Livre ébauché, peu de matière proprement littéraire, poétique ou esthétique; à peine quelques images étonnantes, comme par accident[37].

Après le *Coup de dés*, Mallarmé désire explorer davantage les jeux typographiques, linguistiques et rythmiques, et faire de la littérature, grâce au Livre rêvé, le théâtre d'une expérience artistique sans précédent, élargie et dilatée dans son algèbre et sa combinatoire, dont il se voit l'unique et irremplaçable chef d'orchestre et maître d'œuvre, lors de la composition du Livre et lors des «séances d'interprétation» projetées en public, selon un rituel entrevu en 1895:

«Pourquoi — un jet de grandeur, de pensée ou d'émoi, considérable, phrase poursuivie, en gros caractère, une ligne par page à emplacement gradué, ne maintiendrait-il le lecteur en haleine, la durée du livre, avec appel à sa puissance d'enthousiasme; autour, menus, des groupes, secondairement d'après leur importance, explicatifs ou dérivés — un semis de fioritures[38].»

De sa grandiose orchestration prévue, le visionnaire ambitieux ne laisse que fragments et lambeaux, mais Jacques Schérer fait remarquer, à propos justement du Livre mallarméen, que «un lambeau n'est pas pure absence: il est quelque chose, où l'on peut discerner des virtualités ou des commencements[39]». Plus que des lambeaux, on peut voir dans les feuillets du *Livre* des amorces ou ébauches, et aussi quelque fil d'Ariane qui incite à remonter loin dans la quête du poète, jusqu'à l'esquisse d'*Hérodiade*. Tel qu'on le connaît, le *Livre* évoque un chantier ténébreux, un chaos dont le devenir peut inquiéter ou laisser perplexe. Rien ici du lieu d'origine limpide ni du

---

-35. Cité dans la préface de J. Schérer au *Livre de Mallarmé*, p. VII-IX.
-36. *Le Livre de Mallarmé*, feuillets 114 et 115.
-37. Ibid.: «Et rêverie bras croisés sur seins absents» (feuillet 18a); allusions à l'Idéal et réflexions cursives: «car il faut la mort pour savoir le mystère» (feuillet 32a), «Je suis moi — fidèle au livre» (feuillet 35b); et ailleurs, cette clef perdue: «Un livre ne commence ni ne finit: tout au plus fait-il semblant» (feuillet 181a).
-38. Mallarmé: «Le Livre, instrument spirituel», *Œuvres*, p. 381.
-39. *Le Livre de Mallarmé*, p. 47-8.

clair matin; il s'agirait plutôt d'une scène vespérale, crépusculaire, que Mallarmé vieillissant projette d'orchestrer graphiquement sur papier, pour l'exploiter ensuite en soirées de lecture pendant lesquelles chaque interprétation du *Livre* le ferait renaître, comme le texte renaît au théâtre ou la musique au concert. On connaît l'attachement du poète à la musique et au théâtre, et Jacques Schérer insiste pertinemment sur la dimension musicale et théâtrale de l'œuvre projetée:

« Les séances de lecture et d'interprétation du Livre reposent sur un principe musical. — Reprendre à la musique son bien, selon la formule que Valéry popularisera, c'est donc pour Mallarmé s'inspirer de la musique orchestrale, c'est-à-dire non seulement créer un système d'expression littéraire aussi libre que celui de toute musique, mais aussi faire entendre simultanément dans une même page les voix de différents instruments. La structure du Livre devra être polyphonique[40]. »

Avant la polyphonie, Mallarmé semble viser la polysémie. Il a prévu, dans l'un de ses rapides calculs concernant l'architecture du *Livre*, des séries textuelles comportant dix éléments différents, qu'il projette d'interpréter de dix façons différentes. Or le nombre de combinaisons possibles d'une série comportant dix éléments est de plus de trois millions (3 628 800), si tous les éléments sont utilisés chaque fois; autrement, les possibilités grimpent à près de dix millions[41], mais tout ceci n'est qu'arithmétique, la surface numérique d'un jeu ou d'un enjeu plus profond, qui vise le sens et non plus seulement la forme graphique et sa combinatoire architecturale:

« Le Livre ne reste pas immobile, il n'est pas une galerie de portraits, il est un monde en fusion qui se construit sous nos yeux. Chaque genre, s'enlaçant à un autre par une scissiparité pénétrante et réciproque, crée des voies vers d'autres genres et d'autres points de vue. — Dans une telle structure, le sens ne peut pas être plus fixe que la forme ou le genre. Si un seul passage du livre avait un sens défini, univoque et inaccessible aux influences voisines, ce passage suffirait à bloquer l'ensemble du mécanisme[42]. — La vérité de la littérature totale n'est pas une, elle est multiple. — Malgré l'incertitude chronologique qui subsiste sur la composition du manuscrit, on sait que Mallarmé a conçu dès 1866 sa grande œuvre, et que la pluralité nécessaire des sens en est une partie intégrante[43]. »

Jacques Schérer propose de voir dans le *Livre* autre chose encore, puisque chez Mallarmé, «les sommets de l'œuvre publiée sont baignés dans une lumière étrange dont le Livre dernier et inachevé est l'origine invisible[44].» — Selon l'hypothèse d'une connivence

---

-40. Ibid. p. 75-6. — Dans «Souvenirs littéraires», Valéry rapporte la lecture que Mallarmé lui fit en 1897 d'*Un Coup de dés*, où l'auteur «avait osé orchestrer une idée poétique» (*Œuvres* I, p. 779).
-41. Ibid. p. 87.
-42. Autrement dit: si un seul passage du *Livre* était «achevé», défini et fini rigoureusement, le *Livre* même serait paralysé dans son entier; la polyvalence, l'ouverture, la prégnance du *Livre* l'installent au cœur du *non finito*, ou mettent le *non finito* en son centre stratégique; la question de la polysémie et de la polymorphie de l'œuvre fera l'objet d'un des derniers chapitres du présent essai sur le *non finito*.
-43. J. Schérer: *Le Livre de Mallarmé*, p. 81 et 82-4.
-44. Ibid. p. 142.

profonde entre *Hérodiade, Igitur, Un Coup de dés* et le *Livre*, le tout considéré comme une quête ou « recherche des mythes[45] », l'ultime projet de Mallarmé ne semblerait avoir eu que peu de chances de conduire effectivement à une exploitation d'allure spectaculaire et industrielle de l'objet littéraire, sans parler de la personnalité même du poète, de son âge, de sa santé. Une fatalité d'inachèvement semble peser sur l'entreprise mallarméenne, en partie à cause de sa dimension « critique[46] » ? — D'autres points de vue se sont évidemment manifestés à propos du *Livre*, et certains se montrent plus sévères, comme celui d'Umberto Eco, qui a du moins la qualité de nous ramener à l'utopie de l'œuvre absolue, au fil des méandres de l'œuvre mallarméenne :

> « L'entreprise utopique de Mallarmé, qui s'assortissait d'aspirations et de naïvetés vraiment déconcertantes, ne devait jamais aboutir. Il est bien difficile de savoir si l'expérience achevée aurait eu quelque valeur, ou si elle serait apparue comme l'incarnation équivoque, mystique et ésotérique, d'une sensibilité décadente parvenue au terme de sa parabole. Nous penchons vers la seconde hypothèse. Il n'en reste pas moins intéressant de trouver, à l'aube de notre époque, une ébauche aussi significative d'œuvre en mouvement : elle est le signe que certaines exigences se faisaient jour, dont l'existence est à elle seule une justification, et qui font partie intégrante du panorama culturel de l'époque[47]. »

Qu'une œuvre « ouverte » ait quelque allure équivoque semble inévitable, de même qu'une entreprise utopique risque fort d'afficher de « déconcertantes aspirations et naïvetés », du moins aux yeux de qui refuse de jouer le théâtre des vertiges proposés. La quête de Mallarmé n'en devient pas pour autant « décadente », comme le fait que le *Livre* n'ait pas abouti ne vient que confirmer sa nature utopique : l'utopie se trouvant par définition irréalisable, ce qui ne l'empêche pas d'être imaginairement féconde. L'utopie n'a pas pour fonction en effet de s'accomplir, mais plutôt d'inciter le réel à se métamorphoser en autre chose. — Ainsi va l'œuvre d'art, au fil de son inachevable et intarissable devenir, sa forme se nourrissant en plus ou moins grand appétit de l'utopie de l'œuvre absolue : mais qu'est donc ce qu'on appelle le « chef-d'œuvre » ? N'est-ce pas l'esprit de sérieux ou l'imagination débile (ce qui revient peut-être au même ?) qui couronne des hiérarchies et colle des étiquettes voyantes sur des œuvres que d'autres dédaignent ou décrient, et dont les auteurs se sont souvent eux-mêmes déclarés insatisfaits ? — Dévoré sans doute par sa « maladie d'idéalité », mais assez lucide et perspicace pour

---

-45. Ibid. p. 125.
-46. « Une forme, peut-être, en sort, actuelle, permettant, à ce qui fut longtemps le poème en prose et notre recherche, d'aboutir, en tant, si l'on joint mieux les mots, que poème critique. » (Dans la bibliographie préparée par Mallarmé pour son recueil de *Divagations*, et cité dans ses *Œuvres*, p. 1576 ; cette même citation termine quelques pages consacrées à Mallarmé par J.-F. Lyotard, dans *Discours, Figures*, p. 72.)
-47. U. Eco : *L'Œuvre ouverte*, p. 28 ; l'architecture graphique d'*Un Coup de dés* et surtout la combinatoire projetée par le *Livre* préfigurent en effet certaines œuvres stochastiques, aléatoires ou permutationnelles que nous rencontrerons au chapitre suivant, dans l'art du XXe siècle.

connaître l'inaccessibilité de l'Absolu visé, Mallarmé semble trouver dans sa quête, comme Michelangelo et d'autres artistes et chercheurs, «son plaisir et sa torture», et en vient à considérer le chef-d'œuvre avec l'ironie du créateur capable de constater que le public qui applaudit et louange l'œuvre n'y comprend souvent pas grand-chose : «Car le chef-d'œuvre est funeste, il joue, après invitations, sombrement à s'esclaffer pour que du ridicule fulmine au perlage des capotes chimériques en train d'assentiment[48].»

En proposant en marge d'*Igitur* une distinction entre l'inachèvement et le délaissement, Maurice Blanchot griffe aussi au passage le verdict mondain du chef-d'œuvre et dégage la fascination qu'exerce l'œuvre non terminée parce qu'interminable, ce qui pourrait appuyer la fonction dynamogénique proposée au *non finito* : «C'est plutôt par son abandon qu'*Igitur*, œuvre non pas inachevée, mais délaissée, annonce cet échec, par là retrouve son sens, échappe à la naïveté d'une entreprise réussie pour devenir la force et la hantise de l'interminable[49].»

Dans sa «Lettre sur Mallarmé», Valéry s'interroge sur la phénoménologie de la création et sur l'alchimie de l'œuvre, et en arrive à devoir accorder un rôle stratégique à «une sorte d'accident qui la jette hors de la pensée», malgré sa volonté déterminée, en tant lui-même que créateur, de se comporter comme ingénieur plutôt que magicien. Pourtant, et devant l'entreprise mallarméenne, Valéry reconnaîtra la vanité du vœu qu'il a d'abord voulu ériger en loi : «J'aimerais infiniment mieux écrire en toute conscience et dans une entière lucidité quelque chose de faible, que d'enfanter à la faveur d'une transe et hors de moi-même un chef-d'œuvre d'entre les plus beaux[50].»

L'apollinien, qui se voudrait inconditionnel et absolu dans sa Raison, verra pourtant tôt ou tard son précieux équilibre troublé et bouleversé par les bourrasques dionysiennes de l'imagination, car d'avoir prétendu ne consentir «qu'à la perfection» n'empêchera pas Mallarmé, aux yeux même de Valéry, d'avoir été pendant «trente et quelques années le témoin ou martyr de l'idée du parfait»; en se classant en compagnie de Mallarmé parmi les rares artisans aristocratiques du verbe, Valéry poursuit :

«Cette passion de l'esprit ne fait presque plus de victimes. Le renoncement à la durée marque une époque du monde. Les œuvres qui demandent du temps sans compter, et les œuvres faites en vue des siècles, ne sont plus guère entreprises de nos jours. L'ère du provisoire est ouverte ; on n'y peut plus mûrir de ces objets de contemplation que l'âme trouve inépuisables et dont elle peut s'entretenir indéfiniment[51].»

En tentant de souligner certaines qualités de la démarche mallarméenne, Valéry fustige nombre d'œuvres du XXᵉ siècle, en effet vouées plus ou moins lucidement au provisoire, mais sa dévotion

---

-48. Mallarmé : «La Cour», *Œuvres*, p. 416.
-49. M. Blanchot : *L'Espace littéraire*, p. 118.
-50. Valéry : «Lettre sur Mallarmé», *Œuvres* I, p. 640.
-51. Valéry : «Je disais quelquefois à Stéphane Mallarmé», *Œuvres* I, p. 652.

envers la devise «Le temps ne respecte pas ce que l'on fait sans lui» semble l'inciter à négliger le désir explicite du *Livre* de se livrer à de multiples lectures, provisoires, chaque lecture se trouvant à la fois différente et fugitive; et rien ne prouve que la «contemplation» dont parle Valéry s'en serait du coup trouvée empêchée: pourquoi n'aurait-elle pas plutôt vu ses possibilités multipliées, chaque lecture différente d'un fragment du *Livre* en suscitant une nouvelle «contemplation»?

La quête mallarméenne se fait souvent obscure et parfois même hallucinante, cela est évident dans la syntaxe même de son écriture, dans ses méandres, et singulièrement dans ses grandes œuvres inachevées, imprégnées, dirait-on, par l'hypothèse dynamogénique du *non finito* que Mallarmé formule à sa façon dans un des feuillets du *Livre* qui vaut d'être recité: «Un livre ne commence ni ne finit: tout au plus fait-il semblant[52].»

L'absolu suicidaire

Faire semblant. Jouer. Bluffer ou faire de l'esbrouffe? Pas nécessairement. Mais jouer, certainement, comme au théâtre, pour se demander en sortant où niche le réel? Miracle et magie du vraisemblable, d'apparence parfois plus vraie que le vrai du quotidien, parce qu'il en propose un profil élargi, selon le clavier des variantes et des typiques. — Quand l'artiste commence une œuvre, ne fait-il que poursuivre à travers une nouvelle forme son entreprise? Et quand il semble terminer une pièce, est-ce parce qu'une autre le sollicite et l'attend? Puisque la quête se poursuit, non seulement au fil de la carrière de tel artiste, mais dans l'ensemble du tissu, complexe et immense, de tout le domaine de l'art, à travers millénaires et continents, au gré des cultures et des géniales pulsions. Ainsi, au delà de tous semblants de commencements et de fins d'œuvres, demeure la participation au rituel utopique de l'œuvre absolue, comme désir de transgresser l'interdit de la finitude et risquer un pas sur les sables mouvants de l'Idéal. On sait le danger de tel risque, comme l'ont vécu Poe ou Nerval, Wagner ou Schumann, Claude Lantier dans *L'Œuvre* de Zola ou Van Gogh sous le soleil de Provence, et comme le résume Rilke: «Les œuvres d'art sont toujours les produits d'un danger couru, d'une expérience conduite jusqu'au bout, jusqu'au point où l'homme ne peut plus continuer[53].»

Ne plus pouvoir continuer, quelles qu'en soient les raisons et prétextes: la statuaire de Michelangelo ne constitue pas le seul témoignage de semblable impossibilité, qu'on ne saurait réduire à la frontière de la dynamique inventive ni à une impuissance accidentelle. C'est d'autre chose de plus profond qu'il s'agit, d'une sorte de lieu-limite, calqué sur l'utopie de l'œuvre absolue comme son envers

-52. *Le Livre de Mallarmé*, feuillet 181a.
-53. Lettre de Rilke citée par M. Blanchot dans *L'Espace littéraire*, p. 247.

ou cul-de-sac. Et si l'artiste s'obstine à en fouiller et scruter les périlleuses limites, il risque, en défiant l'interdit, d'atteindre ce que les Anglophones désignent par *the point of no return*.

L'œuvre fermente et germe dans l'esprit de l'artiste, et peut y prendre des proportions obsédantes, envahir le champ de conscience au point d'obstruer la communication courante avec la réalité extérieure. Selon cette hypothèse, le danger devient grand pour l'artiste de voir la réalité extérieure s'estomper, pendant que le champ de conscience se trouve envahi par la prolifération obsédante du fantasme de l'œuvre à faire. Si cette dernière se dérobe, obstinément, si les mains de l'artiste ne parviennent pas à fixer dans la matière sensible le *concetto* qui accapare l'imagination, il pourra se trouver que l'utopie de l'œuvre absolue débouche sur des visions angoissantes, conduise à des comportements bizarres ou même déréglés : c'est Hugo qui interroge les tables sur son île d'exil, Franz Liszt qui entre dans les ordres mineurs à plus de soixante-dix ans, Nietzsche que la folie accapare pendant les onze dernières années de sa vie. À la même époque, utilisée ici comme exemple, soit la deuxième moitié du XIXᵉ siècle, en musique, littérature et arts plastiques, Schumann, Nerval et Van Gogh sont entraînés encore plus loin, jusqu'aux abysses du suicide.

Écartelé entre des élans d'exaltation et des mouvements dépressifs, Robert Schumann tente désespérément de s'arracher, au cours des dix dernières années de sa vie, à l'angoisse de la mort, avivée par le suicide de sa sœur Émilie en 1826. Le compositeur voudrait renouveler le langage musical, rajeunir la mélodie, remodeler la sonorité instrumentale, repenser l'écriture polyphonique et l'harmonie. Victime de sa propre ambition, il voit bientôt sa carrière de pianiste virtuose paralysée en même temps que sa main droite, à cause de l'usage excessif d'un appareil de son invention. Son œuvre de compositeur, prodigieusement abondante et variée, l'entraîne, alors qu'il dépasse de peu quarante ans, vers l'affrontement irréductible entre un puissant désir de créer et l'évidence de son désarroi nerveux et psychique. On le tire du Rhin où il s'est jeté, en février 1854, et il meurt deux ans plus tard à la clinique d'Endenich, où il a lui-même demandé à être enfermé.

Si l'œuvre de Schopenhauer peut être considérée comme une vaste méditation sur la mort, la carrière de Schumann en offre une tragique obsession, partagée étroitement dans le temps par Gérard de Nerval[54], autre esprit « faustien », prisonnier de ses « chimères » et de sa traduction du premier *Faust* de Goethe. À ce qui a été noté précédemment sur Nerval, qu'il suffise ici d'ajouter que sa vie de bohème à Paris le conduit au *Voyage en Orient*, en marge duquel s'élargit le champ mental du poète. Mythologie et ésotérisme s'y conjuguent en une quête éperdue d'Idéal, d'Absolu. Déjà en 1841, une profonde crise psychique provoque « l'épanchement du songe dans la vie

-54. Schumann : 1810-1856 ; Nerval : 1808-1855.

réelle[55] ». Le texte d'*Aurélia* s'attache, comme l'indique son sous-titre, à scruter certains rapports ténébreux entre «le Rêve et la Vie», à partir de la série de crises psychiques qui minent Nerval. Malgré tout, deux ans avant son suicide, le poète reprend sa quête au fil de la plume, à la clinique parisienne du docteur Blanche, et la fin de la seconde partie d'*Aurélia* comportera en trois endroits des lacunes, traduisant ainsi l'inachèvement qui écartèle depuis longtemps déjà l'auteur entre son véritable nom de Gérard Labrunie et son pseudonyme[56].

Semblant s'opposer à cette «nuit noire et blanche» nervalienne, la crise solaire de Van Gogh explose, se tord dans son chromatisme strident, arrache à l'espace sa quiétude comme le peintre s'arrache à lui-même l'oreille et fait aussitôt le portraitiste de sa mutilation, dans un tragique et hagard dédoublement. Il n'y a toutefois pas chez Vincent que la tourmente chromatique, puisqu'une grande partie de son œuvre se soumet aussi à la discipline sévère du noir sur blanc, non seulement à travers des liasses de dessins et esquisses, mais aussi à travers une volumineuse correspondance, surtout avec son frère Théo. Et quand Vincent se suicide, le 27 juillet 1890, il porte sur lui, comme Nerval dans son hiver, un ultime message, inachevé, où l'on peut lire que «mon travail à moi, j'y risque ma vie, et ma raison y a sombré à moitié. — Eh bien, vraiment, nous ne pouvons faire parler que nos tableaux[57].»

Pendant les trois dernières années de sa vie, le regard de Van Gogh disloque l'architecture de l'espace, et le sismographe de son pinceau en traduit scrupuleusement la réorganisation visionnaire, jusque dans les jardins de l'asile de Saint-Rémy, d'où il sort en mai 1890. Brûlant toujours «d'aller plus loin», à la fois dans son art et dans sa vie intérieure, il part à Paris puis s'installe à Auvers-sur-Oise, où on le montre aussi du doigt et où les enfants le harcèlent parfois quand il peint dans les champs. En juillet, il brosse un champ de blé menacé par des corbeaux, y gravant sa profonde et mélancolique solitude[58]. Le dimanche 27 juillet, il part faire une promenade, se cache derrière un bâtiment de ferme, se tire une balle de pistolet dans le ventre, puis

-55. Nerval: *Aurélia*, dans *Œuvres*, p. 403.
-56. Hanté par la quête de son double comme certains autres artistes, et dévoré du singulier appétit de «rêver toujours l'Impossible», Nerval soulève une étrange question: n'est-ce pas son double «égaré» qui se pend aux petites heures du 26 janvier 1855, après avoir glissé dans sa poche l'ultime message qu'il ne faut plus l'attendre «car la nuit sera noire et blanche»? — L'obsession «faustienne» du double ne hante pas seulement l'œuvre touffue de Nerval (*Aurélia* I-3, l'architecte Adoniram de l'Histoire de la reine du matin dans le *Voyage en Orient*, etc.), bien sûr, mais constitue une sorte d'archétype qui se manifestait par exemple un siècle plus tôt chez Swedenborg (que Nerval évoque d'ailleurs en compagnie d'Apulée et Dante au début d'*Aurélia*), et connaîtra divers prolongements chez Rimbaud et jusque chez Artaud (*Le Théâtre et son double*), etc.
-57. Van Gogh: *Correspondance complète* III, p. 491-2.
-58. Dans une lettre demeurée inachevée qu'il destinait à Gauguin, avec qui il aurait voulu renouer une amitié tragiquement interrompue, Vincent écrivait: «Tenez, une idée qui peut-être vous ira, je cherche à faire des études de blé...» (Van Gogh: *Lettres à sa mère*, p. 97)

retourne à la chambre du café Ravoux où il loge à Auvers. On l'y trouve peu après, mourant. Le lendemain, Théo est à son chevet, et Vincent s'éteint le 29. — Deux mois et demi plus tard, Théo doit à son tour être interné, et mourra en Hollande à la fin de janvier 1891, ne pouvant survivre, semble-t-il, à l'interruption de ses pathétiques relations avec son frère[59].

Au moment où Van Gogh s'engouffre dans le maelstrom de ses dernières et déchirantes années, Mallarmé reprend le projet déjà ébauché en 1866 de «l'Œuvre absolu», du «Livre» idéal, dont il faudrait, pour lui donner la pureté diamantaire, gommer jusqu'au nom de l'auteur[60] : effacement de l'identité, évacuation de soi, auto-érosion consciente, à la limite destructive[61]. Rongé par sa soif maladive d'Idéal, Mallarmé jongle avec l'idée de la mort, d'une mort volontaire et lucide dont il pique les noirs reflets à travers les méandres d'*Igitur* et du *Coup de dés*. Voyons bien que chez Mallarmé, gommer le nom de l'auteur ne se réduit pas simplement à un rare effet de discrétion, ni à la dissimulation pseudonymique, ni à un accident typographique. Il s'agit bien d'anonymat, au sens privatif, résultat de l'anéantissement non seulement de l'existence de l'auteur ou du moins de son éclipse nominale, mais encore de la notion même d'auteur, puisque ce qui empêcherait l'Œuvre d'atteindre au niveau ultime et absolu vers lequel elle tend, dépend justement de l'infirmité et de l'impuissance de l'auteur, en conséquence disqualifié dans son dessein : comment prétendrait-il en effet encore afficher sur l'Œuvre le nom de celui qui en réduit le lumineux fantasme en lambeaux et dérisoires mimiques ? Dans une lettre à son ami Cazalis, Mallarmé écrivait en 1866 : «Je te dirai que je suis depuis un mois dans les plus purs glaciers de l'Esthétique, — qu'après avoir trouvé le Néant, j'ai trouvé le Beau, — et que tu ne peux t'imaginer dans quelles altitudes je m'aventure[62].»

-59. En juin 1973, un musée Van Gogh sera inauguré dans la capitale de son pays natal, permettant ainsi à Amsterdam de proposer à ceux qui désirent aller au delà des jeux picturaux une chapelle ardente du regard meurtri d'Absolu. Par ailleurs, peu importe «l'étiquette que l'on attribue au mal dont souffrait Van Gogh» (Dr Humbert Nagera : *Vincent Van Gogh*, p. 151) puisqu'il ne s'agit pas ici de psychiatrie mais de peinture et d'art, et l'esthétique ne connaît à ce mal que sa dimension d'Absolu : cette «maladie d'Idéalité» dont meurt Igitur.
-60. Dans l'Autobiographie préparée à la demande de Verlaine en novembre 1885, Mallarmé écrit : «... mon travail personnel qui, je crois, sera anonyme, le Texte y parlant de lui-même sans voix d'auteur...» (*Œuvres*, p. 663) ; voici quelques autres passages dans le même sens : «L'œuvre pure implique la disparition élocutoire du poète — omettre l'auteur» («Crise de vers», *Œuvres*, p. 366) ; «... admis le volume ne comporter aucun signataire» («Le Livre, instrument spirituel», *Œuvres*, p. 378) ; «Le suicide ou abstention. — Impersonnifié, le volume, autant qu'on s'en sépare comme auteur» («Quant au Livre — L'action restreinte», *Œuvres*, p. 372).
-61. «La Destruction fut ma Béatrice.» (Lettre de Mallarmé à Eugène Lefébure, du 17 mai 1867, dans *Correspondance, 1862-1871*, p. 246)
-62. Lettre de juillet 1866 à Cazalis, dans *Correspondance, 1862-1871* de Mallarmé, p. 220-1.

Périlleuse et torturante aventure, où la prétendue purification de soi-même voudrait, au delà de la néantisation de l'auteur («Heureusement, je suis parfaitement mort»), en arriver enfin au seuil de l'Œuvre, après avoir réussi à «terrasser le vieux monstre de l'Impuissance[63]» tapi sournoisement en chaque artiste et en ses limitatives contingences; mais qui donc poursuit l'œuvre par-delà ce seuil et peut de nouveau affronter la blanche page, sinon encore un artiste, infirme et désormais amputé de son propre nom, qui trace des signes[64] de conscience sur fond de néant — de Néant et en même temps d'Absolu — puisque «cette folie existe», qu'elle est même «folie utile», voire nécessaire ou inévitable, pour Igitur comme pour Mallarmé, «rendu instable par la maladie de l'idéalité» et égaré en l'énigme de son propre grimoire, le regard écarquillé dans une «absurdité» soigneusement ratissée comme un jardin d'enfance qu'on aime et où l'on se réfugie, en sursis de Néant[65].

On ne trouve pas chez Mallarmé la geôle psychique de Schumann ni le coup de pistolet de Van Gogh: mais voudrait-on risquer un rapprochement entre la pendaison de Nerval et la mort par étranglement de Mallarmé, qui proposerait dans sa mise en scène du 9 septembre 1898 une latence suicidaire, par rapport à la crise qui l'a étouffé déjà la veille et dont la mimique maintenant le tue? — Suicide fragmenté dans sa théâtrale re-présentation, et fuite aussi de l'interminable Œuvre, à terminer pourtant de quelque manière : dont le sens s'obscurcit, dont l'hermétisme témoigne, dont le cours s'étrangle, de plus en plus implacablement, au delà des jeux spectaculaires en délirant projet du Livre. — «Le suicide ou abstention, ne rien faire — Victorieusement fui le suicide beau[66].»

Le suicide, c'est l'acte par lequel une vie se fige elle-même dans son inachèvement, la volonté interrompt dans son processus le déroulement de la vie. — Symboliquement[67], l'écrivain Mallarmé se suicide en entreprenant des œuvres comme *Hérodiade, Igitur, Un Coup de dés* et le *Livre.* Selon Gardner Davies, «dans *Igitur,* le personnage

---

-63. Deux passages de lettres de Mallarmé à Cazalis, du 14 mai 1867 et du 14 novembre 1869, dans *Correspondance, 1862-1871,* p. 240 et 313.

-64. Même si ces signes sont parfois «très obscurs» (Valéry: *Œuvres* I, p. 642) et se confondent dans «le grimoire, avec lequel je vais également partir» (Mallarmé: *Œuvres,* p. 445), car «il doit y avoir quelque chose d'occulte au fond de tous; je crois décidément à quelque chose d'abscons, signifiant fermé et caché, qui habite le commun...» (Mallarmé: «Le Mystère dans les Lettres», *Œuvres,* p. 383)

-65. «Je ne veux pas connaître le Néant, avant d'avoir rendu aux miens ce pourquoi ils m'ont engendré — l'acte absurde qui atteste l'inanité de leur folie.» (Mallarmé: *Igitur,* dans *Œuvres,* p. 451 ; pour les allusions précédentes concernant la «folie» et la «maladie d'idéalité», ibid. p. 451, 434 et 440)

-66. Mallarmé: *Œuvres,* p. 372 et 68.

-67. Georges Poulet parle de suicide philosophique: «C'est cet acte de mort volontaire que Mallarmé a commis, dans *Igitur,* — exemple parfait du suicide philosophique. Et puisqu'il n'est qu'un suicide philosophique, il peut toujours se répéter» (*La Distance intérieure,* p. 325 et 333).

suit une progression dialectique qui doit le mener à la Notion pure ; après des évocations successives de son moi, il arrive au moment où un seul obstacle le sépare de cette Notion parfaite[68] » : la conscience de sa propre existence humaine, qui entrave son accession à l'Absolu. La trajectoire dialectique d'Igitur se débat ainsi entre ses pôles contraires : l'Absolu et le Néant, et sa tragédie consiste à s'affronter lui-même, écartelé et égaré irrémédiablement entre ses pôles, tentant malgré tout de s'en sortir par l'œuvre d'art, qui ne réussit qu'à transposer sur un autre plan le débat, irréconciliable, de l'idée et de la forme, déjà ressenti chez Michelangelo par exemple dans l'écart entre le *concetto* et ce qu'en fait la *mano*.

Au début de son essai intitulé *Vers une explication rationnelle du Coup de dés*, Gardner Davies examine la structure dialectique d'*Igitur* par rapport à celle d'*Un Coup de dés* et à celle du dessein du *Livre*, et en déduit que « même s'il ne croyait pas tenir de Hegel la doctrine de la conciliation des contraires, Mallarmé en avait fait consciemment la base de sa théorie esthétique[69] » : cela semble beaucoup dire, car si Mallarmé avait charpenté son esthétique selon un modèle hégélien, n'aurait-il pas tenté de réduire l'antagonisme qui ronge et interrompt couramment son entreprise artistique ? — Le propre de l'esthétique mallarméenne, comme celle de Michelangelo ou de Novalis, de Wagner ou de Van Gogh, c'est de ne pas (vouloir et/ou pouvoir ?) réconcilier les contraires, semble-t-il, et d'ainsi assumer périlleusement d'extrêmes débats en son champ de conscience et jusque dans les formes où travaille l'imagination.

Revenons brièvement sur ce suicide symbolique, ou philosophique. La première phrase du *Mythe de Sisyphe* (« Il n'y a qu'un problème philosophique vraiment sérieux, c'est le suicide[70] ») rattache Camus à une lignée déjà illustrée par Novalis en des termes presque identiques (« L'acte philosophique par excellence est le meurtre de soi ; c'est là le réel commencement de toute la philosophie[71] »). Quand le philosophe se risque en effet à plonger dans l'abysse de son propre champ de conscience, il devient difficile d'éviter un vertige d'Absolu et d'Infini, apparenté de quelque manière à celui qui guette aussi le mystique ou l'artiste, ce qui incitait justement Hegel à rapprocher

-68. G. Davies : *Vers une explication rationnelle du Coup de dés*, p. 131.
-69. Ibid. p. 51.
-70. A. Camus : *Le Mythe de Sisyphe*, p. 15 ; l'apparition de Camus ici ne tend nullement à le ranger de force dans la lignée des suicidés de l'art, même si sa mort violente dans un étrange accident d'automobile, le 4 janvier 1960, peut paraître suspecte ; au rayon des écrivains français de notre siècle, la liste des suicidés reconnus comprend, entre autres, Jacques Vaché en 1919, Jacques Rigaut en 1929, René Crevel en 1935, Drieu La Rochelle en 1945, Henry de Montherlant en 1972 ; au Québec, Sylvain Garneau en 1953, Claude Gauvreau en 1971, et un confrère, Hubert Aquin, en 1977 ; ces lignes pour rappeler seulement que la « maladie d'idéalité », autrement dit l'écart entre ce que l'artiste désire faire et ce qu'il fait, peut prendre des proportions obsédantes, pathétiques, suicidaires même.
-71. Novalis : « Fragments » de 1798-99, dans *Les Romantiques allemands*, p. 225.

dans une semblable quête art, religion et philosophie (voir p. 136, note 1). Quand Novalis tente de préciser ses coordonnées esthétiques, il en arrive à des observations comme: «Partout nous cherchons l'Absolu, et jamais nous ne trouvons que des objets. — Le génie, c'est la capacité de traiter comme réels des objets imaginaires et de les considérer comme tels[72]», — ce qui trouvera écho, sous une architecture linguistique évidemment différente et consciemment «absconse», dans des positions esthétiques de Mallarmé: «Virginité qui solitairement, devant une transparence du regard adéquat, elle-même s'est comme divisée en ses fragments de candeur, l'un et l'autre, preuves nuptiales de l'Idée[73].» Chez Novalis comme chez Mallarmé, c'est de profonde et vertigineuse conscience qu'il s'agit, comme chez Nerval ou Nietzsche, d'une quête et aussi d'une exigence dont l'impossible accomplissement peut conduire au plus sombre désespoir, par l'angoisse. L'Œuvre rêvée imposant son inaccessibilité, resterait la tentation de l'anti-œuvre, de la destruction de la forme, voire de l'autodestruction: est-ce là réconcilier les contraires? De quelles obscures noces s'agit-il donc? La sérénité, que Hegel pensait souder à son «idéal artistique[74]», paraît bien éloignée et improbable, car la quête de l'Absolu entretient la tourmente dans l'esprit de l'homme, et le champ mental des artistes en montre couramment le chantier inachevé et inachevable, comme dans des lettres de Van Gogh:

«C'est longtemps regarder les choses qui mûrit et fait concevoir plus profondément. — Et je pense que l'année prochaine tu vas revoir les mêmes motifs des vergers, de la moisson, mais avec une couleur différente et surtout une facture changée. Et cela durera encore, ces changements et ces variations. — Je ne suis aucun système de touche. Je tape sur la toile à coups irréguliers, que je laisse tels quels. Des empâtements, des endroits de toile pas couverts par ci, par là des coins laissés totalement inachevés, des reprises, des brutalités; enfin le résultat est, je suis porté à le croire, assez inquiétant et agaçant pour que ça ne fasse pas le bonheur des gens à idées arrêtées d'avance sur la technique[75].»

Ce n'est pas de technique uniquement qu'il s'agit chez Van Gogh, mais bien de toute sa peinture, de son attitude d'artiste devant la vie, de sa vision du monde, de sa quête et de son exigence les plus profondes, c'est-à-dire les moins faciles d'accomplissement et de parachèvement. Au delà de l'agacement et de l'inquiétude que pourraient provoquer ses œuvres chez des «gens aux idées arrêtées», il y a le tumulte dans l'esprit de l'artiste, le rythme saccadé et parfois brutal de celui qui «tape sur la toile» selon les pulsions de ses exaltations et de ses angoisses, dans une entreprise où on trouve inévitablement quantité de «coins laissés totalement inachevés». Le *non finito*, chez Van Gogh, s'intègre à sa démarche vitale, et on pourrait en dire,

---

-72. Novalis: Ibid. p. 206 et 208.

-73. Mallarmé: fin de «Quant au Livre», *Œuvres*, p. 387.

-74. Hegel: *Esthétique*, tome 2, «L'idée du beau», 3e chapitre sur «Le beau artistique ou l'idéal» — «La sérénité et l'idéal», p. 142.

-75. Van Gogh: *Lettres à son frère Théo*, septembre 1888, p. 225-6; *Lettres à Émile Bernard*, 1887, p. 78.

comme Henry Nicolas de Mallarmé : « C'est même à cause de son état inachevé que l'œuvre garde encore une si grande puissance de suggestion[76]. » Ce pouvoir de suggérer, autrement dit d'activer l'imagination, en s'appuyant sur l'inachèvement de l'œuvre pour se manifester et même s'accroître, nous permet ainsi de trouver en Van Gogh et Mallarmé des illustrations paradigmatiques (à la fois exemples et modèles) de l'hypothèse dynamogénique du *non finito*, même si le poète comme le peintre se rabattent parfois sur le manque de temps et autres contingences de leurs inachèvements :

— Van Gogh : « La vie est trop courte à faire le tout. — L'art de la peinture ne va pas aussi vite que la littérature. — La société nous rend parfois l'existence bien pénible, et de là aussi vient notre impuissance et l'imparfait de nos travaux. »

— Mallarmé : « Je l'eusse fait si les dernières années manquant ne m'avaient trahi. — Vivifiant effluve qu'épand la Musique, Génie, ô Wagner ! — Il n'y avait pas pour un poète à vivre de son art, même en l'abaissant de plusieurs crans, quand je suis entré dans la vie[77]. »

Gêné de placer l'impuissance à réaliser intégralement et parfaitement l'œuvre sous l'éclairage de la « maladie d'idéalité », l'artiste se trouve ainsi porté à évoquer, devant l'inachèvement d'ailleurs fort variable de ses pièces, le manque de temps, des circonstances personnelles ou sociales contraignantes, voire le *Paragone* ! — Car les œuvres d'art sont des pièces, en effet, morceaux ou fragments de la production d'un artiste, témoignages d'autant de quêtes qui se poursuivent par les artistes et autres chercheurs, d'une génération à l'autre et à travers des civilisations diverses depuis des millénaires : pièces qui s'inscrivent dans un héritage, sans doute, mais aussi et surtout dans un devenir qu'on devine mieux en écoutant encore Van Gogh et Mallarmé :

— Van Gogh : « Je méprise profondément les règlements, les institutions, etc., enfin je cherche autre chose que les dogmes qui, bien loin de régler les choses, ne font que causer des disputes sans fin. »

— Mallarmé : « Croyez que ce devait être très beau[78]. »

Devenir de l'art, et de l'artiste en son œuvre, et de l'homme en son imagination, — ce devenir constitue à la fois une utopie de l'œuvre absolue, une phénoménologie du dépassement, une « maladie d'idéalité », une métaphysique de l'inaccessible, une quête de l'inachevable, — bref, une dynamique du *non finito*, puisque toute réalité se trouve inévitablement à l'étroit quand son profil se découpe implacablement sur l'horizon mouvant et invérifiable de ses possibles, puisque toute réalisation (œuvre ou autre) ne rendra toujours compte que d'une actualisation parmi d'autres virtuelles du projet. Tout livre, par exemple, ne saurait former que l'ébauche du Livre dont

-76. H. Nicolas : *Mallarmé et le Symbolisme*, p. 15-6.
-77. Van Gogh : *Lettres à Théo*, p. 226 ; *Lettres à É. Bernard*, p. 116 et 149. — Mallarmé, cité dans *Le Livre*, p. IX ; et dans *Œuvres*, p. 542, 546 et 662.
-78. Van Gogh : *Lettres à É. Bernard*, p. 125. — Mallarmé : probablement les derniers mots qu'il a écrits, pendant la nuit précédant sa mort, mots cités dans *Le Livre de Mallarmé*, p. IX.

s'obsède Mallarmé et que même Roland Barthes rencontre, en marge d'une troublante entreprise d'autoportrait, derrière son miroir et en évoquant l'utopiste Fourier:

> « Fourier ne donne jamais ses livres que pour les annonces du Livre parfait qu'il va publier plus tard. L'Annonciation du Livre est l'une de ces manœuvres dilatoires qui règlent notre utopie interne. J'imagine, je fantasme, je colorie et je lustre le grand livre dont je suis incapable[79]. »

Parenthèse sur Joyce, la sémiologie, et le Point oméga

Comme Mallarmé, dont il partage la passion du Verbe, James Joyce rêve aussi d'un livre-somme, de l'originel et à la fois ultime grimoire, et débouche parfois, au fil d'une quête vertigineuse, sur le cryptogramme, sur le cryptoglyphe dont les signes semblent dérobés au mystère même de toute communication, au delà ou en deçà, on ne sait trop, de tout code[80]. Hérétique et hermétique jusqu'à un certain point, délirante dans la griserie de son affranchissement déclamé des normes, l'écriture tente de s'inventer en niant ses conventionnelles servitudes, à la limite périlleusement parodique d'elle-même, à l'ombre de Babel:

> « Babel est pour Dante non seulement l'image de notre condition, mais aussi le mythe central de la Bible dont il est comme le point le plus obscur — et en effet il écrit dans cette perspective mythique; Joyce aura la même hantise et demandera au rêve la mise à jour des fusions de signifiants[81]. »

Ces « fusions de signifiants » que seraient les systèmes linguistiques (au sens large où toutes les pratiques de communication se construisent inévitablement en systèmes plus ou moins cohérents et normatifs, s'organisent selon des trames plus ou moins serrées ou flexibles en structures et réseaux de codes fonctionnels) semblent constituer un vaste champ, ouvert et combinatoire, dont de plus audacieux explorateurs (artistes et autres inventeurs de formes) tentent de percer ou dilater les frontières. L'imposition logique de règles et lois, comme dans d'autres domaines, ne sait éviter les exceptions et dérogations, tout interdit provoquant sa transgression.

En concevant la sémiologie comme « une science qui étudie la vie des signes au sein de la vie sociale », Ferdinand de Saussure dégageait la double dynamique en cause, celle des signes eux-mêmes et celle de

---

-79. R. Barthes: *Roland Barthes*, p. 176.
-80. Dans un des textes les plus étranges de Lovecraft, justement intitulé « Le Livre », on peut relever un étonnant apparentement aux données mallarméennes: semblable « identité incertaine » chez l'auteur, parti à la « recherche des secrets de l'Univers » en quelque grimoire qui condenserait la « combinaison » hermétique; semblable transgression d'interdits, après quoi « présent, passé et avenir, tout se mélangeait »; semblable « rêve fantastique où les formes m'étaient, au mieux, à moitié connues, mais le plus souvent totalement inconnues: chaque huis que je franchissais m'entraînait plus loin et plus profondément dans la fantasmagorie »; enfin, semblable attirance et crainte à la fois de « gouffres inconnus d'où je ne pourrais jamais revenir » (dans *Dagon*, p. 250-4).
-81. P. Sollers: *L'Écriture et l'expérience des limites*, p. 20.

la société où évoluent ces signes. Se nourrissant des multiples et complexes associations entre les faits de conscience et les diverses dimensions de la réalité, l'opération linguistique ne peut éviter le «déplacement du rapport entre le signifié et le signifiant», et ainsi, même si tout système linguistique s'appuie sur un ensemble de conventions arbitrairement élaborées en vue d'une certaine fixité, d'une relative «immutabilité», il n'en échappe pas pour autant à la mutation, à l'évolution inhérente à toute vie, à tout dynamisme. — Ainsi, comme les modes ou les coutumes, les systèmes linguistiques affichent à la fois une dimension statique et une dimension mobile, des rapports syntagmatiques et des rapports associatifs, une perspective synchronique et une perspective diachronique, de telle sorte que Saussure conclut: «Tout ce que le temps fait, le temps peut le défaire ou le transformer[82]. »

Ce ne serait probablement pas trahir l'esprit saussurien que de voir dans les systèmes linguistiques des codes qui prétendent régir, mais en partie présomptueusement, les aventures de modes de communication, qui fonctionnent conjointement et concurremment, en compagnie les uns des autres et plus ou moins harmonieusement en symbiose évolutive? Dans l'élaboration de sa théorie du langage, et après s'être reconnu un seul «devancier indiscutable: le suisse Ferdinand de Saussure», Hjelmslev se déclare empirique, et débordé par une éventuelle «encyclopédie générale des structures de signes», où la «métasémiotique» devrait encore «analyser les multiples sens du contenu», ce qui éloignerait de «l'attitude rigoureusement pratique et technique» qu'on voudrait imposer à la méthode prêchée, puisque «la théorie linguistique est conduite par nécessité interne (...) à accéder au domaine du savoir humain dans son entier[83]. » — Ambition légitime, si l'on veut, mais flottant sur fond utopique et nous invitant à poursuivre une brève incursion dans l'inachevable labeur de la sémiotique chez un amateur «d'analogies fécondes», Jakobson, qui fait du linguiste un cryptanalyste et non un décodeur, et l'oblige, sous peine de se ranger parmi les «flagrants anachronismes», à s'intéresser au poétique, aux œuvres d'art, aux langages esthétiques où «l'ambiguïté est une propriété intrinsèque et inaliénable du message[84] » ; — mais l'ambiguïté, la polysémie ne sont pas pour autant des caractéristiques réservées aux langages artistiques et esthétiques, et Noam Chomsky remarque que, dans les questions et problèmes du langage et de la pensée dont ils proposent des «formes», on ne trouve «sûrement pas de solution finale, ni même le début d'une solution finale[85]. »

-82. F. de Saussure: *Cours de linguistique générale*, p. 317 ; les éléments saussuriens cités plus haut se trouvent p. 33 et 109, aux chapitres II et III de la première partie, et au chapitre V de la deuxième partie.
-83. L. Hjelmslev: *Prolégomènes à une théorie du langage*, p. 14, 19, 137, 156, 159 et 160.
-84. R. Jakobson: *Essais de linguistique générale*, p. 38, 33, 248 et 238.
-85. M. Chomsky: *Le Langage et la pensée*, p. 140.

On comprend ainsi pourquoi les lignes précédentes proposent une brève incursion du côté de la sémiotique et de la linguistique, puisqu'on y retrouve en quelque sorte l'hypothèse dynamogénique du *non finito*, « codée » bien sûr selon les perspectives et grilles de lectures pertinentes, mais évidente tout de même en ceci que la pensée se trouve en quête flagrante et inachevable de formes et de structures, de systèmes et de combinatoires : c'est sur l'impossible parachèvement de tout système que se bute la recherche, qui repart de plus belle en une autre direction, selon différents éclairages, avec d'autres outils, — comme Noël Mouloud, par exemple, notant à la lumière de la *Gestalt-theorie* que « l'existence de formes douées de signification déborde largement le domaine des formes linguistiques » proprement dites, d'où la proposition d'une distinction entre les langages de type cognitif et ceux de type expressif : le second type, où se manifestent en particulier les œuvres d'art, « transmet de sujet à sujet non seulement des informations, mais plus encore des sentiments, des attitudes, une vision des choses », par quoi « les valeurs démonstratives de l'argument viennent s'éteindre au profit des valeurs d'expression et d'incantation ». L'activité de l'intelligence, l'appétit en l'esprit de savoir, afficheraient des « caractères de dynamisme et de virtualité », où « les structures, systèmes opératoires en voie d'expansion, réglés sur la complexité des états de choses qu'ils ont à contrôler, ne peuvent être assimilés à des formes statiques, à des normes arrêtées : on ne peut les utiliser pour justifier un rationalisme dogmatique ; le schème de groupe illustre bien l'idée d'un système indéfiniment extensible[86]... »

Et l'art constituerait-il justement, parmi d'autres dimensions du réel imaginaire, un « système indéfiniment extensible », qui trouverait ainsi son profond dynamisme dans le *non finito*, caractère inévitable, plus ou moins bien camouflé dans toute œuvre, puisqu'aucune ne semble jamais pouvoir atteindre le niveau de l'absolu parachèvement ? — Laissons la sémiotique, et revenons à Joyce, qui « accomplit dans le roman la révolution que Rimbaud accomplissait en poésie : à la quête de l'unité succède la quête de la totalité[87] », selon Jean Paris. Cette quête de l'entier (réconciliant à peu près l'unité et la totalité), cette quête de l'Absolu, se dessine chez Joyce à travers *Ulysse*, *Finnegans Wake* et *Dedalus* par petites et innombrables touches d'humour et ironie. Joyce ne vise pas tellement le *Livre* de Mallarmé qu'un nouveau Babel issu de la plume d'un homme qui sait lui-même une douzaine de langues[88] et fait dire à Stephen, dans *Ulysse*, que « l'Histoire est un cauchemar dont j'essaie de m'éveiller ». Cette Histoire, c'est la sienne, c'est le tissu complexe de son vécu, sur lequel l'écriture de Joyce impose une rhétorique, une organisation que Umberto Eco tente d'abord d'apparenter à l'*Ordo rhetoricus* scolas-

-86. N. Mouloud : *Langage et structures*, p. 60, 71, 72 et 22.
-87. J. Paris : *Joyce par lui-même*, p. 40.
-88. Ibid. p. 67.

tique, mais dont il doit bientôt constater l'incongruité, devant l'évidente pulsion phénoménale du grouillant récit : « Toute hiérarchie est une simplification formelle, alors qu'il s'agit ici, concrètement, d'un champ d'événements réagissant les uns sur les autres[89]. » — Et l'énorme *Ulysse* de Joyce se terminera sans véritablement s'achever, en s'ouvrant plutôt comme les bras de Molly sur un « Oui » sonore à la vie et à toutes ses aventures, ponctuant et rythmant de son écho le grand finale d'une cinquantaine de pages pétries en un seul paragraphe bourré et sans ponctuation : ce « Oui » repris sept fois dans les quatre dernières lignes : « Et oui j'ai dit oui je veux bien Oui. »

La dernière page d'*Ulysse* ne semble donc mettre ni le point final à un récit labyrinthique, ni fournir la clef d'une énigme patiemment maçonnée, ni réchauffer l'hécatombe d'*Hernani* : tout semble plutôt se passer comme si un nouveau livre commençait aussitôt, au delà de l'ultime page de cette masse d'écriture. La cascade finale de « Oui » évoque un lever plutôt qu'un baisser de rideau, et au fond, après sept cents pages touffues, rien n'a encore été dit sauf ce « Oui » par quoi tout commence ou recommence. Jusque-là, ce n'était que murmures troubles, brouillards opaques, dédale et déluge de mots, et soudain voici que « la nouvelle Bloomusalem » étend l'utopie de sa perspective sur la blanche plage de l'après-livre, — imaginaire — et si familier à Mallarmé déjà : puisque « un livre ne commence ni ne finit : tout au plus fait-il semblant[90]... »

On pourrait tourner ainsi et indéfiniment autour des champs magnétiques, vertigineux parfois, proposés par Mallarmé et Joyce et combien d'autres artistes, mais il faut s'en arracher, par le saut périlleux que propose Teilhard de Chardin, pour nous introduire au tumulte de la pensée et de l'art au XXᵉ siècle :

« ... Nous n'arrivons à transmettre aux autres, dans les cas les plus favorables, que l'ombre de nous-mêmes. Nos œuvres ? Mais quelle est, dans l'intérêt même de la Vie générale, l'œuvre des œuvres humaines, sinon l'établissement, par chacun de nous en soi, d'un centre absolument originel, où l'Univers se réfléchit d'une manière unique, inimitable. Plus profond que tous ses rayons, le foyer même de notre conscience : voilà l'essentiel qu'il s'agit pour Oméga de récupérer pour être vraiment Oméga[91]. »

Ce point Oméga teilhardien, où Temps et Espace convergent en une même conscience, ne pourrait-il se chiffrer, en lieu du signe d'Oméga, du signe Oui, comme l'ultime Oui d'*Ulysse* ?

Puisque Joyce n'est pas seul de son espèce, même si en cette espèce chacun a développé un sens aigu de son individualité et donc de sa solitude, ce qui rend peut-être justement plus nécessaire l'élan de communication chez les artistes ; puisque Joyce n'est pas seul, comme nous le savons d'abondance par tous ceux qui l'ont précédé, ou l'accompagnent, ou le suivront sur le front vertigineux de l'œuvre

-89. U. Eco : *L'Œuvre ouverte*, p. 227 à 248 ; p. 248.
-90. Passage déjà cité, p. 179.
-91. P. Teilhard de Chardin : *Le Phénomène humain*, p. 262.

absolue, voici les tumultueux cortèges du domaine artistique contemporain, dans le brouhaha des fiévreuses pulsions de leurs œuvres vives, cherchant avec passion et parfois avec violence à se manifester entre l'Alpha et l'Oméga, tantôt sous le régime de l'aurore, tantôt sous celui du crépuscule, ici sous le coup de Minuit, là sous celui de Midi, dans le miraculeusement inépuisable et inachevable champ magnétique de l'imaginaire.

EXPLORATIONS INACHEVÉES DE L'ART CONTEMPORAIN

Un siècle de mutations artistiques

Le XXe siècle constitue un immense et bruyant chantier, dans le domaine de l'art et de l'esthétique comme en d'autres domaines. À travers l'histoire, les contemporains de quelque époque que ce soit ont sans doute toujours senti l'incertitude qui accompagne comme son ombre l'actualité, mais le XXe siècle accentue ce sentiment et le dilate parfois même en angoisse, de plusieurs façons dont certaines peuvent affecter plus directement l'art et l'esthétique :

— la prolifération de l'information et des idéologies, surtout par le développement de nouvelles techniques (cinéma, radio, télévision, publications illustrées, publicité, ordinateurs, etc.) qui accélèrent le rythme des communications, permettant en proportion d'augmenter les connaissances, et stimulent recherches et explorations, aussi bien chez les artistes que chez ceux qui observent leur comportement et leurs œuvres ;

— la crise profonde qui ébranle l'architecture et la hiérarchie des valeurs traditionnelles, avec la conséquence que la mythique du progrès fait place à une mythique du changement, où les expériences et mutations se multiplient, se contredisent et se poursuivent, pour le plus grand triomphe de la dialectique et pour la plus grande turbulence de l'imaginaire ;

— l'engouement pour ce qui est ou semble nouveau, avec le résultat que tendances et mouvements se bousculent, tentent de devenir à la mode, et ne peuvent éviter de se trouver bientôt délogés par d'autres modes, ce qui place l'avant-garde en instance continuelle d'éphémère institutionnalisation et de mort précoce.

Dans une telle situation, les œuvres d'art produites depuis peu, ou encore en voie de se faire sous nos yeux, témoignent, en tant qu'objets culturels — et donc symboliques — d'un dynamisme singulier, qui traduit les forces vives d'un imaginaire excité et parfois même exacerbé. Les œuvres prolifèrent et se bousculent, dans une sorte de labyrinthe soumis aux éclairages variables de multiples lectures concurrentes, comme celles de la psychanalyse, de la sociologie, de la politique, de la technologie, de diverses idéologies, de la publicité, du commerce. Le panorama artistique du XXe siècle évoque souvent le tumulte d'une immense crise : crise multiple de croissance en diverses directions, d'où un certain désarroi chez ceux qui tentent de cerner cette image agitée, de systématiquement l'analyser ou seulement de nettement la cadrer. — Est-ce parce que le processus de la dissection convient mieux à la mort qu'à la naissance ?

Tout se passe comme si l'art se livrait en notre siècle à un rituel pluriel et varié de mises à mort et de renaissances, et cela non seulement dans des champs nouveaux comme ceux du cinéma, des œuvres permutables ou des *Happenings*. Le domaine artistique contemporain se fait tellement vaste et touffu que, pour garder ce chapitre dans des proportions point trop monstrueuses, il faudra limiter la recherche du *non finito* à quelques-unes de ses constituantes seulement, ce qui établit une double connivence d'inachèvement : par le fait que le domaine de l'art actuel se trouve inachevé et poursuit son aventure autour de nous, et par le fait que nous ne pouvons en examiner qu'une partie, que des fragments. — Mais comment choisir ? Bien sûr, en retenant des pistes déjà suivies précédemment, comme celles de la peinture, de la littérature, de la musique ; et en laissant à regret de côté le cinéma et d'autres champs artistiques, malgré leurs fascinantes perspectives possibles, en termes de *non finito*.

Les aventures picturales, de l'Impressionnisme à Gauguin

En un siècle, depuis l'exposition libre tenue à Paris au printemps 1874 et d'où allait naître l'Impressionnisme, la peinture a vécu un nombre étourdissant d'aventures. Dès l'Impressionnisme, plusieurs artistes constatent, comme grand nombre de leurs devanciers[1], que le «dialogue» avec le tableau propose une entreprise inachevable, surtout si la main s'engage à la poursuite des jeux de lumière sur des matières aussi mouvantes que la végétation, l'eau, les nuages et la figure humaine. Le dynamisme de la vie, changeante et fugitive, entraîne les peintres sur toutes sortes de pistes, les unes plus sensuelles ou spontanées, comme celles qu'explorent Renoir ou Degas, les autres plus méditées ou calculées, comme celles de Monet ou de Cézanne.

Dans la peinture impressionniste, le *non finito* se manifeste en abondance, surtout dans les attitudes de Cézanne et de Monet. Pour Cézanne, l'inépuisable jeu des apparences entraîne le peintre à tourner autour de son modèle, à y revenir des dizaines de fois. Il peint plus de deux douzaines de portraits de sa compagne Hortense Fiquet, et une soixantaine de fois «sa» montagne Sainte-Victoire. Il brosse une trentaine d'autoportraits, et laisse inachevées ses *Grandes baigneuses*, après les avoir pourtant préparées par plusieurs ébauches et y avoir travaillé six ou sept ans. Il oblige le marchand de tableaux Ambroise Vollard à poser plus d'une centaine de fois, pour conclure en lui cédant le portrait n'être pas trop mécontent du plastron.

-1. Parmi ces devanciers, Théodore Rousseau « reprend, vers 1863, une toile déjà ébauchée, *Le Village de Becquigny*, et commence ses transformations ; il passe des mois sur le tableau ; dans le même esprit, il entreprend un *Sous-bois par temps de neige*, mais ne le terminera jamais. — Ce qu'il y a de particulier chez Rousseau, c'est une impossibilité à considérer ses tableaux comme finis ; ceux par exemple qu'il a depuis longtemps vendus à Frédéric Hartmann ne sont jamais livrés, parce qu'il veut en reprendre certaines parties. » (J. Bouret : *L'École de Barbizon*, p. 212-3)

Pour Monet, « la poésie magnifique de l'instant qui passe, de la vie qui continue » s'étale en défi inépuisable et sans cesse renouvelé devant le regard de l'artiste, et « celui qui dit avoir fini une toile est un terrible orgueilleux, finir voulant dire complet, parfait, et je travaille à force sans avancer, cherchant, tâtonnant, sans aboutir à grand-chose[2]. » — Chez Monet, Francastel décèle un « parti pris d'inachèvement », qui l'apparenterait à Turner et tend à « nous faire goûter le charme de l'inachevé ou plus exactement de l'incomplet », au point de faire de l'incomplétude de l'œuvre « un procédé qui a sa valeur en soi », une valeur « symbolique et sentimentale », alors que chez Rembrandt, par exemple, l'inachèvement « n'est qu'un raccourci de vision et de métier, une virtuosité suprême[3]. » — Se sentant incapable d'épuiser la substance lumineuse et variable d'une scène, Monet en multiplie les approches, avec plus de rapidité et de légèreté que Cézanne, ce qui n'enlève rien de leurs qualités plastiques aux variantes du Parlement de Londres, aux séries des portails de la cathédrale de Rouen, aux suites des jardins de Giverny, dont les célèbres *Nymphéas*, plus ou moins inachevés, qu'on peut admirer à New York, Zurich, Paris (dans deux salles ovales de l'Orangerie et au Musée Marmottan).

L'Impressionnisme met discrètement le *non finito* dans la lumière du tableau, de telle sorte que Degas pourra exposer en 1879 son portrait interrompu de Mme Dietz-Monnin, et Seurat en 1891 son *Cirque* inachevé. Par ailleurs, on peut trouver dans les écrits de Gauguin, à la lisière du mouvement impressionniste, des notes fort intéressantes à l'appui du *non finito* :

« Comme l'infini nous paraît plus tangible, devant une chose non définie. — Où commence l'exécution d'un tableau, où finit-elle ? — Je ne dis pas définitivement, car c'est justement un art sans fin dont il est question. — Notes éparses, sans suite comme les rêves, toutes faites de morceaux. — Sur la véranda, douce sieste, tout repose. Mes yeux voient sans comprendre l'espace devant moi ; et j'ai la sensation du sans fin dont je suis le commencement[4]. »

L'inachèvement plastique, de Rodin à Rouault

Avant de plonger dans le tourbillon des mouvements avant-gardistes qui ponctuent le domaine pictural par la rhétorique de leurs manifestes entre 1910 et 1930, jetons un coup d'œil rapide sur certaines œuvres de trois peintres de la même génération, Bonnard, Matisse et Rouault, qui se trouvent concernés de quelque façon par le *non finito*. — Mais auparavant, la statuaire de Rodin propose avec insistance l'inachèvement ambigu de dizaines d'œuvres : inachèvement ambigu, parce que Rodin semble trop conscient du génie qui

-2. Extrait d'une lettre de Monet à Gustave Geffroy, du 28 mars 1893, citée dans *Journal de l'Impressionnisme*, p. 206 ; la citation précédente (« la poésie magnifique de l'instant... ») provient de la monographie de Geffroy sur Monet (Ibid. p. 210).
-3. P. Francastel : *L'Impressionnisme*, p. 141, 42 et 91.
-4. Gauguin : *Oviri, écrits d'un sauvage*, p. 41, 217, 263, 269 et 313.

tourmente les marbres de Michelangelo, et dont il n'a trop souvent su imiter que la manière. Dans un article intitulé «Phidias et Michel-Ange», Rodin affiche ses ancêtres, et écrit de celui dont il paraît se considérer digne héritier :

«Toutes les statues qu'il fit sont d'une contrainte si angoissée, qu'elles paraissent vouloir se rompre elles-mêmes. Toutes semblent près de céder à la pression trop forte du désespoir qui les habite. Quand Buonarroti fut devenu vieux, il lui arriva de les briser réellement. L'art ne le contentait plus, il voulait l'infini[5].»

Comme l'on sait, Rodin laissera inachevée sa monumentale *Porte de l'Enfer*, après une vingtaine d'années de travail, et plusieurs de ses sculptures inachevées (du moins d'apparence) tirent de cet inachèvement, même s'il est la plupart du temps voulu et recherché, un étonnant pouvoir de suggestion, surtout quand il s'agit d'œuvres comme l'*Homme qui marche* de 1877.

De son côté, Matisse signe, au long de sa carrière et surtout vers la fin, entre 1940 et 1951, des dizaines de tableaux inachevés, du moins selon les critères courants de recouvrement complet de la toile et de développement des détails[6]. — Le cas Bonnard est plus complexe. Comme plusieurs peintres, Bonnard laisse en mourant un tableau inachevé sur son chevalet, mais cet ultime tableau, il ne pourra pas le retoucher, comme il lui était arrivé de le faire parfois de tableaux acquis par des amis collectionneurs ou se trouvant même dans des musées. On raconte en effet qu'au Musée du Luxembourg, à l'époque antichambre ou purgatoire du Louvre, Bonnard s'approche un jour d'un de ses tableaux, sort de sa poche une minuscule boîte de couleurs et un pinceau assorti, et ajoute au tableau quelques touches ici et là, pendant que son ami et collègue Vuillard distrait le gardien de la salle ; si quelqu'un ne s'était aperçu du stratagème, Bonnard aurait peut-être épuisé ses couleurs en des circonstances aussi peu orthodoxes, et c'est un membre de la direction de ce temple de «voyeurs» qui est enfin venu tirer d'une mauvaise situation un peintre pour qui le tableau ne semble pas encore définitivement terminé, même s'il se trouve déjà aux cimaises d'un musée[7].

Chez Rouault, la question du *non finito* se fait tellement complexe que son cas servira d'introduction à l'esquisse d'une typologie du *non finito*, au début de la troisième partie du présent essai. Disons seulement ici que Rouault ne terminait pas facilement ses tableaux, que certains ont été retravaillés à différents moments pendant dix, vingt, voire cinquante ans. À sa mort en 1958, il laissait dans son atelier des tableaux inachevés pourtant commencés au début du siècle...

-5. Dans *La Revue*, n° 86, Paris, 1910, p. 14 (voir Paola Barocchi : «Finito e non-finito nella critica vasariana», *Arte Antica e Moderna*, n° 3, Rome, 1958, p. 229).
-6. Voir les reproductions en couleurs de plusieurs de ces tableaux «inachevés» dans le *Henri Matisse, roman* d'Aragon, p. 320-45.
-7. Voir à ce propos *La Bataille de l'Impressionnisme* par Henry Dauberville, p. 340 ; le *Bonnard* d'Annette Vaillant, p. 121-2 ; et le quatrième chapitre de *La Création artistique et les promesses de la liberté*, d'Olivier Revault d'Allonnes.

Des Fauves et du Futurisme à Dada et Duchamp

Au début du siècle, Rouault se trouve parmi les peintres Fauves, avec Matisse et Marquet, Derain et Vlaminck. Le Fauvisme se présente comme un mouvement pictural révolutionnaire, furieusement coloré, apparenté à la grande tendance expressionniste qui donnera naissance à d'autres groupements comme *Die Brücke* et *Blaue Reiter*. Puis, vers 1908, des débats se développent autour du Cubisme et provoquent de nouvelles «querelles d'Anciens et de Modernes». Frustrés de ne pouvoir épuiser par la figuration picturale courante les divers aspects du modèle, les Cubistes tentent de réduire cet inachèvement en explorant la représentation simultanée de plusieurs de ses aspects et facettes sur une même surface peinte, pendant que Matisse sculpte entre 1909 et 1929 les quatre volets en relief d'un dos de femme de plus en plus dépouillé. — Figuration, dé-figuration, bientôt et déjà vers 1910 non-figuration: les aventures du pinceau sur le tableau sont loin d'être terminées ou épuisées, on dirait plutôt qu'elles ne font que commencer!

Le 20 février 1909, Marinetti publie dans *Le Figaro* parisien un manifeste percutant, qui va faire du Futurisme le premier d'une série de mouvements artistiques proclamant l'avant-garde à un tel niveau d'exaltation et d'anarchie qu'ils seront incapables de réaliser complètement leurs programmes, et demeureront donc ainsi inachevés sans qu'on s'en aperçoive toutefois beaucoup, parce que leurs fracas se succéderont selon un rythme saccadé et soutenu, un nouveau mouvement bousculant implacablement les groupements avant-gardistes le moindrement essoufflés qui les précèdent.

Que proclame donc le premier manifeste du Futurisme? Qu'une automobile est plus belle que la *Victoire* de Samothrace; que l'art doit agresser et violer les «forces inconnues»; qu'il faut démolir, brûler ou inonder musées et bibliothèques, ces cimetières qui empestent; qu'il faut tourner le dos au passé et à «l'immobilité pensive» s'en inspirant, pour mieux se livrer à la turbulence de «l'éternelle vitesse omniprésente» et aux «ressacs multicolores et polyphoniques des révolutions dans les capitales modernes»; et que, dans quelques années, «de plus jeunes et plus vaillants que nous veuillent bien nous jeter au panier comme des manuscrits inutiles[8]!»

Le Futurisme provoque une exaltation contagieuse, qui déborde des cadres de la poésie et de la peinture pour envahir la sculpture et l'architecture, la musique et le théâtre, le cinéma et la chorégraphie, en somme à peu près tout le champ esthétique, de 1909 à 1933, ce qui dépasse considérablement la borne d'une décennie que s'accordait d'abord Marinetti. C'est en effet en 1933 qu'il écrit son manifeste d'un *Théâtre total pour les masses*, en bouclant la boucle et en retrouvant l'utopie du *Gesamtkunstwerk* wagnérien, mais «démocratisée»: «Le passé n'existe pas, l'ennui millénaire est vaincu, vive le Théâtre Total!»

-8. *Futurisme* (Manifestes, documents et proclamations), p. 87-9.

Le Futurisme affiche des attitudes de provocation, polémique et scandale, davantage dans ses nombreux manifestes que dans ses œuvres vives. Sa rhétorique agressive use et abuse des stratégies dites révolutionnaires et expérimentales, en prenant radicalement parti pour un futur technologique encore brumeux, contre tout passé «humaniste» et tout «bon goût». Ses proclamations s'amplifient à un point tel que les œuvres n'arrivent pas à en fournir l'illustration ni l'exploration: encore ici, l'écart qui nous est devenu familier entre le *concetto* et la *mano*. — Severini, Balla et Carrà réussissent sans doute à figurer le mouvement sur la toile selon des profils dynamiques inédits, mais pourquoi n'ont-ils pas troqué leurs pinceaux pour le tout nouveau cinématographe? Boccioni pousse encore plus loin peut-être la virtuosité picturale dans ses évocations cinétiques, et débouche magistralement sur la sculpture, mais sa brillante carrière se trouve brutalement interrompue quand il meurt en 1916: il était âgé de trente-quatre ans, et l'ironie du destin le tue pour avoir mal contrôlé le mouvement de sa monture, quand justement le cheval était l'un de ses modèles préférés pour tenter de donner à l'œuvre plastique une nouvelle vie par la figuration du mouvement. — De leur côté, le musicien futuriste Russolo ne réussira pas tout à fait à transmuter le bruit en art, et l'architecte Sant'Elia ne pourra ériger les visions futuristes de sa *Citta nuova* que sur du papier à dessin.

Dans la mêlée de son inachèvement, le Futurisme crée tout de même des remous et ouvre des voies dans diverses directions. Pendant la guerre 1914-18, l'Europe devient un champ de carnage mais aussi un champ de brusques perturbations, en plusieurs domaines. Dans celui de l'art, cela provoque des crises et mutations profondes, sous l'éclairage livide de l'absurdité ambiante. Si le mouvement de la *Pittura metafisica* n'atteint pas d'immenses échos, le mouvement Dada par contre embouche dès 1916 une trompette provocatrice, semblable à celle des Futuristes, et entreprend bientôt de spectaculaires manifestations, après Zurich, à New York et Lausanne, Paris et Berlin, Cologne et Hanovre. Né des convulsions de la guerre, Dada semble d'abord obsédé par une idéologie de la décadence et de l'absurdité, dont Spengler tentera de son côté de brosser une analyse lucide dans son *Déclin de l'Occident*. À peu près au même moment, soit en 1917-18, Dada se montre plutôt négatif, corrosif, mordant, mais aussi étonnamment ludique[9], même s'il donne souvent l'impression de pousser le processus révolutionnaire jusqu'à l'autodestruction de l'art: «Dada-tue-tout» et remet en scène un suicide esthétique que l'imagination délirante de ses exécutants empêche chaque fois de s'accomplir. Mort mimée et ainsi toujours inachevée de l'art en Dada, qui s'éclipsera lui-même sans tout à fait disparaître vers 1922, devant la prise d'assaut d'un autre mouvement avant-gardiste ambitieux de s'imposer comme héritier immédiat, le Surréalisme.

-9. «Dada ne travaille pas. Il joue. Il reproduit sur un mode ludique — idéologique — les formes contemporaines de la division du travail» (Marc Le Bot: *Peinture et Machinisme*, p. 240).

Que laisse Dada quand Tzara — l'étonnant poète de *L'Homme approximatif* (et donc inachevé) — refuse de se plier aux diktats du nouveau pontife André Breton? Toute une panoplie en désordre: poèmes accidentels découpés dans les journaux, collages bruts qui incitent Schwitters à construire son atelier-Merzbau de Hanovre, dessins automatistes de Hans Arp et la syntaxe aléatoire qu'il esquisse en composant «selon les lois du hasard» des œuvres enracinées aux sources obscures de l'inconscient; encore, montages de Hausmann et Höch où se conjuguent de façon hallucinante l'humain et le technologique, juxtapositions d'objets hétéroclites de Max Ernst ou manifestations improvisées de Dadaïstes, qui préparent de loin les accumulations d'Arman et Spoerri ou les Happenings new-yorkais de Kaprow et Oldenburg. L'esprit Dada inspire aussi Man Ray dans ses «aérogrammes» et «rayogrammes» ou dans son *Énigme d'Isidore Ducasse*, ancêtre des emballages de Christo. Le magnétisme de Dada attire un aventurier de l'art aussi protéiforme que Picabia, impertinent animateur de la revue épisodique *391*, «voué lui aussi au travail inquiet, à la répétition, au repentir, à l'ébauche[10]». Son ami Marcel Duchamp subit l'attraction de Dada, après celle du Futurisme, et perturbe l'évolution de l'art moderne en y laissant tomber ironiquement un urinoir devenu sculpture *Fontaine* de par la seule déclaration de l'artiste. Duchamp poursuit son procès de «l'objet-dard» en explorant le *ready made*, «l'élevage de poussière», les machines optiques, dans une sorte de rage iconoclaste qui travestit la vénérée *Joconde* en dérisoire *L.H.O.O.Q.* Poussant selon la perspective Dada les pouvoirs de l'imagination jusqu'à l'anarchie délirante, se gavant d'absurdité et de paradoxe, Duchamp remet en question l'art et toute son histoire, et en arrive à faire de l'œuvre le lieu d'une interrogation ambiguë, inachevée comme sa *Mariée mise à nu par ses célibataires, même*, qu'il abandonne en 1923:

«Je n'ai jamais fini le Grand Verre parce que, après y avoir travaillé pendant huit ans, j'ai probablement dirigé mon intérêt vers autre chose; et puis j'étais fatigué. Il peut se faire qu'inconsciemment je n'aie jamais eu l'intention de le finir, parce que le mot FIN implique l'acceptation de méthodes traditionnelles et de tout l'attirail qui les accompagne[11].»

Ces lignes pèsent lourdement, me semble-t-il, à l'appui de l'hypothèse dynamogénique du *non finito*: comme si c'était ce qui dans l'œuvre demeure inachevé ou encore se trouve inachevable, qui remet aussitôt la recherche et la quête sur d'inépuisables pistes.

-10. Marc Le Bot: *Francis Picabia et la crise des valeurs figuratives*, p. 15; à propos de Duchamp, qui «place l'élite devant une énigme insolente», voir *Peinture et Machinisme*, p. 236.
-11. Duchamp, cité par A. Schwarz dans sa monographie *Marcel Duchamp*, p. 24; voir aussi les écrits de Duchamp: *Duchamp du signe*, p. 26, 182-3, 228.

De Stijl, Suprématisme, Constructivisme et le Bauhaus

Le champ des explorations picturales en Occident entre 1910 et 1930 ne se limite pas aux affres dionysiaques provoquées par le Futurisme, Dada et compagnie en Europe. En contrepartie à la tendance dionysienne, il y a en effet, comme la plupart du temps au fil de l'évolution historique, la tendance apollinienne, illustrée surtout par De Stijl, le Suprématisme, le Constructivisme et le Bauhaus, pour s'en tenir à ce qui se passe alors en Europe.

C'est en Hollande en 1917 que se forme le groupe De Stijl, réunissant surtout les plasticiens van Doesburg, Mondrian, Vantongerloo, et aussi le poète Kok, le cinéaste Richter et des architectes comme Oud et Rietveld. Dans la série de manifestes publiés par des membres du groupe entre 1917 et 1931, on relève plusieurs idées esthétiques propices à un développement artistique d'allure illimitée, et donc teinté de *non finito*: la beauté n'a plus à demeurer captive du seul tableau de chevalet, mais peut conquérir l'espace urbain grâce aux nouveaux moyens offerts par la machine et la technologie. Décorer le Café de l'Aubette à Strasbourg (1928) comporte sans doute de l'intérêt, mais c'est un environnement beaucoup plus vaste qui hante la pensée De Stijl, environnement de visée idéale et par là apparenté à l'utopie du *Gesamtkunstwerk*. Avec Mondrian, De Stijl s'ouvre sur la peinture sérielle dont la combinatoire paraît inépuisable, ou avec van Doesburg sur la perspective vertigineuse du blanc infini, dans l'ultime numéro de la revue *De Stijl*, publié à Paris en 1930.

Avant même la formation du groupe De Stijl en Hollande, en Russie Malevitch peignait déjà vers 1914 un *Carré blanc sur fond blanc*, et sa théorie du Suprématisme posait un demi-siècle à l'avance les fondements de l'art minimal: comme quoi même l'extrême dépouillement demeure encore explorable, et donc inachevé! — Malevitch est Russe, Gabo aussi et son frère Pevsner, et leurs amis Tatlin et Lissitzky, qui se groupent tous à Moscou en 1920-21 autour du manifeste du Constructivisme (ou «réaliste»). Derrière ce manifeste, on sent l'espoir formidable d'un monde nouveau, propulsé par la toute récente révolution bolchévique de 1917. Dans l'enthousiasme des grands commencements, on ne voit pas encore venir le virage réactionnaire du nouveau régime politique en matière artistique, virage brutal qui chassera dès 1922 de Russie Gabo, Pevsner et Lissitzky, qui interdira à Malevitch d'exposer jusqu'à son départ en 1926, et qui «recyclera» Tatlin dans un atelier de céramique, puis dans une usine d'aviation, avant de le ranger parmi les artistes nécessiteux. — Il arrive ainsi souvent dans l'histoire des peuples que des gouvernants, parvenus au pouvoir en brandissant les étendards du changement et de la révolte, s'installent rapidement dans ce pouvoir qui leur appartient enfin, et répriment désormais les propositions ou désirs de changement et de révolte, susceptibles de critiquer ou contester leur règne, devenu à son tour tyrannique. — Cela nous éloigne du *non finito*? Fort peu, puisque l'essaimage qui en résulte empêche, par exemple, que le rayonnement des idées et des œuvres de Malevitch, Gabo, Pevsner et Lissitzky ne se trouve limité à la seule région de Moscou : tous quatre contribueront en effet à fertiliser et stimuler de grands mouvements artistiques en Europe et en Amérique, et particulièrement les trois derniers en ce qui concerne l'esthétique constructiviste.

Dans leur manifeste « réaliste » du 5 août 1920, Gabo et Pevsner, fidèles en cela à une pratique courante dans les entreprises du genre, attaquent durement les mouvements avant-gardistes précédents, le Futurisme surtout et le Cubisme, pour mieux proclamer ensuite, après avoir fait place nette, un credo un peu vexant pour le nouveau régime marxiste bolchévique (« les États, les systèmes politiques et économiques meurent »), mais qui apporte à l'hypothèse dynamogénique du *non finito* de l'eau au moulin :

> « La vie n'attend pas et la marche des générations ne s'arrête pas. — La réalisation de nos perceptions du monde sous les espèces de l'espace et du temps, tel est le seul but de notre création plastique. — Considérez notre espace réel : qu'est-ce, sinon une profondeur continue ? — Nous proclamons dans les arts plastiques un élément neuf : les rythmes cinétiques, formes essentielles de notre perception du temps réel[12]. »

Le domaine de l'art, comme tous les autres domaines, se trouve en effet soumis à la grande loi du changement, du mouvement, du devenir : de la vie, qui se manifeste dans le tumulte des luttes de générations et de classes, d'idéologies et de croyances. Ce que le Constructivisme apporte de neuf, en plus d'un enthousiasme pour la vitesse que la civilisation moderne voudrait débarrasser des vacarmes mécaniques exaltés par les Futuristes, c'est le désir d'explorer des matériaux et des technologies que l'art négligeait : plastiques, compositions sérielles, cinétisme, permutations et plus tard ordinateurs — tout cela éclairé par la réflexion on ne peut plus pertinente de Gabo, pour que l'aventure artistique trouve dans les développements scientifiques et techniques des tremplins, et non des culs-de-sac : « Ce n'est point la machine qui m'inspire, mais l'esprit créateur de l'homme[13]. »

En établissant un bilan du vaste mouvement du Constructivisme, à partir du manifeste russe de 1920 jusqu'en 1967, le sculpteur cinétique George Rickey constate que la chronique qu'on tente d'écrire du présent ou d'un passé tout proche change sous les yeux de l'observateur, et que les artistes ne consentent pas facilement à se tenir tranquilles pour faciliter la tâche aux historiens précoces : tout se transforme, même les jugements que l'on porte sur les continuels changements de l'actualité, et d'autant plus que notre vision s'en trouve toujours fragmentaire, partielle et partiale, donc incomplète[14] en tant que manifestation de « l'esprit créateur de l'homme » (Gabo), qu'il soit artiste ou savant, ou autrement inventeur de formes.

-12. Manifeste réaliste de 1920, traduit dans *Naum Gabo*, p. 153-5 ; Gabo luimême précise que c'est par erreur, parce que le commissaire chargé des publications ne l'avait pas lu, que le texte de ce manifeste fut imprimé aux frais de l'État bolchévique (p. 161).
-13. Dans *Naum Gabo*, p. 10.
-14. G. Rickey : *Constructivism*, p. IX-XI.

Faut-il ajouter que les *Prouns* et projets architecturaux de Lissitzky viennent gonfler substantiellement l'énorme dossier de l'*abbozzo*, surtout en écho de ce qu'il déclarait en 1924, dans un court manifeste sur le sens de l'art considéré comme processus de naissance continuée: «Chaque forme est l'image gelée et instantanée d'une entreprise, et une œuvre marque une étape sur la voie du devenir, et non un but fixe[15].» — Faut-il encore ajouter que le projet d'un *Monument pour la IIIe Internationale*, que Tatlin imagine en 1919 selon une esthétique non-figurative et cinétique, n'atteindra jamais les quatre cents mètres de hauteur rêvés, mais finira au contraire aux oubliettes, comme une pathétique et absurde Tour de Babel de l'ère technologique? — Et ajouter ensuite que l'œuvre de Moholy-Nagy n'a pas fini de faire des petits, soit au rayon des «modulateurs d'espace et de lumière» qu'il concevait dès 1921, en utilisant déjà le plastique, soit dans les laboratoires de photographie, soit dans l'enseignement, domaine où il a laissé sa marque au Bauhaus dans les années 1920 et à l'Institut de design à Chicago après 1940?

Le dossier du Bauhaus lui-même ne ressemble-t-il pas à une entreprise inachevée, incomplète, brutalement interrompue par le régime hitlérien en 1933? L'histoire du Bauhaus ne manque pas d'agitation ni de polémique, et se trouve ponctuée de nombreux projets et programmes balayés par d'autres projets et programmes. Fondé à Weimar par Gropius en 1919, dissout une première fois en 1924, le Bauhaus renaît en 1926 à Dessau, subit des poussées de contestation qui portent à la direction en 1928 Meyer, lequel doit à son tour en 1930 laisser son fauteuil à Mies van der Rohe. En 1932, nouvelle dissolution de l'École, dont les fragments se réfugient dans une usine désaffectée de Berlin, jusqu'à l'intervention sinistre de la Gestapo en juillet 1933. Tout bilan du Bauhaus[16] débouche ainsi sur l'inachevé, comme son aventure, dont le rayonnement se poursuit encore à travers le monde dans des écoles et ateliers d'architecture et d'urbanisme, de peinture et de sculpture, d'artisanat et de design. Quand une école a compté parmi ses professeurs Gropius et Itten, Feininger et Schlemmer, Moholy-Nagy et Albers, Klee et Kandinsky, et quand cette école a prêché une qualité plastique aussi bien pour l'automobile que pour le tableau, aussi bien pour la cuillère que pour le gratte-ciel, — rien ne sert de tenter d'en épuiser l'analyse en quelque tableau synoptique, et mieux vaut la laisser rayonner doucement dans son *non finito*!

Le mouvement, les avant-gardes et le *non finito*

Un coup d'œil porté sur l'art depuis le début du XXe siècle ne peut éviter de remarquer le mouvement, multiple, divers et accéléré, qui

-15. *El Lissitzky*, p. 347.
-16. Sur le Bauhaus, entre autres documents, voir le catalogue *Bauhaus 1919-1928* (Museum of Modern Art, New York, 1938, 224 p.); *Le Bauhaus* (par J. Rodriguez, Hatier, 1975, 95 p.); et *Bauhausbücher*, à rapprocher du mouvement «L'Esprit nouveau» animé par Le Corbusier à Paris à l'époque.

s'y manifeste au point d'en constituer une des principales caractéristiques, plus spécifiquement dans le domaine des arts plastiques ou
visuels. Mouvement, en deux sens : d'abord, dans le sens physique,
puisque quantité d'œuvres, grâce aux nouvelles machines et à la
technologie de la vitesse, se mettent à bouger ou du moins à
témoigner d'une préoccupation cinétique chez leurs auteurs ; et je
pense ici aussi bien aux mobiles de Calder et aux reliefs permutables
de Arp, qu'aux tableaux de l'Action Painting de New York, aux modulateurs de lumière et d'espace de Moholy-Nagy qu'aux orchestra-
tions cinétiques et aux « microtemps » de Schöffer, aux vibrations
optiques de Jésus-Raphaël Soto qu'aux figurations analytiques de
personnes, animaux ou machines en mouvement des Futuristes, aux
compositions électromagnétiques de Takis qu'au courant des œuvres
éphémères, sans oublier les *Lumia Suites* de Wilfred (dont le cycle
peut s'étendre de quelques heures à des milliers d'années), ni le
cinéma, qui a su conquérir son autonomie technique et esthétique en
moins d'une génération, de Méliès à Griffith à Eisenstein ; — et
ensuite, mouvement dans le sens de l'action, spontanée ou prémédi-
tée, d'un groupe plus ou moins cohérent d'artistes qui unissent leurs
pouvoirs inventifs pour mettre en évidence leurs conceptions
esthétiques et leurs pratiques artistiques, et je pense à la prolifération
de ces groupements depuis les Fauves et les Cubistes, les Futuristes et
Dada, jusqu'à l'art minimal, à l'Arte Povera, à l'art conceptuel et aux
explorations visuelles par le laser ou le vidéographe.

Arrêtons-nous un moment sur la question de la rapidité dans
l'accomplissement de l'œuvre, qui peut attirer l'attention, comme
manifestation de virtuosité. Dans le mouvement new-yorkais de
l'Action Painting, et dans son pendant européen de la peinture
gestuelle ou de l'Abstraction lyrique, on peut même parler d'une
esthétique de la vitesse, où le tableau se fait « aire d'énergie » du peintre, « lieu de la mise en jeu » de son invention, où se « réactualise ce
temps des origines pour permettre le libre essor » de l'élan
créateur :

> « La toile qui en résulte n'est pas une œuvre close, achevée, le produit d'un
> travail, mais la trace d'un acte qui se suffit à lui-même. — L'inspiration de l'instant
> est désormais souveraine, le risque radical, les joies du jeu et de la création
> confondues. La conception traditionnelle du chef-d'œuvre qui faisait la partie
> belle au travail, au fini, est définitivement battue en brèche[17]. »

Une telle esthétique de la vitesse et du geste instantané débouche
souvent sur le spectacle ou l'événement (*Happening*), si le peintre

---

-17. D. Quignon-Fleuret : *Mathieu*, p. 26-8, 39, 48 ; — Mathieu lui-même
souligne dans *Au-delà du Tachisme* l'apport dynamique de Riopelle, arrivé du
Québec à Paris en 1948, avec son rythme nord-américain et l'expérience du
groupe automatiste montréalais de Borduas, ce qui lui permet de devenir bientôt
jeune vedette de la peinture gestuelle dans l'École de Paris (G. Robert : *Riopelle*,
Éd. de l'Homme, Montréal, 1970, 220 p. : le dernier chapitre s'intitule « Une
poétique du geste » ; et *Riopelle, chasseur d'images*, Éd. France-Amérique, Montréal,
1981, 280 p.)

trouve stimulante la présence d'un public[18]. Ainsi, il ne s'agit plus de chercher le patient parachèvement de l'œuvre en la fignolant en virtuose, mais plutôt de prendre un raccourci vers «l'absolu» de l'œuvre, en la surprenant dans son émergence même, en la débusquant dans l'instantané de sa naissance. — Mais y a-t-il vraiment du nouveau sous le soleil, puisque déjà Pline l'Ancien se montrait impressionné par Nikomachos en notant à propos de son talent de peintre que *nec fuit alius in ea arte velocior*; reste à savoir si Nikomachos conserve son championnat devant la compétition que lui livre le peintre féminin Iaia de Kysikos, dont Pline dit ensuite: *nec alius velocior in pictura manus fuit*[19]? — Rien ne semble donc radicalement nouveau, ou du moins peu de chose, en art comme en d'autres domaines, et comme Ugo Foscolo l'observait pour sa part au début du XIXᵉ siècle: «L'art ne consiste pas dans la représentation de choses nouvelles, mais dans le fait de les représenter avec nouveauté», ce qui ne manque pas d'ouvrir devant tous les arts de représentation une combinatoire abondamment imprégnée de *non finito*.

Aucune période de l'histoire humaine ne semble avoir été aussi obsédée que la nôtre par des idées de nouveauté et de mouvement, par l'idéologie avant-gardiste et cinétique, même si on peut en trouver le dynamisme prophétisé déjà à la fin du Cinquecento par Giampaolo Lomazzo: «C'est dans le mouvement que réside l'esprit et la vie de l'art, auquel les peintres ont coutume de demander tantôt la furie, tantôt la grâce[20].» — L'allusion à la dialectique apollinienne/dionysienne de Lomazzo conserve toujours sa pertinence à travers le brouhaha des mouvements artistiques contemporains, comme le prouvent d'un côté les options successivement «furieuses» du Fauvisme, du Futurisme, de Dada, de l'Action Painting et du Junk Art; et de l'autre côté, les options successivement «gracieuses» de De Stijl, du Suprématisme, du Constructivisme, du Bauhaus, du Hard Edge et de l'Op Art. — Il ne faut toutefois pas tout passer au couperet de la dichotomie, et certains mouvements complexes, comme le Surréalisme ou le Pop Art, présentent de multiples facettes, tantôt apolli-

---

-18. Georges Mathieu est réputé, comme vedette de cette théâtralité picturale, trouvant sur la scène, semble-t-il, la concentration de l'énergie inventive que d'autres peintres recherchent dans un farouche isolement; depuis 1955, Mathieu a peint des dizaines de tableaux en public, parfois même devant les caméras de cinéma et de télévision; certains atteignent une douzaine et jusqu'à quinze mètres d'envergure, et ont été en majorité exécutés en moins d'une heure; quand Mathieu fait une exposition en Suède ou au Liban, à Montréal ou à Rio de Janeiro, il lui arrive de peindre la vingtaine de tableaux sur place, en quelques jours, juste avant le vernissage; à Osaka, environ dix mille personnes auraient assisté à une de ses gigantesques improvisations picturales.
-19. Pline l'Ancien: *Historia naturalis*, XXXV, 109 et 148; *Natural History*, IX, p. 142-3 et 170-1.
-20. Le *Trattato dell'arte della pittura* de Lomazzo a été publié à Milan en 1584 (*La Letteratura artistica* de J.S. Magnino, p. 395-6), et le passage du livre II cité ici en traduction se retrouve dans C. Bouleau: *Charpentes, la géométrie secrète des peintres*, p. 148.

niennes et tantôt dionysiennes, ou en certaines œuvres toutes à la fois, comme le Grand Verre brisé et inachevé de Marcel Duchamp.

L'œuvre d'art semble être un objet symbolique, fruit de l'imagination de l'artiste et offert à la nôtre, pour l'animer, la mettre en mouvement, et ce troisième sens du mouvement, c'est celui de la dynamique esthétique, en quoi par le mouvement imaginaire de l'œuvre tout se continue et se poursuit comme la vie, à travers le vaste rythme variable et les inépuisables métamorphoses des objets conjugués à nos visions, selon la loi du *non finito* qui fait de la mort elle-même et des ruines l'humus d'une prochaine renaissance, le changement se poursuivant malgré tout ce qui pourrait tenter de l'arrêter définitivement, et en vain :

« Regarde-moi qui change !
Je suis en toi le secret changement
Courons à l'onde en rejaillir vivant[21] ! »

En accordant son verbe au rythme profond de la mer, Valéry transforme le cimetière en berceau, ou du moins en creuset de renaissance, parce que le mouvement y règne impérieusement, comme dans l'imagination où les œuvres d'art servent en quelque sorte de condensateur et d'accélérateur.

Le mouvement ne saurait toutefois se confondre entièrement avec l'agitation, et tout ce qui bouge ou s'excite n'enrichit pas nécessairement le dynamisme vital ou le devenir. Par exemple, un nouveau groupement artistique veut attirer l'attention et se faire connaître, à travers le brouhaha et l'encombrement de l'art contemporain. Il pourra recourir à une stratégie tapageuse et scandaleuse, se préoccupant davantage de hurler ses slogans et de provoquer la publicité que de développer des œuvres capables d'offrir à l'imaginaire de nouvelles perspectives d'exploration ou des éclairages inédits. Bref, c'est le dilemme de l'avant-garde, qui risque de périr en son propre jeu en se faisant théâtre d'une redondante mystification, à mesure que les véhicules de l'information se montrent plus affamés de sensationnel, à mesure qu'augmente la psychose du nouveau (vrai ou faux), à mesure que s'accentue la crise des valeurs réfléchies devant les irruptions d'une axiomatique fondée sur l'instantané ou l'éphémère.

Dans le présent chapitre portant sur les explorations de l'art contemporain, un partage se devine implicitement entre les chahuts et emphases de mouvements comme le Futurisme, Dada ou le Pop Art, et leurs véritables contributions à l'évolution dynamique de l'art. On pourrait longuement s'arrêter au Surréalisme à ce propos, et entreprendre le départage entre les inépuisables ressources que ce mouvement explore par exemple du côté des rêves et des pulsions subconscientes, et la surenchère déclamatoire qui entrave trop souvent son aventure inventive en la fourvoyant dans des polémiques et cabales sans fin, sous la férule capricieuse d'André Breton. Dada, le Futurisme ou le Surréalisme ne sont certes pas les seuls

-21. Valéry : « Le Cimetière marin », *Œuvres* I, p. 148, 149 et 151.

mouvements qui présentent des signes manifestes de rhétorique exacerbée, puisque l'idéologie avant-gardiste favorise généralement une « stratégie de l'agressivité », comme l'observe Marc Le Bot, et sa pulsion révolutionnaire débouche fréquemment sur une perspective belliqueuse, martiale, que le terme même d'avant-garde favorise :

« Ce transfert, qui fait passer le terme du vocabulaire militaire au politique puis à l'artistique, est l'indice que l'art — la « culture » en général — est conçu comme une force réelle agissant dans le processus de transformation des rapports sociaux[22]. »

Ainsi l'avant-garde attire l'attention, malgré (ou à cause de) la complicité et l'ambiguïté de sa problématique, parce que ses mouvements favorisent la métamorphose et même parfois certaines mutations dans l'ensemble du tissu socio-culturel d'une époque, fournissant par là d'autres appuis à l'hypothèse dynamogénique du *non finito*, comme on peut le noter rapidement devant diverses manières pour un mouvement d'avant-garde de manifester son dynamisme, indépendamment de ses paradoxes :

— comme rupture, en contestant et rejetant ce qui le précède et même l'entoure ; cette rupture interrompt la continuité du tissu artistique environnant, le laisse inachevé en telle direction, et remet en évidence le travail critique, celui du procès et de la question ;

— comme exploration, en se livrant à des recherches, expériences et aventures qui voudraient ouvrir de nouvelles voies à l'art, voies dont on sait qu'elles ne pourront jamais toutes être complètement exploitées ;

— comme anticipation, en poussant la démarche visionnaire vers la prophétie, en hypothéquant quelque parcelle du futur, en prospectant telles frontières de l'inconnu, sans toutefois pouvoir les conquérir toutes ;

— comme proclamation, en formulant sa propre conception de l'art, de ses pompes et de ses œuvres, selon des positions idéologiques et effets de rhétorique variables, dont les manifestes plus ou moins belliqueux ne réussissent à traduire que certains aspects et fragments (d'où la prolifération et l'escalade éventuelle des manifestes et images de marque) ;

— comme anarchie, en transgressant les conditionnements culturels imposés par la tradition, sans jamais les oblitérer tout à fait ni parvenir à fonder la permanence de la révolte, c'est-à-dire le mythe du nouveau ultime ;

— comme cohésion, en rassemblant les énergies inventives de plusieurs artistes et en les survoltant par ce rapprochement (collectif ou communautaire, selon des incidences d'amitié ou d'affinité idéologique), sans pouvoir toutefois les fondre en un même et unique bloc, de sorte que la recherche qui les a rapprochés finira tôt ou tard par les

-22. M. Le Bot : *Peinture et Machinisme*, p. 130-1.

séparer, parce que chacun poursuit ses explorations et aventures artistiques selon son propre génie et ses prétentions, élitistes ou populistes;

— comme mode, en proposant des innovations qui attirent l'attention des publics et aussi des autres artistes susceptibles de s'en trouver influencés, de s'y annexer ou au contraire de s'y opposer; ce qui ne manque pas d'empêcher ladite mode de s'installer dans un confort qui serait d'ailleurs contradictoire par rapport à l'esprit d'avant-garde;

— comme académisme latent, en établissant en dogmatique plus ou moins compulsive une théorie comprenant slogans et propagande, normes et hiérarchies, bref un encadrement qui transformera plus ou moins rapidement les Modernes en Anciens, selon la dialectique des querelles bien connues qui ponctuent le déroulement de l'histoire, et en particulier l'évolution des arts et des cultures.

Or l'anarchie absolue serait évidemment suicidaire, la mode se démode inévitablement, et la révolte finit toujours par s'assouvir, parfois après s'être faite tyrannie pire que celle qu'elle combattait. Autrement dit, l'avant-garde trouve à la fois son dynamisme et ses limites dans le mythe de la nouveauté, et puisque ce mythe ne peut jamais pleinement s'accomplir, ne peut jamais se parachever, il se dégrade en idéologie, rituel, fiction: en jeu, qui s'étale sur le plan collectif, social, et s'y dissout. Point d'avant-garde en effet sans un milieu réceptif, propice même à ses agitations: point de théâtre sans public. Et si l'art poursuit sa quête en chacun des artistes, il n'en reste pas moins que les rencontres et groupements, même temporaires ou accidentels, entre artistes, peuvent stimuler leur créativité et favoriser une féconde émulation. C'est ainsi que les mouvements d'avant-garde attirent l'attention des publics, et répondent à une sorte de curiosité latente dans des milieux sociaux préoccupés par d'autres dimensions de leur réalité quotidienne, certes, mais point nécessairement fermés à ce que l'art peut leur offrir selon les inépuisables perspectives de l'imaginaire.

Qu'offre donc le mouvement d'avant-garde artistique à la société? Le critique américain Harold Rosenberg semble pour sa part relier la curiosité du public envers les mouvements artistiques d'avant-garde à leur contenu idéologique, lequel se trouve par exemple plus manifeste dans le Cubisme que chez le solitaire Cézanne[23]; et l'idéologie, comme l'observe de son côté Renato Poggioli, est toujours un phénomène social[24]. La problématique de l'avant-garde, dont la complexité a été esquissée en partie quelques paragraphes plus haut,

-23. «Cézanne is not avant-garde, Cubism is. It can be asserted that art does not need avant-gardes (it can get along through individuals), but society does need them if ideas are to prevail» (H. Rosenberg: «Collective, Ideological, Combative», dans *Avant-Garde Art*, p. 85).
-24. «Ideology is always a social phenomenon» (R. Poggioli: *The Theory of the Avant-Garde*, p. 4).

en distinguant rapidement huit de ses nombreux profils, tous marqués par le *non finito* de quelque manière, — cette problématique semblerait se concentrer surtout en une question, celle du dépassement. Et cette recherche du dépassement ne prend un certain relief que dans un milieu social et culturel propice, où les esprits se trouvent déjà préoccupés non seulement par des idées de mouvement ou de mutation, mais encore préoccupés par la conscience qu'ils ont des variations dans le rythme et l'architecture de leur idéologie, ce qui accentue l'instabilité axiomatique et ouvre la porte aux perturbations avant-gardistes.

Si le mouvement d'avant-garde semble offrir à la question du dépassement une réponse convenable, il ne peut toutefois éviter que cette réponse soit aussitôt tourmentée par un nouveau défi, celui de l'auto-dépassement[25]: *Dépassement de l'art?*, tel sera justement le titre d'un ouvrage publié en 1974 par Jean Clarence Lambert et mettant en évidence des manifestations avant-gardistes récentes. Il s'agit d'une question, comme le titre l'indique, d'un dossier que l'auteur prend la précaution de garder largement ouvert, jusqu'en son dernier paragraphe, celui d'une «Ouverture sans fin»: «Il est grand temps d'admettre que l'art aujourd'hui n'est qu'une vaste éventualité. Tout reste toujours à inventer[26].» — Mais comment rendre compte de cette immense éventualité mobile, qui se métamorphose continuellement, quand il est déjà périlleux d'encadrer dans des grilles historiques et idéologiques des époques artistiques lointaines? Dans un ouvrage de 1951, Pierre Francastel proposait une réponse qui appuie à sa manière, comme la citation précédente de J.C. Lambert, notre hypothèse dynamogénique du *non finito*:

> «C'est à peine, avec le recul du temps, si l'on s'entend sur l'existence d'une Renaissance ou d'un Baroque. Combien arbitraires paraissent les tentatives pour tracer, au jour le jour, les lignes de force du temps présent. — L'art contemporain, nous donne l'exemple des cheminements d'une pensée plastique en voie de se faire, et c'est en constatant la puissance des règles d'évidence qui progressivement s'effondrent qu'on analyse les vrais fondements du système qu'on peut saisir dans son ensemble[27].»

-25. Par un cheminement différent, René Lourau aboutit aussi à la dialectique du dépassement/auto-dépassement dans le premier volet de «Sociologie de l'avant-gardisme», dans *L'Homme et la Société*, n° 26, Paris, octobre 1972, p. 45-68.
-26. J.C. Lambert: *Dépassement de l'art?*, p. 162; par ailleurs, Marc Le Bot note dans *Peinture et Machinisme* que par l'avant-garde «la nouvelle utopie se fait souvent prospective» (p. 151).
-27. P. Francastel: *Peinture et Société*, p. 9. — En repassant, au printemps 1984, ces pages écrites depuis dix ans, j'aimerais y ajouter une note à propos de la notion même d'histoire (de l'art ou autre), diversement fagotée et livrée à toutes sortes d'utilisations, méthodes et manipulations, vénérée comme Absolu ou vilipendée et même exécutée comme dans *L'Histoire de l'art est terminée* (1981) de Hervé Fischer. Familier des mouvements d'avant-garde et héraut de «l'art sociologique», ce dernier suggère un lien entre l'illusion picturale de la perspective linéaire développée au Quattrocento et l'illusion idéologique qu'elle favorise dans «la perspective linéaire de l'histoire de la peinture elle-même» (p. 89). Reprochant aux avant-gardes leur «terrorisme culturel», leur «jargon néologique» et le mécanisme de surenchère qui les voue à l'autodestruction (p. 93, 71,

▶

S'attachant aussi à commenter les difficultés de l'historien qui décide d'étudier l'art contemporain, Marc Le Bot constate qu'il se trouve en quelque sorte compromis dans tout « le vécu » de son époque et aveuglé « par une surabondance d'événements » dont il ne saisit que certains aspects, comme s'en rend compte aussi Herbert Read dans son *Histoire de la peinture moderne*. Selon Marc Le Bot :

> « L'inachèvement inéluctable, le relatif échec du travail de l'historien dont parle Herbert Read quand il applique à l'actuel ses méthodes d'investigations, ne tiennent pas seulement à cette difficulté particulière à l'art contemporain d'offrir une diversité extraordinaire, inédite dans l'histoire, des réalisations concrètes d'un principe idéal pourtant présenté comme unitaire. Herbert Read reconnaît lui-même, après Collingwood, qu'ils tiennent en général à la nature des productions artistiques, de quelque âge de l'histoire qu'elles relèvent[28]. »

Le dynamisme spécifique du présent contemporain, de l'actualité, c'est justement le surgissement continuel et la pulsion inépuisable de la naissance — *actio nascendi* — dont la ligne de force se confond avec le devenir : ce qui naît ou devient n'est pas achevé, comme auraient dit certains soldats du maréchal de La Palice, soudain convertis à l'hypothèse dynamogénique du *non finito*; mais aurait-on trouvé parmi eux un commando d'avant-garde, désireux de sonder et explorer l'inconnu, capable de braver de périlleuses aventures pour accélérer une victoire dont on sait à l'avance qu'elle ne pourra toujours être que fragmentaire et provisoire ? — Telle apparaît aussi l'avant-garde en art, composée d'impatients que le désir d'aller plus loin et plus vite anime de ses inépuisables pulsions, et si un jour les héros s'avouent fatigués, d'autres surgissent pour continuer la quête interminable :

> « La fausse mythologie sentimentale sur l'avant-garde, la cohorte des incompris, etc., ne doit pas faire illusion. Les artistes d'avant-garde sont des opérateurs spécialisés, des chercheurs du langage visuel. Leur position sociale marginale reflète l'aspect aléatoire, précaire et ambigu, de la recherche culturelle à tous les niveaux de nos structures sociales. L'art est un aspect, trop volontairement méconnu, de la recherche fondamentale[29]. »

Soulignons en passant la portée sociale de l'avant-garde, en tous domaines, à cause de la fonction ou mission de recherche qu'elle se

---

126), H. Fischer en souligne aussi le paradoxe d'une attitude contestataire « tout en vivant du marché et des institutions capitalistes de l'art » (p. 95). Et les propos qui viennent d'être cités de Francastel semblent encore augmenter leur teneur en *non finito* quand on lit, dans les dernières pages de ce livre de H. Fischer, que « l'histoire de l'art est terminée comme histoire de la nouveauté », puisque « le sens n'est pas dans la chronologie, bien plutôt dans la découverte impossible de l'identique, à travers les changements de l'apparence », — avant de céder à la mode de l'autocritique qui lui fait remettre « de plus en plus en question la théorie même de l'art sociologique ». (p. 205 et 211)

-28. M. Le Bot : *Peinture et Machinisme*, p. 18 ; aussi p. 15 ; — H. Read souligne la dynamique et le *non finito* de l'entreprise artistique en faisant de l'art une « construction of reality », qui se nourrit en quelque sorte de la perception et de l'expression conjuguées en un même processus chez l'artiste : « The artist expresses what he perceives, he perceives what he expresses » (*A Concise History of Modern Painting*, p. 12-3).

-29. P. Restany, dans *L'Avant-garde au XXᵉ siècle*, p. 8.

donne: prospecter, comme éclaireur, comme «tête chercheuse», mais peut-on pour autant y voir une portée ou une position « marginale »? — Si l'on veut, dans le sens que c'est par ses marges qu'un texte déborde de son propre corps et devient perméable; qu'une société s'arrache à l'inertie de sa masse et poursuit son évolution, sa transformation; qu'une culture témoigne de ses insatisfactions et de ses inquiétudes, mais aussi de ses aspirations et des mutations qui la travaillent[30] sans cesse, toute connaissance n'étant à la limite que bilan précaire et temporaire, surtout s'il s'agit d'un bilan de l'avant-garde:

> «Ce livre est un répertoire analytique conçu en fonction de nos opinions présentes, c'est-à-dire déjà dépassées. Ce n'est pas, bien sûr, un recueil de prophéties. Nous débouchons sur un certain nombre de points d'interrogation qui constituent à la fois les limites et les ouvertures de notre entreprise. Notre époque a le sens aigu de ses mutations culturelles. La culture enregistre cette prise de conscience collective. Nous vivons tous le grand doute de la culture d'une époque. Doute de la culture sur elle-même, doute sur nous-mêmes, doute sur la justification des langages[31]. »

Art et anti-art, ou l'inachevable mort de l'œuvre

Ce doute peut, dans certaines circonstances propices, devenir corrosif, comme l'inquiétude peut tourner à l'angoisse, comme la révolte peut provoquer des massacres: c'est le risque d'un devenir qu'on désire hâter, des limites qu'on tente de transgresser, d'une conscience qui veut se dilater. Témoignent de ce risque Henri Michaux et ses œuvres picturales ou littéraires faites sous l'influence de la mescaline; Yves Klein, chevalier adoubé de tel ordre médiéval et grand maître de judo, parti à la recherche de son Graal à travers le dédale de langages artistiques dont il violente les frontières, jusqu'aux tableaux peints avec des corps nus de femme en lieu de pinceaux, jusqu'à l'exposition *Vide* de 1958, jusqu'à la sculpture de feu, jusqu'à la série de portraits-reliefs qu'il laisse inachevée quand une ultime « mutation » l'emporte précocement en 1962, à trente-quatre ans; Piero Manzoni, auteur de tableaux achromatiques et de dessins constitués d'une seule ligne longue de cent, mille ou sept mille mètres sur rouleau de papier, auteur de nus vivants signés et datés «Manzoni/61», et de séries de trente grammes net de *Merda d'artista* garantie naturelle et mise en boîtes numérotées et authentifiées.

Certaines démarches artistiques récentes et extrémistes semblent souvent témoigner d'une recherche de provocation ou de scandale, parfois d'une sorte de désespoir: désespoir peut-être de ne pouvoir

---

-30. Dans mon livre *L'Art au Québec depuis 1940*, je montre deux mouvements d'avant-garde agir en 1948 à Montréal de diverses façons: discrètement et en profondeur dans le petit cercle de Prisme d'Yeux autour de Pellan; plus tapageusement chez les Automatistes de Borduas, qui publient leur «Refus global» et s'attirent des représailles (p. 64-76).
-31. P. Restany, dans *L'Avant-garde au XXe siècle*, p. 14.

réaliser son *concetto*, de ne pouvoir réellement transgresser certaines limites, de ne pouvoir accomplir l'ultime alchimie imaginaire? Car le tableau achrome de Manzoni est encore un tableau, et quand il y étale sa signature, il l'habite plus considérablement que Malevitch ne le faisait vers 1915 dans le dépouillement suprématiste de son *Carré blanc sur fond blanc*. Quand Klein peint des tableaux monochromes bleus, il imite seulement et peut-être sans le savoir la « toile presque entièrement couverte d'une unique couleur rouge[32] », exposée en 1921 à Moscou par Rodtchenko. Quand le même Klein offre aux amateurs son exposition *Vide*, il y a deux mille personnes qui vont aussitôt meubler ce vide à la galerie parisienne d'Iris Clert en 1958.

Cela suinte d'ambiguïté, et l'art semble toujours se trouver mal à l'aise dans l'étau formé par deux dimensions de son insertion sociale : les mondanités et le marché. Si l'artiste est aussi, comme n'importe qui, un « animal social », il peut difficilement éviter de frayer, dans son milieu, avec le mécénat et le snobisme, l'amateur et le spéculateur, l'institution culturelle bureaucratisée et le grand guignol des salons (dans les deux sens de cercles huppés et d'expositions collectives), selon des variantes facilement imaginables et pire encore. Qu'un sociologue se demande, devant cette théâtralité, si l'artiste pourra un jour arriver à s'en trouver débarrassé pour enfin « vivre sans vendre[33] », et il faudra conclure évasivement, en évoquant par exemple une société future, utopique, qui anéantirait toutes les œuvres d'art, pour radicalement enrayer le péril qui les guette d'être détournées en objets mercantiles ou vénérés : mais dans une telle société, aseptisée à la fois des temples et de leurs marchands, les artistes ne seraient-ils pas coincés dans leurs fauteuils d'entretenus et parasites d'une sorte d'État totalitaire ?

Quelques-uns des mouvements avant-gardistes des années 1960 tendent à réduire au minimum la forme de l'œuvre d'art, à la « dématérialiser », ou encore à la bousculer du côté des poubelles et d'hallucinants cimetières[34]. — Encore là, que d'ambiguïté ! John McCracken appuie sur le mur d'une galerie new-yorkaise une planche d'uréthane, en 1966 ; la même année, Carl Andre juxtapose sur le plancher d'un musée cent quarante-quatre briques, et Dan Flavin accroche sur le mur d'une autre galerie trois tubes fluorescents, pendant que tel sculpteur — Robert Morris ou Tony Smith ou un autre — commande par téléphone à l'usine un cube d'acier d'un

---

-32. N. Taraboukine : *Le Dernier Tableau*, p. 40.
-33. Raymonde Moulin : « Vivre sans vendre », dans *Art et contestation*, p. 121-136.
-34. Qu'il suffise ici de citer *The Disintegration of Form in the Arts*, par Erich Kahler, Braziller, New York, 1968, 133 p. ; *Six Years : The Dematerialization of the Art Object from 1966 to 1972*, compilé par Lucy Lippard, Praeger, New York, 1973, 272 p. ; *Minimal Art : A Critical Anthology*, préparé par Gregory Battcock, Dutton, New York, 1968, 448 p. ; *The De-definition of Art*, par Harold Rosenberg, Collier, New York, 1972, 256 p. ; *The Anxious Object*, par H. Rosenberg, Mentor, New York, 1969, 223 p. ; *Art in the Age of Risk*, par Nicolas Calas, Dutton, New York, 1968, 238 p.

mètre d'arête que son marchand vient de vendre à un collectionneur. Pourquoi s'en étonner, un demi-siècle après l'urinoir métamorphosé en *Fontaine* par Duchamp qui signe d'ailleurs son «œuvre» d'un pseudonyme? N'est-ce pas par l'originalité de son choix plutôt que par la quantité de ses sueurs que l'artiste se révèle, en prenant ses distances par rapport aux poncifs institutionnalisés en conditionnement culturel?

Et puisque rien ne se termine vraiment et définitivement, cela continue en d'autres directions, comme pour appuyer l'hypothèse dynamogénique du *non finito*, parfois en rages destructrices, rituels de massacres, figurations de meurtres, et jusqu'au suicide même de l'artiste. On pense aux *Happenings* de Jim Dine autour du thème du *Car Crash* en 1960; aux tableaux perforés ou fendus au rasoir de Fontana; aux séries que Warhol développe autour des images obsédantes de chaise électrique ou d'accidents de la route ou d'émeutes raciales; à l'hallucinante évocation de Paul Thek intitulée en 1967 *Death of a Hippie*; à la mise en scène d'avortement que Kienholz intitule en 1966 *Illegal Operation*; à la figuration, la même année, de la «destruction d'un fauteuil par l'artiste et la mer» de Ralph Ortiz; aux assemblages autodestructeurs que Tinguely titre *Études pour la fin du monde* au début des années 1960. — On pense aussi au suicide d'artistes désespérés de ne pouvoir donner à leurs visions une forme à l'échelle de leurs fulgurants désirs, comme jadis Nerval ou Van Gogh.

Dans des pages précédentes, et en particulier à propos de Michelangelo, on a vu que l'artiste dont l'imagination ne se contente pas de résultats médiocres ou approximatifs se montre souvent insatisfait de ses œuvres, les abandonne en chantier ou tente de les détruire. Des pulsions agressives et destructives se trouvent inscrites profondément dans l'être humain, et cherchent dans l'œuvre d'art un lieu propice à leurs figurations et projections, sur le mode symbolique. Les *Desastres de la guerra* de Goya et la *Guernica* de Picasso en témoignent, parmi d'autres exemples. Par ailleurs, l'artiste dégrade ou massacre son œuvre en s'obstinant à trop la perfectionner, et pas seulement dans la fiction du *Chef-d'œuvre inconnu* de Balzac, où seul un bout de pied émerge du délire de couleurs que le vieux Frenhofer a accumulé en dix ans sur sa vision torturée de la Belle Noiseuse.

Parfois, l'écart ressenti (entre le projet de l'œuvre qui travaille et hante l'imagination de l'artiste, et les formes que ses mains accomplissent) se trouve tellement large qu'il provoque une rupture affective, capable de faire se retourner contre l'artiste lui-même ses pulsions agressives: il s'arrête de produire, temporairement ou définitivement, ou il se tue, ce qui laisse pathétiquement inachevées ses entreprises. — Dans son *Atelier du temps*, Jacques Guillerme évoque le roman d'Alberto Moravia, *La Noia*, pour illustrer la dramaturgie de la passion artistique jusque dans ses ultimes convulsions:

> «Toute action destructrice est pulsionnelle, soit qu'elle réponde à un instinct de mort que nous dévoilent les psychanalystes, soit qu'à un niveau plus clair de

conscience, elle vise à exorciser des tourments, ceux qu'un artiste peut justement éprouver pour n'avoir su former dans la matière la pensée de l'œuvre[35]. »

À la fin de ce roman de *L'Ennui* de Moravia, le jeune peintre Dino, blasé au point limite, lance sa « voiture droit contre un platane[36]. » — En se suicidant, le 16 mars 1955, Nicolas de Staël « laissait, dans un fort désaffecté du Cap d'Antibes qui lui servait d'atelier, le grand *Concert* inachevé[37] », et le même jour, il avait envoyé à son marchand parisien Jacques Dubourg une courte missive révélant l'ultime aveu : « Je n'ai pas la force de parachever mes tableaux. » Autour de la dernière œuvre entreprise, d'autres tableaux inachevés, des natures mortes, des ateliers, des *Mouettes* qui s'en vont à tire-d'aile, un peu comme les corbeaux du dernier *Champ* de Van Gogh, et comme le note justement André Chastel :

« À quarante-et-un ans, Staël a donc rejoint le groupe des génies brusquement disparus, qui ne nous retiennent pas seulement parce qu'ils ont péri en pleine force, mais ce qui est plus troublant, parce qu'ils prenaient, une fois de plus, un tournant difficile. Ainsi de Raphaël, de Giorgione, de Géricault, de Seurat, de Van Gogh. Ils élaboraient, à travers un nouveau style, leur propre dépassement, souhaitable ou non, qui peut le dire ? — Un silence étrange suit la disparition de l'artiste. Il n'y a pas de paix de l'accompli, mais une sorte de bataille obscure où les tableaux sont en cause[38]... »

Devant les *Ateliers* inachevés de Staël, posons la question du devenir de l'art, de son inachevable dynamogénie : continuité ? dépassement ? métamorphose ? — L'œuvre inachevée, n'est-ce pas celle dans laquelle l'artiste conserve son creuset de créativité, dans laquelle il suspend en la prolongeant la mystérieuse émergence de l'invention ? — En décembre 1954, trois mois avant sa mort, Nicolas de Staël écrivait qu'il essayait d'entreprendre « un renouvellement continu » de son art, faisant du tableau un flux dont « on ne sait pas où il va ni d'où il vient ». Quelques semaines plus tard, en constatant une fois de plus l'impossible réconciliation « de l'instant présent, du passé et de l'avenir », l'artiste en arrive à comparer sa démarche à une quête qu'il faut poursuivre autant et aussi loin que possible, dans le dédale des périls et obstacles contre lesquels l'homme dresse encore son défi : « Mais je marche. » — Pour combien de temps encore ? La quête continue, se manifeste à travers des œuvres arrachées à l'envahissement du désespoir, et qui témoignent dans l'atelier de nouvelles prospections, de nouveaux départs, malgré tout ; mais comment aller au delà, passer le cap périlleux, faire encore semblant de terminer ce qui recommence implacablement chaque jour et chaque nuit ? Et l'artiste de constater, un mois avant son suicide, que la quête de ce qu'il cherche demeure à jamais inachevable : prétendre terminer des tableaux ne ferait que forcer cette quête à l'absurde sursis ou au dérisoire simulacre d'achèvement : « Je ne peux l'arrêter en finissant plus les choses[39]. »

-35. J. Guillerme : *L'Atelier du temps*, p. 35.
-36. A. Moravia : *L'Ennui*, p. 365.
-37. Dans *Nicolas de Staël*, p. 401.
-38. Ibid. p. 31.
-39. Extraits de lettres de l'artiste, dans *Nicolas de Staël*, p. 366, 382 et 396.

Mort de l'artiste. Et mort de l'art aussi? Dada a tenté d'assassiner l'art (pour sauver l'artiste peut-être, pour l'arracher à certain vertige de l'œuvre?), mais n'a réussi qu'à en promouvoir une nouvelle variété, celle de «l'anti-art», dont certains échantillons se trouvent aujourd'hui en vedette dans des musées ou se vendent de plus en plus cher. — Il faut donc regarder ailleurs, et le panorama de l'art actuel nous offre dans son brouhaha quantité de directions dans lesquelles des dizaines, des centaines d'artistes semblent chercher on ne sait trop quoi, si ce n'est d'élargir et de forcer les frontières de ce qui s'appelle encore de l'art, pour les commodités de la conversation. En voici quelques échantillons, en vrac comme cela se trouve dans la réalité ou en feuilletant périodiques et archives des arts plastiques:

— en 1968, Michael Heizer creuse dans le désert du Nevada quelques fossés superficiels, dont il ne restera à peu près plus de traces (autres que photographiques) l'année suivante, quand «l'arteur» fera déplacer quarante mille tonnes de terre pour répondre au devis d'une œuvre intitulée *Double Negative*;

— en 1961, le sculpteur français César (Baldaccini) signe une carosserie de voiture compressée en cube, et l'expose;

— son compatriote Arman expose dans des galeries et musées ses séries de «Poubelles» sous verre et ses «Colères» qui assemblent des fragments brisés ou calcinés ou coupés de pianos et de violons, avant de connaître la notoriété par ses «Accumulations», en boîtes vitrées ou plastifiées, de brosses, membres de poupées, tubes de couleurs, rouages et engrenages divers;

— Dennis Oppenheim, partisan de l'art éphémère et écologique, répand au large de la côte atlantique une longue trace de colorant rouge mêlé d'essence, puis y met le feu et prend des photographies; à Venise, on a versé à quelques reprises quantité de colorants divers dans le Grand Canal, en marge du cancer qui ronge les assises de l'archipel des Doges;

— vers 1955, Dubuffet peint des paysages ou des visages en assemblant des ailes de papillons ou en employant du bitume;

— en 1969, John Van Saun, du groupe *New Alchemy*, expose à Toronto des grandes tables de moisissures de pain et déclare: «Je pense que toutes les choses naturelles se détruisent en fin de compte; même si vous peignez un tableau, sa destruction est implicite; tout croît, fleurit, puis meurt»; — et son camarade Hans Haacke expose en même temps une *Décharge haute tension* en mouvement entre deux fils: «Regardez, mais surtout ne touchez pas!»;

— en 1971, une manifestation intitulée *Sonsbeck hors des sentiers battus* accueille à Arnhem des artistes hollandais et américains, dont Fred Sandback qui compose un gazon de fleurs, et Oldenburg qui enfouit en terre une gigantesque truelle;

— le même Claes Oldenburg se voit invité à participer en 1967 à des manifestations de sculpture en plein air dans un parc de Manhattan où il convoque deux fossoyeurs qui creusent devant un public de curieux et de journalistes un trou semblable à ceux qu'ils font quotidiennement au cimetière, puis le remplissent aussitôt, pendant que le sculpteur dit que son œuvre «sous-terraine» gît là;

— vers 1970, Marta Minujin convie des amis à la destruction de ses tableaux-montages (potlatch?);

— à la même époque, Gina Pane utilise en public son corps comme matériau et des objets tranchants comme outils, et se propose elle-même en œuvre d'art plus ou moins sanglante;

— certaines expositions de Ben, au cours des années 1960, consistent en l'auto-exposition de l'artiste soi-même; «soi-même» en effet, comme une des *Écritures* de Ben nous en prévient en 1965 : «Moi Ben je suis le premier artiste anonyme», qui voudrait souder d'un lien indissoluble l'artiste à son œuvre: «Je suis sculpture vivante et mobile, en tous mes instants et gestes»;

— en 1964, Oldenburg expose des *Viandes* à New York, et l'on sait que des aliments périssables ne se conservent pas longtemps à l'air libre, fut-ce celui d'une galerie d'art; à Paris, Malaval dépose une «culture d'aliment blanc» sur des objets (boîtes, chaises ou souliers) et laisse proliférer, parfois jusqu'à ce que tout disparaisse sous l'envahissement; de son côté, Spoerri fixe tels qu'il les trouve, ou à peu près, des reliefs de repas, assiettes, ustensiles, croutons et mégots compris, et certaines de ces «reliques» sont maintenant dans des musées;

— Edward Kienholz vend des projets d'œuvres, évitant ainsi la torture de constater que son *concetto* rétrécit affreusement en cours de réalisation;

— après avoir emballé divers objets, dont des boîtes, des chaises et quelques façades d'édifices, Christo couvre d'un voile de polythène en 1970 un million de pieds carrés de falaise sur une côte australienne; en 1962 il obstruait une rue étroite de Paris (rue Visconti) en y empilant une centaine de barils vides, mais dix ans plus tard, sa réputation est telle qu'il peut trouver à financer une opération beaucoup plus coûteuse et spectaculaire, celle d'un gigantesque rideau orangé d'environ quatre cents mètres de longueur, tendu entre deux montagnes à Rifle Gap, Colorado, rideau intitulé *Valley Curtain*; et en Californie en 1976, *The Running Fence*, de 40 km;

— capable de s'imposer des épreuves d'endurance physique extrêmes, Joseph Beuys exécute en 1965 une œuvre bizarre, qui consiste pour l'artiste à prendre pendant vingt-quatre heures d'affilée des attitudes diverses, en utilisant une panoplie d'objets hétéroclites; la même année, le même artiste se couvre le visage de graisse et de feuilles d'or, s'assoit dans une galerie de Dusseldorf en tenant un lièvre mort dans ses bras, et intitule le tout: *Comment expliquer des tableaux à un lièvre mort*;

— dans une galerie de Munich en 1968, Walter De Maria répand sur les planchers cinquante mètres cubes de terre;

— Kudo dispose dans une cage, en 1970, des moules de pieds, de mains et de tête en lambeaux, et intitule l'ensemble *Portrait de Ionesco = votre portrait*;

— en 1961 déjà, à la Galerie Lirolay de Buenos Aires, sept artistes exposaient des œuvres inspirées de leur manifeste *Arte Destructivo*;

— tout près de Montréal, pendant l'hiver 1971, Bill Vazan inscrit en noir sur la neige les coordonnées détaillées du lieu : 45° 33' 45" et 73° 48' 45"; le 13 août 1969, un ami de Vazan trace sur une plage de Vancouver un arc de cercle, pendant que lui-même fait la même chose à Paul's Bluff, Île du Prince-Édouard, mettant ainsi littéralement le Canada entre parenthèses;

— avec ses *Spectrorames* de 1970, l'artiste montréalais Denis Juneau invitait les visiteurs à déplacer et disposer selon leurs désirs une série de tableaux étroits peints en bandes parallèles de diverses couleurs;

— lors d'une exposition à Montréal en 1972, Yvon Cozic invitait les visiteurs à prendre une feuille de papier signée de sa main, où on pouvait lire : « Cette feuille représente 1/500 de la pile, prenez-en une et, après l'avoir froissée et mise en boule, jetez-la dans le coin de la galerie marqué d'un X; une fois les 500 feuilles transformées en boules, l'Artiste les recueillera et les brûlera, démontrant ainsi l'éphémère existence des choses. »

Pourquoi cette liste hétéroclite ? — Pour souligner d'abord la diversité presque hallucinante des recherches et expérimentations dont le domaine de l'art est devenu le chantier, et dont les arts plastiques ne fournissent ici qu'un champ parmi d'autres[40]; pour en rappeler notre perception en pagaille, au hasard des expositions, rencontres, documents consultés, etc.; pour souligner ensuite la prise de conscience, chez de nombreux artistes, des frontières mobiles de l'art et de l'improbable achèvement absolu de leurs démarches et prospections; et surtout pour alimenter l'hypothèse dynamogénique du *non finito*, puisqu'un sentiment aigu de l'inépuisable devenir en appuie et dilate les perspectives.

-40. Aux livres cités précédemment, ajoutons *Art Povera : Conceptual, Actual or Impossible Art?* préparé par Germano Celant, Studio-Vista, Londres, 1969, 240 p.; *Le Déclin de l'objet* par Frank Popper, Chêne, Paris, 1975, 143 p.; *Icons and Images of the Sixties* par Nicolas et Elena Calas, Dutton, New York, 1971, 347 p.; *L'Art actuel en France* par Anne Tronche et Hervé Gloaguen, Balland, Paris, 1973, 325 p.; *Conceptual Art* par Ursula Meyer, Dutton, New York, 1972, 227 p.; *Art en France : une nouvelle génération* par Jean Clair, Chêne, Paris, 1972, 175 p.; *Art Without Boundaries : 1950-1970*, Thames Hudson, Londres, 1972, 215 p.; *La Fin de l'art à l'ère de la science?* par Oto Bihalji-Merin, La Connaissance, Bruxelles, 1970, 147 p.; *Total Art : Environments, Happenings and Performances* par Adrian Henri, Praeger, New-York, 1974, 216 p.; et deux de mes livres qui font place aux avant-gardes québécoises : *L'Art au Québec depuis 1940*, 1973, 501 p., et *Art actuel au Québec*, 1983, 256 p.

Que font-ils donc en effet, tous ces spéléologues du futur ou explorateurs de rituels plus ou moins énigmatiques, malgré leurs allures souvent iconoclastes? Chantent-ils vraiment la mort de l'art? Nous convient-ils plutôt à quelque lugubre potlatch? Jouent-ils au Néron qui ferait incendier Rome pour que le poème s'en illumine? Même en jouant l'anti-prophète crépusculaire et en esquissant ironiquement une «exégèse de la déchéance» qui nous convie «aux funérailles du désir», Cioran ne peut s'empêcher de terminer son *Précis de décomposition* par la déchirante question: «Cette exaspération dans un univers imprévisible n'aura donc jamais une fin[41]?»

Mort de l'art? Petites morts multiples des formes sclérosées par l'académisme, y compris celui de l'avant-garde, poisseux de ses inévitables fausses-couches ou au contraire stérilisé par Raynaud dans une «tombe[42] hygiénique» dont il fait son hallucinante maison. Et quand Oto Bihalji-Merin examine l'hypothèse de la disparition de l'art devant l'envahissement scientifique et technologique, il doit déclarer dès la première ligne de son essai qu'il y a «plus de questions que de réponses», et n'oublie pas d'incorporer le point d'interrogation au titre même de son livre: *La Fin de l'Art à l'ère de la Science?* — Anti-art ou même non-art, si l'on veut, il n'en reste pas moins et la plupart du temps encore des «œuvres» ou des «traces», en photographies, événement mémorable ou récits. — En scrutant la frontière fuyante entre «œuvre et non-œuvre» dans l'art actuel, Mikel Dufrenne évoque la perspective du *non finito* et souligne qu'en art, peu importe l'étendue de la contestation, de la subversion et de l'innovation, il y aura toujours «l'œuvre, tout de même», dont les contorsions et avatars contribueront peut-être à amener ce temps «où la philosophie ne sera plus triste[43].»

En attendant plus ou moins patiemment cette ère d'une pensée «jouissive» et d'une esthétique «dissipée», revenons à l'œuvre «actuelle», quand il en reste, en flagrant délit de naître devant nous. Elle a besoin de place, et s'en fait une, avec moyens et armes de tout bord. Et l'artiste de rouspéter et hurler, mère d'opéra en couches, bousculant les ancêtres et faisant peur au monde pour qu'on remarque sa présence; enfantant dans les vociférations après la fécondation de ce bizarre corps à corps de l'accouplement, obscurément apparenté chaque nouvelle fois à une conquête ou à un viol: il faut perforer l'hymen pour que tout puisse commencer:

«La première tâche de l'artiste consiste à détruire, à supprimer: le reste viendra par surcroît, ou ne viendra pas. — Une œuvre peut être dite 'actuelle' lorsque ses effets sur notre sensibilité présentent une ampleur suffisante. Elle nous émeut, elle nous ébranle. D'emblée nous nous sentons contestés. Et l'ordre dans lequel, bon gré mal gré, désarmés ou non, nous vivons vacille et ne nous rassure plus. Nous pouvons interroger l'œuvre. Elle-même nous pose des

---

-41. E.M. Cioran: *Précis de décomposition*, p. 246.
-42. G. Lascault: «De quelques représentations de la Mort», dans le n° 54 de *Chroniques de l'Art vivant* (sur la Mort; Paris, décembre 1974, p. 10-2).
-43. M. Dufrenne: «Œuvre et non-œuvre», dans *Esthétique et Philosophie* II, p. 172-189.

questions, nous met à la question: elle se constitue comme question. Elle nie ce qui la précède, les autres œuvres qui l'entourent, elle doute de son propre sens[44].»

Et de son propre doute aussi, aimerions-nous demander à Gilbert Lascault? — Ineffable achèvement de la recherche et de la quête, qui s'alimente à l'insatiable curiosité aiguillonnée par le doute lancinant: mais l'œuvre, «l'œuvre tout de même» gronde le *magister*, tête nue de la tiare de son *dixit*. — L'art est en crise? De toute évidence! Crise de croissance, depuis plus d'un demi-siècle, depuis toujours; depuis 1923, quand Taraboukine notait que «l'issue de la crise a été trouvée non dans la mort de l'art, mais dans la suite de l'évolution de ses formes», car «l'art est sans frontières, comme la vie[45].» — Pourquoi l'art semble-t-il donc si souvent mourir? — Abraham Moles propose une réponse paradoxale:

«Aujourd'hui, la vraie cause de la mort du 'Grand Art' apparaît. Son déclin ne tient pas dans le manque de respect qu'on a négligé de lui prodiguer, mais au contraire dans la trop grande compréhension de sa nature par un trop grand nombre. — Un phénomène nouveau se produit: l'œuvre d'art satisfait trop bien à sa fonction. Ce n'est pas l'incompréhension qui la détruit, c'est la parfaite et honnête compréhension de tous[46].»

Qui osera désormais parler de démocratisation de l'art sans voir aussitôt se dresser le spectre de la «médiocrisation»? Vouloir tout comprendre, prétendre avoir tout compris: voilà donc le mortel péril qui guetterait l'art actuel. Tout mystère se trouve aussitôt pris d'assaut par des réducteurs méthodiques, qui veulent rageusement faire de l'œuvre le socle inerte de leurs définitions triomphantes. Il ne faudrait donc pas s'étonner qu'un Daniel Spoerri leur tende une paire de lunettes dont les verres sont agrémentés de deux aiguilles dirigées vers l'intérieur: ces «lunettes noires» leur rendraient peut-être justement la vue intérieure, œdipienne, salutaire quand l'assassinat du Sphinx a conduit aux pires aberrations.

Quelle mort de l'art? Laissons de côté la rhétorique des manifestes d'une avant-garde apocalyptique en mal de publicité, et les slogans emphatiques des commentateurs et autres pontifes en mal de mode. Que reste-t-il? Beaucoup moins de foule... Un chantier agité et miné, un geyser en son centre — ou peut-être plutôt un volcan, et par-dessus tout le brouhaha ambiant, encore le mot de Goethe: «Meurs et deviens!» — Du mythe d'Œdipe à celui de Faust, la quête semble passer par Prométhée et Protée: le feu et la mer s'accouplent pour qu'apparaisse de nouveau Phénix. — Peut-on oublier la figure hallucinante de Nietzsche, dressée sur le seuil de notre XXe siècle, figure écartelée entre la dévorante ambition de sa «volonté de puissance» et l'obsession d'un terrifiant «crépuscule des idoles»? Image de l'écartèlement entre le *concetto* idéal et telle forme de sa réalisation. Spengler lui-même, héritier à sa façon du mythe germa-

-44. G. Lascault: «L'art contemporain et la vieille taupe», dans *Art et contestation*, p. 63.
-45. N. Taraboukine: *Le Dernier Tableau*, p. 77 et 146.
-46. A. Moles: *Art et ordinateur*, p. 258-9.

nique de Faust, ne pourra empêcher son mélancolique *Déclin de l'Occident* de donner quelque écho aux visions fulgurantes de Zarathoustra, et tout semble se passer comme si les civilisations aussi bien que les diverses formes d'art se trouvaient dès leur naissance vouées à la tragédie de l'usure et de la mort, ou plutôt à quelque semblant de mort, à un obscur rituel où les ruines encore fumeuses se font déjà humus fertile, sous le nécessaire retour de la pluie. Feu et eau : toute la mythologie de la vie oscillerait ainsi entre ces deux pôles, déroulant le jardin toujours neuf du printemps protéen devant le Phénix, qui n'est peut-être qu'une autre façon de figurer l'imagination à l'œuvre en l'œuvre ?

Écritures exploréennes

Henri Michaux fait le pont entre peinture et littérature, pont par en dessous, espèce de tunnel qui en arrive à exhumer une «connaissance par les gouffres» dont la pensée crépusculaire nietzschéenne soupçonnait à peine la terrible puissance :

> «Le problème de celui qui crée, problème sous le problème de l'œuvre, c'est peut-être — qu'il en ait fierté ou bien honte secrète — celui de la renaissance, de la perpétuelle renaissance, oiseau phoenix renaissant périodiquement, étonnamment, de ses cendres et de son vide. — L'art est ce qui aide à tirer de l'inertie. Noyau d'énergie (c'est pourquoi son objet ou son origine n'importe) il est l'obstacle et le tremplin magique qui va me donner ma vitesse de libération. — Je me dégage de ce que j'ai haï le plus, le statique, le figé, le quotidien, le prévu, le fatal, le satisfait. — Je suis de ceux qui aiment le mouvement, le mouvement qui rompt l'inertie, qui embrouille les lignes, qui défait les alignements, me débarrasse des constructions. Mouvement, comme désobéissance, comme remaniement[47].»

Comme inachèvement ? Emporté selon le double dynamisme des «émergences-résurgences», Michaux voudrait «fêter» dans ses œuvres ce «devenir inattendu» qui le reporte immédiatement *in statu nascendi*. L'œuvre, lieu de «tout définitif annulé», où «un monde immense et immensément percé» se manifeste «en aspects indéfiniment indéterminés non définitifs» — «espace à espaces», «aspirant à plus de transréel[48].»

Michaux voudrait, par l'écriture et le dessin, traverser et transgresser le réel. Selon Philippe Sollers, Dante tentait déjà une «traversée de l'écriture», dans sa *Divine Comédie* beaucoup plus que dans son traité *De Vulgari Eloquentia* demeuré inachevé ; et Sade, Mallarmé, Lautréamont, Artaud, Bataille (tous fidèles veilleurs avec quelques autres sur le seuil ambigu de la lecture au lit), deviennent témoins de «l'expérience des limites» proposée par une certaine littérature dont «le texte doit montrer le caractère inépuisable de son tissu, son infinitisation capable de décomposition, de développements, de minuties et de détours précisément sans fin[49]», selon

---

-47. H. Michaux : *Émergences-Résurgences*, p. 45, 64, 43 et 65.
-48. Ibid. p. 71, 96, 106, 107, 112 et 115.
-49. P. Sollers : *L'Écriture et l'expérience des limites*, p. 172 (Dante, p. 14 et 24).

Philippe Sollers. Autrement dit, la fin de la littérature n'est pas pour demain, ni surtout la fin de la littérature sur la littérature, comme on peut le deviner en rapprochant ces propos de Sollers à des commentaires de Maurice Blanchot concernant aussi «l'expérience-limite», chez Sade : «Écrire est la folie propre de Sade», celle qui le pousse à rechercher avec frénésie «le temps pur» et «révolutionnaire», celui de «la conscience du pouvoir infini de destruction, c'est-à-dire de négation, par lequel sans cesse elle se fait et se défait», selon les pulsions de son inguérissable «folie d'écrire, mouvement infini, interminable, incessant» — l'auteur étant dévoré d'une seule «exigence : tout dire, il faut tout dire, ce mouvement illimité qui est la tentation de la raison, son vœu secret, sa folie[50].»

La littérature d'expression française explore au XXe siècle plusieurs directions, dont celles qu'inaugurent magistralement Mallarmé et Proust. Dégageons d'abord quelques aspects de la première de ces deux directions. — Avec son *Coup de dés* et son utopie du *Livre*, Mallarmé ouvre la voie aux *Calligrammes* d'Apollinaire, à Picabia, au dadaïste «phonétique» Hugo Ball, aux textes dilatés ou survoltés du Surréalisme, aux jeux souvent saugrenus de la Pataphysique, à la poésie concrète, à l'Oulipo et jusqu'au texte composé par ordinateur. — L'œuvre d'Apollinaire, malgré sa brutale interruption quand l'auteur n'a que trente-huit ans, n'en demeure pas moins touffue et débordante d'inventions, tendue surtout vers de vertigineux ailleurs où se devinent «mille phantasmes impondérables auxquels il faut donner de la réalité — toujours aux frontières de l'illimité et de l'avenir[51]» : les Surréalistes s'y mettront à plusieurs pour assumer la lourde succession d'Apollinaire en son inachevable perspective :

«La découverte de l'écriture automatique a renouvelé la conception du merveilleux. Celui-ci consiste désormais en l'infinité des impressions qui s'offrent à l'imagination du lecteur. À partir de l'automatisme, plusieurs genres de poèmes se développent. — D'autres textes, ironiquement nommés récits ou romans, offrent les apparences d'un récit cohérent, mais le fil de la narration étant constamment rompu ou embrouillé, ils ont l'incohérence des rêves[52].»

La question obsédante, dans les divers domaines de l'art contemporain, semble souvent consister à reculer, encore et davantage, les frontières que l'œuvre explore ou défie. Toutes les dominantes y défilent, du plus clair au plus sombre, du tendre au violent, et toutes les thématiques, en passant par l'érotisme et l'absurde. L'humour même y trouve place, plus souvent noir que rose, avec Jarry ou le cortège de la Pataphysique, qui prospecte inlassablement les «solutions imaginaires» selon l'inépuisable spirale de tous les possibles et de quelques autres encore. — Cela peut conduire loin, avec Raymond Queneau par exemple vers le jeu des variations, celui

---

-50. M. Blanchot : «L'expérience-limite», dans *L'Entretien infini*, p. 329, 337, 341 et 342 ; la question de savoir qui de Blanchot ou de Sollers a écrit quoi d'abord relève d'une autre dimension du *non finito*, celle des querelles.
-51. Apollinaire : «La jolie rousse», dans *Calligrammes*, p. 184.
-52. M. Tison-Braun : *Dada et le Surréalisme*, p. 71 et 75.

de la centaine de versions différemment modelées d'un même fait
divers dans *Exercices de style,* ou celui des *Cent mille milliards de poèmes;*
ou avec le groupe de l'Oulipo («Ouvroir de Littérature Poten-
tielle»); ou avec le Lettrisme, animé par Isidore Isou; ou avec tous les
mouvements de «poésie concrète» qui prolifèrent dans plusieurs
pays; ou avec les artisans de «livrobjets»; ou avec ceux qui utilisent
l'ordinateur en lieu d'écritoire[53]...

En littérature comme en d'autres domaines artistiques, le XXe
siècle a tout remis en question, jusqu'aux matériaux premiers des
langages employés selon des normes traditionnelles relativement
stables. Bien sûr, cette «révolution» a été préparée, particulièrement
par d'importants écrivains français de la fin du XIXe siècle comme
Rimbaud et Mallarmé, mais les principales directions selon lesquelles se présentait la littérature depuis des générations, des siècles
et même quelques millénaires, se trouveront contestées, forcées et
bouleversées, à partir du début du XXe siècle, comme pour leur
arracher des secrets inavouables et reculer toutes frontières, — ou
peut-être simplement pour que la quête redevienne fête, même fête
macabre? — Sur quoi s'appuyait depuis toujours la littérature? Sur le
mot, en sa graphie même, en ses lettres puis en sa typographie; sur la
parole, en sa phonation, en ses sons et leur articulation; et sur le
rapport visuel mot-image, comme dans les enluminures et manuscrits
illustrés, dans la pictographie, le calligramme ou l'affiche.

Le fait d'entreprendre le procès des formes artistiques jusque dans
leurs fondements matériels, techniques et dynamiques, sans souci
des ébranlements sémantiques, ouvre la voie à des expériences, explorations et prospections innombrables. L'hypothèse dynamogénique du *non finito* y trouve naturellement terrain propice, à la fois
dans l'attitude dominante, qui pousse l'imagination à fouiller des
champs de démolition et de reconstruction d'allure inépuisable, et
aussi dans une grande partie des œuvres qui en conservent souvent
un air de recherche inachevée, ouverte, quand elles ne sont pas effectivement inachevées dans leurs formes.

Revenons rapidement sur les trois principales dimensions de
l'écriture notées plus haut, et qui subissent les assauts de la
recherche:

— le mot a connu dans sa graphie, ses lettres et sa typographie
des aventures diverses et étonnantes, depuis le Futuriste Soffici, la
revue *391* de Picabia, les collages de Picasso et de Schwitters, et

-53. Quelques ouvrages consultés en littératures «autres»: *Clefs pour la
Pataphysique* de Ruy Launoir, Seghers, Paris, 1969, 185 p.; *Oulipo,* Idées/
Gallimard, Paris, 1973, 308 p.; J.A. Baudot: *La Machine à écrire,* Centre de calcul
électronique de l'Université de Montréal et Éd. du Jour, Montréal, 1964, 96 p.;
«Poésie en question», n°s 40-41 de la revue *Opus international,* Paris, 1973, 128 p.;
Lettrisme et Hypergraphisme, Fall, Paris, 1972, 70 p.; Mary Ellen Solt: *Concrete
Poetry, A World View,* Indiana University Press, Bloomington, 1968, 311 p.;
B. Bowler: *The Word as Image,* s.é., Londres, 1970, 136 p.; Massin: *La Lettre et
l'Image,* Gallimard, Paris, 1973, 304 p.

jusqu'au Lettrisme d'Isou, à l'Hypergraphisme et aux éclatements et réorganisations graphiques du mot dans plusieurs pratiques de ce qu'on appelle la poésie concrète;

— la parole aussi a connu, dans sa phonation, ses sons et leurs articulations, des aventures variées et parfois «déconcertantes», depuis les bruiteurs futuristes et les logomachies dadaïstes d'un Hugo Ball jusqu'aux vocalises éblouissantes de Cathy Berberian sur des musiques de Luciano Berio, et aux textures exploréennes du poète québécois Claude Gauvreau, dont voici un court échantillon: «Gastribig aboulouc nouf geûleurr naumanamanamanamouèr agulztri stubglèpct olstromstim ulzz[54]»;

— enfin, le rapport visuel mot-image est devenu le champ d'innombrables recherches et explorations, non seulement dans l'affiche, la publicité, la prolifération industrielle des journaux, revues et livres contenant des illustrations, mais aussi dans la bande dessinée, les calligrammes et pictogrammes de diverses «écoles» plus ou moins «concrètes», et jusque dans des livres de syntaxe syncopée ou jazzée, comme *The Medium is the Massage, War and Peace in the Global Village* et *I Seem to Be a Verb*[55].

Comme il a été noté quelques paragraphes précédemment, toutes ces tendances, et bien d'autres encore, semblent venir appuyer l'hypothèse dynamogénique du *non finito*, à la fois par l'aspect «ouvert» d'un nombre considérable d'œuvres, et selon la perspective d'une imagination qui élargit l'horizon des possibles à mesure qu'elle s'aventure en territoires inédits. Une idéologie de mouvement et de mutation, une frénésie d'heuristique président souvent à la prolifération des œuvres contemporaines, comme le souligne parmi d'autres Pierre Garnier dans *Spatialisme et poésie concrète*, tendance ou mouvement qu'il relie à une sorte de cosmogonie en expansion einsteinnienne: «Le Spatialisme, tendant à devenir le langage de l'univers-mouvement et refusant d'imposer à l'univers un quelconque langage babélique, est cinétique dans son principe[56].» — Et qui dit cinétisme ou mouvement, dit continuité et donc inachèvement: C.Q.F.D., ou presque[57]...

-54. C. Gauvreau: «Poème-gastribig», dans *Littérature du Québec, Poésie actuelle*, 2e édition, document que j'ai publié à la Librairie Déom, Montréal, 1970, 405 p. (p. 102).
-55. On oublie parfois que les deux premiers titres sont dus à l'étroite collaboration entre le graphiste Quentin Fiore, le coordonnateur Jerome Agel, et Marshall McLuhan; le troisième livre est dû à la collaboration de Fiore et Agel avec «l'environnementaliste» Buckminster Fuller.
-56. P. Garnier: *Spatialisme et poésie concrète*, p. 123.
-57. Si on veut jeter un coup d'œil dans d'autres directions, on pourra trouver, à Montréal par exemple, *Bla-bla-bla* (1970) ou *Des mêmes auteurs* (1974); le premier «objet» littéraire, inspiré en partie du *Coup de dés* mallarméen, se présente dans une boîte semblable à celle d'un jeu de cartes; on y trouve huit cartons imprimés, qu'on monte en autant de petits cubes ou dés dont chacun des six côtés porte un nom (accompagné de son article), un adverbe, une conjonction ou un verbe (à la 3e personne du singulier de l'indicatif présent); et l'auteur, Bernard Tanguay, ►

Un peu plus haut, page 219, deux directions étaient proposées comme champs d'exploration, parmi d'autres, en littérature d'expression française au XXᵉ siècle, — et on comprend que ces propos demeurent limités et fragmentaires, par là donc inachevés, malgré les qualités des œuvres citées et des mouvements concernés. La direction inaugurée par Mallarmé vient de nous offrir quelques-uns de ses jalons. L'autre direction, inaugurée par Proust, semble plus sage, moins fantaisiste, mais ne trouve certes pas sa voie la plus dynamique dans les sillages (hérités de Balzac ou Zola) du roman-fleuve ou des cycles que Georges Duhamel, Jules Romain et Roger Martin du Gard développeront à leur tour. Comme son titre le laisse entendre, *À la Recherche du Temps perdu* entreprend une quête narrative qui se poursuit par pulsion et que la mort interrompt sans l'achever, tout comme l'auteur semble continuellement s'évader, au fil de ses milliers de pages, des frontières de l'espace de son écriture par une dilatation «dans le Temps», au delà même de la dernière ligne de la dernière page du dernier volet de sa «Recherche[58].»

Faire un tableau, un texte, une musique, c'est explorer des possibilités sensibles de rapport au monde par des formes imaginées, et cette exploration, trop souvent contrainte par des normes et des écoles à travers l'histoire et les institutions culturelles, retrouve en notre siècle son tourbillon originel, dans le brouhaha étourdissant mais néanmoins stimulant de la prolifération des tendances, où le *non finito* s'inscrit d'abord et de façon indélébile dans l'impossibilité de tout dire ou montrer ou faire, non seulement dans une œuvre, mais dans cent ou mille ou des millions d'œuvres. Maupassant en avait déjà l'intuition dans sa préface à *Pierre et Jean* : «Raconter tout serait impossible, car il faudrait un volume au moins par journée, pour énumérer les multitudes d'incidents insignifiants qui emplissent notre existence.»

Ce qui peut paraître insignifiant, à celui-ci ou à tel moment ou selon telle perspective, ne l'est toutefois peut-être plus autrement?

---

nous invite à jouer son jeu, soit en permutant les cubes pour en développer les possibilités sémantiques, soit en lançant les dés de façon aléatoire; si Queneau prévoit que les dix sonnets en lignes découpées de ses *Cent mille milliards de poèmes* peuvent occuper un lecteur à temps plein pendant près de deux cent millions d'années, l'épuisement de la combinatoire de *Bla-bla-bla*, chiffrée à 8^6, peut tout de même meubler plusieurs week-ends pluvieux, avant que les 262 144 lignes soient disposées et lues; le second «objet» littéraire, intitulé *Des mêmes auteurs*, consiste en un tube semblable aux tubes de dentifrice, mais rempli de petites lettres en pâte alimentaire, de celles qu'on trouve dans les soupes aux «alphabets»; les auteurs Irénée Bélanger et Guy Pressault ont publié cet objet à mille exemplaires, et leur approche désacralisante de la littérature oscille entre l'ironie et l'absurde, et aussi entre le gadget et un art ludique redevenu presque «sauvage». — Dans un article intitulé «La poésie sauvage au Québec», j'ai eu l'occasion de développer ces questions, en utilisant au passage les éclairages proposés par Simondon dans *Mode d'existence des Objets techniques*, par Moles dans *Théorie des Objets* et par Baudrillard dans *Système des Objets*; cet article est paru dans la *Revue d'Esthétique* sous le thème «Il y a des poètes partout» en 10/18, Paris, 1975, 319 p. (p. 132-163).
-58. Proust: *Le Temps retrouvé*, p. 443.

Choisir alors: mais quoi? Les psychanalystes guettent dans la pénombre de leur cabinet, en insinuant que des choses d'allure banale et qu'on prétend avoir oubliées font des ravages terribles dans le subconscient, et que l'insignifiance peut devenir dissimulation. — Il n'en reste pas moins qu'écrire, même pour un psychanalyste, à commencer par Freud-le-Prolifique, c'est choisir, à chaque ligne, et donc éliminer (dissimuler d'une certaine façon) par ces choix tous les autres possibles, comme l'observe justement à propos du roman Julien Gracq:

> «À chaque tournant du livre, un autre livre, possible et même souvent probable, a été rejeté au néant. Un livre sensiblement différent, non seulement dans ceci de superficiel qu'est son intrigue, mais dans ceci de fondamental qu'est son registre, son timbre, sa tonalité. Et ces livres dissipés à mesure, rejetés par milliers aux limbes de la littérature, ces livres qui n'ont pas vu le jour de l'écriture, d'une certaine manière ils comptent, ils n'ont pas disparu tout entiers[59].»

Tels propos ne sont évidemment pas exclusifs à des romanciers contemporains d'expression française, et on pourrait en trouver de semblables chez des poètes, dramaturges, essayistes et romanciers s'exprimant en d'autres langues et en d'autres périodes. Pirandello écrit un «théâtre dans le théâtre» et présente dans *Six personnages en quête d'auteur* (1921) une «pièce à faire», où le personnage du Père sert de porte-parole à une dramaturgie ouverte et inachevable:

> «L'auteur qui nous a donné la vie n'a pas voulu ou n'a pas pu matériellement achever de nous mettre au monde, au monde de l'art. — Le drame, selon moi, est tout entier là-dedans, monsieur, dans la conscience que j'ai, qu'a chacun de nous d'être un, alors qu'il est cent, qu'il est mille, qu'il est autant de fois un qu'il y a de possibilités en lui. — Le personnage acquiert tout seul un sens que l'auteur n'avait jamais songé à lui donner[60].»

Dans le théâtre vénézuélien contemporain, Cesar Rengifo, né à Caracas en 1915, avait terminé à soixante ans une trentaine de pièces, et en gardait autant dans ses cartons, inachevées, dont certaines à remanier. En poésie américaine, Ezra Pound a poursuivi l'écriture de ses *Cantos* pendant une quarantaine d'années, de 1919 à 1957, sans pouvoir saisir parfaitement, en un verbe pourtant somptueux et érudit, ce qu'il désirait exprimer et qu'il se résignait à encrypter parfois dans de mystérieux idéogrammes. Kafka faisait de son papier la scène de vertigineuses «métamorphoses», qui n'en finissent pas de ne pas finir, et travaillait longuement ses textes, les reprenait et remaniait, les abandonnait, y revenait. Ses grandes œuvres n'ont été publiées qu'après sa mort, malgré la demande qu'il avait faite à son ami Max Brod de tout brûler «sans restriction», manuscrits, carnets, lettres, le priant même dans ses dernières volontés de réclamer à ceux qui en possédaient tous écrits qu'il avait pu leur envoyer ou confier, pour que tout soit brûlé. Max Brod ne respecta pas ces vœux: au contraire, il scruta attentivement les dossiers de Kafka, y mit de

-59. Julien Gracq: *Lettrines*, Corti, Paris, 1967, p. 27-8; cité dans *L'Univers du roman*, p. 55; — la citation de Maupassant reproduite quelques lignes plus haut se trouve aussi dans le même document, p. 126.
-60. Pirandello: *Six personnages en quête d'auteur*, p. 16, 36 et 88.

l'ordre, disposa le plus convenablement possible les parties et fragments d'œuvres, et fit paraître dans leur *non finito* les livres troublants que ce sombre génie avait laissés inachevés ou en suspens, comme *Le Château, L'Amérique,* les ébauches des *Préparatifs de Noce à la campagne* et du *Journal,* et *Le Procès* dont Brod écrit:

> «Kafka considérait l'ouvrage comme inachevé. Avant le chapitre final, il devait exposer encore certaines phases du mystérieux procès. Mais comme le procès, d'après ce qu'il disait, ne devait jamais réussir à parvenir à la suprême instance, le roman se trouvait lui aussi inachevable en un certain sens; il pouvait se prolonger à l'infini[61].»

Quel est donc cet «infini»? Cet indéfini, plutôt, dont on pourrait cerner quelques contours? — Non, dira Kafka, car «les choses vivantes ne se calculent pas à l'avance[62]», et il semble en effet que souvent pour l'artiste, son œuvre soit une «chose vivante», du moins aussi longtemps qu'il la porte en lui, qu'il n'a pas coupé le cordon par lequel il peut encore la transformer, et se transformer en retour par elle selon une alchimie complexe qui ne manquera d'ailleurs pas d'avoir des répercussions plus tard sur les lecteurs, et que Kafka semble interpréter dans le sens d'une «Origine» mythique absurdement réduite en «informe bouillie», dans son inaccessibilité, peut-être, déjà tragiquement ressentie en des termes apparentés chez Mallarmé:

> «C'est comme si je n'étais pas né définitivement, comme si je venais toujours au monde hors de cette vie obscure dans cette chambre obscure, comme s'il me fallait toujours à nouveau y chercher confirmation de moi-même[63].»

La confirmation de soi-même par l'écriture, en l'œuvre, demeure une recherche aussi mouvante que ce qui se passe dans le champ de conscience, c'est-à-dire interminable. Si cette recherche se donne une configuration ludique, son jeu pourra éventuellement changer la feuille de papier en miroir de Narcisse, dont au moins des reflets se manifestent dans le *Roland Barthes* que Roland Barthes n'hésite pas à écrire lui-même, s'entourant avec gourmandise de faits barthiens: photographiques et textuels, autographiques, familiaux et professionnels, magistraux et amicaux, picturaux et musicaux, bref:

-61. Post-scriptum de Max Brod au *Procès* de Kafka, p. 430-1; et p. 424-5 pour l'ultime billet de Kafka évoqué plus haut.
-62. Kafka: «Lettre au Père», dans *Préparatifs de Noce à la campagne,* p. 162. — Dans une Préface à *La Métamorphose,* Jorge Luis Borges écrit que «le pathos des romans inachevés de Kafka naît précisément du nombre infini d'obstacles qui sans cesse arrêtent leurs identiques héros: il ne les termina pas parce que l'important était qu'ils fussent sans fin.» (*Livre de Préfaces,* p. 139)
-63. Extrait du brouillon d'une lettre de Kafka à sa fiancée, le 18 octobre 1916; cité par Maurice Blanchot dans *L'Espace littéraire,* p. 73, note 1. — Le peintre québécois Borduas, mort à Paris dans un isolement tragique en 1960, proposait en 1953 un écho à ce que je viens de citer de Kafka: «Tous mes tableaux ne sont faits que pour ma propre connaissance», rouvrant ainsi la dialectique inachevable entre l'œuvre et l'homme, artiste ou amateur; en 1942 déjà, et après avoir fait son bilan de l'histoire de l'art, Borduas écrivait que «l'avenir reste entier, inconnu». (G. Robert: *Borduas,* Presses de l'Université du Québec, Montréal, 1972, 340 p., p. 232 et 271)

«universaux», selon l'univers barthien, où l'auteur rêve avec complaisance à «un texte ardent, un texte magique, qui ne finira jamais», — l'œuvre étant «un escalier qui ne s'arrête pas[64].»

Escalier qui monte ou descend? — Pour nous arracher au cercle clos du miroir qui perdit naguère Narcisse, regardons ailleurs, par exemple vers le Nouveau Roman. Il s'agit de quoi? D'un mouvement littéraire qui ressemble à une entreprise publicitaire d'éditeur, sans doute, du moins en partie; mais aussi (et surtout, pour nous, ici) de faire exploser la narration, de développer à travers le récit le procès du récit, d'écrire même parfois l'écriture; et il s'agit d'autre chose encore, et quand on tente de faire le bilan de ce mouvement qui a mis en cause et en acte quelques remarquables «lettrés», on peut bien dire avec l'un deux:

> «En le domaine éminemment multiple et instable des variantes généralisées, de la guerre des récits, du conflit des rhétoriques, c'est en vain qu'un récit unitaire tend à se construire. Du stade de l'Unité agressée, on est passé au stade de l'Unité impossible. Le récit n'a donc pas disparu: au cours de son procès, il s'est multiplié et ce pluriel est entré en conflit avec lui-même[65].»

À propos de *Moderato Cantabile* de Marguerite Duras, le critique Maurice Nadeau notait en 1958 que «le propre des solutions imaginaires est de demeurer constamment ouvertes et, précisément, de ne rien conclure. Sa réussite voulait l'inaccomplissement[66].» — Inaccomplissement et inachèvement: *non finito*, dont la dynamique pousse la créativité vers d'autres directions ou recherches, vers le cinéma par exemple, avec Alain Robbe-Grillet, qui écrit en 1963, à propos du film fait avec Alain Resnais et intitulé *L'Année dernière à Marienbad*:

> «Ce qu'il lui demande (au lecteur ou au cinéphile), ce n'est plus de recevoir tout fait un monde achevé, plein, clos sur lui-même; c'est au contraire de participer à une création, d'inventer à son tour l'œuvre — et le monde — et d'apprendre ainsi à inventer sa propre vie[67].»

Robbe-Grillet aurait pu citer en exemple un roman de Marc Saporta, publié l'année précédente et constitué de 150 feuilles détachées, que l'on peut «battre comme un jeu de cartes et couper de la main gauche, comme chez une cartomancienne», selon son «mode d'emploi». Chaque page de texte contient un épisode d'une histoire inévitablement enchevêtrée, dont «le nombre de compositions possibles est infini[68].»

Plusieurs explorations littéraires et artistiques récentes ne sont pas sans rappeler, malgré le recours aux techniques parfois compliquées des mouvements avant-gardistes, le *non finito* que Melville invoquait déjà dans *Moby Dick*: «Dieu me garde de jamais rien achever. Tout mon livre n'est qu'un brouillon, et même le brouillon

---

-64. R. Barthes: *Roland Barthes*, p. 69 et 177.
-65. J. Ricardou: *Le Nouveau Roman*, p. 139.
-66. Cité dans *Moderato Cantabile* en «10/18», Paris, 1962, 183 p., p. 165.
-67. Cité dans *L'Univers du roman*, p. 89.
-68. Introduction à *Composition n° 1* de Marc Saporta, 1962.

d'un brouillon[69]. » — L'idéologie de l'avant-garde aurait souvent tendance, semble-t-il, à renverser le sens de l'observation de Melville, et à présenter le moindre brouillon comme pur chef-d'œuvre. Des artistes prétendus d'avant-garde sont en effet souvent amenés à forcer la note, pour attirer davantage l'attention, et leur rhétorique pourrait trahir un «double mouvement intérieur» qu'Edoardo Sanguineti décrit froidement:

> «D'une part, l'avant-garde exprime la tension héroïque et pathétique vers un produit artistique immaculé, qui échapperait au jeu immédiat de la demande et de l'offre, qui ne serait en somme commercialement pas utilisable, et, d'autre part, la virtuosité cynique de l'entraîneur secret, pour employer le mot de Packard, qui jette dans le circuit de la consommation esthétique une marchandise telle qu'elle puisse vaincre, d'un mouvement surprenant et audacieux, la concurrence affaiblie et presque inerte des producteurs moins astucieux et moins libres de préjugés[70]. »

L'avant-garde peut en effet devenir rentable, dans certaines circonstances favorables (et plus facilement encore ce qui se donne des airs d'avant-garde et profite de toute publicité), sinon pour les artistes eux-mêmes du moins pour certains promoteurs astucieux ou pour les héritiers: mais ceci est une autre histoire, et déborde de l'hypothèse dynamogénique du *non finito*, qu'il reste encore à éprouver dans le domaine des explorations musicales en notre siècle.

Prospections musicales, de Debussy et Varèse à l'ordinateur

De Debussy à Varèse, la musique entreprend d'explorer au début du XXe siècle des sentiers de plus en plus variés, qui semblent conduire très loin et dont nous ne pouvons guère aujourd'hui deviner les aboutissements, dans la prolifération des recherches en cours. Si un cancer a interrompu plusieurs projets d'œuvres chez Debussy, cela n'empêche pas de déceler, dans *Pelléas et Mélisande* et plus encore dans les grandioses esquisses symphoniques de *La Mer* et du *Prélude à l'après-midi d'un faune* (comme d'ailleurs dans les chatoyants *Jeux*), non seulement une générosité «impressionniste» dont on ne se lasse pas de découvrir des aspects différents, mais encore une perspective qui semble renaître sans cesse de son désir profond de se continuer, de ne pas achever.

De son côté, le Dodécaphonisme de l'École de Vienne apporte une appréciable contribution à la dilatation des formes musicales contemporaines, surtout en contestant une des normes plusieurs fois séculaires dans la musique occidentale, celle de la hiérarchie tonale. Ainsi l'œuvre théorique et artistique de Schönberg ouvre dès 1910 la voie à l'écriture sérielle qui, malgré sa rigueur accentuée de classicisme, offre une alternative à la tradition harmonique tonale. Les

-69. Cité en liminaire par Arthur Koestler dans *Le Yogi et le Commissaire*, p. 5.
-70. E. Sanguineti: «Sociologie de l'avant-garde», dans *Littérature et Société*, Éd. Institut de Sociologie, Université libre de Bruxelles, 1967, 223 p., p. 12.

«variations» de Webern laissent de leur côté deviner la vaste combinatoire dont dispose, malgré sa sévérité, l'École de Vienne, où Arnold Schönberg abandonne le livret et la partition de son opéra *Moïse et Aaron*, après y avoir travaillé de 1930 à 1935. Berg ne termine pas l'instrumentation de son opéra *Lulu*, et son opéra *Wozzeck* propose des perspectives sonores et scéniques dont la forme en quelque sorte ouverte se développe dans de nombreuses possibilités mathématiques et symboliques, et se découpe selon un plan où l'Idéal chercherait à inventer des structures organiques:

> «Les mathématiques sonores passent ainsi dans la zone des symboles, touchent à une source plus indicible de la Musique qui est elle-même indicible. — La mise en œuvre ressemblerait à un développement biologique, dans lequel tous les éléments sont enchaînés, l'individu total demeurant imprévu, parce qu'il est idéal[71].»

La musique semble, surtout depuis Edgar Varèse, être la forme d'art dont le dynamisme correspond davantage à la vision einsteinnienne d'un univers en continuelle et inépuisable expansion, comme on peut le comprendre lorsque Varèse précisait le sens de son esthétique dans une conférence présentée à l'Université de Princeton le 4 septembre 1959:

> «Chacune de mes œuvres découpe sa propre forme. — (Éclairer) l'aboutissement de mes œuvres à leurs formes. Il y a d'abord l'idée; c'est l'origine de la structure interne; cette dernière s'accroît, se clive selon plusieurs formes ou groupes sonores, qui se métamorphosent sans cesse, changeant de direction et de vitesse, attirées ou repoussées par des forces diverses. La forme de l'œuvre est le produit de cette interaction. Les formes musicales possibles sont aussi innombrables que les formes extérieures des cristaux[72].»

Autrement dit, l'architecture sonore s'ouvre à des explorations dont on ne pourrait voir la fin, si l'imagination en anime la vision. Sur l'immense clavier de la combinatoire qui s'offre aux désirs de l'artiste, le *non finito* se confond avec les frontières qu'on pourra bien reculer sans jamais les abolir. Ce que Varèse apporte à l'esthétique contemporaine, c'est surtout cette perspective singulière selon laquelle l'artiste tend à inventer pour chaque œuvre «sa propre forme», rejetant ainsi tous moules et paradigmes. L'artiste retrouve une liberté originelle, à la fois devant ses matériaux, ses outils, ses techniques. Il imaginera certaines œuvres qu'il ne pourra pas réaliser, aussi longtemps qu'il ne disposera pas des instruments adéquats, comme cela s'est trouvé pour Varèse, qui rêvait déjà vers 1924 à des «images acoustiques[73]» qui fonderaient une nouvelle musique, électronique, capable d'exprimer «émotions et conceptions» selon des architectures sonores littéralement inouïes.

Dès la composition d'*Arcana*, en 1926-27, Varèse prend figure d'alchimiste des sons. La partition sera transformée, jusqu'à la version

-71. P.J. Jouve et M. Fano: *Wozzeck d'Alban Berg*, p. 303-4.
-72. Cité dans un numéro spécial de la revue *Liberté*, Montréal, septembre 1959, p. 281-2.
-73. Vers 1908, le musicien Ferruccio Busoni, qu'admirait Varèse, prédisait déjà de tels instruments; voir *Varèse*, par Odile Vivier, p. 59-63 et 83.

de 1960 où elle requiert 119 musiciens, pour mieux servir (sans l'épuiser pourtant) son projet d'offrir à l'imagination un profil sonore du Grand Œuvre. Dans *Ionisations* (1931), Varèse oriente son œuvre, délibérément exploratoire et expérimentale, du côté des «sons complexes», en cherchant à faire éclater le chromatisme traditionnel par l'utilisation d'instruments peu orthodoxes, sirènes, tam-tams, enclumes et une trentaine de percussions. On pourrait penser aux «Bruiteurs futuristes» animés par Russolo autour de 1913[74], mais Varèse rejette cette filiation:

> «Certains compositeurs n'ont en vue dans leur œuvre qu'une succession et un frôlement d'agrégats sonores. — Pourquoi, Futuristes italiens, reproduisez-vous servilement la trépidation de notre vie quotidienne en ce qu'elle n'a que de superficiel et de gênant? — La musique qui doit vivre et vibrer a besoin de nouveaux moyens d'expression. — Je rêve les instruments obéissants à la pensée, et qui avec l'apport d'une floraison de timbres insoupçonnés se prêtent aux combinaisons qu'il me plaira de leur imposer et se plient à l'exigence de mon rythme intérieur[75].»

Le désir chez Varèse de transgresser les normes esthétiques courantes, pour courtiser plus librement des frontières inédites, inter-dites, l'entraîne à explorer passionnément certaines perspectives «spatiales[76]» de la musique, jusqu'aux audaces des deux bandes de sons électroniques qu'il incorpore à *Déserts*, dont la première à Paris le 2 décembre 1954 provoque un tumulte semblable à celui de la première du *Sacre du Printemps* de Strawinsky dans le même théâtre des Champs-Élysés en 1913. Varèse retravaillera ses deux bandes de «son organisé», jusqu'à une quatrième version en 1961, mais entre-temps, il répond à l'invitation de Le Corbusier de faire un *Poème électronique*, à l'occasion de l'Exposition universelle de 1958 à Bruxelles. Pour accompagner les 480 secondes de la composition que Varèse enregistre sur une bande à trois pistes synchronisées et que diffusent en divers «chemins sonores» plus de quatre cents haut-parleurs, Le Corbusier et son assistant Xenakis dessinent une des formes architecturales les plus dynamiques de notre siècle (malheu-reusement démolie après l'Exposition bruxelloise), et sept séquences d'images sont préparées pour être projetées sur les surfaces intérieures de l'étonnante tente en voiles de béton, non pas pour accompagner ou illustrer l'œuvre musicale de Varèse, mais plutôt dans le but de proposer aux quarante groupes de visiteurs qui pouvaient chaque jour pénétrer dans ce lieu une autre dimension de

---

-74. Voir le manifeste «L'Art des Bruits» et quelques autres documents pertinents dans *Futurisme* préparé par G. Lista, p. 307-324; aussi, dans *L'Année 1913* III, p. 289-300.

-75. Varèse: «Verbe. Que la musique sonne», dans *391* n° V, New York, 1917, p. 42.

-76. «Il y a cinquante ans, je savais que d'une manière ou d'une autre, je réaliserai un jour une nouvelle sorte de musique, qui serait spatiale. Quand j'étais jeune, je faisais des expériences avec des sirènes. Je découvrais que je pourrais obtenir de belles courbes paraboliques et hyperboliques, équivalant pour moi aux paraboles et hyperboles dans le domaine visuel. Dès lors, je n'envisageais plus la musique que comme spatiale.» (Cité par O. Vivier dans son *Varèse*, p. 96)

la vision qui leur était ainsi présentée de l'humaine condition par la rencontre de plusieurs artistes imaginatifs et géniaux[77].

Comme il est arrivé à bien d'autres compositeurs, Varèse, en mourant en 1965, laisse inachevé *Nocturnal* II et incomplet le I. Mais la musique contemporaine offre un autre type d'inachèvement, inscrit en quelque sorte dans les nouvelles architectures formelles, dites ouvertes ou aléatoires, où la fixité de la partition écrite traditionnelle est remplacée par une composition variable, de diverses manières possibles. Par exemple, le *Klavierstück* XI, composé en 1957 par Karlheinz Stockhausen, est constitué de dix-neuf groupes ou îlots de notes, que le pianiste peut interpréter dans l'ordre qu'il désire, sans nécessairement tous les faire, en variant tempos et intensités de chaque îlot ou partie d'une œuvre que chaque nouvelle interprétation réalise dans l'une de ses nombreuses possibilités, en autant d'archipels différents.

Stockhausen s'est souvent attaché à faire ainsi de la musique un chantier ouvert à diverses explorations. Dans *Prozession,* il utilise des passages d'œuvres précédentes, qu'il met à la disposition d'une demi-douzaine d'instrumentistes (pianiste, «électroniumiste», joueur de tam-tam assisté d'un perchiste, virtuose d'un instrument à 55 cordes assisté d'un préposé à l'amplification), qui sont libres de leur interprétation, laquelle peut encore subir une modulation et même des modifications considérables par le recours à divers contrôles électroacoustiques (volume et tonalité des sons, filtres, etc.). Une œuvre comme *Momente* (1962) présente aussi une perspective aléatoire, puisque chaque performance se construit à sa façon, en utilisant, selon tel ou tel autre ordre et selon le double choix de la durée et des exécutants, un certain nombre des éléments ou matériaux proposés par le compositeur ; prévue pour un soprano soliste, quatre groupes chorals et treize instrumentistes, *Momente* trouve ainsi en chaque nouvelle performance un profil différent, et seul l'enregistrement permet de l'entendre exactement de la même façon deux fois ou plus. — La mobilité[78] constitue l'une des caractéristiques de l'entreprise de Stockhausen, et dans *Refrain* de 1959, cette option esthétique prend la forme d'une courte partition en diptyque, qu'une règle pivotante ouvre à de multiples possibilités d'interprétation. D'autres partitions de Stockhausen peuvent se lire de gauche à droite ou inversément ; plutôt que de partitions, il s'agit souvent de «plans et devis» pour une architecture sonore mobile, aléatoire, et donc inachevée, puisque chaque interprétation invente l'œuvre dans une de ses multiples formes possibles, comme *Telemusik*, où les instrumentistes travaillent librement, pendant que «l'auteur» compose l'œuvre selon les matériaux sonores qui se présentent, en intervenant lui-même

-77. Voir le document *Le Poème électronique.*
-78. Stockhausen pousse son «esthétique ouverte» au point de remanier à plusieurs reprises certaines de ses œuvres; c'est ainsi que le 20 janvier 1964, à l'Université de Montréal, il nous présentait des «aspects» de *Momente* comme étant encore en gestation, et j'en ai alors fait l'objet d'un article paru dans la revue montréalaise *Maintenant,* mars 1964, p. 105s.

librement à la console électroacoustique qui lui permet d'architecturer de façon improvisée ces sons aléatoires.

En évoquant ainsi rapidement quelques œuvres de Stockhausen, on peut comprendre pourquoi un autre compositeur «expérimental», Morton Feldman, rétorque à une question suggérant un rapport entre eux deux: «Quel Stockhausen[79]? » — Et même: quelle interprétation/invention de quelle proposition d'œuvre de quel Stockhausen? — S'agit-il vraiment en cela d'esthétique aléatoire? S'agit-il de hasard, ou de choix parmi des possibilités plus ou moins nombreuses? S'agit-il d'improvisation? Mais Bach, Haendel, Beethoven étaient comme d'autres célèbres en leur temps non seulement par leurs œuvres écrites, mais aussi par leurs magistrales improvisations. Mozart laissait souvent au virtuose d'un concerto l'occasion d'improviser sa *cadenza*. De grandes vedettes de concert acceptaient il n'y a pas si longtemps d'improviser à partir de quelques notes suggérées par quelqu'un de l'audience. Et le jazz repose en grande partie sur des variantes improvisées.

La théorie de la composition musicale a depuis longtemps utilisé les notions de séries, variations, combinatoire. En 1640, Athanasius Kircher proposait dans son livre *Musurgia Universalis* un répertoire de séries de notes musicales, inscrites sur des réglettes combinables à volonté selon des possibilités tellement nombreuses qu'elles en semblaient inépuisables. Il ne s'agissait plus des boîtes à musique, qui ont connu à l'époque du Baroque et du Rococo les faveurs de la mode, car l'automate se trouve limité dans son opération par le mécanisme qu'il dissimule, tandis que la combinatoire proposée par Kircher constituait l'ébauche d'un ordinateur à composer de la musique[80]. Moins d'un siècle et demi plus tard, Mozart écrit une *Instruction pour composer des Valses* « par le moyen de deux dés et sans avoir la moindre connaissance de la Musique ou de la Composition » : le recours à l'aléatoire du jeu de dés permettrait d'assembler des éléments mélodiques selon une table codée pour éviter les hiatus, et « cela, à l'infini », selon Mozart.

On pourrait ici penser au *I Ching* (ou *Yi-king*), le Livre chinois des Oracles et Mutations, qui propose depuis des siècles les modèles cycliques ou voies d'énergie du Tao[81]. — Revenons plutôt à la musique contemporaine occidentale, dont une certaine dimension aléatoire reçoit le commentaire suivant de la part d'un de ses promoteurs les plus actifs, Pierre Boulez:

«On dit que j'introduis le hasard dans la musique. En réalité, il s'agit d'une simple liberté d'aiguillage. J'établis le plan d'une ville dans laquelle mon

---

-79. Entretien de Feldman avec Françoise Essellier, dans la revue *VH-101* n° 4, Paris, 1971, p. 45.
-80. Voir A. Moles: *Art et ordinateur*, p. 190 (et 198 pour Mozart); voir aussi J.-C. Risset: « Ordinateur et création musicale », dans *Art et Science: de la créativité*, p. 270.
-81. Voir les ouvrages *Tao*, p. 13-5, et *I Ching*, dans lequel l'hexagramme n° 64 évoque l'inachèvement, le *non finito*.

interprète pourra se promener à sa guise. — (La musique) n'est pas un vase où le compositeur distille son âme goutte à goutte, mais un labyrinthe où l'on n'a jamais fini d'entrer et de sortir, de découvrir de nouveaux chemins dont on n'a jamais épuisé le mystère. — Les œuvres musicales ne sont pas des divertissements. Ce sont des terriers au fond desquels le compositeur enfouit ses réserves. » L'inquiétude le poursuit et il doit sans cesse chercher de nouveaux terriers[82]. »

Ainsi l'artiste, et particulièrement l'artiste contemporain, serait traqué ? Et pourquoi ne prendrait-il pas à son tour, comme un grand nombre de ses devanciers, cette route périlleuse mais fascinante de la quête, d'une recherche dont on sait au départ qu'elle n'aura jamais de fin ? Le *non finito* manifeste encore certains de ses profils à travers des œuvres musicales comme le *Mobile* pour deux pianos ou les *Scambi* électroniques de Henri Pousseur[83], et John Cage en semble un des plus provoquants champions. Citons trois œuvres seulement de Cage, pour en indiquer la diversité d'inachèvement. Dans *Imaginary Landscape* n° 4, créé en fin de soirée le 2 mai 1951 à l'Université Columbia de New York, le compositeur dirigeait lui-même ses deux interprètes, l'un chargé de tourner les boutons de fréquence et l'autre les boutons de volume de douze récepteurs radiophoniques disposés sur une table ; à cette heure tardive, plusieurs stations d'émission radiophonique étaient silencieuses, ce qui ajoutait (ou retranchait) à l'inattendu de l'œuvre, et les changements irréguliers de syntonisation faisaient par ailleurs jaillir des bruits parasites tout à fait appropriés à l'esthétique stochastique visée par l'artiste. — Le 29 août 1952, le pianiste David Tudor a l'honneur de créer, au Maverick Concert Hall de Woodstock, 4'33", une œuvre de Cage d'une durée de quatre minutes et trente-trois secondes, comme l'indique son titre, pendant laquelle le pianiste demeure assis devant son piano, dans un complet silence et sans toucher l'instrument, se contentant de marquer par un mouvement des bras la ponctuation des trois mouvements de l'œuvre, qui durent 0'30", 2'23" et 1'20". — En 1957, Cage invente *Winter Music*, comportant une partition en vingt feuillets, qui peuvent être distribués à un, deux, etc. jusqu'à vingt pianistes, jouant (ensemble) ce qui a été confié à chacun. — Rappelons seulement certaines autres inventions étonnantes ou scandaleuses de Cage, ses « pianos préparés », ses concerts de percussion, et l'entrevue qu'il accordait à Pierre Taguiev en répondant par l'unique formule « Oui et non » à ses douze questions[84].

La démarche de Cage s'impose en ce qu'elle comporte d'expérimental, d'exploratoire, et de provoquant, forçant ainsi la voie vers des

-82. Propos de Pierre Boulez cités par J.-L. de Rambures dans « Boulez bouleverse la musique », revue *Réalités*, Paris, avril 1965, p. 103-5.
-83. « La poétique de l'œuvre ouverte tend, dit Pousseur, à favoriser chez l'interprète des actes de liberté consciente, à faire de lui le centre actif d'un réseau inépuisable de relations parmi lesquelles il élabore sa propre forme. » (U. Eco : *L'Œuvre ouverte*, p. 18)
-84. Entrevue reproduite dans la revue parisienne *VH-101*, n° 4, 1971, p. 30-3 ; les premiers pianos préparés de Cage sont de 1938 : en plaçant entre ou sur les cordes divers objets un peu au hasard, on pousse l'interprétation de la pièce (écrite ou improvisée) vers l'imprévisible.

possibilités (ou impossibilités, parfois) imprévues, dans le domaine sonore et/ou musical. Dans un recueil qui rassemble plusieurs de ses textes et causeries, Cage révèle avoir préparé d'avance six réponses aux six premières questions qu'on voudrait bien lui poser après une causerie de 1950 intitulée *Lecture on Nothing*; la première réponse, peu importe par ailleurs le contenu de la première question, devait se formuler ainsi: «That is a very good question. I should not want to spoil it with an answer. — Voilà une excellente question, et je ne voudrais pas la gâter par une réponse[85].»

Laisser l'œuvre ouverte, et la question qu'elle suscite aussi. — La musique semble constituer un des domaines artistiques les plus propices à semblable attitude, puisque la musique ne prend forme et corps de façon flagrante pour chacun qu'au moment où on l'écoute[86]. Le livre n'existe sans doute pleinement qu'au moment où je le lis, et le tableau, quand je le regarde, mais l'objet musical semblerait dépendre davantage des conditions de son «interprétation», et la plus grande partie des œuvres musicales retenues par la culture occidentale étaient, du moins depuis quelques siècles et jusqu'au milieu du XXe, écrites et reproductibles à peu près exactement grâce aux codes des partitions. Or voici que des compositeurs comme Cage et Stockhausen abolissent ce critère de reproductibilité, propulsent des œuvres dans des formes à chaque fois différentes les unes des autres, du moins jusqu'à un point bien supérieur aux tolérances d'exécution consenties par la tradition à des compositions de Bach ou Chopin; et ainsi, chaque émergence d'une des possibilités de ces œuvres disparaît à mesure (à moins qu'on ne l'enregistre aussitôt), et cela pourrait être considéré comme «archétype d'une esthétique du *non finito*», selon Daniel Charles[87]. — Il serait sans doute intéressant de continuer à sonder le domaine musical récent et actuel, en relevant d'autres explorations où l'inachèvement se manifeste[88], mais il n'est pas inutile de souligner que ces explorations et expérimentations ne sont

-85. J. Cage: *Silence*, p. 126; les autres réponses visent aussi l'ironie piquante, jusqu'à la dernière (et toujours sans égard au contenu des questions) : «I have no more answers!»

-86. Des mélomanes ou musiciens professionnels peuvent sans doute «entendre» une partition en la parcourant des yeux, mais ils ne l'écoutent pas, ils s'imaginent seulement l'entendre, comme je puis m'imaginer voir une sculpture en examinant sa photographie.

-87. «L'esthétique du *non finito* chez John Cage», par Daniel Charles, dans un nᵒ spécial publié en 1968 sur les «Musiques Nouvelles» par la *Revue d'Esthétique* à Paris, p. 23-6.

-88. Par exemples, plusieurs œuvres de Mauricio Kagel (revue *Musique en jeu* nᵒ 5, Paris, 1971, p. 101-2); la discographie des nouvelles musiques, à peu près inexistante vers 1960, affiche un catalogue remarquable une quinzaine d'années plus tard, où deux documents parmi d'autres méritent d'être cités: un *Panorama des musiques expérimentales* réunissant sur deux disques des œuvres faites entre 1958 et 1960 par onze compositeurs, et un album intitulé *Musique concrète* et réunissant des œuvres à peu près de la même époque de cinq compositeurs. — Mentionnons aussi l'excellent article de Jean-Yves Bosseur, «Fonctions de la notation dans l'indétermination», dans *Recherches Poïétiques* (II: le matériau, Klincksieck, Paris, 1976, 353 p.), p. 225-51.

possibles que parce que le contenu du concept musical a été bouleversé de fond en comble, surtout par Varèse. Des instruments à corde et à vent, la musique est passée au phonogène (ou générateur de sons électroacoustiques, mis au point en 1951), aux amplificateurs et filtres ultra-perfectionnés, aux consoles de mixage, aux laboratoires de sons. Des cours d'écriture contrapuntique ont cédé la place à des groupes de recherche, comme ceux de la R.T.F. à Paris, du studio de musique électronique de Cologne, du « Tape Music » à l'université new-yorkaise de Columbia, et du studio de phonologie de Milan, au fil de la décennie 1950.

Un des pionniers de la musique concrète, Pierre Schaeffer, raconte qu'il travaillait à « faire parler les bruits », dans son studio parisien de la R.T.F. en 1948, quand il a soudainement « abouti au poème sonore[89] » et contribué ainsi à dilater considérablement le champ de prospection des artistes qui travaillent sur la matière sonore, donnant un air davantage inachevé et inachevable à l'exploration musicale. — Citant en souriant Susanne Langer, le sémiologue polémiste Jean-Jacques Nattiez répétera que « la musique est un symbole inachevé », avant d'ajouter : « Et on s'en tiendra là[90]. » — On ne peut toutefois à peu près jamais s'en tenir là, puisque tout continue, la vie, la pensée, les recherches, nous entraînant sans cesse vers autre chose, ailleurs et autrement : l'homme semble le plus curieux des mammifères, insatiable dans ses explorations et imaginations.

Pourquoi la musique de notre siècle s'est-elle engagée à fond dans un tel labyrinthe d'aventures sonores ? Parmi d'autres raisons, parce que la tradition musicale imposait une sorte de fatigue culturelle, parce que des techniques insoupçonnées devenaient disponibles, parce que les véhicules d'information accéléraient les communications entre artistes et stimulaient les échanges, et parce que l'interprétation musicale entraîne les musiciens à se déplacer d'un pays à l'autre, favorisant ainsi les échanges ; aussi parce que le désir de connaître et faire autre chose envahissait une fois de plus l'esprit de l'artiste, et particulièrement du musicien. Désir de s'arracher aux formules usées, de plonger dans l'inconnu, dans le *non finito* fascinant de tous les possibles, au delà de ce qui se trouve déjà conquis ou suranné.

En musique comme dans les autres formes d'art, l'artiste semble retrouver au XXᵉ siècle un enthousiasme qui l'apparente à ses ancêtres du Cinquecento, mais avec des moyens techniques et des véhicules d'information bien différents. Leonardo était Leonardo. Iannis Xenakis est aussi architecte et ingénieur, dessinateur et mathématicien, penseur et musicien, mais le clavier des possibles qui s'offre à lui n'est plus celui des grotesques machines volantes à poulies : c'est

---

-89. P. Schaeffer : *La Musique concrète*, p. 18 ; du même auteur, le volumineux *Traité des objets musicaux*.
-90. J.-J. Nattiez : *Fondements d'une sémiologie de la musique*, p. 131 ; le livre s'interrompt en p. 419 sur une « conclusion inachevée ».

celui de l'ordinateur et de la cybernétique, qui viennent dilater de vertigineuse façon l'horizon de recherches, et particulièrement dans le domaine d'une musique comme celle qui recourt à l'aléatoire :

« Définir la musique stochastique en quelques mots est aussi difficile que de définir les théories scientifiques des jeux du hasard, la théorie cinétique des gaz, les théories statistiques, les processus aléatoires de la recherche opérationnelle, la philosophie du déterminisme et de l'indéterminisme, en un mot il faudrait définir auparavant une grande partie des concepts et des attitudes nouvelles des sciences contemporaines humaines, physiques et théoriques, ce qui est vraiment impossible. En effet, la musique stochastique se veut assez générale pour englober toutes les possibilités enrichissantes qu'offre la base commune à toutes ces diverses disciplines, c'est-à-dire la théorie et le calcul des probabilités dont le terme stochastique est une abréviation[91]. »

Devant une situation aussi nouvelle et complexe, il ne faut pas s'étonner que les artistes, entre autres de nos contemporains, s'en trouvent parfois ébahis, et qu'ils aient de la difficulté à poursuivre sans secousses ni chaos le développement de leur œuvre, c'est-à-dire de leurs recherches et expériences artistiques. Un professeur comme Abraham Moles s'est intéressé de près à ces phénomènes, selon la perspective de ce qu'il appelle une « sociodynamique de la culture », et il publiait en 1961 un essai sur les musiques expérimentales. En cherchant à conjuguer sa théorie de l'information avec des faits artistiques et esthétiques, il en est venu à s'intéresser aux rapports entre l'art et l'ordinateur, où le problème de l'invention prend une orientation singulière :

« Les remarques dispersées des créateurs (écrivains, artistes, musiciens, chercheurs scientifiques, ingénieurs des bureaux de projets) convergeaient toutes sur un certain nombre de faits précis : rôle de l'imagination dans ses rapports avec les processus aléatoires, rôle des connaissances emmagasinées dans la mémoire, rôle enfin d'une mise en situation de l'esprit dans un champ particulier de phénomènes, qu'il soit symbolique (signes), naturel (observation) ou créé artificiellement (expérience effectuée par un chercheur). — Les progrès des ordinateurs ont conduit à réaliser certaines ébauches de création artificielle. Un certain nombre de processus appartiennent déjà au domaine de la machine ; il est intéressant de s'assurer de la part qu'ils jouent dans le phénomène principal : variations systématiques autour d'un modèle, adjonction d'éléments supplémentaires de variété limitée, exploration systématique d'un champ des possibles (art permutationnel), combinatoire, etc. — L'art permutationnel est caractérisé par l'extraordinaire rapidité avec laquelle s'élargit le champ des possibles en fonction du nombre d'éléments qui entrent dans une combinatoire. L'esprit humain y saisit l'infini par l'artifice du fini (« gradus ad infinitum »), bien mieux qu'il ne l'appréhenderait directement[92]. »

Ces citations soulignent l'étonnante dilatation du champ artistique, grâce à des développements technologiques qui en remettent en cause non seulement les frontières, mais aussi les formes et les significations, nous invitant à retrouver, à travers les perspectives nouvelles qu'elles proposent, le dynamisme même de toute recher-

-91. I. Xenakis : *Musique, Architecture*, p. 26 ; — dans *La Création artistique et les promesses de la liberté*, Olivier Revault d'Allonnes étudie longuement la démarche « exploratoire » de la musique stochastique chez Xenakis (p. 217-260).
-92. A. Moles : *Art et ordinateur*, p. 52, 56 et 123 ; voir aussi *The Computer in Art* de Jasia Reichardt.

che, soulignée dans notre Introduction en appui à l'hypothèse dyna-mogénique du *non finito* : l'aventure de la connaissance se poursui-vrait, à l'assaut de frontières qui reculent et s'élargissent à mesure qu'elle avance en découvertes dans son inachevable quête.

C'est toujours d'art qu'il s'agit, et non d'ordinateur, qui n'est ni « machine à penser » ni « génial imbécile » : il n'est qu'un outil, une machine, un instrument, électronique, capable par exemple d'exécu-ter des calculs ou d'explorer une combinatoire à une vitesse éton-nante, selon les programmes plus ou moins ingénieux dont on l'a nourri, et selon l'utilisation plus ou moins habile qu'on en fait. Inutile donc de prétendre en faire un objet magique ou miraculeux, un artiste autonome ; inutile de s'en faire l'apprenti sorcier. Avec ou sans ordinateur, l'art aléatoire soulève quelques paradoxes, sans doute, mais l'esthétique en a vu bien d'autres, et quand Adorno rédige par exemple son *Essai sur Wagner* puis sa *Philosophie de la nouvelle musique*, il transforme contradictions et paradoxes en assises d'une dialecti-que conduisant jusqu'à « une critique acerbe des moyens de diffusion de la culture[93] » à notre époque. Dans sa *Philosophie de la nouvelle musique* de 1949, il oppose des pièces « progressives » de Schönberg à des pièces « réactionnaires » de Strawinsky, mais doit constater que le Dodécaphonisme même en arrive à son tour à fabriquer des œuvres « conformistes », selon ses propres normes[94].

En sera-t-il de même de l'art fait en utilisant l'ordinateur ? Dans une communication portant sur les rapports entre « ordinateur et création musicale », Jean-Claude Risset souligne pertinemment la dialectique des possibles et des limites du nouvel outillage électro-nique en art actuel :

> « Il n'est pas question de conclure : l'intervention de l'ordinateur en musique est toute récente. — L'ordinateur prolonge l'intelligence, en lui donnant prise sur des problèmes d'un degré élevé de complexité ; (c'est) une machine déterministe, ne pouvant connaître qu'un nombre fini d'états, mais l'espace de ces états reste immense et les parcours qu'y peut proposer l'ordinateur sont innombrables. — Il permet d'explorer les conséquences d'un processus trop complexe pour celui qui l'a imaginé[95]. »

-93. Dans *Adorno : Art, idéologie et théorie de l'art* (p. 61-5), M. Jimenez propose cette « critique » comme point d'appui aux thèses adorniennes, qui deviennent acerbes à cause de l'abondance irréductible des contradictions et paradoxes surgissant de l'examen du réel, et que la dialectique exacerbe plutôt que de les réduire.

-94. La stricte permutation des douze tons de la gamme atonale dodécaphonique offre un peu plus de 479 millions de possibilités, selon la formule $n!=1.2.3...12$, ou : $12!=1 \times 2 \times 3...\times 12$; pour s'arracher à ce vertige, Hauer puis Schönberg ont proposé d'établir d'abord telle ou telle autre succession de n sons, puis de les permuter dans le même ordre jusqu'au retour de la série originale, ce qui donne n variantes, conjuguées ensuite en trois autres modes (rétrograde, renversé, renversé-rétrograde), soit 48 possibilités pour 12 sons (12x4).

-95. J.-C. Risset : « Ordinateur et création musicale », dans *Art et Science : de la créativité*, p. 280, 269, 270. Dans le même recueil, Arnold Kaufmann termine son texte sur les « Méthodes mathématiques pour la créativité et la découverte » en notant que « le rôle de l'ordinateur dans les processus de créativité n'en est qu'à ses débuts, lesquels sont très prometteurs » (p. 260) : comme notre hypothèse du *non finito* !

N'est-ce pas encore retrouver, par un détour imprévu, l'écart familier entre le *concetto* et la *mano*, entre l'œuvre telle qu'imaginée par l'artiste et l'objet que ses mains fabriquent plus ou moins habilement ? On pourrait d'abord croire que le fait de complexifier les outillages et techniques permette de réduire cet écart, mais il faut bien constater que cette complexification stimule en proportion l'imagination et la projette au delà de toutes réalisations possibles. Le dynamisme imaginaire semble ainsi trouver son axe dans l'inachevable épuisement de ses explorations, et la quête inachevée d'un Marcel Duchamp autour du Grand Verre, la passion d'un Picabia pour les machines de toutes sortes, indiquaient déjà avant 1925, parmi quantité d'autres œuvres comme celles de Fernand Léger, l'importance de plus en plus stratégique de la machine dans l'imaginaire du XXe siècle. Le cinématographe était d'abord une machine à mettre des images en mouvement et en boîte, avant de se « métamorphoser en cinéma », selon l'expression d'Edgar Morin ; et Charlie Chaplin montrera en 1936, à sa façon et magistralement, le rapport étroit et complexe entre la machine et *Les Temps modernes*, débouchant ainsi avec d'autres artistes en diverses disciplines sur une mythique qui n'arrive pourtant pas à s'achever, comme toute véritable mythique et comme l'observe Marc Le Bot :

> « Si Picabia fut le féal de Marcel Duchamp dans le temps où s'inachevait le mythe de la mariée mise à nu par ses célibataires, c'est autre chose que lui-même (qu'il) mit à nu : l'impossibilité de fixer le mythe en un texte arrêté ou en un objet construit[96]. »

Quand l'artiste constate qu'il ne peut rendre exactement et complètement son *concetto* dans l'œuvre qu'il fabrique, il ne se résigne pas pour autant à cette infirmité qui l'empêche de jouer au démiurge. Réduit à multiplier ses simulacres du mythe de la création, il poursuit obstinément sa quête et reprend son insatiable recherche, en explorant l'inconnu à l'aide de nouveaux outils, de nouvelles machines, de nouvelles techniques, et projetant sur cet équipement les miraculeux pouvoirs de l'utopie, avant de constater une fois de plus qu'il ne s'agit que de prothèses. Car toutes ces « machines » (celles des visionnaires, celles de Jarry et de Kafka, de Duchamp et du cinéma, de Cage et de Varèse) que l'artiste brandit pour prendre d'assaut ses rêves utopiques, demeurent

> « ... inachevées, inachevables, incapables de fonctionner réellement. Elles n'en sont pas moins parfaites dans leur genre. — S'agit-il encore de machines. Une machine est un appareil destiné à produire du mouvement. Que les machines en cause soient matériellement réalisables ou non, cela ne change rien à

-96. M. Le Bot : « Le mythe de la machine », dans *Les Machines célibataires* — *Junggesellenmaschinen*, p. 175. — On se souviendra ici de la réflexion de Gabo : « Ce n'est point la machine qui m'inspire, mais l'esprit créateur de l'homme » (déjà citée en p. 200) ; voir aussi *Peinture et Machinisme* de Marc Le Bot ; le catalogue d'une exposition au Musée d'art moderne de New York en 1968 préparé par K.G. Pontus Hulten : *The Machine* ; et *Le Cinéma, ou l'homme imaginaire* d'Edgar Morin.

leur nature essentielle. Ce sont avant tout des 'machines mentales', dont le fonctionnement imaginaire suffit pour produire un mouvement réel de l'esprit[97]. »

Selon une telle vision, la fonction de la machine et celle de l'œuvre d'art se rapprochent curieusement : stimuler l'imaginaire et produire un mouvement réel dans le champ de la conscience. À travers le brouhaha de l'actualité, qui nous entraîne nous ne savons trop où, les multiples aspects ou déguisements qu'emprunte l'art pour se manifester, de façon protéiforme et parfois même absurde, dilatent vertigineusement le travail esthétique, et le provoquent dans ses ultimes retranchements. Cette prolifération en tous sens des œuvres et des tentatives de les comprendre, à la fois dans ce qui est et dans ce qui s'aperçoit comme possible, ne réussit de toute évidence qu'à amplifier étonnamment la dimension inachevable de toutes ces explorations, et donc leur teneur en *non finito*.

Tout se passe comme si l'histoire des arts, et surtout leur actualité turbulente, s'entendaient pour montrer d'abondance qu'il y a, dans l'imagination, un dynamisme disposant d'immenses virtualités dans le jeu de sa combinatoire, que de nouvelles techniques, théories et grilles de lecture viennent périodiquement relancer sur d'autres pistes et éclairer selon d'autres perspectives. Tout se passe encore comme si cette aventure immense se trouvait, indéfiniment, conviée à de nouvelles naissances, dont les œuvres d'art, toutes plus ou moins inachevées en regard du projet qui les inspire, proposent leur fascinant mais parfois énigmatique témoignage : ce qui nous ramène à l'hypothèse dynamogénique du *non finito*, qu'il faut maintenant tenter d'examiner sous un éclairage différent, dans la dernière partie de notre essai.

-97. Michel Carrouges : « Mode d'emploi », dans *Les Machines célibataires — Junggesellenmaschinen*, p. 44.

Dynamogénie esthétique du *non finito*

« Tout de même, ce *Flaubert* inachevé me pèse comme un remords. Enfin, remords, c'est peut-être trop fort; après tout, j'ai dû l'abandonner par la force des choses. Je voulais le terminer. Et, en même temps, ce quatrième tome était à la fois le plus difficile pour moi et celui qui m'intéressait le moins. Quelqu'un d'autre pourrait l'écrire à partir des trois que j'ai écrits. Mais je vous dis que l'essentiel est fait, même si l'ouvrage reste en suspens. — Parce que toutes les œuvres sont inachevées: tous les hommes qui font une œuvre littéraire ou philosophique ne la finissent pas. Que voulez-vous, il y a le temps! »

Sartre (Interview à l'occasion de ses 70 ans par Michel Contat, reproduit dans le journal montréalais *La Presse*, le 28 juin 1975, p. A-7)

« L'édifice achevé enferme l'imagination dans un cercle et lui défend d'aller au delà. Peut-être que l'ébauche d'un ouvrage ne plaît tant que parce que chacun l'achève à son gré? »

Delacroix: *Journal*, 20 avril 1853

Les pages précédentes ont accumulé, autour de l'hypothèse dynamogénique du *non finito* en art et en esthétique, une quantité de matériaux, exemples et éléments de preuves, dont il faudrait maintenant dégager quelques lignes de force et dessiner un bilan au moins provisoire, même s'il est évidemment possible de développer davantage et plus systématiquement le corpus précédent, indéfiniment...

Dès le seuil de notre essai, sa nature exploratoire était clairement posée, en toute conscience de ses frontières et limites. Et les ambitions de répertoire exhaustif, de théorie dogmatique ou d'esthétique généralisée à partir du *non finito* étaient écartées. Cela n'empêche toutefois pas le travail de recherche de déboucher sur une réflexion esthétique fidèle à l'esprit de notre projet, et on ne s'étonnera pas si le *non finito*, après avoir ouvert largement son propre labyrinthe, ait produit quelque effet de contagion ou de mimétisme, ni si le *concetto* de l'hypothèse n'ait pu entièrement et parfaitement s'accomplir dans toute la « finition » qu'une *mano* imparfaite n'a réussi qu'à ébaucher, malgré les désirs qui la travaillent et continuent à fermenter dans l'imagination : comme disait Vasari, je suis désolé de ne pouvoir mieux traiter de si vastes projets[1].

Cette main veut pourtant poursuivre son *abbozzo* de l'hypothèse dynamogénique proposée[2] autour du *non finito*, principalement en quatre volets :

— d'abord, en utilisant les matériaux accumulés et des exemples complémentaires, proposer une tentative de taxonomie ou de typologie du *non finito* en art ;

— ensuite, dégager la dynamique singulière qu'une œuvre d'art inachevée ou incomplète suscite dans l'esprit et l'imagination de qui en entreprend une lecture, parmi d'autres possibles ;

— puis reporter l'attention sur l'œuvre d'art inachevée ou incomplète, pour se demander si son dynamisme interne, qui laisse le désir d'œuvre en action de désir, ne constitue pas un profil profond de la fonction imaginaire de l'art ;

— et enfin, explorer la possibilité de considérer l'œuvre d'art inachevée ou incomplète comme signe, parmi d'autres, du sens de toute recherche, de toute quête de connaissance, de toute prospection de l'inconnu, de sorte que le *non finito* ouvrirait entre l'heuristique et l'épistémologie une piste où travaillent ensemble imagination et raison, en art aussi bien qu'en science.

-1. « Non poter esprimere si grandi e terribili concetti... » (Vasari : *Le Vite...* VII, p. 229)

-2. Rappelons l'hypothèse qui ouvre et fonde notre essai : Le *non finito* constituerait, sur le plan esthétique, un excitant capable d'accroître la fonction ou la portée imaginaire de l'œuvre d'art ; autrement dit, et en considérant le système de nos rapports avec les œuvres d'art comme assises de l'entreprise esthétique, notre hypothèse dynamogénique propose le *non finito* comme un stimulant qui se trouve dans certaines œuvres d'art, inachevées ou incomplètes ; stimulant capable d'exciter de façon particulière le travail de l'imagination autour de ces œuvres, et aussi le travail de réflexion esthétique (p. 21).

POUR UNE TAXONOMIE
DU NON FINITO

Voyons d'abord comment il serait possible de ranger ou étiqueter la masse hétéroclite et hirsute d'œuvres d'art inachevées ou incomplètes que nous avons commentées, signalées ou évoquées jusqu'ici? Et la tentation est grande de rappeler quelques lignes que Borges prétend emprunter à une encyclopédie chinoise, selon laquelle

> «les animaux se divisent en: a) appartenant à l'Empereur; b) embaumés; c) apprivoisés; d) cochons de lait; e) sirènes; f) fabuleux; g) chiens en liberté; h) inclus dans la présente classification; i) qui s'agitent comme des fous; j) innombrables; k) dessinés avec un pinceau très fin en poils de chameau; l) et caetera; m) qui viennent de casser la cruche; n) qui de loin semblent des mouches... »

Ces lignes de Jorge Luis Borges, dignes des honneurs du livre d'or de la Pataphysique, sont pourtant mises en relief au tout début de la Préface d'un livre d'une tout autre espèce, puisque c'est Michel Foucault qui les cite à la première page de *Les Mots et les choses*, en utilisant cette taxonomie incongrue pour esquisser le procès d'un savoir qui se réduirait à telle ou telle autre ordonnance, lequel procès débouche en quelques pages sur des perspectives qui viennent appuyer le leitmotiv du *non finito*:

> «L'homme n'est qu'une invention récente, une figure qui n'a pas deux siècles, un simple pli dans notre savoir, et il disparaîtra dès que celui-ci aura trouvé une forme nouvelle. — En essayant de remettre au jour cette profonde dénivellation de la culture occidentale, c'est à notre sol silencieux et naïvement immobile que nous rendons ses ruptures, son instabilité, ses failles; et c'est lui qui s'inquiète à nouveau sous nos pas[3]. »

Nous retrouvons ainsi la dynamique de la connaissance expérimentale esquissée avec la collaboration de Claude Bernard dans la première partie de notre essai: la curiosité naturelle de l'homme éveille le désir de savoir, désir stimulé d'abord par l'inachèvement ou l'incomplétude de ce qu'il sait déjà, et ensuite par la dilatation des frontières de l'inconnu autour des connaissances à mesure qu'elles s'augmentent et se complexifient. — Tel est le fond de l'hypothèse dynamogénique du *non finito*, et le désir y tient un rôle primordial, qui fera l'objet d'un chapitre ultérieur. L'heuristique s'y trouve aussi impliquée, en compagnie de l'épistémologie, et ce sera l'objet du dernier chapitre. Pour l'instant, revenons à la masse hétéroclite des œuvres d'art inachevées ou incomplètes, au *non finito* qui ouvre «le

---

-3. M. Foucault: *Les Mots et les choses*, p. 15-6; la citation de Borges se trouve en p. 7, et provient des *Otras inquisiciones*.

jeu dynamique de l'inachevé et du fini », selon Chastel, et à propos de quoi Paola Barocchi se trouve d'accord avec Ruskin pour en faire une catégorie esthétique[4].

Pour examiner de plus près cette catégorie esthétique du *non finito*, une première distinction peut être proposée entre le *non finito* qu'on peut vérifier dans l'œuvre d'art en elle-même, dans sa matière, sa forme ou son fonctionnement, — et le *non finito* qu'on peut vérifier dans la ou les lectures qu'on entreprend de sa matière ou de sa forme ou de son fonctionnement. Déportons aussitôt le second volet au chapitre suivant, pour ne retenir ici que le premier.

Le *non finito* dans l'œuvre

Comment se manifeste le *non finito* dans les œuvres d'art elles-mêmes ? Depuis la proposition initiale de l'hypothèse dynamogénique, nous avons souvent juxtaposé inachèvement et incomplétude, et cette juxtaposition pourrait fournir une piste taxonomique, en suggérant de distinguer deux aires selon lesquelles se départagent les œuvres où se manifeste le *non finito* (ce dernier terme conservant un sens général) :

— l'œuvre inachevée, c'est celle que son auteur (éventuellement pluriel, soit simultanément, soit successivement) n'a pas terminée ou achevée, comme on peut le constater dans la matière, la forme, le fonctionnement de l'œuvre même ;

— l'œuvre incomplète, c'est celle à laquelle il manque quelque chose, dans sa matière, sa forme, son fonctionnement ; pour ne pas confondre inachèvement et incomplétude, éliminons donc de l'incomplétude le cas où l'auteur n'a pas terminé son œuvre.

Examinons de plus près ces deux aires, et d'abord celle de l'inachèvement, qui provoque l'épineuse question : mais qu'est-ce donc qu'une œuvre achevée ? — De quelques façons d'en disserter ou non : selon le principe d'évidence, qui n'apparaît toutefois pas aussi évident à tout le monde, ni à chacun en divers moments ; selon le consensus universel, qui semble n'avoir jamais été aussi universel qu'on voudrait parfois le faire croire, puisqu'on trouvera toujours dissidents et distraits, sans parler d'innombrables indifférents, et encore de gens qui prennent le Pirée pour un homme ou la Joconde du Louvre pour un sujet de plaisanterie ou de caricature, d'iconoclasme ou d'anamorphose[5] ; mais si l'on ne peut s'entendre tous ensemble, que chacun s'entende avec lui-même et ne s'en remette qu'à son jugement de goût, sans s'encombrer de celui de Kant, et en laissant joyeusement fluctuer ce jugement selon les jours et les

-4. A. Chastel : « Le fragmentaire, l'hybride et l'inachevé », p. 86 ; Paola Barocchi : « Finito e non-finito nelle critica vasariana », p. 227 ; et J. Ruskin : *The Seven Lamps of Architecture*, p. 163-4.
-5. Voir *Tout l'œuvre peint de Léonard de Vinci*, p. 104-5, pour un piquant montage de « Jocondolâtrie et Jocondoclastie ».

humeurs ; si cette trop grande subjectivité ne semble possible que sur une île où l'Unique n'aura ni compagnie ni progéniture, mieux vaut revenir à la «civilisation» et à ses interminables conversations, qui relancent bientôt le débat sur ce qui fait qu'une œuvre est achevée, d'où ce rêve d'une sorte de «compteur Geiger» que l'on pourrait braquer sur l'œuvre examinée, et qui permettrait de lire sur un double cadran le degré objectif d'achèvement et l'indice en octane de chef-d'œuvre ; en attendant la mise au point imminente d'un tel appareil, qui établira enfin le palmarès scientifique et l'ultime hiérarchie rigoureuse dans la pagaille actuelle des jugements esthétiques, on peut encore se résigner à consulter les oracles, professeurs, experts, «connoisseurs», critiques, veuves d'artistes et même cartomanciennes, si les choses tournent en rond ; j'allais oublier l'artiste, et je l'oublie effectivement, car il m'a trop souvent répondu par des boutades du genre : «L'œuvre est terminée quand j'en ai marre, — ou quand on me l'arrache, — ou quand j'ai besoin d'argent, — ou quand il y a le feu à l'atelier, — ou quand un critique prétend me l'expliquer!»

Le cas Rouault

Le «cas» Rouault peut nous aider à examiner brièvement la question complexe de savoir en quoi se fonde l'achèvement d'une œuvre d'art. Au tout début de notre siècle, le marchand de tableaux Ambroise Vollard[6] remarque un jeune peintre du nom de Georges Rouault, prend ses tableaux à sa galerie et achète son atelier en 1913. Jusqu'à sa mort en 1939, Vollard demeure gérant d'affaires et ami de l'artiste, mais les choses se compliquent quand les héritiers se prétendent propriétaires de tout ce qui se trouve dans l'atelier que Rouault occupe, tandis que le peintre revendique au contraire son droit de décider lui-même et seul si les œuvres qui s'y trouvent sont aliénées par le contrat qui le liait à son marchand. Un procès s'engage, et le jugement du tribunal civil de la Seine du 10 juillet 1946 sera confirmé par la Cour d'appel de Paris le 15 mars 1947 : «... Attendu que tant qu'il n'a pas achevé son œuvre, celui qui l'a créée en est le maître absolu, qu'il peut non seulement la modifier entièrement, mais même la supprimer ou la détruire nonobstant toute convention[7]... »

En conséquence, les héritiers de Vollard rendent à Rouault environ 800 œuvres déclarées inachevées par l'artiste, et 119 peintures n'auraient pas été restituées, parce qu'on en aurait disposé entre-temps. Parmi celles qui lui sont rendues, Rouault en rejette 315, qu'il brûle devant huissier le 5 novembre 1948. Cette affaire judiciaire indique vers quelle complexité peut conduire le simple débat entre achèvement et *non finito*. Rouault peignait lentement, revenait volontiers au fil des années sur plusieurs tableaux, et ne les signait jamais sans beaucoup d'hésitation. À sa mort le 13 février 1958, il laisse dans son atelier parisien quelques centaines d'œuvres inachevées, dont

-6. Voir A. Vollard : *Souvenirs d'un marchand de tableaux*, surtout p. 236-9 et 294-5.
-7. Cité dans *L'Atelier du temps* de J. Guillerme, p. 34.

une sélection a su étonner ou éblouir nombre d'amateurs lors d'expositions à Paris, Québec et Montréal[8]. Rouault ne travaillait pas seulement dans l'épaisseur de la pâte, mais aussi dans l'épaisseur du temps, pétrissant l'œuvre selon le mouvement de son inspiration, hésitant encore, toujours insatisfait, et abandonnant le tableau dans un coin de l'atelier pendant un an, cinq, dix ou même cinquante ans : certaines œuvres inachevées qu'il laisse à sa mort ont en effet été vraisemblablement commencées au début du siècle.

Chez Rouault, le critère de passage entre le *non finito* et l'achèvement se rattache, comme chez plusieurs artistes en arts plastiques, au geste réfléchi de la signature, avec un sursis que s'accorde toutefois le peintre aussi longtemps que l'œuvre se trouve encore dans son atelier ou n'a pas été définitivement cédée :

«Le droit souverain de l'artiste qui l'autorisait à modifier ou à détruire son œuvre sans qu'aucun jugement d'expert puisse être substitué au sien dure au moins jusqu'au moment où il la livre, en renonçant alors et de ce fait à sa faculté de rétention indéfinie, attribut de son absolue maîtrise. Le créateur n'a plus alors que (...) des droits spirituels sur ses œuvres, loin de certains trafiquants sans scrupules[9].»

Quand le vieillard Rouault explique en public ce qu'il pense des œuvres qu'un artiste laisse en chantier à sa mort, sa parole porte bien au delà de son propre atelier :

«Le rôle des héritiers et des exécuteurs testamentaires est primordial en ce qui concerne la publication des œuvres inédites. Cette faculté de retenir ou de publier, qui appartenait à l'artiste d'une manière souveraine, il faut bien que ses continuateurs en soient investis pour fixer le sort des œuvres sur lesquelles le créateur ne s'est pas explicitement prononcé avant sa mort. On ne voit pas qui, en dehors de ses héritiers naturels, s'il n'a pas laissé de testament, ou de ceux qu'il a

-8. De juin à novembre 1964, un choix de 177 œuvres inachevées de Rouault est exposé au Musée du Louvre, pour souligner le don que la famille du peintre a fait aux musées nationaux français des inachevés laissés dans l'atelier à la mort de l'artiste ; 70 de ces œuvres inachevées sont retenues dans la rétrospective Rouault que je prépare alors avec Bernard Dorival, et qui sera présentée au Musée de Québec en février 1965, puis au nouveau Musée d'art contemporain de Montréal en mars et avril. (Voir le document-catalogue *Rouault* que j'ai publié au Musée d'art contemporain de Montréal en 1965).
-9. Georges Rouault : «Droits du peintre sur son œuvre», dans *L'Artiste dans la société contemporaine*, p. 116. — Rouault a 81 ans quand il participe à un colloque international sur le thème de «l'artiste dans la société contemporaine» à Venise du 22 au 28 septembre 1952 ; son témoignage concernant les «droits du peintre sur son œuvre» souligne les complexités surgissant autour des questions de successions, saisies, divorces, reproductions, expositions, ventes aux enchères, faussaires, destructions intentionnelles, etc. ; — dans à peu près tous les pays, les lois demeurent vagues sur ces questions, et les précédents judiciaires sont rarissimes, de sorte que la jurisprudence se trouve à peu près inexistante et les pratiques malhonnêtes ou abusives y décèlent une sorte d'encouragement indirect, stimulées par les hausses vertigineuses de certaines cotes d'artistes, surtout depuis 1950 ; les successions de Rodin et de Brancusi, par exemple, ont pris des allures labyrinthiques, surtout sous le chapitre des droits de fonte et de tirage. — On le constate par ces quelques lignes, la question de l'œuvre inachevée débouche, au delà de l'esthétique, sur des perspectives judiciaires, commerciales, éthiques, etc., qui dépassent les cadres de notre essai.

désignés à cet effet, s'il a pris des dispositions de dernière volonté, pourrait décider de ce qui doit être conservé ou détruit, de ce qu'il convient de publier ou de retenir[10]. »

En examinant certains des tableaux inachevés de Rouault, on peut se demander ce qui les distingue radicalement d'œuvres vendues par l'artiste lui-même et inscrites depuis longtemps avant sa mort aux catalogues de collections publiques et privées à travers le monde? Souvent on remarque en effet sur les unes et les autres semblables architectures plastiques, patientes reprises et recherches qui paraissent ne jamais pouvoir trouver leur aboutissement. Tout se passe comme si l'artiste, devant certains tableaux, ne parvenait pas à se décider de s'en séparer, et il ne signe pas l'acte d'affranchissement, ne coupe pas le cordon ombilical. Il se réserve le privilège de poursuivre éventuellement l'œuvre, peut-être parce qu'en accordant ce sursis à sa créativité, a-t-il l'impression de protéger d'une certaine façon son propre devenir? — « *Work in progress* », inscrivait Joyce sur le manuscrit de *Finnegans Wake*...

Œuvres interrompues

Pour cerner le caractère de l'œuvre inachevée, il faudrait établir exactement la frontière de l'aire de l'achèvement, bien sûr, mais le cas Rouault vient de montrer que ce n'est pas si simple. Et le critère de la signature? Il ne fait guère le poids, devant le nombre important d'œuvres plastiques, musicales, littéraires, qui semblent pourtant bien achevées, mais dont on ne connaît pas les auteurs, sans parler des attributions douteuses ou erronées ni des signatures postiches; de plus, quantité de tableaux, par exemple, ne portent aucune signature, surtout avant le XVIIe siècle et même depuis et jusqu'à aujourd'hui, ce qui ne les empêche pas d'être terminés.

Cherchons d'autres critères. Celui du dessaisissement, acte volontaire par lequel l'artiste donne, échange ou vend son œuvre? Voilà qui paraît précis, et pourtant Bonnard n'allait-il pas parfois retoucher des tableaux dont il s'était dessaisi, jusque chez des collectionneurs et même au musée, comme on l'a signalé précédemment, en page 195? — Ajoutons un autre exemple, celui de Degas, à qui il « arrivait de reprendre chez son propriétaire un tableau donné ou vendu, pour en poursuivre encore, parfois après des années, l'impossible achèvement[11]. »

Si la signature et le dessaisissement ne réussissent pas à fonder un critère solide d'achèvement, surtout devant l'avalanche d'éditions revues et corrigées par les auteurs que nous propose la littérature, il faudrait peut-être s'approcher davantage de l'artiste et de sa conduite

-10. Ibid. p. 120. — A l'automne 1964, Madame Rouault et sa fille Isabelle m'ont confié à Paris leurs longues hésitations devant les œuvres inachevées que Rouault laissait à sa mort; finalement, la famille décida de les léguer aux musées nationaux français.
-11. E. De Keyser: *Art et mesure de l'espace*, p. 157.

intime? — Le voici qui ébauche une œuvre, puis la laisse en chantier, mais sans la détruire, soit parce qu'il s'en désintéresse, que son attention se trouve attirée ailleurs, que le temps lui manque, ou parce qu'il meurt. Il s'agit alors d'une œuvre interrompue dans le cours du travail, et cette interruption peut se présenter de deux principales façons, semble-t-il : est-elle volontaire ou involontaire?

— Interruption volontaire d'une œuvre en cours, si l'artiste perd le goût de la continuer, s'il décide de travailler à d'autres œuvres, s'il préfère abandonner ce genre de production artistique pour en explorer des différentes, ou s'il choisit de ne plus produire d'œuvres d'art;

— interruption involontaire d'une œuvre en cours, quand un accident ou une maladie ou la mort en arrête l'élaboration, ou quand l'artiste se trouve empêché de la continuer par des circonstances hors de son contrôle (comme l'annulation d'une commande, le désistement ou le décès d'un mécène ou d'un patron, un danger mettant en péril sa sécurité ou sa santé, un ordre ou une menace, un enlèvement ou un emprisonnement, une fuite provoquée par des circonstances exceptionnelles : guerre, peste, conjoint acariâtre, liaison frivole et autres fléaux privés ou sociaux).

Dans certains cas, une ambiguïté[12] se dessinera entre l'interruption volontaire ou involontaire, par exemple si un artiste se suicide, interrompant ainsi le cours de ses activités, y compris sa production artistique en chantier; ou si un artiste perd le goût de poursuivre une œuvre, à cause d'une instabilité émotive, d'un affaissement d'énergie, de tracasseries domestiques ou professionnelles, dont il devient périlleux d'établir le partage entre ce qui est involontairement subi, inconsciemment recherché ou volontairement provoqué; un artiste peut encore se laisser accaparer par son œuvre au point de s'en rendre malade, ou travailler avec une imprudence telle que des accidents surviendront probablement, de sorte que l'œuvre s'en trouvera interrompue sans qu'il soit facile de savoir jusqu'à quel point cela est volontaire ou non?

Plusieurs causes peuvent ainsi faire obstacle à l'achèvement d'une œuvre en chantier : défaillance de l'inspiration ou de l'exécution, hésitation ou désintéressement, lassitude ou maladie, vieillissement ou autocensure, difficultés techniques, accidents ou voyages, tracas domestiques ou professionnels, embarras financiers, résiliation de contrats, empêchements légaux, sollicitations plus pressantes ou séduisantes ailleurs, etc., jusqu'à la cause ultime de la mort.

Un grand nombre d'œuvres d'art ont été interrompues en cours de réalisation, et notre «Labyrinthe» précédent l'a souvent montré, mais il serait utile d'en rappeler ou ajouter quelques exemples. Aux

-12. Cette ambiguïté devient pathétique chez un Van Gogh, conscient de risquer sa vie et sa raison dans son art, et autrement chez un Rudolf Schwarzkogler qui s'est livré en 1969 à un dépècement graduel de son sexe, jusqu'à ce que mort s'ensuive (l'artiste n'avait que 29 ans).

œuvres interrompues par la mort de l'artiste (de l'*Enéide* de Virgile au *Livre* de Mallarmé en passant par l'*Art de la fugue* de Bach) viennent se joindre des œuvres interrompues pour diverses autres raisons : le sommet de pyramides égyptiennes demeurait tronqué[13] ; les propylées de l'Acropole d'Athènes semblent non terminés ; plusieurs cathédrales médiévales n'ont pas été complétées et à l'époque, quand la moyenne de vie ne dépasse pas le demi-siècle, ces grands chantiers d'églises et de monastères se développent couramment sur plus d'un siècle, prenant ainsi l'allure d'entreprises inachevables ; Michelangelo, nous le savons d'abondance, laisse la plupart de ses sculptures inachevées ; la *Franciade* de Ronsard se trouve interrompue par la mort de son commanditaire Charles IX et n'offre que les quatre premiers des vingt-quatre chants prévus ; même des œuvres philosophiques sont marquées du *non finito*, comme les *Règles pour la direction de l'esprit* que Descartes interrompt vers 1629 et qui ne seront publiées qu'en 1684, soit plus de trente ans après sa mort ; un des premiers ouvrages consacrés spécifiquement à l'esthétique dans la littérature occidentale, celui de Baumgarten, est demeuré inachevé dans son second volet, qui a été publié fragmentairement en 1758, soit huit ans après le premier volet de l'*Aesthetica* et quatre ans avant la mort de son auteur ; une vingtaine d'années plus tard, soit en 1778, Jean-Jacques Rousseau interrompt ses *Rêveries du Promeneur solitaire* à la dixième «Promenade», une dizaine de semaines avant de mourir ; vers 1800, le peintre David interrompt son portrait de Madame Récamier, après s'être disputé avec son modèle ; en 1879, Degas expose un portrait interrompu de Mme Dietz-Monnin ; en 1884, Seurat n'hésite pas à exposer des études pour *Un dimanche d'été à l'île de la Grande Jatte* (près de quatre siècles après les fameux cartons de Leonardo et Michelangelo), et en mars 1891, il expose son *Cirque* inachevé, et meurt quelques jours après l'inauguration du VIIe Salon des Indépendants ; Matisse signera au fil de sa longue carrière, et surtout vers la fin, entre 1940 et 1951, plusieurs tableaux inachevés, du moins selon les critères courants de recouvrement complet de la toile et de développement des détails.

De l'ébauche à l'achèvement

En cherchant une frontière, une ligne de démarcation aussi précise que possible entre l'œuvre inachevée et l'œuvre parachevée, une zone s'offre plus nettement, celle des ébauches, esquisses, croquis, pochades et autres formes d'études. Plusieurs de ces œuvres peuvent avoir une valeur artistique autonome, et même dépasser la valeur artistique d'œuvres dont elles seraient des brouillons. En effet, entre l'étude préliminaire et l'œuvre complétée se déroule tout un

---

-13. « La pointe terminale ne fut jamais posée au faîte de la Grande Pyramide, dans un but allégorique ». (G. Barbarin : *Le Secret de la Grande Pyramide*, p. 35 ; voir aussi H.-P. Eydoux : *À la recherche des mondes perdus*, p. 24.)

escalier d'étapes où l'exécution peut se trouver interrompue pour diverses raisons et indépendamment de la qualité esthétique de chacune.

Malgré les distinctions apportées jusqu'ici, la question demeure de savoir ce qui caractérise l'œuvre achevée, et par le même critère, l'œuvre inachevée. On pourrait se contenter du verdict ou de l'arbitraire de l'artiste, selon une perspective légaliste comme celle du procès Rouault-Vollard; mais on a vu au cours des dernières pages que tout cela n'est guère simple. Cherchons donc ailleurs, par exemple en sondant la solidité et en éprouvant la résistance de la notion d'achèvement.

Dans son acceptation courante, l'œuvre d'art parachevée se présente comme terminée et accomplie dans toutes et chacune de ses parties. Achever, c'est compléter, parfaire, réaliser dans sa plénitude l'œuvre, de sorte qu'on ne saurait plus rien changer, ni ajouter ni retrancher, comme le prétend une tradition esthétique déjà formulée dans la *Morale de Nicomaque* et dans la *Poétique* d'Aristote, et dont Alberti fournit un fidèle écho dans sa notion de la *concinnitas*[14] au milieu du Quattrocento; mais achever peut aussi s'entendre dans le sens de porter le coup fatal, ruiner à tout jamais : un roman de Horace MacCoy s'intitule *On achève bien les chevaux*. Par contre, un recueil de poèmes d'Aragon s'intitule *Le Roman inachevé*, où l'on peut lire ces trois fins de poèmes :

«... Le jour au plus profond de moi reprend naissance.
«... Garçon de quoi écrire.
«... Nul ne peut lire les mots de l'encre après la flamme ni que cette poussière qui retombe ne fut qu'une longue une seule une interminable lettre d'amour interminée[15]. »

Interminée parce qu'interminable peut-être, comme tout ce qui voudrait transgresser la surface rassurante mais illusoire des faciles satisfactions? Dire d'une œuvre d'art qu'elle est achevée peut prêter à confusion : veut-on dire qu'elle se déploie en tout éclat et toute virtuosité? — ou qu'elle a atteint les objectifs visés dans les limites fixées? — ou plus trivialement qu'elle «plafonne bas[16]»?

Revoyons brièvement cela selon la perspective dynamique de la créativité, qui trouve son premier ressort dans le *concetto* ou projet, que l'œuvre ne semble pas pouvoir réaliser dans toute son étendue ni toute son intensité. Tout semble se passer comme si l'artiste n'arrivait d'abord pas à traduire entièrement et parfaitement son projet dans telle œuvre; et ensuite, comme s'il ne réussissait pas à faire tout ce qu'il désire en cette œuvre, parce qu'en cours d'exécution, il doit continuellement choisir, c'est-à-dire éliminer d'autres façons possibles d'exécuter cette œuvre; et enfin, comme s'il ne parvenait pas à faire tout ce qu'il désire en cent ou mille ou dix mille œuvres.

-14. Voir p. 56 et 70.
-15. Aragon: *Le Roman inachevé*, p. 170, 82 et 59; — ce recueil contient des poèmes inachevés ou interrompus en pages 118, 147, 201 et 204-10.
-16. Rappelons ici le débat du *giudizio* selon Leonardo, cité p. 108.

La carrière d'un artiste n'évoque-t-elle pas souvent l'image d'un chantier, où se dressent des œuvres terminées parmi les œuvres demeurées à l'état d'ébauche, interrompues, avortées ou détruites, et parmi les ombres nombreuses d'œuvres seulement imaginées. — Souvent pour l'artiste, terminer une œuvre, c'est la rejeter, après avoir accompli en elle l'épreuve du désir et le rituel d'invention. Matière agencée par une technique, l'œuvre devient objet, et l'artiste s'en détache après y avoir trouvé le creuset propice à l'aventure imaginaire de sa quête artistique ; et cet objet, « esthétique », devient ensuite le point de départ d'une autre aventure imaginaire, celle de l'amateur en ses diverses lectures.

Objet ? Dans son *Mode d'existence des objets techniques*, Gilbert Simondon écrit que « l'œuvre esthétique n'est pas l'œuvre complète et absolue », parce qu'elle est un objet qui « enseigne à aller » au delà, « dans le monde », « comme si elle appartenait au monde et non comme statue dans le jardin[17]. » — Symbole alors ? — Si l'on veut, en autant justement que le symbole demeure ouvert, et en autant que « l'œuvre d'art n'est ni achevée ni inachevée : elle est », selon Maurice Blanchot :

« Bien des ouvrages nous touchent parce qu'on y voit encore l'empreinte de l'auteur qui s'en est éloigné trop hâtivement, dans l'impatience d'en finir, dans la crainte, s'il n'en finissait pas, de ne pouvoir revenir à l'air du jour. — Mais combien (d'artistes) laissent derrière eux, cicatrices de blessures mal refermées, les traces de leurs fuites successives, de leurs retours inconsolés, de leur va-et-vient aberrant. Les plus sincères laissent ouvertement à l'abandon ce qu'ils ont eux-mêmes abandonné. — Le point central de l'œuvre est l'œuvre comme origine, celui que l'on ne peut atteindre, le seul pourtant qu'il vaille la peine d'atteindre. Ce point est l'exigence souveraine, ce dont on ne peut s'approcher que par la réalisation de l'œuvre, mais dont seule aussi l'approche fait l'œuvre[18]. »

Ainsi l'œuvre d'art ne serait qu'approche, traduction approximative de son projet original, de son *concetto*, et ce qui semble inachevé témoignerait simplement de l'écart entre projet et réalisation. — Mais si l'œuvre se présente sous une forme qui semble parfaitement achevée, ou admirablement finie, aussi bien dans la virtuosité de son exécution que dans l'architecture de ses parties ?

Qui peut donc en décider ? Chacun pour soi d'abord, selon une myriade d'opinions hors de toute chicane possible : *De gustibus et coloribus non disputandum*, ce qui conduirait à l'impasse de l'irréductible individualisme, refusant toute communication. — Allons plutôt voir du côté des « experts » : professeurs et esthéticiens, critiques et historiens, marchands de tableaux et conservateurs de musées, membres de jurys et fins connaisseurs, collectionneurs et spéculateurs, dames patronesses et fonctionnaires culturels. Un choix s'impose dans tout ce beau monde, où l'esthéticien aurait quelque crédibilité :

-17. G. Simondon : *Du mode d'existence des objets techniques*, p. 191.
-18. M. Blanchot : *L'Espace littéraire*, p. 12 et 48-9 ; — voir aussi, à propos des « critères de l'achèvement d'un tableau », *L'Œuvre picturale et les fonctions de l'apparence*, par R. Passeron, p. 313-6.

« Une œuvre authentique n'est pas une œuvre véritable si elle n'est pas physiquement achevée. Combien d'œuvres animées de la plus incontestable véracité, répondant au besoin le plus impérieux de dire quelque chose de vital, sont manquées faute de génie, c'est-à-dire pour n'avoir pas inventé une forme parfaite à la mesure de leur inspiration : l'authenticité n'est pas à elle seule une garantie de qualité[19]. »

Ainsi, l'œuvre inachevée ne serait pas authentique, ni véritable, parce qu'elle n'est pas physiquement terminée ? Dans de nombreux exemples commentés précédemment, n'observons-nous pas que l'inachèvement témoigne non seulement d'une plus grande authenticité, chez l'artiste qui refuse de se plier à la convention de la « finition » de l'œuvre, mais que cet inachèvement témoigne encore du singulier génie de l'artiste qui l'utilise pour mieux traduire l'écart ressenti entre l'inspiration ou *concetto*, et la réalisation ? — Adorno pour sa part écrit que « l'élément idéologique et affirmatif contenu dans la notion d'œuvre d'art réussie est tempéré par le fait qu'il n'existe aucune œuvre parfaite[20]. » — De plus, notre hypothèse du *non finito* s'appuie justement sur l'écart entre le projet de l'œuvre et sa réalisation, et a trouvé ses premières assises dans trois œuvres inachevées qu'il suffira de citer ici comme œuvres « authentiques et véritables », me semble-t-il, soit la statuaire de Michelangelo, les *Pensées* de Pascal et l'*Art de la fugue* de Bach. Cela n'empêche pas d'observer avec Mikel Dufrenne que « l'authenticité n'est pas à elle seule une garantie de qualité », car « la perfection formelle toute seule ne suffit pas à consacrer une œuvre : les greniers de l'art sont encombrés par les œuvres d'épigones qui possèdent à fond le métier qu'ils ont appris d'un autre, mais qui n'ont rien à dire[21]. »

Hélas, on ne saurait plus dénombrer ces greniers, caves ou oubliettes, qui regorgent en effet d'œuvres « physiquement achevées », mais insignifiantes. Par contre, examinons la possibilité d'un artiste qui, ayant trop à dire, s'en trouverait bousculé ou écartelé dans l'élaboration de son œuvre, au point de ne plus pouvoir ou vouloir finir ou fignoler ? — L'esthéticien lui-même en sait parfois quelque chose et termine son ouvrage évasivement : « Peut-être le dernier mot est-il qu'il n'y a pas de dernier mot[22]. »

S'il semble en aller ainsi de l'esthétique et de toute entreprise philosophique, il en va de même des villes, qui se transforment parfois depuis des siècles et même des millénaires ; des musées, affairés à développer des collections et à présenter des expositions, qui ne sauraient jamais être parfaitement et complètement achevées ; des cultures et des civilisations. — Au lieu de s'obstiner à trancher au couteau entre l'œuvre achevée et l'œuvre inachevée, n'est-il pas préférable de prendre plaisir à toute la gamme de nuances et degrés que l'histoire et l'actualité des arts nous offrent, du *schizzo* et de

-19. M. Dufrenne : *Phénoménologie de l'expérience esthétique* II, p. 619.
-20. Adorno : *Théorie esthétique*, p. 252 ; passage déjà cité en p. 33.
-21. M. Dufrenne : *Phénoménologie...*, p. 619.
-22. Ibid. p. 677.

l'*abbozzo* jusqu'à l'œuvre fignolée avec virtuosité et génie? Bien sûr, le *non finito* y trouve son avantage, non seulement en ce qui concerne les œuvres marquées de quelque inachèvement ou interruption, mais aussi en ce qui concerne les œuvres marquées de quelque forme d'incomplétude.

Incomplétude des ruines et des fragments

Les œuvres incomplètes se remarquent par des «trous» ou manques plus ou moins considérables: ruines, fragments, formes mutilées, que l'esthéticien Pareyson n'hésite pourtant pas à considérer comme des œuvres à part entière, et dont Adorno souligne le singulier intérêt[23].

Le texte du *Critias* de Platon, tel qu'il nous est parvenu, s'arrête sur un fragment concernant la mystérieuse île de l'Atlantide. De la trilogie écrite par Eschyle sur Prométhée, nous ne connaissons que le premier volet, celui du *Prométhée enchaîné*, et des fragments du second, celui du *Prométhée délivré*. Le *Satiricon*, roman de mœurs romaines attribué à Pétrone, rédigé il y a dix-neuf siècles, aurait compté plus de deux mille pages, et nous n'en connaissons que de longs fragments des livres XV et XVI. D'autres œuvres ne doivent pas leur forme fragmentaire à des mutilations subies au cours des siècles, mais plutôt à la mort de leur auteur avant qu'il ne les ait terminées (comme les *Pensées* de Pascal), ou encore à la volonté de l'auteur de leur donner une forme fragmentaire (comme Hölderlin, Novalis ou Schlegel, pour ne citer que ces Romantiques allemands).

Les ruines, surtout en architecture, proposent une sorte de variante du fragmentaire. Des alignements de menhirs de Carnac et du cromlech de Stonehenge jusqu'à la cathédrale bombardée de Cologne, en passant par les vestiges de Machu-Picchu et les figures monumentales de l'Île de Pâques, le panorama de notre héritage visuel est jonché de ruines qui ponctuent l'histoire de l'art de leurs reliefs nostalgiques, dont l'Acropole d'Athènes constitue un des hauts lieux de la culture occidentale. L'histoire, qui a vu tant de grandes constructions humaines subir massacres et dégradations, n'en a pas toujours gardé de limpides archives, de sorte que les ruines émergent souvent de l'anéantissement menaçant avec un air de sphinx. Et si la longue procession des ruines offre ses lambeaux pathétiques, parfois énigmatiques de l'odyssée de notre espèce, on y remarque aussi des œuvres abandonnées avant même d'être ruinées, pour toutes sortes de raisons, sociales, culturelles, religieuses, économiques, politiques, techniques, guerrières, etc. Par exemples, à Persépolis le tombeau rupestre de Darius Codoman, la tombe de

---

-23. «La mutilazione non distrugge l'intero: monconi, ravine, frammenti» (L. Pareyson: *Estetica*, p. 112) ; Adorno: *Théorie esthétique*, p. 43 et 252, passages cités en page 33.

Xerxès à Naqsch-i-Rustam, les galeries et cavernes d'Adjanta[24], et jusqu'à la cathédrale récente de Niemeyer à Brasilia. Sur le plan imaginaire, il faudrait ajouter encore diverses images mythiques, comme celles de l'Atlantide ou de la Tour de Babel...

Ainsi l'histoire « inachève » d'innombrables œuvres d'art, à travers le massacre des hommes et l'érosion des siècles. Il n'en reste ensuite que fragments ou ruines, mais d'un intérêt tel qu'une part importante de notre culture y fonde ses assises ; depuis les acropoles, victoires et aphrodites grecques, jusqu'aux *Allégories et Effets du bon et du mauvais gouvernement en ville et dans les campagnes* qu'Ambrozio Lorenzetti peignait vers 1338 dans la Sala della Pace du Palazzo Pubblico[25] de Sienne. — Notre œil s'est toutefois habitué aux ruines, lambeaux et même poussières ou patines séculaires, qui se trouvent ennoblis par nos musées, universités et autres institutions culturelles, à tel point que notre « musée imaginaire » refuserait probablement d'accepter qu'on restitue aux marbres helléniques ou à des tympans médiévaux comme ceux de Moissac leur polychromie originale.

Encore ici, devant des œuvres incomplètes parce que nous les connaissons dans leur état fragmentaire ou ruiné[26], il n'est pas toujours facile d'étiqueter clairement, puisque plusieurs questions peuvent encore surgir : l'artiste n'aurait-il pas lui-même mutilé ou endommagé son œuvre, pour ensuite la conserver dans cet état ? — Comment classifier les variantes que Jean Goujon a faites au milieu du XVIe siècle des Cariatides de l'Érechtéion athénien, et qui ornent la Tribune des Musiciens au Louvre, puisque les bras de ces femmes-colonnes n'ont été ni brisés ni inachevés, mais délibérément ignorés par le sculpteur ? — Si l'œuvre a été mutilée ou autrement endommagée par quelqu'un d'autre que son auteur ou par des agents destructeurs non humains, il sera très souvent impossible de connaître exactement son état original, et donc évaluer exactement ce qu'on en a perdu ; — et si l'œuvre a été édulcorée, censurée ou autrement altérée, cela devient plus périlleux, parce qu'il peut bien se trouver qu'on ne le sache pas, ou qu'on ne puisse établir exactement la portée et les proportions des changements subis par l'œuvre, malgré tous les débats des experts et exégètes, qui se perdent souvent en conjectures et verdicts plus ou moins contradictoires : autre aspect du *non finito*...

-24. Qualifiées par Max-Pol Fouchet de « souterraine cité du Parfait » dans *L'Art amoureux des Indes*, p. 24.
-25. Pour une saisissante illustration de cette « ruine » célèbre de la fresque italienne, voir l'album *Le Palazzo Pubblico de Sienne*, La Bibliothèque des Arts, Paris, 1965.
-26. Voir « La ruine factice comme cas de traitement poïétique du temps », par J. Guillerme ; dans *Recherches Poïétiques* (II, Le Matériau, — Klincksieck, Paris, 1976, 353 p.) : « Les ruines factices renvoient à un passé de roman dans une errance de l'imagination uchronique : si la vérité de la ruine est pensée comme une constitution d'usure, celle de la fabrique est vécue comme un jeu théâtral d'aplatissement du temps » (p. 187). — Signalons les reconstitutions de ruines par Anne et Patrick Poirier, avec leur penchant pour la demi-obscurité, complice du savoir toujours fragmentaire de l'archéologie, mais pas plus obscur que tout autre savoir pour autant...

Les œuvres continuées

Puis nous voici devant des œuvres qui ont été continuées, à partir de l'état où les auteurs les avaient développées ou interrompues: il pourra se trouver que ce soit l'artiste lui-même qui décide de poursuivre ses travaux, ou quelqu'un d'autre.

Les œuvres «publiées» par Aristote lui-même semblent avoir été perdues, et ce que nous connaissons de ses écrits vient d'un ensemble touffu de citations, transcriptions, traductions ou imitations, et aussi de documents que le philosophe ne destinait probablement pas à la publication. Publié par Andronicos près de trois siècles après la mort d'Aristote, le corpus aristotélicien est truffé de redites, interruptions et contradictions même, et on peut penser que son auteur désigné «n'aurait jamais livré ses ouvrages au public sous cette forme inachevée» et «peut-être inachevable[27].» — L'exemple d'Aristote vient d'être cité à cause de son importance dans l'histoire de l'esthétique occidentale, où un autre ouvrage célèbre a connu plus près de nous semblable aventure, puisque l'*Esthétique* de Hegel a été publiée en 1835, quatre ans après la mort de son auteur, à partir de notes de cours et de cahiers d'étudiants.

La mozaïque absidiale de la cathédrale de Pise, commencée par un certain Francesco di Simone, a été continuée en 1301 par Cimabue, qui a interrompu à son tour son travail au début de 1302[28]. Certaines cathédrales médiévales ont été en chantier pendant plus d'un siècle; certaines cités doivent leurs titres de villes d'art à une continuation plusieurs fois séculaire comme Venise, où Tiziano complétait les tableaux de son maître Giorgione (dont le *Concert champêtre* du Louvre), mort à 32 ans; et Barcelone se montre fière de sa *Sagrada Familia*, commencée par Gaudi en 1883 et continuée jusqu'à sa mort en 1926, mais voici que depuis 1970 on semble vouloir arracher à son monumental inachèvement ce pathétique poème de pierre et de rêve: avec quels résultats transgressera-t-on le *non finito*?

Mozart, qui n'a pas terminé en 1783 sa *Messe* K. 427, laissera inachevé son ultime *Requiem* K. 626: à l'exception du «Kirie» et du «Requiem», la partition a été écrite selon les instructions données à son élève Süssmayr, pendant les dernières semaines de sa vie. — Comme Mozart et quelques autres génies précoces, Raffaello meurt jeune, à moins de quarante ans, et se contentait souvent d'esquisser et diriger ses œuvres de grandes dimensions, comme les Chambres et Loges du Vatican ou les tapisseries de la Sixtine, que des équipes d'assistants et élèves développaient et continuaient:

«Il employait continuellement des auxiliaires qui avançaient le travail d'après ses propres dessins. — La grandeur de cet homme était telle qu'il entretenait des dessinateurs dans toute l'Italie, à Pouzzoles et jusqu'en Grèce, afin de se procurer tout ce qui pouvait être utile à son art[29].»

-27. P. Aubenque: article «Aristote», *Encycl. Universalis* II, 1970, p. 392 et 405.
-28. G. Soulier: *Les Influences orientales dans la peinture toscane*, p. 151.
-29. Vasari: *Le Vite...* IV, p. 93 et 96.

Dans l'histoire des arts, plusieurs œuvres ont ainsi été continuées, remaniées, restaurées, retouchées avec plus ou moins de bonheur, et de façon plus ou moins fidèle au génie du premier auteur, ce qui ne manque pas de jeter dans l'embarras exégètes et amateurs bien informés; mais ne fallait-il pas une première version des *Pensées*, préparée par les soins un peu trop pieux des Messieurs de Port-Royal, avant que les liasses laissées par Pascal ne connaissent les classements de Condorcet, Bossut, Faugère, Brunschwicg, Lafuma et successeurs? Élisabeth Foerster-Nietzsche n'a-t-elle pas eu raison de réunir les notes et aphorismes de son frère et de les publier dans *La Volonté de puissance*, plutôt que de les jeter au feu? Ne devons-nous pas savoir gré à Max Brod d'avoir désobéi aux dernières volontés de son ami Kafka et d'avoir publié ses grands livres inachevés? — Combien d'ébauches et de variantes heureusement conservées éclairent la compréhension d'autres œuvres musicales, littéraires et plastiques?

Depuis longtemps, et davantage depuis Gutenberg, les textes bibliques connaissent des remaniements, des éditions commentées ou condensées, des versions divergentes suivant les religions et les exégètes. Dans une tout autre direction, le *Livre de Faust* inspire depuis 1587 des dizaines d'adaptations et variantes, et a préoccupé Goethe pendant toute sa longue carrière, sans qu'il puisse rédiger les ultimes retouches et développements à sa dernière version avant de mourir.

La continuation des œuvres d'art trouve dans une autre perspective son plus vaste champ, soit celui des innombrables lectures et des multiples commentaires. Qu'il suffise d'évoquer ici la prolifération des articles, cours, conférences, livres et autres échos, autour des deux cents pages de papier qu'un gamin nommé Rimbaud a jadis noircies, — mais ceci est un autre sujet, celui du chapitre suivant, et avant d'en arriver au *non finito* des lectures plurielles et polymorphes de l'œuvre, il faudrait revenir une dernière fois à la question taxonomique.

Résumé taxonomique et grille

Depuis le début du présent chapitre, on aura pu constater de diverses façons que le domaine des œuvres d'art inachevées ou incomplètes ne se laisse pas commodément classifier, étiqueter. Faudra-t-il donc s'inspirer de la classification chinoise des animaux évoquée par Borges? Ou, après avoir remarqué avec Marc Le Bot que «le musée institue un ordre classificatoire qui est un espace hiérarchique[30]», s'instituer soi-même conservateur et archiviste du premier musée du *non finito*?

-30. M. Le Bot: *Peinture et Machinisme*, p. 38; — à la page suivante, Marc Le Bot souligne le péril qui guette l'institution-musée de devenir «lieu d'un culte bientôt aux prises avec la simonie», — péril dont un musée consacré au *non finito* ne serait pas épargné: aussi bien l'oublier, et d'autant plus promptement que d'avoir déjà fondé un musée m'a laissé une trop grande pagaille de souvenirs.

Résumons plutôt. Le domaine des œuvres d'art peut d'abord se diviser pour les besoins de la présente cause en deux zones : celle des œuvres achevées, terminées, — et celle des œuvres inachevées ou incomplètes.

La frontière entre ces deux zones ne pourra, semble-t-il, être tracée ni au cordeau ni au couteau, et les critères pour juger de l'achèvement demeurent plus ou moins mobiles, du moins selon ce qui a été considéré jusqu'ici. Par exemple, le critère de la signature, on s'en souviendra peut-être, ne prouve pas qu'une œuvre soit indiscutablement achevée, principalement parce que des artistes ont continué à travailler à des œuvres après les avoir signées, parce que nombre d'œuvres d'apparence achevées ne sont pas signées, et parce qu'il y a des signatures fausses, postiches, posthumes. Le critère de dessaisissement peut aussi devenir suspect, parce qu'un artiste peut se départir d'une œuvre sans pour autant l'avoir terminée, ou parce que des artistes ont retravaillé à des œuvres déjà cédées ou de quelque façon publiées ; et des critères comme ceux de la finition de l'œuvre, de son parachèvement en toutes et chacune de ses parties, de sa perfection formelle, peuvent conduire à d'interminables débats, qui n'empêcheront d'ailleurs pas une œuvre exécutée de façon virtuose de demeurer médiocre, ni une autre réduite en lambeaux d'être pathétiquement admirable.

Puisque dans notre essai c'est de *non finito* qu'il s'agit (et qui agit de plus en plus), plutôt que de la question de l'achèvement de l'œuvre, essayons de schématiser ce qui a été observé et noté dans les pages précédentes à propos des divers profils ou types d'œuvres d'art inachevées ou incomplètes, dans la grille suivante, dont une version illustrée sert d'introduction visuelle à notre essai :

ŒUVRES INACHE-VÉES	**inter-rompues**	par décision de l'auteur	– plusieurs sculptures de Michelangelo – la Huitième Symphonie de Schubert – romans abandonnés de Stendhal
		hors de l'intention de l'auteur	– l'*Énéide* de Virgile – l'*Art de la fugue* de Bach – le *Cirque* de Seurat
	expli-cites	– ébauches – esquisses – études – notes – mimétisme	– dessins de Goya pour ses gravures – Delacroix: Carnets du Maroc – lavis et sanguines de Rembrandt – Carnets de Leonardo (textes et dessins) – Rodin s'inspirant de Michelangelo
ŒUVRES INCOM-PLÈTES	**frag-ments**	par décision de l'auteur	– *Pensées* de Pascal, *Fragments* de Novalis – *Mains* de Rodin, *Pouce* de César – Séries de Schönberg, *Bagatelles* de Webern
		hors de l'intention de l'auteur	– le *Satiricon* de Pétrone – morceaux de frontons de temples grecs – la musique médiévale que nous connaissons
	ruines	– par érosion ou abandon – par vandalisme ou calamité – par accident ou cataclysme – par artifice ou reconstitution	– Machu Picchu – Acropole d'Athènes – Pompéi après l'an 79 – Jardins d'Adrien à Tivoli
ŒUVRES CONTI-NUÉES	**par l'auteur**	remaniées ou développées	– les « Faust » de Goethe – les « Cathédrales » de Monet – *Arcana* et *Déserts* de Varèse
	dans leurs formes	– variables – cinétiques – programmées – aléatoires	– œuvres permutables de Stockhausen ou Agam – Mobiles de Calder, *Microtemps* de Schöffer – *Lumia* de Wilfred ou *Polytopes* de Xenakis – œuvres stochastiques de Cage ou Queneau
	par d'autres	– sous directives – désapprouvées – restaurées – interprétées – adaptées – étudiées	– Messe de Requiem de Mozart – romans de Kafka – la *Cène* de Leonardo à Milan – en musique, au théâtre, en caricature, etc. – en traduction, au cinéma, à la télévision – de l'éloge au pamphlet aux thèses...

LECTURE POLYMORPHE
DE L'ŒUVRE

Le tableau taxonomique précédent propose une grille où ranger les œuvres d'art inachevées, incomplètes ou continuées, mais il se trouve une autre dimension du *non finito* en esthétique, celle des nombreuses lectures et interprétations qu'on peut faire de ces œuvres, selon des perspectives et éclairages indéfiniment variables.

Depuis le début, nous y avons fait souvent allusion. Chacun peut constater que ses perceptions (d'œuvres d'art comme de tout autre phénomène) ne sont jamais parfaitement identiques d'une journée à l'autre, et que ses interprétations varient et se modifient suivant les expériences vécues, à la fois en intensité et en fréquence, et suivant les préoccupations de l'heure et les pulsions affectives et imaginaires de l'instant. Les habitudes et références culturelles et esthétiques diffèrent dans le temps et dans l'espace, d'une génération et d'un continent à l'autre en diverses civilisations, et aussi d'une région ou d'une année à l'autre, d'une famille ou d'un quartier à l'autre, d'une journée ou d'un individu à l'autre. Comme on le lit dans la *Phénoménologie de la perception* de Merleau-Ponty :

> « Le monde au sens plein du mot n'est pas un objet, il a une enveloppe de déterminations objectives, mais aussi des fissures, des lacunes par où les subjectivités se logent en lui ou plutôt qui sont les subjectivités elles-mêmes. — La chose et le monde n'existent que vécus par moi ou par des sujets tels que moi, puisqu'ils sont l'enchaînement de nos perspectives, mais ils transcendent toutes les perspectives parce que cet enchaînement est temporel et inachevé[1]. »

En s'attachant à révéler le mouvement et le mystère du monde, Merleau-Ponty en arrive aussi à constater « l'inachèvement de la phénoménologie et son allure inchoative », qui l'apparentent en quelque sorte aux entreprises de Balzac, Proust et Cézanne, où tout se présente en voie de naître et de continuer indéfiniment[2], comme la perception de l'œuvre d'art selon la relativité que Spinoza observait déjà à sa façon : « Des hommes divers peuvent être affectés de diverses manières par un seul et même objet, et un seul et même homme peut être affecté par un seul et même objet de diverses manières en divers temps[3]. »

Deux personnes en effet ne peuvent pas lire telle page, ou entendre telle musique, ou regarder tel tableau exactement de la même façon, pas plus que la même personne ne peut à deux ou plusieurs reprises le faire exactement de la même façon, du moins si

---

-1. M. Merleau-Ponty : *Phénoménologie de la perception*, p. 384-5.
-2. Ibid. p. XVI.
-3. Spinoza : *Éthique* III, par. LI, p. 183.

l'on tenait compte de tous les aspects de cette expérience esthétique. Les résultats varieront pour chacun et chaque fois, en nombreuses nuances, selon sa disponibilité physiologique et psychique, sa familiarité avec l'œuvre concernée ou des œuvres semblables, son humeur du moment, sa perméabilité à des théories ou grilles de lecture à la mode, ses expériences esthétiques précédentes (qui constituent à la fois un déterminisme et un champ de comparaisons), selon aussi des catégories affectives dégagées par Mikel Dufrenne :

> « Il n'est pas possible d'ignorer les conditions empiriques de l'expérience esthétique. — Il nous faut jouer le jeu que l'histoire nous impose et participer à la conscience esthétique de notre temps. — (...) les multiples formes d'art qui se proposent à nous depuis que la terre esthétique est enfin ronde (...) — Il n'y a pas de définition et d'inventaire exhaustifs des catégories affectives, bien qu'elles soient un a priori pour le sentiment esthétique. — La subjectivité n'a jamais fini de se connaître, car elle ne se connaît qu'à ses actes. — La table des catégories affectives que je porte en moi comme mon aptitude essentielle à connaître l'humain, je ne la connais, d'une connaissance réfléchie et toujours provisoire, que sur l'expérience que je fais de l'objet esthétique[4]. »

Ces considérations, glanées dans la thèse esthétique proposée par Mikel Dufrenne en 1953, suffisent à rappeler les fondements empiriques de l'expérience esthétique, la subjectivité affective de son champ d'action, et le *non finito* de la « connaissance réfléchie toujours provisoire » qu'elle suscite. C'est justement sur ce constat de *non finito* que je voudrais maintenant m'appuyer pour dégager le dynamisme suscité dans la sensibilité, l'imagination et l'esprit de qui perçoit une œuvre d'art, et de façon plus particulière s'il s'agit d'une œuvre inachevée ou incomplète, parce qu'alors la lecture qu'on en peut entreprendre se trouve stimulée par l'ouverture, la « béance », la « fissure » du *non finito* en l'œuvre même.

Bien sûr, toute œuvre d'art de quelque qualité s'adresse à la sensibilité, stimule l'imagination et suscite le travail de l'esprit ; mais si l'œuvre est inachevée ou incomplète, la sensibilité ne peut-elle pas s'en trouver davantage piquée dans sa curiosité ou son appétit ? — l'imagination n'aura-t-elle pas tendance à y prolonger et multiplier ses explorations ? — l'esprit ne sera-t-il pas porté à travailler davantage et plus profondément autour de l'œuvre ?

C'est du moins ce que propose notre hypothèse dynamogénique du *non finito*, et de multiples et diverses approches et lectures empiriques d'œuvres d'art semblent abonder en ce sens, comme nous continuerons de le noter dans les pages suivantes. — Autour des œuvres d'art, inachevées ou incomplètes — ou non, s'impose l'évidence de la multiplicité, de la diversité et de la polymorphie des approches et lectures, comme chacun peut d'abord le constater, et ensuite comme chacun peut en imaginer des variantes, des combinaisons, et même de nouvelles perspectives, indéfiniment.

Voyons cela de plus près, par des témoignages.

-4. M. Dufrenne : *Phénoménologie de l'expérience esthétique*, p. 10-1, 12, 18, 600-1.

Les salles d'écho du musée imaginaire

Ce n'est certes pas Malraux qui a inventé le «musée imaginaire» que chacun porte en soi et où s'éclairent et s'ombragent à la fois les œuvres d'art perçues et plus ou moins attentivement connues au fil de son expérience esthétique. Ces œuvres — littéraires, musicales, plastiques, etc. — se livrent dans la mémoire et l'imagination de chacun à un jeu continu de bousculade, de compétition, de fermentation, et Malraux a du moins le mérite d'en avoir étalé sa propre mise en scène au fil de plusieurs livres illustrés abondamment, depuis le premier tome de sa *Psychologie de l'art*, intitulé justement «Le Musée imaginaire» et paru en 1947, jusqu'à *L'Intemporel*, paru en juin 1976, quelques mois avant sa mort. Ce «musée imaginaire» dépasse, selon la vision esthétique proposée par Malraux, la seule fonction archiviste, pour favoriser l'ébauche d'une inépuisable salle d'échos et de correspondances, où le dynamisme des métamorphoses trouve un champ fécond:

«L'étendue de notre musée imaginaire suffit à rendre superficielles les connaissances historiques qu'il appelle. Car l'histoire tente de transformer le destin en conscience, et l'art de le transformer en liberté. — Nos résurrections répondent tantôt à un appel que satisfont par leur succession des œuvres aiguës, provisoires, qui suscitent de nouveaux dialogues avec de nouveaux partenaires; tantôt au vieil appel du mystère; et tantôt à l'appel que satisfont, comme les œuvres illustres de l'Europe, celles d'où naît un dialogue qui s'approfondit, et nous semble inépuisable. — La métamorphose n'est pas un accident, elle est la vie même de l'œuvre d'art. D'où le sentiment de métamorphose en cours que nous éprouvons devant le Musée imaginaire, et, moins directement, devant nos grands musées[5].»

La bibliothèque la plus vivante ne se trouve ni sur les rayons de mon cabinet de lecture ni dans les entrepôts classifiés des institutions nationales. La musique la plus émouvante, je ne l'entends ni en salle de concert ni grâce aux phonographes les plus perfectionnés. Les musées semblent toujours plus ou moins neutraliser les tableaux et sculptures, les dessins et estampes qu'ils exhibent ou cachent. — Par contre, les œuvres littéraires, musicales et plastiques que je connais mieux se livrent, dans mon musée imaginaire, à une joyeuse fête, inépuisable et jusqu'à un certain point même imprévisible, tout en se montrant curieuses des nouvelles venues, avec lesquelles elles entreprennent aussitôt des rapports complexes, parfois un peu ombrageux, souvent cordiaux, la plupart du temps interrogateurs.

Précédemment, le cas Rimbaud était évoqué par les deux cents pages qu'il a écrites et qui continuent depuis un siècle à provoquer la prolifération d'éditions diverses, articles et livres, cours et conférences. Le cas Lautréamont lui ressemble, et son dossier s'est gonflé à

-5. Malraux: *Les Voix du Silence* pour les deux premières citations, p. 621 et 605; *Le Musée imaginaire* pour la troisième, p. 224; Malraux a remanié son texte des *Voix du Silence* (1953) pour la version en livre de poche du *Musée imaginaire* (1965), ce qui illustre, entre autres exemples, le *non finito* de l'écriture à travers ses reprises et éditions.

un point tel que la même question fondamentale a dû être rappelée, dans le but de mettre un peu d'ordre dans le brouhaha où les œuvres risquent d'être oubliées ou du moins estompées sous l'avalanche des commentaires et polémiques: a-t-on lu Lautréamont[6], ou Rimbaud, ou tel autre écrivain livré aux multiples et diverses grilles critiques et à la tourmente des interminables commentaires et interprétations?

Derrière le cortège de nombreux préfaciers plus ou moins rhéteurs, et à travers les lectures proposées par Bachelard ou Blanchot, Pleynet ou Faurisson, on ne sait trop si Lautréamont se trouve victime ou force motrice d'une tonitruante mystification? — Rien de bien nouveau à cela toutefois, puisque Montaigne notait déjà, désabusé: «Il y a plus affaire à interpréter les interprétations qu'à interpréter les choses, et plus de livres sur les livres que sur autre sujet: nous ne faisons que nous entregloser[7].» — S'entregloser! Que dirait donc Montaigne s'il revenait aujourd'hui et se trouvait devant la bibliothèque de commentaires et autres gloses sur ses *Essais*? — Des mots: voilà la forme et une grande partie du fond de toute littérature. «Des mots»: et le peintre Ben écrit en 1959 ces deux mots à la suite, une quinzaine de fois, sur un tableau, jusqu'à ce qu'il déborde du rectangle pictural, interrompant ainsi la graphie de sa logomachie sans pour autant en arrêter la verbeuse litanie, qui semble se poursuivre au delà et rejoindre l'univers hallucinant de toute écriture, dans l'intarissable réseau des bibliothèques et librairies et kiosques à journaux du monde entier; mais il ne sert à rien de vouloir gommer tous les mots ou hurler qu'il faut brûler tous les livres: cela ne ferait que provoquer reportages, autres gloses et autres livres! Les mots sont là, pour y rester, semble-t-il, et tout se passe comme si nous en avions besoin, ne serait-ce que pour dire qu'il y en a peut-être trop, trop à la fois? Que faire d'autre que de les utiliser? Quand par exemple Jean-Jacques Rousseau se posait le problème de l'œuvre à faire, à partir des mots et autres éléments disponibles, il n'hésitait pas à détourner la question vers le lecteur: «C'est à lui d'assembler ces éléments et de déterminer l'être qu'ils composent; le résultat doit être son ouvrage; et s'il se trompe, toute l'erreur sera de son fait[8].»

Au lecteur donc de jouer! Est-ce là une boutade, l'effet d'un artiste exalté par le grandiose projet qui le hante, et qu'il voudrait traduire dans des formes adéquates, c'est-à-dire aussi originales et inédites: «Il faudrait, pour ce que j'ai à dire, inventer un langage aussi nouveau que mon projet[9].» — Au risque même de ne plus seulement ajouter des mots nouveaux, mais encore des langages inédits à la panoplie déjà pléthorique de l'art littéraire?

Comme la plupart des artistes de quelque envergure, Rousseau ressent l'écart en partie irréductible entre l'altitude de son projet et sa

-6. Robert Faurisson a publié en 1971 son *A-t-on lu Rimbaud?*, et en 1972 un copieux *A-t-on lu Lautréamont?*
-7. Montaigne: *Essais* III, 13, p. 430.
-8. Rousseau: *Les Confessions*, fin du livre IV, p. 198.
-9. Ibid., variante du début du livre I, p. 790.

contraignante réalisation, et voudrait réduire cet écart en recourant à un outillage mieux adapté au *concetto* : inventer donc un nouveau langage, comme Mallarmé quand il se livrera à la tâche épuisante de l'utopie du *Livre* jusqu'en sa vertigineuse combinatoire ? Sans aller jusque-là, Rousseau propose au lecteur de composer l'œuvre désirée à partir des éléments rédigés par l'écrivain, soulignant ainsi autour de l'œuvre telle que présentée par l'artiste toute une aire de possibilités à explorer, à inventer même.

De son côté, et en observant qui s'arrête à une œuvre avec quelque attention, Claude Lévi-Strauss constate que « le spectateur est, si l'on peut dire, envoyé en possession d'autres modalités possibles de la même œuvre, et dont il se sent confusément créateur à meilleur titre que le créateur lui-même, qui les a abandonnées en les excluant de sa création ; et ces modalités forment autant de perspectives supplémentaires, ouvertes sur l'œuvre actualisée[10]. »

Ainsi l'éclairage de l'anthropologue confirme celui de l'écrivain, à l'effet qu'une œuvre ne constitue qu'une des multiples possibilités qui fermentaient dans le projet de l'artiste, et que cette œuvre s'ouvre ensuite à de multiples possibilités d'explorations imaginaires, en plus des multiples possibilités de lecture. Comme le note René Galand à propos de Baudelaire, « la littérature, comme le mythe, est une réalité mouvante[11] », — et cette mouvance se trouve d'autant plus perceptible qu'on entre plus avant dans l'œuvre, accueillante aux regards successifs des générations et aux éclairages des diverses modes et lectures, sans jamais se donner entièrement, — de sorte qu'autour d'elle se multiplient sans l'épuiser les perspectives et salles d'écho d'un vertigineux musée imaginaire[12].

Le *non finito* du travail critique

De quelle lecture s'agit-il, et de quel lecteur ? Du lecteur naïf ? ou érudit ? ou polémiste ? — On comprend que l'œuvre résiste et ne livre pas son intimité secrète au premier venu. Aussi faisons place à l'expert, au chirurgien virtuose, au Grand Inquisiteur qui saura bien extirper l'aveu : et tant pis si la question tourne au massacre, s'il ne reste sur la table que les débris inertes d'une vivisection !

Non. Aussi bien laisser les bourreaux à leurs tâches, et les embaumeurs à la leur, puisqu'une autre voie se présente heureusement, dans laquelle le dynamisme de l'œuvre se trouve préservé par-dessus tout, même si son secret se dérobe encore, malgré l'insistance et la multiplication des approches et lectures déployées autour d'elle, sans toutefois la torturer, la déformer, la réduire.

-10. C. Lévi-Strauss : *La Pensée sauvage*, p. 36.
-11. R. Galand : *Baudelaire, poétiques et poésie*, p. 220.
-12. Dans sa « Bibliothèque de Babel » (*Fictions*), Borges explore cavalièrement la frontière absurde de ce vertige.

Au tout début de notre étude du *non finito* en art et en esthétique, une hypothèse était proposée : toute critique n'est-elle pas en quelque sorte une hypothèse, une tentative d'interprétation, un essai de compréhension de l'œuvre ? — Dans son Introduction à l'une des nombreuses éditions de la *Quête du Graal*, Yves Bonnefoy prévient par exemple le lecteur de ne pas en attendre « l'examen des hypothèses que l'on a faites sur l'origine ou la signification du Graal : elles sont trop nombreuses et discordantes[13]. » — N'en va-t-il pas de même pour la plupart des « grandes » œuvres d'art, dont on ne sait trop si elles sont grandes parce qu'elles suscitent autant de commentaires divers, ou si elles suscitent tous ces commentaires parce qu'elles sont grandes ? Quoi vient d'abord, de l'œuf ou de la poule ? Et en poussant vers une limite : qui compte davantage, de l'auteur ou du critique ? Car le critique aussi fait œuvre, littéraire d'abord, et parfois œuvre de faire exister l'œuvre au delà de ses propres formes en la dilatant en quelque sorte dans son propre discours ; et l'artiste le sait bien, souvent préoccupé par ce que le critique dira de son œuvre ou lui fera dire... Mais laissons là un débat qui peut conduire trop loin.

En page 113, j'ai attiré l'attention sur la continuité qui rapproche Pico della Mirandola, Érasme et Montaigne, en les posant en relais dans une vaste lignée qui s'étend de Socrate à Valéry en passant par Leonardo et Pascal. Toute cette lignée ou famille d'esprits considère ce que l'homme entreprend comme un vaste champ d'observation et d'expérience, lieu que la pensée peut animer de toutes sortes d'aventures par le jeu de l'imaginaire ; pour eux, le sens du devenir semble se fonder principalement sur le sens du relatif, et en rejetant normes définitives et conclusions finales, ils éliminent la perspective d'un achèvement absolu de l'œuvre. Le *non finito* se retrouve ainsi aussi bien au cœur de la maïeutique de Socrate, au fil des *Carnets* de Leonardo ou des *Essais* de Montaigne, au gré des *Pensées* de Pascal ou des *Variétés* de Valéry. Cette continuité, dans la diversité et la polymorphie, bien sûr, — cette continuité, qu'il serait inutile d'obscurcir par des considérations sibyllines, trouve dans Montaigne sa simple raison :

« Certes, c'est un sujet merveilleusement vain, divers et ondoyant que l'homme ; il est malaisé d'y fonder jugement constant et uniforme. — Jamais deux hommes ne jugèrent pareillement de même chose, et est impossible de voir deux opinions semblables exactement, non seulement en divers hommes, mais en même homme à diverses heures[14]. »

Dans l'opéra italien, cela donne en écho *La dona è mobile* ! — Montaigne souligne la double dimension des variations d'opinions : d'un homme à l'autre, et aussi chez le même à des moments différents. Un peintre américain contemporain, Jasper Johns, formule pour sa part la seconde dimension indiquée par Montaigne en projetant l'effet de ces variations d'opinions sur les aspects de l'œuvre même : « Chaque aspect d'une œuvre d'art change avec le temps, en

-13. *La Quête du Saint Graal*, p. 1.
-14. Montaigne : *Essais* I-1, p. 22 et III-13, p. 429.

cinq minutes ou plus[15]. » — De son côté, Valéry dépasse le simple constat des changements qui se manifestent dans l'œuvre, parce que chacun l'examine à sa façon, diverse et variable, — et fonde plutôt la valeur de l'œuvre, interprétée en terme de durée, sur sa disponibilité devant la gamme des lectures possibles : « L'œuvre dure en tant qu'elle est capable de paraître tout autre que son auteur l'avait faite[16]. »

Cette mobilité peut devenir énervante, si on la pousse vers ses extrêmes contradictions, et il faudrait en préciser les frontières, ou du moins la portée la plus utile à l'œuvre même, sans en faire une sorte de boîte vide et amorphe, socle de n'importe quoi. Car l'œuvre le devient par sa forme, et en tant que forme, elle ne se transforme ni n'importe comment ni en n'importe quelle autre forme ; même une sculpture mobile de Calder ou une musique aléatoire de Stockhausen ou un roman en feuillets volants de Saporta demeurent des formes identifiables, comme telles. La mobilité de l'œuvre dont il est ici question ne concerne pas tellement l'aspect physique de l'œuvre, que le mouvement imaginaire constitué et multiplié autour d'elle par la très grande variabilité des opinions et lectures. — La surface d'une sculpture pourra développer diverses patines qui en modifient l'apparence, la surface d'un tableau pourra craqueler ou s'obscurcir en quelques siècles, une partition musicale pourra prendre des reliefs différents selon l'évolution des instruments acoustiques, un poème pourra susciter des attitudes différentes selon qu'il est imprimé en livre de poche ou sur vélin accompagné de gravures d'un peintre célèbre ; — mais tout cela ne concerne que la surface de l'œuvre, sa peau, son paraître, et les effets de ces modifications superficielles en nos perceptions.

Or c'est justement sur ce paraître qu'appuie Valéry deux paragraphes plus haut, sur l'aptitude que possède l'œuvre à sembler différente sous des éclairages ou aspects divers, favorisant ainsi son pouvoir de susciter des lectures et opinions différentes. Il ne s'agit donc pas de polymorphie de l'œuvre, qui n'existe que dans sa propre forme, aussi « mobile » puisse-t-elle être par ailleurs, cette mobilité étant incluse dans son dynamisme formel ; il s'agit de polymorphie de lecture de l'œuvre, à partir de ses apparences les plus superficielles et en allant de plus en plus profondément en sa substance même. — Jusqu'où peut aller cette polymorphie de lecture ? Jusqu'à la pagaille, semble-t-il, jusqu'à la cacophonie où tout le monde crie en même temps ses opinions divergentes : mais n'exagérons pas trop, puisque cela ne se rend pas jusqu'au solipsisme généralisé qui serait, de toute façon et à la limite absurde, encore une manière de contredire sa propre contradiction, tout le monde s'entendant sur le fait que personne ne s'entend plus. — Chacun le sait tout en ne le reconnaissant pas toujours de bonne grâce, les opinions des autres comptent, et c'est

---

-15. « Every aspect of a work of art changes in time, in five minutes or longer. » — Entretien de J. Johns avec G.R. Swenson, dans *Avant-Garde Art*, p. 212.
-16. Valéry : « Tel Quel », dans *Œuvres* II, p. 561.

justement en les connaissant qu'il est possible d'en développer et proposer de différentes : et « nous ne faisons que nous entregloser » ! — Les Sophistes grecs s'intéressaient déjà, il y a vingt-cinq siècles, à la question de la relativité des goûts et opinions, par rapport aux œuvres d'art comme en d'autres domaines, et un petit traité intitulé *Dialexeis* en proposait une saisissante illustration : si on demandait à tous les hommes de porter en un lieu isolé les choses que chacun trouve laides, et d'en retirer ce que chacun trouve beau, à la fin, ce lieu serait vraisemblablement aussi vide qu'au début[17]...

Est-ce la raison pour laquelle les œuvres d'art ne sont pas dans un lieu désert, mais au contraire entourées et assaillies d'innombrables commentaires, divers jusqu'à la contradiction ? Laissons aller ce murmure confus, en dégageant certains discours qui dépassent le simple niveau des opinions subjectives pour chercher, dans des approches méthodiques et des théories, une assise plus solide, sinon permanente. Interpréter les œuvres d'art peut en effet devenir une occupation « sérieuse » de sociologues : « Comme tout objet naturel, l'œuvre d'art peut livrer des significations de niveau différent selon la grille d'interprétation qui lui est appliquée[18]. » — Par exemple, pour Jean Starobinski, critiquer une œuvre, c'est interpréter, c'est-à-dire à la fois déchiffrer et imaginer, car elle révèle à un examen attentif, au delà de sa forme et de son isolement apparents, « une infinité combinatoire engendrée par le jeu des corrélations, pressentie comme un vertige par le lecteur et rendue manifeste par les variations successives (virtuellement infinies elles aussi) du point de vue critique[19]. »

Interpréter une œuvre d'art, c'est développer et entretenir avec elle une « relation critique », qui peut recourir à des techniques et méthodes, grilles et théories, à la condition que le recours à cette « quincaillerie » (le mot est de moi, et je ne pense pas que Starobinski l'emploie : il parlerait plutôt de procédés techniques, mécanisables jusqu'à un certain point, mais qui ne parviennent pas à réduire l'inévitable herméneutique, puisque interpréter, c'est déchiffrer et imaginer), — à la condition que cette instrumentation, si l'on préfère, — respecte la réalité de l'œuvre, son dynamisme propre, et n'en entreprenne ni réduction ni déformation ni trahison. On ne s'étonnera donc pas si, « chemin faisant, le rapport à l'œuvre se modifie », et si « la tâche critique, sans doute toujours inachevable, consiste à écouter les œuvres dans leur féconde autonomie, mais de façon à percevoir tous les rapports qu'elles établissent avec le monde, avec l'histoire, avec l'activité inventive d'une époque entière[20]. »

Percevoir TOUS ces rapports, en plus de ceux que les œuvres entretiennent entre elles ? — Cela semble ambitieux, voire utopique, malgré l'attitude par ailleurs nuancée de Starobinski devant toute

---

-17. Cité par W. Tatarkiewicz : *History of Aesthetics* I, p. 105.
-18. Dans *L'Amour de l'art*, p. 81 ; l'œuvre d'art serait « objet naturel » ?
-19. J. Starobinski : *La Relation critique*, p. 18 et 195.
-20. Ibid. p. 195, p. 14, et pour la parenthèse précédente, p. 28-33 et 165-9.

méthodologie plus ou moins théorique : si la relation critique est
« inachevable », n'est-ce pas justement parce qu'elle ne saurait réussir
ni à déchiffrer ni à imaginer TOUS les rapports que l'œuvre
« pourrait » suggérer, comme Starobinski l'a d'ailleurs lui-même
d'abord reconnu : « La tâche critique nous apparaît comme une tota-
lisation inachevable de relevés partiels[21]. » — De Starobinski à
Foucault, la parenté s'établit entre « la tâche inachevable » du critique
et « l'infini de la tâche » que l'historien assume dans sa tentative de
traduire en mots ses « relations » avec les œuvres :

> « On a beau dire ce qu'on voit, ce qu'on voit ne loge jamais dans ce qu'on dit.
> — Si on veut maintenir ouvert le rapport du langage et du visible, si on veut parler
> non pas à l'encontre mais à partir de leur incompatibilité, de manière à rester au
> plus proche de l'un et de l'autre, alors il faut effacer les noms propres et se
> maintenir dans l'infini de la tâche[22]. »

Autre appui au travail critique conçu comme inachevable tâche,
celui de l'esthéticien italien Pareyson, pour qui l'interprétation d'une
œuvre ne peut prétendre être unique ni définitive, mais seulement
indéfiniment variable, à la fois quantitativement et qualitativement[23].

Et la rigueur, qu'en fait-on ? Ne peut-on établir, sur le grouillement agaçant de tous ces langages artistiques, fragmentaires et inachevables, le beau règne de quelque superbe et unique métalangage ?
D'une génération à l'autre, on entend en effet claironner semblable
« bonne nouvelle », « évangile » ou « credo » par quelques apprentis
sorciers ou prophètes soudain à la mode — pour le temps que dure
une mode, c'est-à-dire de moins en moins longtemps à mesure que le
rythme de circulation et de diffusion de l'information s'accélère ; mais
ceux qui se livrent longuement et intensément à la tâche critique se
défont bientôt de leurs illusions de néophytes ou des prétentions
pontifiantes : la recherche et la critique constituent des pratiques qui
soumettent toutes théories et méthodes à rude épreuve, et posent tôt
ou tard le choix entre le triomphe de l'œuvre ou le triomphe de l'instrument qu'on y applique : s'agit-il de souligner le dynamisme de
l'œuvre, ou de la disséquer au bistouri ?

Dans « l'Introduction polémique » à son *Anatomie de la critique*,
Northrop Frye désire fonder l'entreprise critique sur de solides
assises théoriques et méthodologiques, mais il doit constater avec
Falstaff que « malgré moi, je bouge ! », — comme d'ailleurs, et à une
autre échelle que celle des jugements de valeur subjectifs et person-
nels, « l'évolution du goût ne tarde pas à apporter la preuve que c'était
pure illusion » que de prétendre que « la critique a définitivement mis
au point une technique permettant de séparer le bon grain de la
semence douteuse[24]. »

-21. Ibid. p. 18.
-22. M. Foucault : *Les Mots et les choses*, p. 25.
-23. « Né unicità né definitività, ma infinità quantitativa e qualitativa dell'inter-
pretazione » (L. Pareyson : *Estetica*, p. 185 ; aussi p. 243 et 271).
-24. N. Frye : *Anatomie de la critique*, p. 32-3.

Hélas, point encore de compteur Geiger qu'on pourrait braquer sur l'œuvre pour en lire «scientifiquement» le coefficient esthétique! Le critique pourra scruter l'œuvre, l'ausculter minutieusement, en sonder les abysses, et constater finalement, par exemple, que tel livre «a un centre, centre non pas fixe, mais qui se déplace[25]», — ce à quoi l'écrivain ne manque pas de faire écho: «Qui aura l'audace de dire qu'il a pu définir les limites de l'art et qu'il en a recensé toutes les facettes[26]?»

De fait, l'œuvre d'art n'a pas à reconquérir «cette vacance intérieure où se redispose le monde[27]» dont parle Georges Poulet, puisqu'elle ne l'a jamais perdue, malgré les ambitions à la fois conquérantes et réductrices des lectures dogmatiques qu'on peut lui avoir infligées ou qu'on voudrait encore lui imposer. Et l'artiste lucide le sait aussi, comme Ionesco qui y injecte une pointe d'ironie salutaire: «En réalité, une œuvre est irréductible; une œuvre est justement ce qu'il en reste après ou malgré la sociologie, la psychanalyse, l'économie, le système idéologico-politique, la philosophie, etc.[28]» — Ajoutons, pour faire bonne mesure: après ou malgré la critique et l'esthétique. Chaque expérience esthétique ou chaque relation critique avec l'œuvre d'art n'en révèle toujours que certains aspects, d'autant plus délimités qu'une grille de lecture plus sévère ou rigoureuse vient imposer à la fois son éclairage et son cadrage. Il ne s'agit certes pas pour autant de prêcher le vagabondage dilettante dans les ineffables jardins de l'art: il s'agit seulement de constater que ce qu'on peut gagner en précision verticale risque de restreindre considérablement la perspective horizontale, par exemple, et vice versa; que tout se passe, autrement dit, comme si le travail critique perdait inévitablement sur d'autres côtés ce qu'il gagne ici ou là, en ce qu'il privilégie, d'où le *non finito* de sa tâche dans sa stratégie même, et dans l'appétit éprouvé à la poursuivre.

De façon réaliste, le critique constate qu'il lui est impossible d'abord de tout déchiffrer et imaginer des multiples aspects et dimensions de telle œuvre d'art; ensuite, de saisir exactement de la même façon la même œuvre, à des moments différents; et enfin, de tout comprendre des innombrables aspects et dimensions des centaines et milliers d'œuvres d'art qui s'offrent à son travail. — Depuis quelques pages, il s'agit surtout de littérature, de mots sur des mots — du «s'entregloser» de Montaigne: qu'en serait-il donc, par exemple, de la peinture?

Le regard continue le tableau

Déjà Pline l'Ancien écrit qu'il ne suffit pas de montrer dans le tableau ce qu'on y voit: l'excellent peintre va plus loin, et parvient à

-25. M. Blanchot: *L'Espace littéraire*, p. 7.
-26. A. Soljénitsyne: «Discours de Stockholm», dans *Les Droits de l'écrivain*, p. 94.
-27. G. Poulet: *La Distance intérieure*, p. II.
-28. Ionesco: *Journal en miettes*, p. 206.

révéler ou du moins suggérer ce que le tableau dissimule[29]. La tradition qui va de Pline à Vitruve et Alberti invitera ainsi parfois le peintre à se jouer du tain du miroir qu'il propose de la réalité par la *mimèsis*, à transgresser le silence de «muette poésie» à laquelle des disputes voulaient réduire la peinture au temps de Leonardo[30]. De son côté, Alberti souhaitait que le tableau «fasse signe», par exemple dans la onzième partie de son traité *Della pittura* :

> «J'aime que, dans un sujet (*istoria*), il y ait quelqu'un qui fasse aux spectateurs comme un signe de la main, les invitant à voir ce qui s'y passe, ou bien, si au contraire il s'agit d'un acte mystérieux, qu'un personnage leur indique de s'éloigner par un visage et des yeux épouvantés[31].»

En s'animant en quelque sorte ainsi, le tableau «parle», et on ne s'étonnera guère d'en trouver de très bavards, ou du moins d'en remarquer qui provoquent, par des signes qu'ils font aux spectateurs, d'innombrables et interminables commentaires. Ces signes peuvent se manifester de diverses manières : par ellipse d'un personnage à qui semble s'adresser une figure du tableau, comme dans la *Joueuse de guitare* de Vermeer; par une mise en scène complexe, comme dans la *Sibylle de Tibur* d'Antoine Caron, ou les *Meninas* de Velazquez (qui a inspiré à Michel Foucault dix pages au début de *Les Mots et les choses*), ou *Une partie d'échecs* de Paris Bordone (dont la «scénographie» a été emphatiquement «dés-articulée» dans un livre de J.-L. Schefer) ; par occultation d'une partie du sens de l'œuvre, stimulant ainsi indéfiniment les interprétations, surtout s'il s'agit de tableaux comme la *Primavera* de Botticelli ou le double portrait en nu de Gabrielle d'Estrées et de la duchesse de Villars, en l'École de Fontainebleau. — Les «signes» peuvent encore venir d'ailleurs, par exemple de l'*istoria*, dans la double fresque des *Effets du gouvernement* de Lorenzetti à Sienne, ou dans la miniature de Pol de Limbourg intitulée l'*Homme astrologique*, ou dans *Et in Arcadia ego* de Poussin, où les quatre personnages semblent justement occupés à discuter entre eux de l'inscription-titre que deux montrent du doigt, de sorte que le spectateur peut difficilement ignorer l'invitation à participer à leurs délibérations. Le tableau peut encore faire d'autres signes, pour provoquer ou solliciter nos commentaires et interprétations, par exemple quand Magritte peint, dans sa *Condition humaine* I de 1933, un chevalet portant un tableau qui se fond dans le paysage visible par la fenêtre, ou quand Dali peint ses «montres molles», ou quand Bosch illustre à sa façon les «péchés capitaux», — et par le monde fantastique de Bosch, nous voici devant *Le Monstre dans l'art occidental* où Gilbert Lascault souligne une parenté, due au jeu de la combinatoire, entre les «mots-valises» que les enfants inventent et les

-----

-29. «Ambire enim se ipsa debet extremitas et sic desinere ut promittat alia post se ostendatque etiam quae occultat» (Pline l'Ancien: *Historia naturalis* XXXV-68 ; car le contour doit se contourner lui-même et ainsi suggérer ce qu'il y a au delà de lui, et même ce qu'il cache.)

-30. «Si tu dimaderai la pittura muta poesia, acora il pittore potra dire del poeta: orba pittura» (Leonardo: *The Notebooks* I, p. 327).

-31. Alberti: *De la statue, De la peinture...*, p. 157 ; Alberti: *On Painting*, p. 78.

« monstres » dont ils pourront encore s'effrayer avec quelque bizarre plaisir, devenus adultes. Après avoir fixé les limites de sa recherche et celles de sa classification, Lascault débouche sur « l'impouvoir du langage et de l'œuvre d'art », et sur une « incomplétude désirée » qui pourrait bien rendre enfin cet « impouvoir heureux[32] ».

Ainsi surgit encore le *non finito*, au détour des pistes les plus imprévisibles et jusque dans l'antre des monstres ! Cette « incomplétude désirée », Delacroix la rattache pour sa part à l'*abbozzo*, selon un passage de son *Journal* cité précédemment : « L'édifice achevé enferme l'imagination dans un cercle et lui défend d'aller au delà. Peut-être que l'ébauche d'un ouvrage ne plaît tant que parce que chacun l'achève à son gré[33]. »

Achèvement imaginaire et non physique ou formel, bien entendu, et donc inachèvement continué et renouvelé indéfiniment, dont Roger de Piles connaissait la portée chez les amateurs d'art :

« La véritable peinture est celle qui nous appelle (pour ainsi dire) en nous surprenant : et ce n'est que par la force de l'effet qu'elle produit, que nous ne pouvons nous empêcher d'en approcher, comme si elle avait quelque chose à nous dire. — … laissant juger le lecteur, qui se fait un plaisir d'imaginer tout ce que l'auteur avait dans l'esprit. — Les Desseins peu finis plaisent davantage, parce que l'imagination y supplée toutes les parties qui y manquent, ou qui n'y sont pas terminées, et que chacun les voit selon son goût[34]. »

Ces dernières lignes de Roger de Piles sur les « desseins peu finis » pourraient servir de preuve-type à notre hypothèse dynamogénique du *non finito*, et trouvent un écho intéressant dans le *Discours sur le dessin* que rédige le comte de Caylus une trentaine d'années plus tard :

« La différence qui se trouve, selon moi, entre un beau dessin et un beau tableau, c'est que, dans le tableau, on peut lire à proportion de ses forces tout ce que le grand peintre a voulu représenter, tandis que, dans le dessin, on termine soi-même l'objet qui vous est offert[35]. »

Plus près de nous qu'en ce début du XVIIIᵉ siècle, et dans un langage plus familier, Marcel Duchamp déclare en 1957 que « ce sont les Regardeurs qui font les tableaux ; on découvre aujourd'hui le Greco ; le public peint ses tableaux trois cents ans après l'auteur en titre[36]. » — On pourrait poursuivre longuement ainsi les jeux du regard autour du tableau, soit dans l'énorme tradition *ekphraseis* du critique Callistratus et jusque dans son prolongement depuis Horace et davantage encore depuis la Renaissance italienne dans le *Ut pictura poesis* ; soit selon les grilles de lecture proposées par exemple par

-32. G. Lascault : *Le Monstre dans l'art occidental*, p. 424.
-33. Delacroix : *Journal*, au 20 avril 1853, II, p. 23 (cité en p. 149).
-34. Dans l'ordre des trois citations de Roger de Piles : *Cours de peinture par principes*, p. 4 ; *Conversations sur la connaissance de la Peinture*, p. 69-70 ; et *Abrégé de la Vie des Peintres* (précédé d'une *Idée du Peintre Parfait*, 1698), p. 70. — Les deux dernières ont été citées p. 128-9.
-35. Comte de Caylus : *Discours sur le dessin* de 1732, cité par Nicolas Ivanoff dans *I Disegni italiani del Seicento*, p. XVIII.
-36. M. Duchamp : *Duchamp du Signe*, p. 247.

Panofsky (iconographie/iconologie), Hauser (sociologie), Hadjini-colaou (marxisme), Kris ou Newmann (psychanalyse), et par combien d'autres; soit enfin dans la complicité du peintre qui refait à sa façon telles œuvres de ses prédécesseurs, comme Picasso qui brosse en 1954 une quinzaine de variations sur les *Femmes d'Alger* de Delacroix, et déploie les années suivantes une quarantaine d'inter-prétations des *Meninas* de Velazquez, puis une vingtaine de versions du *Déjeuner sur l'herbe* de Manet, lequel Manet avait déjà refait la *Fête champêtre* de Giorgione... Comme aurait dit Malraux: les tableaux naissent des tableaux plutôt que des discours sur la peinture!

Au fil de l'expérience esthétique, le regard continue le tableau qu'il observe, l'anime de sa propre pulsion imaginante, faisant surgir par associations ou autrement d'autres images, tout en y projetant sa grille de lecture du jour. Louis Marin l'a observé, « le tableau est d'abord un parcours du regard », — et c'est par et dans ce parcours que s'élabore « un texte figuratif et un système de lecture ». Chaque tableau propose au regard un texte pictural susceptible d'être investi par plusieurs grilles d'une double lecture, visuelle et verbale, et Marin décrit la dynamique du « circuit du regard sur la surface plastique » comme un parcours « aléatoire, jamais nécessaire[37] », — ajoutons: jamais achevé. Lire une œuvre, l'interpréter, l'imaginer selon la perspective mobile du regard et l'architecture variable des mots qui en rendent compte; ou, comme l'écrit Pierre Macherey, « l'expliquer, et reconnaître la multiplicité de ses sens[38] »; — plutôt que de l'expliquer, l'expliciter, c'est-à-dire ouvrir sa charge sémantique et libérer sa signification, la délier, mais aussi la relier à autre chose.

Lire : lier et dé-lier et re-lier

« Une œuvre d'art n'en a jamais fini d'être l'objet d'interprétations toujours nouvelles », écrit Marc Le Bot à propos du « déchiffrement » de l'œuvre, déchiffrement qui conduit souvent à « une multiplicité innombrable d'interprétations[39]. » Semblables propos se trouvent chez Sartre ou Camus, Baudelaire ou Umberto Eco, Jean-Pierre Richard ou Adorno, chez nombre d'autres critiques ou esthéticiens qui en arrivent à relier plus ou moins directement diversité et multi-plicité des lectures de l'œuvre d'art à sa polysémie profonde, à son *non finito* sémantique, qui développe en elle une sorte de polyvalence, autrement dit une vaste possibilité de s'en approcher, de la lire et comprendre, s'ouvrant à des combinaisons infinies:

— Sartre : «Écrire, c'est faire appel au lecteur pour qu'il fasse passer à l'existence objective le dévoilement que j'ai entrepris par le moyen du langage. — Ainsi, l'écrivain en appelle à la liberté du lecteur pour qu'elle collabore à la production de son ouvrage. — En un mot, le lecteur a conscience de dévoiler et de créer à la fois, de dévoiler en créant, de créer par dévoilement[40]. »

-37. L. Marin: *Etudes sémiologiques*, p. 19 et 21.
-38. P. Macherey: *Pour une théorie de la production littéraire*, p. 96.
-39. M. Le Bot: *Peinture et Machinisme*, p. 25 et 29.
-40. Sartre: *Qu'est-ce que la littérature?*, p. 59 et 55.

— Camus: «Tout l'art de Kafka est d'obliger le lecteur à relire[41].»

— Baudelaire: «Dans la musique comme dans la peinture et même dans la parole écrite, il y a toujours une lacune complétée par l'imagination de l'auditeur[42].»

— Eco: «L'œuvre d'art est un message fondamentalement ambigu, une pluralité de signifiés qui coexistent en un seul signifiant[43].»

— Richard: «Le sens semblera donc jouer à cache-cache, il sera à la fois ici et là, partout et nulle part. — Rien de plus glissant que ces poèmes dont le sens semble se modifier d'une lecture à l'autre et qui n'installent jamais en nous la rassurante certitude de les avoir vraiment, définitivement saisis. Mais cette variabilité du sens doit justement être reconnue comme la signification véritable du poème. Pour lire de tels poèmes, Valéry nous le répétera, il n'est point de chemin obligatoire, ni même de perspective privilégiée. Toutes les perspectives sont également fructueuses, et l'essentiel restera donc de les multiplier. — Le poème mallarméen ressemblerait à l'un de ces mobiles si poétiquement agencés par l'art moderne pour faire exister, en eux et autour d'eux, par leurs silencieuses girations, toute la souple signification du vide. — La syntaxe pourra servir aussi à faire pivoter le sens: selon la construction choisie — et il existe souvent chez Mallarmé diverses constructions possibles —, le mot changera radicalement d'attitude et de valeur[44].»

— Adorno: «Si les œuvres achevées ne deviennent ce qu'elles sont que parce que leur être est un devenir, elles sont elles-mêmes renvoyées aux formes dans lesquelles ce processus se cristallise: l'interprétation, le commentaire et la critique[45].»

Ainsi critiques et esthéticiens fréquentent l'œuvre d'art, et l'esthétique semble devenir une vaste dramaturgie, mise en scène d'une inépuisable mobilité, à la fois aux niveaux perceptif et affectif, imaginatif et réflexif, que Mallarmé savait évoquer dans son langage singulier, en exergue à *Igitur*: «Ce Conte s'adresse à l'Intelligence du lecteur qui met les choses en scène, elle-même[46].» — Novalis notait de son côté et déjà en 1798 que «il faut que le vrai lecteur soit l'auteur amplifié[47]» — et dans le même milieu, des poèmes de Hölderlin inspirent à Heidegger des propos sur l'art nous avertissant qu'une lecture de l'œuvre prend son sens en augmentant la présence de l'œuvre, et non en la gênant et encore moins en l'occultant: «Le dernier pas, mais aussi le plus difficile, de toute interprétation consiste à disparaître avec tous ses éclaircissements devant la pure présence du poème[48].»

En observant qu'il n'y a pas de perception pure, mais plutôt des interprétations plurielles de multiples et diverses perceptions, Heidegger propose du champ de conscience une perspective dynamique, où l'interprétation acquiert une importance singulière,

-41. Camus: *Le Mythe de Sisyphe*, p. 169.
-42. Baudelaire: «L'Art romantique», *Œuvres*, p. 519.
-43. U. Eco: *L'Œuvre ouverte*, p. 9.
-44. J.-P. Richard: *L'Univers imaginaire de Mallarmé*, p. 553-4.
-45. Adorno: *Théorie esthétique*, p. 258.
-46. Mallarmé, dans *Œuvres*, p. 433.
-47. Novalis: «Paralipomènes», dans *Les Romantiques allemands*, p. 218.
-48. Heidegger: *Approche de Hölderlin*, p. 8.

au point de constituer le mode d'être de la conscience et le fondement de la conscience d'être : à ce niveau, l'interprétation de l'œuvre devient une «herméneutique de la facticité», si l'on veut, mais n'en continue pas moins pour autant de demeurer ouverte, — et ouverte sur certain vertige, comme par exemple celui d'une tourmente poétique capable d'emporter dans la folie Hölderlin à trente ans :

«La clarté par trop éblouissante a jeté le poète dans les ténèbres. Est-il besoin encore d'autres témoignages pour attester le suprême danger de son 'occupation'. — Ainsi l'essence de la poésie se trouve insérée dans ces lois dont l'effort est divergence et convergence[49]... »

Convergence et divergence : lire une œuvre d'art, c'est en lier les éléments ensemble, et en délier l'imaginaire pulsion, pour qu'elle s'ouvre en tout son dynamisme, dont je ne pourrai saisir que certains aspects, certaines dimensions, cherchant quelque consolation à l'infirmité de ma lecture en compagnie de qui conçoit aussi la tâche d'interpréter et le plaisir d'imaginer l'œuvre comme une activité inachevable :

— Freud : «Ce sont justement quelques-unes des plus grandioses et des plus imposantes œuvres d'art qui restent obscures à notre entendement[50]. »

— Ricœur : «L'ambiguïté du symbole n'est pas un défaut d'univocité, mais la possibilité de porter et d'engendrer des interprétations adverses et cohérentes chacune en elle-même[51]. »

— Blanchot : «La littérature n'est pas une simple tromperie, elle est le dangereux pouvoir d'aller vers ce qui est, par l'infinie multiplicité de l'imaginaire[52]. »

— Dufrenne : «Lire le texte, c'est toujours le relire, savoir qu'il a déjà été lu, qu'il peut l'être de mille façons, et c'est découvrir ce qui à la fois le structure et le pluralise. — Le texte lui-même joue : il se produit comme une structure toujours en cours de structuration, à travers une polysémie radicale ; mais il devient en quelque sorte lui-même dans ce jeu, il en est le meneur, il manifeste une singularité irréductible. Et finalement, on peut dire aussi bien que le texte renvoie à toute la littérature, et qu'il ne renvoie qu'à lui-même[53]. »

Entre le solipsisme et la salle d'échos, l'œuvre inaugure inlassablement sa disponibilité : chaque œuvre renvoie à toutes celles que je connais et évoque toutes celles que je ne connais pas, pendant que mon imagination vagabonde déjà parmi les innombrables possibilités d'œuvres en marge de celles qui existent seulement. — On pourra bien tenter objectivement de la décrire, cette œuvre, de l'ausculter,

-49. Ibid. p. 56 et 59.
-50. Freud, à propos du *Moïse* de Michelangelo, dans *Essais de psychanalyse appliquée*, p. 10.
-51. P. Ricœur : *De l'interprétation*, p. 478.
-52. M. Blanchot : *Le Livre à venir*, p. 142-3.
-53. M. Dufrenne : *Esthétique et Philosophie* II, p. 38-9. — En voici un autre écho chez le poète et philosophe québécois Paul Chamberland : «Des activités comme lire, écrire, étudier, rassembler des informations, mener une recherche, n'aboutissent de plus en plus qu'à feuilleter l'immense catalogue où se bouscule la pluralité du discours. — Le monde est inachevé... » (*Le Recommencement du monde*, p. 15 et 152)

analyser, déchiffrer; ou subjectivement de la goûter, méditer, commenter, décrypter; mais toutes les interprétations diverses et variables ont beau se déployer, se conjuguer, se bousculer, sans pour autant empêcher le travail critique et esthétique de se manifester de quelque façon en son ultime verbe, devant l'œuvre à l'œuvre: imaginer.

Tout se passe comme si l'œuvre d'art constituait le point de rencontre de deux faisceaux complémentaires: celui de l'énergie inventive de l'artiste-émetteur, celui de l'appétit exploratoire de l'amateur-récepteur. D'un côté comme de l'autre de ces deux faisceaux, le désir travaille — désir d'inventer et/ou désir d'explorer, et l'œuvre semble s'en trouver le lieu à la fois d'aboutissement et d'origine, lieu indéfiniment re-lié au *non finito*.

L'ŒUVRE
COMME DÉSIR

Voyons de plus près ce désir, qui semble animer l'œuvre, ou plutôt s'y trouver comme déposé par l'artiste et prêt à germer de nouveau à la première occasion, pour que l'œuvre se remette à l'œuvre. — Et si l'œuvre est inachevée ou incomplète, la fissure ou l'échancrure du *non finito* pourrait bien accentuer et même exciter ce désir en veilleuse, et favoriser le travail qu'il développera dans l'imaginaire?

À quelques reprises, Valéry examine la question de l'achèvement de l'œuvre d'art, jusqu'à dire qu'elle n'est jamais vraiment terminée : seulement «abandonnée», délaissée par un artiste travaillé par le désir d'une autre œuvre, en mouvement continuel vers autre chose :

> «Un poème n'est jamais achevé — c'est toujours un accident qui le termine, c'est-à-dire qui le donne au public. Ce sont la lassitude, la demande de l'éditeur, la poussée d'un autre poème. Mais jamais l'état même de l'ouvrage (si l'auteur n'est pas un sot) ne montre qu'il ne pourrait être poussé, changé, considéré comme une première approximation, ou origine d'une recherche nouvelle. — Pour pouvoir désirer encore, il faut désirer autre chose ; et le besoin de changement s'introduit comme indice du désir de désir[1].»

Il serait possible — et sûrement désirable — de déployer une constellation de propos plaçant en étroite relation l'œuvre et le désir, et jusqu'à ce «désir de désir» évoqué par Valéry. Par exemple, en éclairant la naissance du jour par «l'alchimie du désir», René Char considère que «le poème est l'amour réalisé du désir demeuré désir[2].» Dans sa première *Élégie* de 1912, Rilke trouve pour sa part «étrange de ne pas désirer plus avant nos désirs». De son côté, André Breton prétend que le désir est «le seul ressort du monde, seule rigueur que l'homme ait à connaître[3]», et cette déclaration du pape du Surréalisme français servira en quelque sorte de force motrice à l'entreprise révolutionnaire du groupe[4], sur le plan socio-culturel. Dans son ouvrage intitulé *Sociodynamique de la culture*, Abraham Moles propose de la culture une «définition ouverte» où elle apparaît «comme machine à faire des désirs» : «Ce sont les artistes et les psychologues qui sont susceptibles de créer et de développer de nouveaux désirs, c'est-à-dire de peser réellement sur le devenir de la société[5].»

-1. Valéry : *Œuvres* I, p. 1375 et 1497 ; II, p. 553 et 1344.
-2. R. Char : *Fureur et mystère*, p. 73 et 40.
-3. Passage de *L'Amour fou* cité par R. Jean dans *La Poétique du désir*, p. 23.
-4. M. Nadeau : *Histoire du Surréalisme*, p. 186-7.
-5. A. Moles : *Sociodynamique de la culture*, p. 310-1.

En commentant les rapports entre Cézanne et le monde visible, Pierre Francastel dépasse le seul domaine de la peinture et indique comment le désir travaille non seulement en tout artiste, mais en tout amateur d'art et en toute personne, puisque notre relation sensible au monde s'en trouve toujours une d'interprétation, désir de comprendre et de déchiffrer : «Les objets du monde extérieur, qu'il saisit à travers sa sensibilité, n'ont plus d'intérêt en eux-mêmes, mais seulement dans la mesure où ils appellent un désir d'interprétation[6]. »

La dialectique du désir

Nous semblons peut-être nous éloigner de la perspective du *non finito*, et pourtant c'est le désir qui en constitue le ressort, me semble-t-il, parce que c'est le désir qui anime toutes nos relations avec le monde et avec les autres, et qui fonde le dynamisme de l'imaginaire dans le champ de conscience, comme l'écrivait simplement Montaigne dans sa sagesse heuristique : « Il n'est désir plus naturel que le désir de connaissance[7]. »

Ce désir de connaissance semble insatiable, selon une dialectique que Jacques Lacan scrute sous l'éclairage freudien dans un chapitre de ses *Écrits*[8] ; selon une articulation entre conscient et inconscient, la dialectique du désir se trouve autrement évoquée par Panofsky en marge de Pico : «Dans son effort pour élucider la définition de l'amour (*desiderio della bellezza*), Pic de la Mirandolle distingue, on s'en souvient, entre le désir inconscient (*desiderio senza cognitione*) et le désir conscient (*desiderio con cognitione*)[9]. »

Sans suivre davantage Pico ou la psychanalyse, retenons seulement cette double dimension du désir : pulsion inconsciente et attraction consciente, — sans qu'on puisse toujours bien identifier quelle dimension se trouve davantage active dans les tiraillements de nos désirs quotidiens, simplement parce que souvent les deux dimensions se mêlent inextricablement. — Sur un autre plan, les choses ne paraissent pas plus simples, puisque le désir s'écartèle entre ce vers quoi il tend et qui se trouve absent, peut-être même insaisissable ou utopique, — et ce sur quoi il projette son élan et qui ne sera toujours qu'une représentation sur l'écran du cinéma de l'imaginaire. — Nous retrouvons ainsi l'écart, familier à travers le «labyrinthe» du *non finito*, entre ce qui fermente dans le *concetto* ou projet ou désir de l'œuvre, et ce que la *mano* en tire ; mais n'allons pas trop vite, puisqu'il se pourrait que la psychanalyse ait été malencontreusement écartée d'une exploration prometteuse dans un champ qu'elle fouille avec curiosité, avec avidité même et selon d'habiles éclairages : «C'est une représentation d'objet absent projetée ensuite sur un objet présent qui sera à

-6. *Le Portrait*, p. 194.
-7. Montaigne : *Essais* III-12, p. 428.
-8. J. Lacan : *Écrits* II, p. 4.
-9. Panofsky : *Essais d'iconologie*, p. 309.

l'origine du désir, qui est ainsi un objet composite[10]. » — Pascal disait à peu près la même chose, à propos de la représentation en peinture : « Un portrait porte absence et présence, plaisir et déplaisir[11]. » Le portrait, étant justement désir de figurer, nous invite à constater la complexité de la dialectique du désir, selon les observations de Pascal, entre absence et présence, et aussi entre plaisir et déplaisir : car « le » désir ne se trouve jamais satisfait, comme « le » livre ou « le » tableau se dérobe implacablement sous la main de l'artiste, qui ne fera toujours qu'un tableau, un texte, parmi d'innombrables autres, réels et possibles.

Plaisir et déplaisir aussi : satisfaction et déception autour du désir, qui n'en renaît aussitôt que de plus belle, puisque sa fonction est de désirer. Telle satisfaction d'un désir dégrade le dynamisme du désir en avoir ou en savoir, mais l'entropie qui en résulte ne dure guère, puisque tel Phénix le désir renaît de ses cendres. De fait, il semblerait n'avoir jamais connu le bûcher, et ce n'était probablement qu'un fragment ou qu'un rayon, pour ne pas dire un simulacre du désir qui s'était manifesté et avait paru se dégrader dans une satisfaction d'ailleurs toujours incomplète et imparfaite, malgré l'intensité et l'étendue qu'elle ait pu atteindre, puisqu'il sera toujours possible de connaître et surtout d'imaginer satisfaction plus intense et étendue. — Désirer, c'est désirer devenir, explorer, expérimenter :

« Désirer, c'est préférer ce qui n'est pas à ce qui est ; agir, c'est réaliser ce qui n'était pas, et modifier l'être selon ce qu'on veut ; créer une œuvre d'art c'est, plus librement encore, faire exister ce que l'on imagine[12]. »

Ou du moins tenter de faire exister une partie de ce que l'on imagine. Tenter : tentation, et curiosité, ces acolytes au rituel du désir, que les artistes connaissent bien, en particulier William Blake à propos de qui Northrop Frye note que les grilles incitent l'imagination esthétique à les ouvrir[13], parce que l'esprit se livre à l'interminable combat de « la révolte du désir et de l'énergie contre la répression », et élabore au fil de cette lutte deux cosmologies complémentaires, l'une qui vise à comprendre le monde tel qu'il apparaît, et l'autre à le transformer selon son désir.

Selon l'inépuisable dynamisme et l'inachevable dialectique du désir, de tous ces « désirs humains écartelés à chaque instant entre la réplique et l'invention, entre le désir de revenir au modèle connu et le désir d'y échapper par une nouvelle variation[14] » ; selon le cheminement de l'œuvre qui, tôt ou tard, contraint à ce que Valéry évoquait par l'abandon, et que Gauguin a aussi connu : « Décidément, le tableau que je veux faire est loin d'être fait, le désir est plus grand que ma puissance[15]. » — Gauguin donne ainsi écho à ce qu'écrivaient de

-10. Dans *Éros et Antéros*, p. 117.
-11. Pascal : *Pensées*, dans *Œuvres*, p. 533.
-12. F. Alquié : *L'Expérience*, p. 56.
-13. « Gates are to be opened » (N. Frye : *Fearful Symmetry*, p. 428 ; et p. II et III pour les quatre lignes suivantes).
-14. G. Kubler : *Formes du temps*, p. 111.
-15. Gauguin : *Oviri*, p. 166.

Michelangelo Condivi et Vasari, en mettant en évidence la *poten-tissima virtù immaginativa* et les *si grandi e terribili concetti* du génial sculpteur de la Renaissance[16] : le désir qui anime le *concetto* et le spécifie ne peut jamais trouver pleine et entière satisfaction dans l'œuvre telle que la *mano* la réalise, et cette œuvre provoque ainsi dans l'imagination les remous de nouveaux désirs, échos et prolongements à celui qui a été trahi, au moins en partie. Si l'œuvre se présente d'abord comme accomplissement ou du moins tentative d'accomplissement d'un désir, elle peut ensuite être interprétée comme désir de faire d'autres œuvres, chez l'artiste ; et chez l'amateur d'art, l'œuvre, telle œuvre, apparaît d'abord comme lieu du désir de se sentir et de connaître, et peut ensuite s'interpréter comme désir de sentir et connaître d'autres œuvres. Ainsi, dans la continuité de l'expérience esthétique, le dynamisme dialectique du domaine artistique s'éclaire mieux, où chaque œuvre s'inscrit dans une trame complexe et mobile, variable, selon la perception et l'interprétation qui fournissent à telle œuvre à la fois des ancêtres, de la compagnie où les compétiteurs sont plus ou moins nombreux et pressants, et des descendants, — sans jamais que le jeu des comparaisons ne puisse trouver sa conclusion ultime ou sa réduction définitive. Bien plus, chaque œuvre semble même fournir sa propre antithèse, en cela qu'elle se présente comme incapable d'accomplir absolument le programme de son *concetto*, de son projet, de son désir.

Il y a autour de l'œuvre une sorte de dramaturgie où le désir tient de toute évidence un rôle stratégique, mais où autre chose semble aussi intervenir en contrepartie, autre chose de profond et obscur, qu'on pourrait aller chercher du côté du théâtre avec Étienne Souriau : « Il n'y a guère que deux grandes passions qui soient à la clef des situations dramatiques : le désir et la crainte. — Toute crainte suppose un désir contraire, comme tout désir suppose une crainte réciproque[17]. »

Ce jeu dialectique du désir et de la crainte ne peut-il pas conduire certains artistes plus exigeants ou plus aventureux jusqu'à cette « maladie d'idéalité » dont parlait Mallarmé (p. 173), et qui se manifeste quand on veut violenter l'ordonnance prosaïque des choses pour plonger aux sources vives du « poïétique », du faire singulier qui est désigné par la « création » artistique ? — Sur cette voie, l'œuvre peut même tenter de transgresser des interdits, et s'en trouver à la limite exclusivement fascinée ou hantée : « Le propre de l'esprit de création est de se désintéresser de la zone permise pour ne se tourner que vers les interdits[18]. »

Briser les moules et piétiner les normes, pour mieux libérer la pulsion du désir, voilà l'entreprise de ce qu'on peut appeler la grande

-16. Voir p. 97, notes 26 et 28.
-17. É. Souriau : *Les deux cent mille situations dramatiques*, p. 84.
-18. O. Revault d'Allonnes : « La Création artistique et les promesses de la liberté », dans *Esthétique et Marxisme*, p. 18.

œuvre d'art, celle qui bouscule les acquis et se propulse selon son propre élan, au risque de périr dans le tumulte de sa transgression.

Reliant l'érotisme à la transgression, Georges Bataille éclaire le cheminement aventureux de l'œuvre d'art, en dressant le spectre du danger de mort sur le chemin agité du désir, d'un désir du moins capable de bousculer frontières et braver interdits, d'un désir désirant se projeter plus avant dans l'aventure de la vie, malgré l'instinct de conservation qui tente de freiner et harnacher — la crainte — les fougues éventuellement mortelles du désir :

> «De cet être qui meurt en nous, nous n'acceptons pas les limites. Ces limites, à tout prix, nous voulons les franchir, mais nous aurions en même temps voulu les excéder et les maintenir; — nous voulons accéder à l'au-delà sans franchir le pas, nous maintenant sagement en deçà. — Qu'il est doux de rester longuement devant l'objet de ce désir, de nous maintenir en vie dans le désir, au lieu de mourir en allant jusqu'au bout, en cédant à l'excès de violence du désir. Nous savons que la possession de cet objet qui nous brûle est impossible. — Plutôt la mort du désir que notre mort[19]!»

Et pourtant, il y a Van Gogh et Nerval et combien d'autres suicidés de l'art, qui ont préféré leur mort à celle de leur désir. — Il y a aussi Mallarmé et Nietzsche, Rimbaud et Lautréamont, Poe et d'autres encore. — Il ne s'agit pas d'esquisser ici un martyrologe ou une hagiographie de l'art, mais seulement de rappeler le grave danger pour l'artiste de quitter la terre ferme de l'œuvre «raisonnable», pour s'abandonner à la tourmente esthétique que Michelangelo a si rudement ciselée dans les accents sonores d'un de ses poèmes: *Mille piacer non valgon un tormento*[20].

Au lieu d'éclairer encore une fois la personnalité de Michelangelo à la sinistre lueur de l'Héautontimorouménos, ne vaut-il pas mieux relever une idée glissée quelques lignes plus haut dans la citation de Georges Bataille, idée qui convient à la plupart des manifestations artistiques du *non finito*: «Nous savons que la possession de cet objet (du désir) qui nous brûle est impossible.» — On a fait dire beaucoup de choses, et parfois des plus perverses, à Bataille, justement parce qu'il a couru, dans ses textes, les risques de transgresser limites et convenances courantes. La perspective parfois fulgurante qu'il emprunte ne se réduit pourtant pas à la seule obsession de l'alcôve où Éros et Thanatos célèbrent de morbides et interminables épousailles, et même là, ne serait-ce pas justement l'interminable rythme des plus noirs rituels qui pourrait les délivrer d'une lecture trop réductrice, puisqu'ils ne sombrent pas sous les cendres mais renaissent inlassablement de leurs débats? — Bataille et le désir :

> «La seule façon de combler le manque, de fixer la course du désir serait de mourir, d'entrer à nouveau dans le ventre de sa mère où le désir n'existait pas puisqu'il était satisfait; chez Bataille, la seule jouissance parfaite est la mort. Mais nous craignons la mort. Nous craignons la satisfaction de notre désir[21].»

-19. G. Bataille: *L'Erotisme*, p. 156-7.
-20. «Mille plaisirs ne valent pas un tourment» — dernier vers d'un des sonnets à Luigi del Riccio (1544), dans *The Sonnets of Michelangelo*, p. 28.
-21. Xavière Gauthier: *Surréalisme et sexualité*, p. 309.

Craignons-nous vraiment la satisfaction du désir, ou son inévitable insatisfaction? Craindre la satisfaction du désir, chez l'artiste, ce serait interrompre ou «abandonner» (selon Valéry) son œuvre, par peur peut-être de la réussir entièrement et parfaitement, en satisfaisant absolument à son projet: une telle modestie semblerait rare... Ce que l'artiste craint, n'est-ce pas plutôt de ne pas pouvoir satisfaire au désir altier du *concetto*? — En évoquant le spectre de la Mort, Bataille accentue la valeur menacée de la Vie, que le Désir traduit dans sa pulsion la plus dynamique: immoler le désir ne l'anéantit pas, puisque c'est de «petites morts» seulement qu'il s'agit, au fil des satisfactions successives et jouisseuses d'un désir et d'un autre et d'autres encore, sans jamais que le Désir n'en soit tué pour autant, puisqu'il se confond à la Vie. Quand Bataille écrit que «le sens dernier de l'érotisme est la mort», il a la prudence de nous prévenir quelques lignes plus haut qu'à telle «vérité indubitable» une «vérité contraire n'est pas moins assurée[22]», — ce qui donnerait, en appliquant le renversement de deux des principaux éléments de la proposition: «le sens premier de l'érotisme est la vie». Point étonnant, puisque d'un côté l'érotisme n'est possible que dans la vie, même si telle de ses pratiques extrêmes conduisait à la mort, selon des éclairages que Bataille force pour mieux épier; et puisque d'un autre côté la mort elle-même n'est concevable qu'à partir du vivant, de ce vivant qui justement contourne en quelque sorte la mort en se poursuivant au delà d'elle par l'érotisme, ou du moins par son niveau brut, celui de la sexualité. À la toute fin de son essai sur l'érotisme, Bataille replace le désir (qui exprime la vie en tant que pulsion instinctive) dans le dynamisme à jamais insatiable de son devenir, au delà de toute rhétorique plus ou moins artificielle ou mensongère: «Si quelqu'un me demandait ce que nous sommes, je lui répondrais: cette ouverture à tout le possible, cette attente que nulle satisfaction matérielle n'apaisera et que le jeu du langage ne saurait tromper[23]!»

Même en coinçant Éros entre Chronos et Thanatos, Marie Bonaparte ne peut éviter de mettre en évidence «cette tendance indéracinable du cœur humain», celle du «désir d'échapper au temps, au monstre dévorateur[24].» — Désir de vivre, qui donne son sens originel à l'érotisme, en en faisant l'outil de son triomphe sur la mort par prolongement du désir en ses descendants: inachevable expérimentation du désir, en la vie comme en l'œuvre d'art qui en propose une vision privilégiée, parce que symbolique et imaginaire.

-22. G. Bataille: *L'Érotisme*, p. 159.
-23. Ibid. p. 304.
-24. M. Bonaparte: *Chronos, Éros, Thanatos*, p. 55.

Vers une démonstration de l'hypothèse dynamogénique

Dans son corrosif *Précis de décomposition*, Cioran se reconnaît lui-même un auteur «las de m'embrouiller aux funérailles de mes désirs», et note que «chaque désir humilie la somme de nos vérités et nous oblige à reconsidérer nos négations[25].» — Pourquoi, sinon parce que le désir est phénix? — Ne nous éloignons pas trop hâtivement de la pénombre troublante évoquée par Bataille, où flotte le fantôme du Divin Marquis. Selon Foucault, dans *Juliette*, où l'héroïne se fait «le sujet de tous les désirs possibles», Sade tente d'en épuiser la gamme, sans toutefois y parvenir, malgré une écriture délirante qui transgresse les interdits et plonge voluptueusement dans les abysses où désir et mort s'enlacent en une lutte pourtant sans issue, devant quoi «il faut bien nous rendre compte qu'au fond, cette ombre d'en dessous, c'est la mer à boire: les prospérités de Juliette sont toujours plus solitaires, et elles n'ont pas de terme[26].» — En commentant l'interprétation de Sade proposée par Foucault, et qui débouche sur le *non finito*, Françoise Laugaa-Traut cite un autre passage où l'auteur de *Les Mots et les choses* écrit que, dans *Juliette*, «les figures de rhétorique basculent et deviennent les figures indéfinies du désir, que les mêmes noms toujours répétés s'épuisent à parcourir sans qu'il leur soit jamais donné d'en atteindre la limite[27].»

En observant de son côté que «les créations du rêve semblent emprunter des formes toujours nouvelles à une imagination inépuisable», Freud savait éviter de réduire tout l'univers onirique aux seules «réalisations voilées de désirs refoulés», et proposait de voir dans les œuvres d'art «les satisfactions imaginaires de désirs inconscients[28].» — Mais s'agit-il bien de satisfactions, même si elles ne sont qu'imaginaires? La dynamique profonde et spécifique du désir semblerait plutôt se manifester dans l'équilibre instable, et donc inlassablement remis en question, entre une impossible satisfaction entière et une action tout de même suffisante pour empêcher la frustration d'installer sa morbidité. Autrement dit, le désir demeurerait désir de devenir encore autre chose que ce que le désir accomplit, — et l'expérience du désir ainsi se poursuit, indéfiniment. — En commentant les rapports entre le désir et la psychanalyse freudienne, Marie Cariou insiste sur la notion d'expérience, justement:

«Nul ne désire un objet fini, mais la transcendance même du phantasme. — Que l'objet enfanté par le désir ait ou non une existence réelle ne peut être que fausse querelle. Aucune expérience ne dira jamais s'il y a une existence correspondant à l'objet du désir, puisque toute expérience est expérience de désir, dont le pôle est inaccessible[29].»

-25. E.M. Cioran: *Précis de décomposition*, p. 99 et 220.
-26. M. Foucault: *Les Mots et les choses*, p. 223-4.
-27. M. Foucault: *Les Mots et les choses*, p. 134; cité dans F. Laugaa-Traut: *Lectures de Sade*, p. 298.
-28. Dans l'ordre des trois citations de Freud: *Le Rêve et son interprétation*, p. 46 et 92; *Ma Vie et la psychanalyse*, p. 80.
-29. M. Cariou: *Freud et le désir*, p. 123-4.

Comme toute autre expérience, celle de l'œuvre d'art en serait donc aussi une de désir, et l'artiste le sait bien quand il constate l'écart entre ce que projette le *concetto* et ce que réalise la *mano* : n'est-ce pas justement à cause de cet écart qu'il se remet à l'œuvre ? Il ne faut pas pour autant confondre Sisyphe et Protée : Sisyphe piétine autour de son absurde boulet, tandis que Protée se métamorphose inlassablement et peut même révéler quelque secret à qui ne se laisse pas distraire ou égarer par sa mobilité parfois vertigineuse d'apparence. Chez Sisyphe, le désir est castré ; chez Protée, le désir se transforme sans s'épuiser, et ce devenir continuel, cette expérience inachevable, n'est-ce pas l'image la plus vivante que l'on puisse désirer de l'art et de l'esthétique ?

Les œuvres inachevées ou incomplètes ne feraient ainsi que dramatiser la pulsion du désir d'œuvre, en témoignant concrètement de l'impossibilité de son accomplissement absolu ? Et ainsi s'établirait, simplement sur le désir, l'hypothèse dynamogénique du *non finito* : les œuvres laissées inachevées par les artistes, ou qui nous parviennent incomplètes pour diverses raisons, en révélant le désir d'œuvre en flagrance de désir, font de leur *non finito* un excitant capable d'attirer l'attention et de stimuler l'interprétation qu'on entreprend d'elles, au point d'en accroître la portée imaginaire sur le plan esthétique ; — autrement dit, mon désir de connaître l'œuvre se trouve piqué et stimulé par l'échancrure du *non finito*, échancrure qui traduit le désir en l'œuvre d'être poursuivi imaginairement, d'abord par l'artiste puis par celui qui entreprend de l'interpréter, les deux se rejoignant en l'inachevable de leur travail, de leur quête.

Si la démonstration de l'hypothèse ne semble pas convaincante, sous le froid regard d'un esprit de géométrie, c'est qu'elle relève d'un esprit différent, qui n'a certes pas la prétention de finesse évoquée par Pascal, mais qui préfère simplement demeurer dans l'aire du *sfumato* où le *non finito* se trouve plus à l'aise, parce que le désir ne s'y dégrade pas en satisfaction d'autant plus précise et mesurable qu'elle serait plus factice et illusoire. Les œuvres inachevées ou incomplètes témoignent d'une réalité qui reconnaît en effet ses limites, et cela semble nécessaire à la poursuite de l'exploration, de l'expérience, de la recherche, singulièrement en art et en esthétique. — Le fait qu'une œuvre ne puisse jamais satisfaire entièrement le désir qui l'a inspirée ni en parachever définitivement le *concetto*, se traduit avec plus de relief dans le *non finito* des œuvres inachevées ou incomplètes ; et c'est ce relief qui stimule en moi le désir de connaître ces œuvres, et par elles d'explorer davantage le monde de l'art et la pratique esthétique.

Inutile donc de s'acharner à mesurer exactement les contours de ce relief ou la densité de cette exploration : je préfère plutôt rappeler quelques lignes de Madame de Staël : « Les esprits médiocres sont, en général, assez satisfaits ; mais les âmes à la fois exaltées et mélancoliques sont fatiguées de tout ce qui se mesure[30]... » — Tel

-30. Mme de Staël : *De la littérature,* dans *Œuvres complètes* I, p. 254.

m'apparaît justement l'artiste, en autant qu'on puisse en esquisser un profil générique: exalté par la pulsion de son désir, mais aussi mélancolique parce qu'il sait ne pas pouvoir traduire absolument et parfaitement son *concetto* dans l'œuvre, d'une *mano* inévitablement limitée et tôt ou tard fatiguée; d'où la continuation du désir à travers l'œuvre vers d'autres œuvres, vers l'Œuvre imaginaire par excellence, celle même du désir, à l'œuvre en son propre devenir. La satisfaction de l'artiste devant cette œuvre accomplie se trouvera en proportion directe de sa «médiocrité», de la faiblesse de son pouvoir imaginaire; et son insatisfaction se trouvera en proportion directe de son exigence inventive, de sa puissance imaginaire, — des *si grandi e terribili concetti* de sa *potentissima virtù immaginativa*[31].

Inachevable expérience du désir

La dynamogénie du *non finito* en art et en esthétique se détache ainsi sur un fond plus vaste, celui de l'inachevable expérience du désir, dont la pulsion se confond avec celle de la vie, et que ni le refoulement ni la répression ne peuvent radicalement paralyser, autrement que par la mort, du moins selon certaines vues du poète Blake ou de la psychanalyse:

— «Ceux qui refoulent le désir le font parce que le leur se trouve assez faible pour se laisser contraindre; et ce désir contraint devient graduellement passif, jusqu'à n'être plus que l'ombre du désir[32].»

— «Le désir ne manque de rien, il ne manque pas de son objet; c'est plutôt le sujet qui manque au désir, ou le désir qui manque de sujet fixe: il n'y a de sujet fixe que par la répression[33].»

Le premier chapitre de *L'Anti-Œdipe*, dont un passage vient d'être cité, est consacré aux «machines désirantes» et présente le désir «comme auto-production de l'inconscient», dont les réserves d'énergie semblent inépuisables, et que la contrainte même — qu'elle vienne du dedans ou du dehors — ne réussit pas à paralyser. Cette «machination» du désir trouve écho dans les «préliminaires théoriques» de *La Révolution du langage poétique*, où Julia Kristeva constate qu'on pratique couramment «dans le signifiant l'engendrement hétérogène de la machine désirante», ce qui rend le tout fort suspect et amène l'auteur à préciser sa démarche:

«Ce que nous désignons par signifiance est précisément cet engendrement illimité et jamais clos, ce fonctionnement sans arrêt des pulsions vers, dans et à travers le langage, vers, dans et à travers l'échange et ses protagonistes: le sujet et ses institutions[34]...»

Essayons de voir cela en plus clair, par exemple selon la «sociologie de l'imaginaire» ébauchée par Jean Duvignaud: «Nous

-31. Voir p. 97, notes 26 et 28; et revoir, si l'on veut, l'argumentation du *giudizio* chez Leonardo, p. 108.
-32. W. Blake: «The Marriage of Heaven and Hell», *The Portable Blake*, p. 251.
-33. G. Deleuze et F. Guattari: *L'Anti-Œdipe*, p. 34.
-34. J. Kristeva: *La Révolution du langage poétique*, p. 15.

sommes, par nous-mêmes, repliés sur nous-mêmes, attente puis interrogation différée. Le désir embrasse cette question informulée, sans doute, et la déborde[35]... »

Attente, interrogation : tremplin du désir et du devenir. — Mais de quelle interrogation s'agit-il ? — En étudiant les rapports complexes entre l'œuvre d'art et les « métamorphoses du désir », Jean-Pierre Martinon dégage « la question que pose le désir, celle du manque à être qui comme tel est le seul lieu d'être ». Cette carence semblerait fonder une part de la dynamique esthétique, puisque « la forme de la beauté la plus parfaitement achevée et triomphante tue en l'homme tout désir[36]. » — Heureusement qu'ils sont rares, ces chefs-d'œuvre absolus qui menaceraient de mort nos désirs... Mais ce « manque à être » constitue-t-il le seul creux où poser les fondations du désir ? Dans sa *Poétique du désir*, Raymond Jean semble parfois aussi le penser, en évoquant « le principe agissant qui est à l'origine de tout texte littéraire, nécessairement constitué à partir d'une absence, d'un vide que l'écriture a pour fonction de remplir[37]... »

Cette théorie du manque, du vide, de l'absence, fournit sans doute au désir un creuset propice et accueillant, mais une notion en creux et négative ne me semble pas suffire à évoquer le désir en ce qu'il propose de spécifique, de positif et de relief : le désir ne s'arrête en effet pas à combler un vide, il s'affirme surtout comme projection d'un débordement, comme pulsion d'un appétit non seulement d'être plus, mais encore de devenir autre et autre indéfiniment. La béance du désir, inscrite physiologiquement dans le corps — cette « machine désirante » — par les yeux, la bouche, l'oreille, le nez, la paume, par tout ce par quoi j'expérimente sensuellement et « esthétiquement » le monde, — cette béance cherche l'œuvre, non pour s'y satisfaire et fermer, mais bien pour se poursuivre à un autre niveau, celui de l'imaginaire, qui se fonde ainsi dans la sensualité physiologique : telle serait la « poïétique » du désir, en esthétique, une aventure dont l'invention se nourrit et se poursuit dans l'expérience de son objet, comme le note encore Raymond Jean, à propos d'Apollinaire : « Écrire, c'est pour lui par définition choisir l'aventure, l'invention, c'est-à-dire la recherche heureuse et expérimentale de l'objet de son désir[38]. » — Le recours à Apollinaire illustre la perspective du *non finito*, Apollinaire qui évoquait dans sa *Jolie Rousse* l'artiste moderne « quêtant partout l'aventure » et animé du désir insatiable d'explorer et d'offrir « de vastes et étranges domaines », peuplés de « mille phantasmes impondérables auxquels il faut donner de la réalité — aux frontières de l'illimité et de l'avenir[39]. »

Pourrait-on pour autant identifier l'aventure d'invention chez l'artiste à une « recherche heureuse et expérimentale de l'objet de son

-35. J. Duvignaud : *Fêtes et civilisations*, p. 170.
-36. J.-P. Martinon : *Les Métamorphoses du désir et l'œuvre*, p. 15 et 121.
-37. R. Jean : *La Poétique du désir*, p. 9.
-38. Ibid. p. 14.
-39. Apollinaire : *Calligrammes*, p. 183-4.

désir », comme le propose Raymond Jean ? Recherche expérimentale, cela semble convenir à la dynamique profonde du désir ; mais recherche « heureuse » ? — Voilà une bien grande question. Si le bonheur consiste à se trouver pleinement satisfait, je vois mal l'artiste heureux de sa recherche, puisque l'œuvre qui en découle l'entraîne déjà vers autre chose, selon le cours même du désir, du moins si cette recherche se situe à un certain niveau d'exigence dont parle aussi Camus :

> « Une pensée profonde est en continuel devenir, épouse l'expérience d'une vie et s'y façonne. De même, la création unique d'un homme se fortifie dans ses visages successifs et multiples que sont les œuvres. Les unes complètent les autres, les corrigent ou les rattrapent, les contredisent aussi. Si quelque chose termine la création, ce n'est pas le cri victorieux et illusoire de l'artiste aveuglé : 'J'ai tout dit', mais la mort du créateur qui ferme son expérience et le livre de son génie[40]. »

La mort ferme en effet les yeux et la main de l'artiste, elle met un terme à son expérience, mais elle ne ferme pas pour autant « le livre de son génie », puisque ce génie, en autant qu'il participe au dynamisme vital du désir, continue à offrir dans l'œuvre la puissance de ses ressorts. Le désir déborde en effet par l'œuvre les limites de la vie de l'artiste, son encadrement dans le temps, l'espace et la culture. Par l'œuvre et au delà de l'artiste, le désir poursuit son cheminement en s'offrant à notre expérience esthétique, comme l'observe Jean Starobinski : « Il faut déchiffrer, dans l'œuvre, la nature spécifique d'un désir, d'un pouvoir (d'un génie), qui a cherché à s'atteindre lui-même et à s'attester en donnant naissance à l'œuvre[41]... »

Voilà qui rend compte de la recherche de l'artiste en autant qu'elle demeure recherche, sans atteindre parfaitement et absolument l'objet de son désir, et qui ne peut nous offrir, en témoignage de sa quête inachevable, qu'une œuvre d'interminable naissance. Trop souvent, la critique et l'esthétique se montrent réductrices dans leurs interprétations de l'œuvre, la pliant à leurs dogmatiques ou l'utilisant comme servile illustration, désamorçant ainsi et trahissant le désir qui anime l'œuvre dans sa singulière dynamique. C'est pourtant la saveur singulière et la différence qui importent, dans les œuvres qu'on examine et interprète, même si elles laissent voir des parentés ou ressemblances avec d'autres œuvres, et ce qu'il faut surtout éviter, me semble-t-il, pour que l'œuvre prenne tout son relief, c'est que mon interprétation en arrive à fonctionner comme une « machine célibataire », tellement obsédée par son propre désir d'elle-même qu'elle en ignore le désir de l'œuvre, — qu'elle finit d'ailleurs par évacuer en s'autosuffisant.

La dynamique du désir apparaît donc inséparable de sa dialectique, et cela n'est pas simple, comme le laisse deviner telle observation laconique d'Adorno : « Les œuvres d'art seraient impuissantes par pur désir, bien qu'il n'existe aucune œuvre valable sans désir[42]. »

-40. Camus : *Le Mythe de Sisyphe*, p. 152-3.
-41. J. Starobinski : *La Relation critique*, p. 24.
-42. Adorno : *Théorie esthétique*, p. 179.

Par ailleurs, et en présentant l'ouvrage de Louis-Claude de Saint-Martin intitulé *L'Homme de désir* — (ce livre que le trois cent unième et dernier paragraphe compare aux « faibles fruits des désirs d'un homme simple »), Robert Amadou souligne à sa façon l'inépuisable dynamique désirante : « Même si nous y lisons moins qu'il n'en pensait, désirons d'en tirer plus qu'il n'en savait, à la mesure de son désir et du nôtre[43]. »

Trinquons donc à nos désirs, sans jamais épuiser cette eau de vie qui anime l'art et l'esthétique de son geyser infini. Infini ? Que voilà un mot périlleux ! Consultons donc un expert en la matière, qui n'hésitait pas, comme l'on sait, à conseiller de « choisir entre deux mots le moindre » :

« L'ensemble des effets à tendance finie constitue l'ordre des choses pratiques. — L'ensemble des effets à tendance infinie pourrait constituer l'ordre des choses esthétiques. Pour justifier ce mot d'infini et lui donner un sens précis, il suffit de rappeler que, dans cet ordre, la satisfaction fait renaître le besoin, la réponse régénère la demande, la présence engendre l'absence, et la possession le désir[44]. »

Je n'en espérais pas tant de Valéry, rassemblant ainsi en quelques lignes l'art, l'esthétique, et le dynamisme du désir qui en anime la recherche dans une expérience inachevable et irréductible, dans sa quête, à toute satisfaction ou possession, en pleine évidence de *non finito* dynamogénique !

La dynamogénie de la quête

Pouvons-nous aller encore de l'avant, en considérant toujours l'œuvre comme désir, mais cette fois selon une perspective évoquée à quelques occasions depuis le début du présent essai, celle de la quête que serait l'activité artistique, et aussi l'activité esthétique ?

Quand il meurt de leucémie à New York en 1945, laissant inachevées des œuvres comme son *Concerto pour alto* et son septième *Quatuor à cordes*, Bela Bartok dit ce que bien d'autres artistes ont aussi pensé et senti en leurs ultimes heures : « Je dois partir et j'ai encore tant à dire[45]. » — Serait-il donc vrai que l'art « n'est rien d'autre qu'une longue quête du Graal[46] », comme l'écrit Max Loreau ? — Quand

-43. L.-C. de Saint-Martin : *L'Homme de désir*, p. 19 et 325.
-44. Valéry : « L'infini esthétique », dans *Œuvres* II, p. 1342-3 ; et p. 555 pour la citation précédente sur les « mots » ; — qu'on me permette d'ajouter ici quelques lignes sur le dynamisme du désir à propos d'un peintre québécois sur qui j'ai publié deux livres et fait un film : Jean-Paul Lemieux, que j'entends encore me répéter : « Tant qu'on n'est pas satisfait parfaitement, et on n'est jamais satisfait, le tableau n'est jamais fini. Il y a toujours quelque chose à faire, toujours. — Très souvent, j'efface ma signature et je recommence autre chose : c'est le tableau qui est maître de vous, et non pas vous. » — Le tableau ? Ou le désir...
-45. Cité dans le *Dictionnaire des musiciens* de R. de Candé, p. 20 ; l'année précédente, Mondrian mourait dans la même métropole américaine de pneumonie, laissant plusieurs tableaux inachevés et ses *Boogie-Woogie*...
-46. M. Loreau : *Jean Dubuffet*, p. 350.

Gauguin écrit dans une lettre d'août 1889 : « Ce que je désire, c'est un coin de moi-même encore inconnu[47] », n'évoque-t-il pas le champ intérieur d'une exploration encore moins achevable que celle du champ extérieur des sensations et perceptions, — n'évoque-t-il pas la quête sans fin du désir ? Et n'est-ce pas encore cette quête que traduit la « maquette elliptique » du *Palais Idéal* que le facteur Ferdinand Cheval a construit à Hauterives de 1880 à 1912, — rêve de pierre inachevé dont Alain Borne dit :

« Quelquefois, un individu se lève de sa couche commune du sommeil, mettant le hochet de son désir dans le plein jour, l'agitant, en prenant conscience, se laissant conduire par le cri profond de son être, le gémissement de sa révolte[48]. »

Car il n'est pas qu'une façon, fulgurante, de transgresser l'interdit : il en est d'autres, aussi passionnées et exaltées, mais selon d'autres rythmes, comme celle de Ferdinand Cheval, qui s'étend sur dix mille journées et mêle tellement le *concetto* au travail patient de la main qu'on en demeure ahuri. Devant et dans ce *Palais Idéal* se devine mieux le miraculeux pouvoir du « hochet du désir » dont parle Borne, et qui donne à l'œuvre sa fantastique dramaturgie, à la fois sous et dans et sur sa forme, au point de se demander : mais qu'est-ce donc que la forme de l'œuvre ? Et Malraux de répondre : « Ce qu'on appelle la forme, c'est le moyen de la métamorphose[49]. » — Le moyen, ou le chemin. Son lieu ou rite de passage, un de ses innombrables profils possibles, une halte dans la quête inachevable du désir qu'éprouve l'imaginaire de prendre forme sans jamais toutefois s'y enfermer. La forme, malgré son apparence parfois figée, c'est encore et toujours l'œuvre à l'œuvre, l'œuvre en son faire continué dans l'imagination de qui la laisse faire, l'œuvre en son *poïen*. La forme, c'est la stratégie du désir qui se repose fragmentairement et provisoirement dans une matière, c'est pour l'artiste le lieu d'un double désir et le lien qui conjugue ce double désir, soit le désir de la réalisation de l'œuvre et le désir de sa propre réalisation en l'œuvre. Réalisation double et doublement inachevée aussi, puisqu'un fragment seulement de l'œuvre désirée s'y trouve, et un aspect seulement de l'artiste désirant ; inachevée encore en ceci que la forme éveille en l'artiste comme en l'amateur le désir d'une autre forme, de toutes autres formes ; et inachevée en ce que la forme demande à être connue, reconnue, déchiffrée et décryptée, dévoilée en son énigme même qui demeure pourtant intacte en chacun de ses apparaître, en chacune de ses métamorphoses sous nos lectures.

Et ainsi va l'art, désirant inépuisablement le désir qu'il fomente de lui-même en ses œuvres. L'art, ou Éros ? Qu'est en effet Éros, sinon désir de l'autre, désir du plaisir en l'autre et plaisir du désir en soi ? La relation au monde qu'Éros entreprend s'inscrit dans le sens de la quête esthétique, comme pénétration intime et sensuelle de la forme de l'autre et dilatation de son propre champ de sensibilité et de cons-

-47. Gauguin : *Oviri*, p. 53.
-48. A. Borne : *Le Facteur Cheval*, p. 27.
-49. Malraux : *La Métamorphose des Dieux*, p. 99.

cience. La fonction heuristique s'y trouve stratégique, puisqu'il s'agit inlassablement de chercher et expérimenter, explorer et découvrir, — découvrir que tout continue dans l'eau vive du désir. S'ouvrir et se découvrir en soi et en l'autre et en l'œuvre. Non pas selon l'économie close des miroirs, sphère obnubilée de Narcisse et stérile dans l'idolâtrie de son propre reflet, mais selon la trajectoire exploratrice de l'invention ou de l'interprétation, libre domaine de Protée qui s'imagine inachevable devenir. — Et je revois quelques notes que le sculpteur québécois Jordi Bonet me montrait un jour :

«Vivre avec l'arbre, comme l'arbre, les yeux fermés, sans rien déranger. Sans rien déranger qui dérangerait les autres, je dois tout déranger en moi-même. Je suis en train de naître. Afin de devenir, de voir, et d'entendre battre la création. Il faudra apprendre à faire face en nous à des hommes nouveaux[50]. »

Devenir. Et par ce devenir inachevé et inachevable, continuer l'œuvre par la voie dynamogénique de la quête, dilatée selon la stimulante perspective du *non finito*. — Naître : *nascendi*, comme en cette exploration continuée et en cette curiosité métaphysique évoquées par Guido Ballo à propos de l'artiste Lucio Fontana :

«Dans le meilleur sens du mot, la curiosité est l'amour de l'inattendu, de la voie inconnue. Fontana a déployé sa curiosité métaphysique en une continuelle expérimentation qui le laissait toujours insatisfait des buts sitôt atteints. Pour lui, l'art devenait un 'faire' continu, une expérimentation poursuivie. Ce n'était pas par hasard qu'il se trouvait toujours à l'aise avec de plus jeunes artistes, qu'il encourageait dans leurs entreprises les plus neuves et les moins conventionnelles[51]. »

Le sens de notre essai sur le *non finito* se trouve en quelque sorte condensé dans cette citation sur Fontana : la curiosité qui entraîne l'artiste dans une recherche continuelle le laisse insatisfait de ses expériences, de sorte que le désir qui l'inspire atteint à un niveau supérieur («métaphysique») d'exigence, au niveau de la Quête, dans l'aventure inachevable d'un devenir où la présence de plus jeunes artistes ne manque pas d'évoquer la mythique de l'Origine — ou de l'Éternel retour. Car devenir, comme nous venons de l'entrevoir avec Jordi Bonet, c'est continuer à naître, préserver la saveur singulière du désir, celle même de l'Origine, en «l'acte original, l'incessante et jamais accomplie naissance de l'être, — et l'image qui figure cet avènement indéfini est celle du mouvement, durée imaginaire dans laquelle l'existant représente et éprouve l'acte d'être comme dans un temps hors du temps[52]. » — Dans son essai sur l'Origine, Gabrielle Dufour-Kowalska relie la «durée imaginaire» à la «quête de

-50. Notes écrites par Jordi Bonet en son manoir de Rouville, à Saint-Hilaire, en avril 1973 ; le paragraphe qui précède cette citation est une variante d'un passage de mon livre *Jordi Bonet* paru à Montréal en 1975, p. 10.
-51. «In the best sense of the word, curiosity is love for the unexpected, for the unknown path. Fontana carried his metaphysical curiosity into a continual experimentation that always left him dissatisfied with the goals he had already attained. For Fontana, art became a continuous 'doing', a continuous experimentation. It is not accident that he was always at home with his younger colleagues, encouraging them to go on with the newest and least conventional endeavors. » (G. Ballo : *Lucio Fontana*, p. 55, — ma traduction.)
-52. G. Dufour-Kowalska : *L'Origine*, p. 123.

l'origine» chez Spinoza, en plaçant la dynamique désirante au cœur même de ce mouvement, de cette recherche en devenir indéfini : « Le désir inscrit dans l'essence même de l'homme, ce mouvement de son être vers son acte, définit tout le chemin de l'éthique spinoziste comme une quête de l'origine[53]. » — Le désir prend ainsi une telle importance dans l'être humain et dans son dynamisme qu'on comprend pourquoi Guido Ballo évoque une « curiosité métaphysique » dans la quête d'un artiste comme Lucio Fontana.

En reliant le désir au mouvement continué de la naissance, dont la durée imaginaire fonde la quête de l'origine, Gabrielle Dufour-Kowalska me semble moins spinoziste que bergsonienne, même si elle refoule Bergson dans une note de la page 131 de son essai sur *L'Origine* et le chicane à propos d'un pont périlleux lancé entre l'être et le néant. Bergson pourtant écrivait :

> « En vain on cherche sous le changement la chose qui change ; c'est toujours provisoirement, et pour satisfaire notre imagination, que nous attachons le mouvement à un mobile. Le mobile fuit sans cesse sous le regard de la science ; celle-ci n'a jamais affaire qu'à de la mobilité. — Ce qui est réel, c'est le changement continuel de forme : la forme n'est qu'un instantané pris sur une transition. — Pour avancer avec la réalité mouvante, c'est en elle qu'il faudrait se replacer. » — « La réalité qui s'invente sous nos yeux nous découvrira, par-delà la fixité et la monotonie, la nouveauté sans cesse renaissante, la mouvante originalité des choses. — Entre ces deux limites extrêmes (celles de la concrétion de la durée et de son éparpillement dans la matérialité), l'intuition se meut, et ce mouvement est la métaphysique même[54]. »

Et le désir, qui est notre levier dynamique, où est-il donc chez Bergson ? Peut-être soudé à la liberté, à la fin du premier *Essai sur les données immédiates de la conscience,* à la liberté que le jeune philosophe refuse déjà de « définir », parce que ce serait l'enrayer ou du moins la gêner, et donc la réduire ? Peut-être dans « l'élan originel de la vie » qu'on sent se mouvoir sous *L'Énergie spirituelle,* et qui anime de sa « marche en avant » *Les deux sources de la morale et de la religion* ? Et « l'âme qui s'ouvre », n'est-ce pas ce qui empêche la joie de se dégrader en simples plaisirs[55], par affaissement du désir ? Du désir qu'évoque « l'élan de vie », dans *L'Évolution créatrice,* comme chez l'artiste en quête de l'œuvre :

> « L'élan de vie dont nous parlons consiste, en somme, dans une exigence de création. Il ne peut créer absolument, parce qu'il rencontre devant lui la matière, c'est-à-dire le mouvement inverse du sien. Mais il se saisit de cette matière, qui est la nécessité même, et il tend à y introduire la plus grande somme possible d'indétermination et de liberté[56]. »

-53. Ibid. p. 200-1. — Au troisième livre de son *Éthique,* Spinoza place le désir en évidence, en l'image qu'il nous offre de l'homme, mais malgré son statut ontologique, le désir n'en demeure pas moins en quelque sorte passif : « Le Désir est l'Appétit avec conscience de lui-même. — Le Désir est l'essence même de l'homme en tant qu'elle est conçue comme déterminée à faire quelque chose par une affection quelconque donnée en elle. » (Spinoza : *Éthique* III, p. 145 et 196)
-54. Bergson : *Œuvres (L'Évolution créatrice,* IV, « Le devenir et la forme ») p. 749, 750, 755 ; (*La Pensée et le mouvant*) p. 1344-5 et 1419.
-55. Ibid. p. 831, 1024, 1028, 1245.
-56. Ibid. p. 708.

Exigence de création: créativité peut-être, dont Anthony Storr écrit qu'elle est «accomplissement du désir[57]»? — Non, la créativité ne saurait être la faculté d'accomplir le désir: la créativité serait plutôt la faculté de mouvoir le désir, l'appétit de le stimuler, de le pousser vers son devenir, de l'intensifier en tant que désir, de le remettre en route et en quête, selon la perspective qui nous est devenue familière de l'inachèvement, selon la dynamogénie du *non finito*. — Au début de son essai sur *Les Ressorts de la Création*, Anthony Storr dessinait d'ailleurs le profil de la créativité sur un fond plus ouvert que celui de «l'accomplissement du désir», en y voyant «l'aptitude à apporter quelque chose de nouveau[58]», — ce que Mikel Dufrenne saisissait aussi en faisant de l'imagination le lieu où l'objet (ou œuvre) devient ouverture, aussi bien pour l'artiste que pour l'amateur, pour le critique que pour l'esthéticien: «L'imagination est bien puissance d'un monde, mais elle ne suffit pas à la tâche; elle abolit les frontières de l'objet, mais elle ne peut constituer une totalité, elle ouvre mais ne referme pas[59].»

Ne nous plaignons pas de cette ouverture, puisqu'elle constitue le dynamisme même de l'œuvre d'art, la fissure par où l'imaginaire l'envahit et la dilate; ne nous plaignons pas davantage de l'impossibilité de constituer une totalité, puisque la conscience est à jamais incapable de pareil absolu, et semble vouée à une inachevable quête, stimulée justement par ce qui apparaît d'abord comme son impasse, mais qui en devient la dynamogénie: le *non finito*.

En autant qu'elle est inspirée par le désir et qu'elle poursuit son propre devenir, la quête artistique (et esthétique) se maintient en action de naissance, en fonction d'origine, et l'œuvre s'y manifeste comme inchoative, forme de commencement, émergence et surgissement, dynamisme s'ouvrant sur sa métamorphose continuée. Comme l'observe Marc Le Bot à propos du peintre Adami: «Le surgissement de ce qui, dans le voir, excède la signification rationalisée et concerne la jouissance, serait dans la peinture le produit d'un travail formaliste dont le moteur est un désir de savoir[60].»

Désir de savoir: et savoir du désir? — Dans un passage de sa *Summa theologica*, Thomas d'Aquin fait justement du désir une conséquence du savoir[61], mais le désir s'en trouve d'abord l'origine, me semble-t-il, et c'est sur ce dynamisme que se fonde l'inachevable quête de la connaissance: le désir de savoir augmente à la mesure du

-57. A. Storr: *Les Ressorts de la Création*, p. 34.
-58. Ibid. p. 13.
-59. M. Dufrenne: *Phénoménologie de l'expérience esthétique* II, p. 539.
-60. M. Le Bot: *Valerio Adami*, éd. Galilée, Paris, 1975, 128 p.; cité par G. Lascault «En marge d'un texte de Marc Le Bot sur des peintures de Valerio Adami», dans *Chroniques de l'Art vivant*, n° 57 et dernier, Paris, mai 1975, p. 25.
-61. Thomas d'Aquin: *Summa theologica* I-75-76, dans *The Pocket Aquinas*, p. 114; — que certains esthéticiens «dissipés» me pardonnent ce voisinage du Docteur Angélique!

savoir, qui se fait désirant d'autre savoir; et ceci nous introduit au dernier chapitre, où la dynamogénie du *non finito* se manifeste en épistémologie et en heuristique.

Avant ce dernier pas, — (ou plutôt: avant ce pas au delà, comme dirait Maurice Blanchot, puisqu'il ne saurait être question d'un dernier pas dans un essai sur le *non finito*!) — avant donc de passer au chapitre suivant, quelques lignes sur la motivation qui pousse l'artiste à ne pas terminer une œuvre. Pourquoi en effet produire de l'inachevé? Parce que toute invention l'est, inévitablement? Parce qu'une autre œuvre attire déjà l'artiste? Pour maintenir ouverte l'œuvre dans son propre devenir, ou bien l'offrir, plus propice, à notre imaginaire? Pour inventer une nouvelle sorte d'achèvement, qui affiche son provisoire au lieu de soigneusement le dissimuler? Pour braver la censure qui trop souvent dédaigne, dans les institutions culturelles, l'œuvre marquée de *non finito*, comme s'il s'agissait d'une infirmité honteuse, quand il s'agit plutôt de l'aveu authentique de la qualité de tout être: celle de son inachèvement? — Pour toutes ces raisons et d'autres encore? — Et pourquoi pas, puisque l'œuvre comme désir se fonde dans l'inachèvement de la Quête et du devenir de l'homme, dont elle dramatise et symbolise le sens?

HEURISTIQUE, ÉPISTÉMOLOGIE ET NON FINITO

Au début de la troisième partie de notre essai sur la dynamogénie du *non finito* en art et en esthétique, je proposais d'explorer, aux dernières pages, la possibilité de considérer l'œuvre d'art inachevée ou incomplète comme signe, parmi d'autres, du sens de toute recherche, de toute quête de connaissance, de toute prospection de l'inconnu, de sorte que le *non finito* ouvrirait entre l'heuristique et l'épistémologie une piste dynamique, où travailleraient ensemble l'imaginaire et la raison, l'art et la science. — Nous y voici, et il reste dans ce dernier chapitre à examiner la fonction heuristique de l'art et les rapports entre épistémologie et *non finito*: cela pourrait-il nous conduire à considérer l'univers lui-même comme inachèvement? Peut-être bien, tout en nous entraînant sûrement vers quelque inachevable conclusion...

La fonction heuristique de l'art

Considérée comme manifestation plutôt que satisfaction du désir dont la pulsion se poursuit dans l'imaginaire de l'artiste à travers d'autres expériences, l'œuvre d'art éveille aussi, chez celui qui la fréquente, le désir, qu'elle développe de façon variable sans l'épuiser, en orientant plutôt sa pulsion vers d'autres perspectives, inépuisablement et en grande partie imprévisiblement, parce que l'alchimie associative de l'imaginaire, qui a suscité au fil de sa longue et obscure aventure plusieurs fois millénaires l'*Hermetica* et la *Fantastica*, conserve le secret du geyser de sa combinatoire.

Désir de quoi? Désir de sensibilité, de perception, de connaissance, de rêve, de fantasme, et aussi désir simplement de désir, c'est-à-dire désir de devenir forme en devenir. Dans sa *Vie des formes*, justement, Henri Focillon écrit que «prendre conscience, c'est prendre forme[1]», et l'œuvre d'art, devenue forme matérielle après avoir été forme du projet dans l'esprit de l'artiste, devient ensuite forme imaginaire dans mon esprit, c'est-à-dire pulsion du désir de poursuivre son devenir par cette forme trans-formable. — Un passage du livre de François Hébert-Stevens sur *L'Art ancien de l'Amérique du Sud* permet de replacer cette pulsion désirante dans l'expérience esthétique vécue:

«Les rapports de l'objet représenté au signe qui le représente, de l'image au symbole, ressemblent à ces jeux de miroir où le réel et le virtuel se confondent en des séries illimitées. — Dans le processus de simple communication, la coïncidence des formes met fin à la recherche comparative. Mais dans le cas de

-1. H. Focillon: *Vie des formes*, p. 68.

l'œuvre d'art, les résonances associatives ne s'arrêtent pas après une première reconnaissance : les images suggèrent d'autres images comme un mot en suggère un autre. Et l'œuvre devient pour le spectateur un rébus, une trame à compléter en fonction de sa propre expérience associative[2]. »

L'expérience associative se trouve en effet de pratique courante en art et en esthétique, et surtout en esthétique comparée[3] ou comparative, parce que les œuvres d'art semblent entretenir entre elles d'innombrables rapports, positifs et/ou négatifs, dont la combinatoire s'étale et se love inépuisablement. Projeter à ce propos sur l'œuvre l'image du rébus, comme le propose la citation de François Hébert-Stevens quelques lignes plus haut, est doublement intéressant, puisque le rébus ouvre à la fois un jeu d'association et une perspective d'énigme. Or l'œuvre d'art semble bien correspondre, selon tel de ses profils, à cette double dimension, puisqu'elle offre à interpréter, à déchiffrer, à décrypter, et puisqu'elle conserve tout de même, au delà, son secret, son mystère, son énigme.

Brusquons un peu les choses. Tout semble se passer comme si l'œuvre d'art était toujours inachevée ou incomplète, dans ce qu'elle nous offre et dans ce que nous pouvons en connaître, et ce serait à cause de ce *non finito* qu'elle conserve en éveil le désir que nous en éprouvons, et qu'elle entretient dans son devenir, de sorte que l'œuvre effectivement inachevée ou incomplète dans sa forme ne ferait que dramatiser ou accentuer cette perspective, qui pourrait s'étendre à toute l'esthétique.

Pourquoi ? En dégageant, en marge de l'œuvre de John Cage, une esthétique du *non finito*, Daniel Charles décèle, au delà de la démarche « utopique » de l'intrépide explorateur américain du monde sonore, une « signification métaphysique » déjà esquissée dans ce qui se nommait chez Descartes la « création continuée[4]. » — Par ailleurs, et en évoquant ses « études de bruits » de 1948, Pierre Schaeffer décrit le chercheur qui « rencontre autre chose que ce qu'il cherche, ne s'en déclare pas satisfait, n'en devine pas toute l'importance : il a tout du voyageur égaré qui découvre à son insu quelque passage secret[5] » ; mais le suivra-t-il, ce passage, périlleux peut-être ? — Telle est bien la perspective de la « création continuée », du devenir, dans le domaine de l'art et de l'esthétique comme dans celui de la science ou de l'amour : interdits, préjugés, atavismes s'y déploient à foison, pour le menaçant triomphe de l'entropie, contre quoi seul le désir continue

-2. F. Hébert-Stevens : *L'Art ancien de l'Amérique du Sud*, « Notes sur les arts signifiants », p. 155.
-3. Dans ses « Éléments d'esthétique comparée » qu'il intitule *La Correspondance des arts*, Étienne Souriau propose cette définition de l'esthétique comparée : « Discipline dont la base est de confronter entre elles les œuvres, ainsi que les démarches, des différents arts, tels que peinture, dessin, sculpture, architecture, poésie, danse, musique, etc. » (p. 26), — ce qui apparente quelque peu ma prose à celle du Jourdain de Molière...
-4. D. Charles : « L'esthétique du *non finito* chez John Cage », p. 26 d'un article déjà cité en page 232, note 87.
-5. P. Schaeffer : *La Musique concrète*, p. 18-9.

inlassablement à se dresser : le désir, c'est-à-dire Protée, c'est-à-dire le « poïète » de son propre devenir à travers ses métamorphoses, c'est-à-dire la mythique de l'invention, qu'elle soit artistique ou scientifique ou autre, et qu'un mot anglais exprime de saisissante façon : *serendipity,* ou sorte de don pour découvrir ce qu'on ne cherche pas[6].

Et ainsi, la dynamique inventive ne saurait se réduire au seul processus d'accomplir ce qu'on a décidé et prévu, de remplir son programme, car ce processus en est un de fabrication plutôt que d'invention. Inventer, c'est imaginer, c'est désirer ce qui n'est pas encore et qui naît de ce désir. Inventer sera donc toujours trouver ce qu'on ne cherchait pas, au moins en partie, et qu'évoque la fabuleuse *serendipity,* dont l'heuristique pourrait proposer une approche, puisqu'elle a pour but spécifique justement de favoriser la découverte.

Parler de la fonction heuristique de l'art, c'est ouvrir une expérience ou une démarche à deux dimensions. Du côté de l'artiste d'abord, l'art constitue une expérience qui l'entraîne à découvrir, en lui et en l'œuvre qu'il fait, des choses qu'il ne savait pas, du moins de cette façon que l'œuvre lui révèle. Et du côté de l'amateur d'art aussi bien que du critique ou de l'esthéticien, ou de l'artiste devant ses propres œuvres ou devant celles d'autres artistes, l'art constitue un champ d'exploration qui conduit à des perspectives d'abord imprévues, du moins de cette façon. — Ainsi on se retrouve autour de l'œuvre parce qu'on désire y poursuivre une recherche en devenir, une découverte inépuisablement naissante, sur le mode symbolique.

Inépuisablement ? Oui, semble-t-il, si l'on constate la quantité et la diversité de ce qui a été fait et de ce qui continue de se faire en art ; si l'on constate aussi la quantité et la diversité de ce qui a été dit et de ce qui continue à se dire autour de l'art ; et davantage encore, si l'on évoque tout ce qu'on ignore de ce qui a été ou est fait ou dit, et tout ce qui se fera ou dira, et si l'on se trouve d'accord avec Abraham Moles quand il écrit que « la fonction créatrice se déplace (actuellement) de l'idée de faire de nouvelles œuvres, à celle de créer de nouveaux arts », — ce qui dilate la fonction de l'artiste et l'entraîne à prospecter « des formes nouvelles de l'affectation du sensible en recourant à la combinatoire de la pensée », au point de « proposer à l'esprit des domaines à explorer[7] ». — Moles n'est évidemment pas seul à dilater ainsi la portée de l'art et, par suite, de l'esthétique qui a partie liée à son objet. Roy McMullen, par exemple, entreprend un tour d'horizon des domaines de l'art vers 1965, dans un essai sans point final qui débouche sur un « Futur ouvert » aux œuvres en voie de se faire, qui questionnent nos perceptions et conceptions de l'art[8].

-6. « *Serendip* est l'un des anciens noms de l'île de Ceylan, et le mot *serendipity* a été fabriqué en 1754 par Horace Walpole, pour le conte de fées *Les Trois Princes de Serendip.* Les héros de ce conte ne cessaient de découvrir, par hasard et à cause de leur sagacité, des choses qu'ils ne cherchaient pas. » (H. Martin : *Adami,* p. 65)
-7. A. Moles : *Art et ordinateur,* p. 260 et 263.
-8. « We must be ready to modify our premises about the nature of the complex phenomenon we call art. » (R. McMullen : *Art, Affluence and Alienation,* p. 311)

En rapport avec le dynamisme de l'art contemporain, qui se remet en question jusque dans ses fondements, l'esthétique peut-elle éviter de secouer aussi son atavisme, d'interroger énergiquement ses assises et théories? Comment repousser l'aventure et l'heuristique que nous propose l'art actuel, et qui nous poussent «vers une esthétique sans entrave[9]»? — Et pourquoi d'ailleurs l'ignorerait-on, puisque c'est par là que l'esthétique épouse le mieux son objet et participe à son dynamisme? L'heuristique est inséparable de toute méthode de recherche, dont l'hallucinant docteur Moreau, inventé par Wells, décrit la trajectoire inachevable:

> «J'ai continué mes recherches où elles m'ont mené. C'est la seule façon que je sache de conduire des recherches. Je pose une question, invente quelque méthode d'avoir une réponse, et j'obtiens... une nouvelle question[10].»

Ainsi fonctionne, me semble-t-il, le dynamisme de la connaissance, évoqué dès les premières pages en compagnie de Claude Bernard et rappelé à certains tournants à propos de l'hypothèse dynamogénique du *non finito*: il y a en l'esprit de l'homme une curiosité qui éveille le naturel désir de savoir, désir stimulé d'abord par l'incomplétude et/ou l'inachèvement de ce qu'il sait déjà, stimulé par la dilatation des frontières de l'inconnu autour des connaissances à mesure qu'elles augmentent, se complexifient, se raffinent. Comme l'écrit Pierre Restany, «l'art est un aspect, trop volontairement méconnu, de la recherche fondamentale[11]», de l'inachevable quête qui fermente dans la dialectique des limites et ouvertures du savoir, et pour la suite de quoi l'œuvre d'art propose le lieu polysémique de sa forme, le lieu où la forme se métamorphose en d'interminables questions devant l'inassouvissable désir de la pensée critique et des relations qu'elle multiplie avec les œuvres et leurs interprétations. — Dans *Matière et mémoire*, Bergson notait déjà que «les êtres vivants constituent dans l'univers des centres d'indétermination[12]», et cette vision pourrait bien aussi convenir aux œuvres d'art: «êtres vivants» qui animent dans l'imaginaire des «centres d'indétermination» en traduisant la réalité vérifiable de l'univers en une expérience esthétique d'une singulière mobilité; car «entre l'âme close et l'âme ouverte, il y a l'âme qui s'ouvre» et son immense mouvement, selon un dynamisme et une «émotion» que Bergson désigne par «l'enthousiasme d'une marche en avant[13].»

Selon semblable perspective, les catégories èsthétiques apparaissent secondaires, puisque «le beau n'est pas une invention, mais une

-9. Recueil déjà cité en page 24, et dont le titre continue d'inspirer ma démarche.
-10. H.G. Wells: *L'Île du docteur Moreau*, roman publié à la suite de *La Machine à explorer le temps*, p. 280.
-11. *L'Avant-garde au XXe siècle*, p. 8.
-12. Bergson: *Œuvres*, p. 186.
-13. Bergson: *Les deux sources de la morale et de la religion*, dans *Œuvres* p. 1018 et 1028. — Dans son *Éloge de la philosophie*, Merleau-Ponty écrit quelques belles pages sur «Bergson se faisant», où il montre que «l'esprit de découverte est la première source du bergsonisme», et qu'il arrive souvent au «regard du philosophe de trouver autre chose et plus qu'il ne cherchait» (p. 288, 291 et 292).

lente découverte, — et un sens trop clair en limite les pouvoirs[14]. »
Qu'est donc l'art en effet, au delà des catégories et classifications, au
delà des tableaux synoptiques de l'histoire et du champ belliqueux
des théories? Hélène Parmelin en propose une vision :

> « L'art, c'est peut-être un acte de communication si fort qu'il élargit les possi-
> bilités de la pensée humaine, la rend apte à pénétrer le fer le plus dur de la réalité,
> la rend consciente de ses labyrinthes à l'infini, lui permet à la fois l'évasion
> créatrice et la fusion avec la réalité dans ses méandres[15]. »

Peut-être? Selon l'éclairage de la dynamogénie du *non finito*,
sûrement. — Et ces « labyrinthes à l'infini » sont bien familiers aux
artistes qui ont osé franchir les interdits et plonger au cœur du désir
de métamorphose et de devenir, comme Mallarmé très tôt dans sa
carrière :

> « Il se pourrait que je ne fusse le jouet que d'une illusion, et que la machine
> humaine ne soit pas assez parfaite pour arriver à de tels résultats. — Il me faut dix
> ans : les aurai-je? — La Poésie me tient lieu de l'amour par ce qu'elle est éprise
> d'elle-même et que sa volupté d'elle retombe délicieusement en mon âme ; mais
> j'avoue que la Science que j'ai acquise, ou retrouvée au fond de l'homme que je
> fus, ne me suffirait pas, et que ce ne serait pas sans un serrement de cœur réel que
> j'entrerais dans la Disparition suprême, si je n'avais pas fini mon œuvre, qui est
> l'Œuvre, le Grand'Œuvre, comme disaient les alchimistes, nos ancêtres[16]. »

Est-ce parce que Mallarmé n'a justement pas parachevé son
Grand'Œuvre utopique qu'il ne s'est pas anéanti dans quelque
« Disparition suprême » ? — Nous le sentons et savons tous trop bien,
la « machine humaine » ne saura jamais « parfaire » les immenses
projets qui hantent son imagination et la fondent en l'insatiable désir,
— machine désirante, si l'on veut, même si la terminologie mécaniste
me semble peu convenir à la pulsion désirante. Et ce n'est pas, comme
semblent le croire beaucoup d'artistes avec Mallarmé, une simple
question de temps, puisque le rêveur du *Livre* en réclamera encore,
trente ans plus tard, pour terminer l'*Hérodiade* toujours en chantier,
parmi d'autres ébauches. L'indéchiffrable dimension de l'humaine
condition, traduite en formes artistiques et autres que l'imagination
invente depuis des millénaires, Jean Duvignaud tente de son côté de
l'évoquer en ayant bien soin de ne pas réduire cet univers en un
certain sens onirique aux seules explications forgées par l'anthropologie culturelle ou la psychanalyse, par la mythologie ou le folklore,
par la sociologie ou la sémiotique : « Que cet indéchiffrable soit le sens
intérieur de l'imaginaire, Hölderlin le pensait déjà, mais qui acceptera
de prendre ces formes pour ce qu'elles sont : une expérience à jamais
ouverte[17] ? » — Qui, en effet, sinon qui voudrait fonder une hypothèse
dynamogénique du *non finito*...

-14. R. Caillois: « Esthétique généralisée », dans la revue *Diogène*, Paris, 1962,
n° 38, p. 142 et 153.
-15. H. Parmelin: *L'Art et la rose*, p. 12.
-16. Mallarmé, lettre du 14 mai 1867, *Correspondance 1862-1871*, p. 242.
-17. J. Duvignaud: Introduction au recueil *Les Imaginaires*, p. 9-10 ; — dans un
court article publié par le journal parisien *Le Monde* le 26 mai 1974, Duvignaud
évoque encore « l'immense domaine de l'imaginaire inexploré et indéchiffré »
(p. 15).

Épistémologie et *non finito*

Et pour continuer à fonder cette hypothèse, il pourrait être utile de retrouver la question épistémologique, évoquée à l'occasion depuis le début de notre essai, tout d'abord en compagnie de Claude Bernard. L'épistémologie entreprend l'examen critique de l'appareil ou système des principes, hypothèses et résultats qui constituent un corpus de connaissance, pour en évaluer les assises, les cheminements et les portées, comme l'on sait. Nous ne pouvons ici considérer que de façon indirecte et comme en raccourci la question épistémologique, en soulignant d'abord qu'elle remet en question un corps de connaissance, le rendant ainsi à une certaine forme d'inachèvement, si ce savoir a jamais pu prétendre au définitif et à l'absolu. Pour préciser cette fonction de l'épistémologie, voici trois citations :

— Lévi-Strauss : «Il ne saurait exister pour la science des vérités acquises ; le savant n'est pas l'homme qui fournit les vraies réponses, c'est celui qui pose les vraies questions.»

— Bergson : «Même si l'on ne retient qu'une partie de ce que la science avance comme certain, il en reste assez pour que nous devinions l'immensité de la *terra incognita* dont elle commence seulement l'exploration.»

— Kubler : «Plus nous avons de connaissances, plus nous sommes prêts à en accepter de nouvelles ; nous habitons un univers fini de possibilités limitées, mais encore largement inexploré et toujours ouvert à l'aventure et à la découverte[18].»

Socrate, je crois, disait que le fondement de la connaissance, c'est de savoir d'abord qu'on ne sait pas grand-chose ; ce qui n'annule d'aucune façon le désir de savoir, mais le stimule au contraire en désir qui n'en finit plus de se désirer toujours davantage, jusque sous l'éclairage proposé par l'Ecclésiaste et que cite Montaigne parmi les cinquante-sept sentences inscrites sur les solives de sa bibliothèque : «Dieu a donné à l'homme le goût de connaître pour le tourmenter.» — Car ce désir de savoir, en se lovant, se remet en question et couve le doute en l'aventure de son devenir, le doute qui l'aiguillonne, préside à toute recherche poursuivie et inspire toute épistémologie. Doute fécond donc, et non pas corrosif ou sclérosant, doute énergique qui bouscule les prétentions des petits savoirs, balaie la menaçante dictature des dogmes, vrille l'inconnu pour que le germe de la naissance poursuive son énigmatique cheminement dans le devenir du savoir, comme l'écrit le critique Michel Seuphor :

«La plus forte affirmation est l'expression d'un doute. La plus haute manifestation de l'être est un état naissant. La forme de vie la plus réussie serait celle qui prendrait le départ chaque jour, voire à chaque heure du jour. Il n'y a jamais d'arrivée, il n'y a que des départs. Unir toutes les options de la vie dans un acte : partir. Et toujours repartir pour le même inconnu, pour le même absolu, par un autre chemin. Planter l'être dans le devenir, et ne jamais cesser de planter. — L'art, c'est l'art naissant[19].»

-18. Dans l'ordre des trois citations, C. Lévy-Strauss : *Le Cru et le Cuit*, p. 15 ; Bergson : fin des *Deux sources de la religion et de la morale*, dans *Œuvres*, p. 1245 ; et G. Kubler : *Formes du temps*, p. 103 et 174.
-19. M. Seuphor : *Le Commerce de l'art*, p. 143-4.

L'univers de la connaissance semble se trouver moins à l'étroit si on l'observe sous un tel éclairage dynamique, cinétique même, qui traduit et dégage mieux le sens du savoir, celui de lancer d'innombrables rapports entre les éléments toujours fragmentaires et limités des petits savoirs, qui s'ouvrent enfin à une salutaire dilatation. Ce grand mouvement de fond en l'esprit humain se manifeste aussi bien dans l'imagination que dans la raison, qu'une philosophie trop paresseuse a souvent tenté de réduire à une machine logique et pointilleusement comptable. — La raison ne fonde-t-elle pas pourtant son activité sur les données de la perception sensible, puis sur l'observation et l'expérience, tout comme l'imagination, dont elle n'est peut-être après tout que le profil sévère ? Et ce que la raison produit, les raisonnements, ne sont-ils pas d'abord des opinions, plus ou moins solidement appuyées sur des principes d'ailleurs souvent indémontrés, — opinions qui prétendent trop souvent et hâtivement à la dogmatique ? Opinions à propos de quoi le poète William Blake a écrit que celui qui n'en change jamais est comme une eau stagnante, et son esprit rampe[20].

Il ne suffit toutefois pas que l'opinion varie pour que la connaissance manifeste son dynamisme et produise dans l'esprit autre chose qu'une sédimentation inerte ou même visqueuse, dont l'épistémologie ne pourrait entreprendre qu'un ennuyeux bilan ou qu'un funèbre inventaire. Il faut surtout que le désir puisse travailler librement dans l'esprit et présider à la recherche inlassablement poursuivie. Jusqu'à la passion ? — On ne saurait entrevoir une grande entreprise, artistique ou scientifique, sans passion, et c'est là, probablement et simplement, que se dissimule le ressort du génie : mais encore faut-il être capable d'une passion «géniale», c'est-à-dire d'un exceptionnel et enthousiaste dépassement de toute commune mesure, d'un débordement de la pulsion désirante, qui se traduit par une performance ou une œuvre singulière. Cette passion, qui soustend toute grande œuvre, on pourra aussi la souhaiter chez le critique, comme le fait Barnett Newman à propos de Baudelaire :

«Je désire plaider la cause de la critique passionnée, parce que c'est la seule, et aussi parce que l'élément passionnel qui se trouve dans l'artiste comme dans le critique crée le lien qui les unit. Quiconque est engagé dans la critique d'art sans être passionné est coupable de lâcheté morale. Cet écrivain qui s'adonne à une critique froide, scientifique, objective, descriptive, analytique et formelle, déclare ouvertement par là qu'il est étranger à sa propre action, qu'il est dans son intention de demeurer à l'écart. — Le critique d'art 'scientifique' doit savoir que la science est une activité intuitive, qui s'ouvre sur l'inconnu, et pour qui logique et méthode ne sont qu'utiles grammaires[21].»

-20. «The man who never alters his opinions is like standing water, and breeds reptiles of the mind.» (W. Blake : *The Marriage of Heaven and Hell*, dans *The Portable Blake*, p. 261)
-21. Le peintre Barnett Newman, pourtant d'allégeance «géométrique froide» dans l'École de New York, a écrit ce texte à l'occasion d'un colloque international sur Baudelaire critique d'art, tenu à Paris en janvier 1968 ; la traduction publiée dans la revue parisienne *Preuves* (n° 207, mai 1968, p. 44-5) ne retenait pas la dernière phrase citée, provenant de la version parue dans la revue londonienne *Studio International*, décembre 1969, p. 214-5.

« Utiles grammaires » : ainsi les méthodologies et théories sont remises à leur place, celle d'outils logiques, qui doivent se garder d'imposer leurs dictatures catégoriques ou dogmatiques à la prospection de l'inconnu, que la recherche poursuit sous l'aiguillon omniprésent du doute, et du *non finito* de sa perspective. — Dans un livre qui pourrait appuyer notre hypothèse dynamogénique du *non finito*, puisqu'il s'intitule *La Vie, expérience inachevée*, Salvador Luria, prix Nobel de physiologie et l'un des fondateurs de la biologie moléculaire, souligne l'immense combinatoire de l'ADN, ou acide désoxyribonucléique, substance macromoléculaire des gènes ; cette combinatoire permet à chaque être humain d'être différent de tous les autres, « non seulement dans ses pensées, dans ses sentiments et dans son caractère, mais aussi dans les marques chimiques de son corps » ; et si « l'intervention génétique » réussit à se développer comme Luria le prévoit vraisemblablement, la médecine déboucherait bientôt dans le domaine de la science-fiction, où le savant voit « une disposition déconcertante à devenir vrai beaucoup plus tôt qu'on ne le prévoit[22] », de plus en plus souvent et à mesure que l'aventure de la connaissance se débarrasse de ses camisoles de force doctrinaires pour retrouver, grâce à la gymnastique d'assouplissement que permet l'épistémologie continue, l'inépuisable liberté du désir qui dilate le champ de conscience en proportion des expériences vécues et imaginées.

Dans un autre essai, utile à notre propos puisqu'il s'intitule *Épistémologie des sciences de l'homme*, Jean Piaget écrit :

« Nous en restons plus que jamais à notre modèle d'une classification circulaire et non pas linéaire des sciences. — Le système des sciences est engagé en une spirale sans fin, dont la circularité n'a rien de vicieux mais exprime sous sa forme la plus générale la dialectique du sujet et de l'objet[23]. »

La circularité évoquée par Piaget se trouve cependant figurée par une ligne, courbe au lieu d'être droite ; même si la figure de la spirale arrache cette circularité au bidimensionnel, il n'en reste pas moins que l'exploration de la connaissance se représenterait mieux par une figure plus dynamique, peut-être ondulatoire interférente, complexe dans sa combinatoire puisque la dimension-temps s'y conjuguerait aux dimensions du savoir lisibles selon le système spatial : données linéaires, étendues planimétriques et densités volumétriques. — Le dynamisme du savoir semble en effet inséparable de sa dimension-temps, qui le fonde dans la conscience, lui fournit sa continuité et le tire inlassablement de ses ornières et culs-de-sac. Dans l'esprit humain, tout semble se passer en effet comme si le champ d'activité se trouvait à peu près constamment sollicité à la fois par deux pôles magnétiques en rapport dialectique continu, celui du passé et celui du futur, dont la double attraction tend à distraire la conscience du seul lieu qui est pourtant le sien propre, même s'il change constamment :

-22. S. Luria : *La Vie, expérience inachevée*, p. 147 et 173.
-23. J. Piaget : *Épistémologie des sciences de l'homme*, p. 12 et 105-6 ; cette circularité se trouvait aussi perçue par Mikel Dufrenne quand il écrivait que « la terre esthétique est enfin ronde » (cité en page 259).

le présent. Présent, réalité immédiate mais éphémère de la conscience, présent par lequel le futur tout prochain se métamorphose en passé tout récent, composant le visage mobile de la connaissance à travers la succession des divers masques du savoir, et replongeant en son inépuisable devenir.

Derrière ce mixage dynamique du temps et de l'espace dans la conscience vouée à l'aventure d'une recherche inachevable, n'y aurait-il pas quelque écho de la relativité einsteinienne? Peut-être, et probablement aussi quelque écho de Luria, puisque Piaget propose lui-même de tirer de sa longue expérience des phénomènes psychologiques une «épistémologie génétique, ou étude de la formation et de l'accroissement des connaissances», qui permettrait de dégager dans les «mouvements scientifiques de ces dernières années la multiplication de nouvelles branches du savoir nées de la conjonction entre disciplines voisines et s'assignant des buts nouveaux qui rejaillissent sur les sciences mères en les enrichissant[24].» — Piaget de poursuivre, en parlant d'hybridation des domaines de la connaissance, hybridation féconde, et non pas stérile ou monstrueuse, hybridation où les «recombinaisons génétiques» du savoir semblent aussi vastes que celles de l'ADN.

Quelques lignes plus haut, le nom de Einstein était évoqué. La contribution de son œuvre en épistémologie me semble trop importante pour la négliger complètement ici, même s'il n'est pas aisé de l'adapter à l'esthétique. — Sa théorie de modèles cinétiques, applicables aux mouvements browniens de nombreuses particules s'agitant dans un fluide selon des fluctuations aléatoires, pourrait s'adapter à certains types de savoir esthétique et d'expérience artistique, où les éléments de connaissance ou d'exploration semblent justement s'agiter en tous sens et au hasard, mais où ils n'en participent pas moins à des structures qui organisent diversement leurs mouvements d'allure pagailleuse. C'est toutefois la théorie de la relativité générale qui ouvre, par le paradoxe même de son énoncé, une perspective stimulante dans la conception du savoir, jusque-là couramment interprété selon une vision galiléenne et newtonnienne mathématisée, où le mouvement se coince dans la gravitation et jusqu'en son entropie. Le dynamisme, qui devrait traduire pourtant l'évidente énergie du cosmos, s'en trouvait fort contrit, et Kant avait récupéré, dans ses formes a priori de la sensibilité, ce qui gênait le triomphe absolu de la mécanique newtonnienne mariée légitimement à la géométrie euclidienne. Une fois de plus dans l'histoire de la pensée, des théories prétendaient imposer leurs dictatures aux faits et à leur dynamisme, à leurs métamorphoses et à leur devenir. Einstein conteste la légitimité absolue de la théorie d'Euclide-Galilée-Newton et compagnie, mais n'en pense pas moins qu'une façon efficace de se défaire d'une théorie, c'est de la remplacer par une autre, hélas aussi accompagnée de ses préjugés et dogmes.

-24. Ibid. p. 369-372.

D'où vient donc le génie d'Einstein? D'une vision fort simple : rendre à la réalité spatiale une dimension qu'on n'aurait jamais dû lui arracher par fiction logique, sa dimension-temps. Ainsi la réalité retrouve son continuum dynamique où espace et temps se conjuguent et se courbent, selon une pulsion cinétique dont Einstein lui-même semble se trouver effarouché, puisqu'il en limite la portée de diverses façons d'obédience newtonnienne, par exemple en résidus déterministes ou en continuant à projeter de la science une image progressiste où l'accumulation des connaissances se fait arithmétiquement ; mais quand il évoque un « monde fini et cependant sans bornes », Einstein ne peut s'empêcher de souligner « la valeur heuristique de la théorie de la relativité[25] », et c'est par là surtout que la pensée peut enfin poursuivre son inachevable aventure, en se débordant dans des directions en partie au moins imprévisibles. Grâce à Einstein et à d'autres chercheurs, parmi lesquels Claude Bernard prend figure de pionnier en accentuant dans le champ du savoir la fonction de l'exploration expérimentale et de l'attraction sans cesse renouvelée de l'inconnu, sur quoi se fonde notre hypothèse dynamogénique du *non finito*, — grâce à de tels chercheurs, les connaissances depuis un siècle ont non seulement dilaté leur étendue et leur intensité, mais elles ont surtout appris à se remettre en question jusque dans leurs assises et charpentes, de sorte que l'épistémologie, au lieu de prendre un air de bilan après faillite, voire d'autopsie, retrouve au contraire la fraîcheur printanière d'une renaissance, la saveur singulière de l'Origine. — Quand Einstein publie en 1934 *Mein Weltbild*, il replace dans sa perspective relativiste toute théorie, qui ne constitue qu'une « vision du monde », après d'autres, parmi d'autres et avant les suivantes, toutes plus ou moins semblables ou différentes ; et ainsi l'épistémologie pourrait conclure — sans conclure — devant une entreprise artistique ou esthétique qui s'apparente à l'entreprise scientifique en se présentant aussi comme *Weltbild*, à peu près dans les termes employés par René Passeron devant la question de l'achèvement de l'œuvre : « Elle est réussie sans être achevée[26] », comme la quête de l'homme en son devenir.

L'Univers comme *non finito*

La *Weltbild* que propose l'œuvre d'art ne pourra toujours être considérée que comme vision incomplète et inachevée de l'univers, comme toute autre vision. Si l'œuvre se trouve de plus incomplète ou inachevée, ne possède-t-elle pas du même fait une singulière pertinence par rapport à sa réalité profonde? — Il me serait difficile de répondre négativement, bien sûr, et malgré la curiosité d'aller encore un peu plus loin sur la piste dynamogénique du *non finito*, par exemple du côté du rapport entre l'œuvre d'art inachevée ou incomplète et l'Univers.

-25. A. Einstein : *La Relativité*, p. 126 et 53.
-26. R. Passeron : *L'Œuvre picturale et les fonctions de l'apparence*, p. 311.

En étudiant de près les phénomènes de perception, Merleau-Ponty constate que la vision, par exemple, « est toujours limitée : il y a toujours autour de ma vision actuelle un horizon de choses non vues ou même non visibles » ; dans un sens plus vaste que celui de la seule vision oculaire, la vision que j'ai du monde débouche sur des « horizons toujours ouverts », et « aucun savoir, même scientifique, ne nous donne la formule invariable d'une *facies totium universi* : comment aucune chose peut-elle jamais se présenter à nous pour de bon puisque la synthèse n'en est jamais achevée ? » — « Il est essentiel à la chose et au monde de se présenter comme ouverts », parce que le rapport établi avec le monde demeure « temporel et inachevé[27].»

L'approche phénoménologique de Merleau-Ponty vient ainsi appuyer l'hypothèse dynamogénique du *non finito*, comme le fait à sa façon Novalis dans ses Glanes de 1799 : « Le monde est le résultat d'un accord infini, et la manière de considérer l'univers, notre vision du monde, c'est notre propre pluralité intérieure qui en est la raison[28]. »

Ainsi l'homme devient ce qu'il se fait dans le grand théâtre de l'Univers et selon la Vision qui traduit son plus profond désir, celui de métamorphoser dans le présent le visage de son passé en celui de son futur. Ce théâtre est complexe et continu, et la place de l'artiste n'est pas facile à dessiner, comme le montre Paul Klee dans un passage de son Journal qui lui servira d'épitaphe : « En ce monde, nul ne peut me saisir, car je réside aussi bien chez les morts que chez ceux qui ne sont pas nés, un peu plus près du cœur de la création qu'il n'est d'usage, et pourtant encore bien trop éloigné[29]. »

Puisqu'il s'agit de théâtre, écoutons deux dramaturges, Artaud et Ionesco, parler des rapports de l'homme avec l'univers. — Artaud propose pour sa part de « rejeter les limitations habituelles de l'homme et des pouvoirs de l'homme, et rendre infinies les frontières de ce qu'on appelle la réalité » ; — Ionesco, lui, pousse la dramaturgie dans de vertigineuses limites :

« Un univers fini est inimaginable, inconcevable. Un univers infini est inimaginable, inconcevable. Sans doute l'univers n'est-il ni fini ni infini, finitude et infini n'étant que des façons humaines de le penser ; de toutes façons, que la finitude et l'infini ne soient que façons de penser et de dire est encore inconcevable, inimaginable. Nous ne pouvons faire un pas au delà de notre impuissance, devant ces murs je suis pris de nausées. Si ce n'est plus le mur, c'est le gouffre qui s'ouvre à mes pieds, et j'ai le vertige[30]. »

Ces abysses peuvent devenir suicidaires, plus d'un artiste y a sombré, et la veille de son suicide, Maïakovski griffonnait encore des fragments de l'introduction au gigantesque cycle poétique dont il rêvait d'occuper les cinq prochaines années :

-27. M. Merleau-Ponty : *Phénoménologie de la perception*, p. 251, 381, 384 et 385 ; on pourrait encore citer *La Structure du comportement*, ou l'ouvrage inachevé qu'est *Le Visible et l'Invisible*.
-28. Novalis, dans *Les Romantiques allemands*, p. 229.
-29. Cité dans P. Klee : *Théorie de l'art moderne*, p. 170.
-30. Artaud : *Le Théâtre et son double*, p. 17 ; et Ionesco : *Journal en miettes*, p. 34.

« Je sais la force des mots... le vent les emporte
C'est l'heure où l'on se lève
et où l'on parle aux siècles,
à l'histoire, à l'univers[31]... »

Si les artistes se meurent, l'homme continue par l'art à proposer la métamorphose de ses visions devant un univers dont on ne sait plus s'il est constitué d'ordre ou de désordre ou d'un mariage tumultueux et incessant des deux. Devant certaines œuvres d'art, Morse Peckham évoque la peine qu'on se donne, par habitude, à trouver de l'ordre dans des situations débordantes de désordre à expérimenter, soulignant ainsi la dialectique entre la pulsion d'ordre ou appétit législatif de savoir codifié et de style, et la pulsion de désordre ou appétit exécutif d'expérience exploratrice ou d'innovation. Ce schéma peut paraître simpliste, devant une réalité aussi complexe et nuancée que celle du champ de conscience en continuelle évolution et cinéma, mais il trouve un certain fondement dans l'inlassable débat entre raison et imagination en nous. D'autres modèles s'offrent, comme cette « schématisation fictive des continuités et des transformations » proposée par Gunter Passavant devant la Renaissance et ses styles. Tout dépend, bien entendu, de sa vision du monde et de la lecture qu'on en fait, tantôt évidente en sa continuité apollinienne, tantôt emportée dans les remous dionysiens. Quand, par exemple, Ehrenzweig identifie l'uniformité à la mort, il pousse l'objet esthétique vers le pôle opposé à celui de l'entropie: l'œuvre d'art se dresserait en sa polysémie, singulièrement vivante dans l'imaginaire et inachevable passion de naissances[32]...

Le désir de l'artiste se poursuit ainsi à travers l'œuvre continuée dans l'inachèvement de sa forme et de sa lecture, et son rapport avec l'univers n'est pas sans évoquer le couple d'amoureux décrit par Hugo dans « Tristesse d'Olympio » :

« D'autres vont maintenant passer où nous passâmes,
Et le songe qu'avaient ébauché nos deux âmes,
Ils le continueront sans pouvoir le finir !
Car personne ici-bas ne termine et n'achève... »

En langage moins lyrique, Claes Oldenburg propose son court et percutant autoportrait d'artiste contemporain engagé jusqu'à la rage dans l'exploration de formes inédites: « Sans la conviction de repousser les frontières de l'art, je ne continuerais pas à faire ce que je fais[33]. »

Reculer en effet les frontières, y investir toutes ses énergies inventives et y risquer même son équilibre mental, ou de graves accidents ou sa santé, quand on sait pourtant au départ que ces frontières

---

-31. Maïakovski: *Maïakovski*, p. 327-9.
-32. Dans l'ordre des mentions: « The ancient effort to find order in a situation which offers us the opportunity to experience disorder », M. Peckham: *Man's Rage for Chaos*, p. 40 ; G. Passavant: *Le Temps des génies*, p. 181 ; « Death is Undifferentiation », A. Ehrenzweig: *The Hidden Order of Art*, p. 306.
-33. « If I didn't think what I was doing had something to do with enlarging the boundaries of art, I wouldn't go on doing it », cité dans *Pop Art*, p. 111.

seront toujours là, plus loin: pourquoi? — Parce que notre siècle semble avoir retrouvé, à travers le fatras des prétentions dogmatiques, la source de l'intarissable désir de connaître encore, et le sens aigu de l'énigme:

«Alors que les civilisations qui se créèrent un passé le peuplèrent d'alliés exemplaires, notre culture artistique transforme tout le nôtre en un cortège de réponses éphémères à une invincible question. — Et notre art, lui aussi, devient une interrogation du monde[34].»

Vision et interrogation du monde emmêlées, la question lancée par l'homme lui revient, incluant sa conscience et l'univers dans un même inachèvement, à jamais indémontable, et inconnaissable dans sa continuelle métamorphose, mais tout de même perceptible quotidiennement dans les objets dont la fonction symbolique consiste justement à en traduire le *non finito*: les œuvres d'art, et plus spécifiquement les œuvres d'art inachevées ou incomplètes. — Devant la double perspective de l'indéfiniment grand et de l'indéfiniment petit qui place la conscience humaine en équilibre instable dans sa vision de l'univers, Teilhard de Chardin propose d'ajouter un troisième abysse, celui de l'indéfiniment complexe. En identifiant l'odyssée humaine à l'Évolution, Teilhard en décrit le dynamisme en termes de devenir interminable: «Plus l'Homme deviendra Homme, moins il acceptera de se mouvoir sinon vers de l'interminablement et de l'indestructiblement nouveau[35].» — Mythique de l'Origine sans cesse renaissante, qui nous invite par jeu à rapprocher le paléontologue jésuite européen d'un ingénieur futurologue américain, Buckminster Fuller, puisque tous deux se montrent aussi intensément visionnaires, du moins s'il s'agit d'évoquer le sens de l'homme dans l'univers: «A présent, je vis sur terre, et je ne sais pas ce que je suis. Je ne suis pas une chose, un nom. Il me semble être un verbe, un processus évolutif, une fonction intégrale de l'univers[36].»

L'inachevable conclusion...

Work in progress, comme l'écrivait Joyce sur le paquet de feuilles de ce qui deviendra *Finnegans Wake*: Œuvre en cours, comme l'univers, et symboliquement l'œuvre d'art, et sur tout cela le Verbe: *In principio erat Verbum.* — La genèse du verbe se poursuit à la fois dans la chair et dans l'œuvre, malgré la petite mort dont parle Georges Bataille quelque part, car le germe la précède et la suit, tout étant germe, selon Novalis.

Il faut tout de même conclure, mais comment le faire quand il y a encore tellement à explorer? Et avant d'amorcer une conclusion, ne faudrait-il pas alléger le malaise souvent ressenti d'avoir exclu dès le

-34. Malraux: *Les Voix du Silence*, p. 629 et 601.
-35. Teilhard de Chardin: *Le Phénomène humain*, p. 232.
-36. «I live on Earth at present, and I don't know what I am. I am not a thing — a name. I seem to be a verb, an evolutionary process — an integral function of the universe.» (B. Fuller: *I Seem to Be a Verb*, p. 1)

seuil de notre recherche tout ce que pourrait apporter à l'hypothèse dynamogénique du *non finito* en art et en esthétique la culture orientale, si largement ouverte à l'inépuisable combinatoire symbolique de l'imaginaire? — Voici donc quelques paragraphes sur l'Orient et ses esthétiques, où Rabindranath Tagore offre une première perspective sur le *non finito* : « Tu es venu pour écrire les histoires jamais terminées de nos pères dans l'écriture cachée des pages de notre destinée... Tu redonnes la vie aux décors oubliés pour former de nouvelles images[37]... »

En évoquant pour sa part les « mutations infinies du jeu du berceau », Taro Okamoto propose pour l'œuvre d'art un éclairage relativement familier à un œil critique occidental, quand il écrit que « il naît une forme qui n'est elle-même que la base d'une modification ultérieure[38]. » — Et un peu à la façon des Râga — (ces interminables variations mélodiques la plupart du temps improvisées autour d'une des émotions fondamentales, que la musique « colore » pendant des heures), Shrî Aurobindo déploie une lente et longue méditation sur les rapports entre la Connaissance et l'Évolution spirituelle, selon une naissance sans cesse renouvelée dans l'architecture esthétique et cosmique, s'ouvrant au devenir :

« Le progrès du mental, le développement de l'âme, même s'il s'agit du mental et de l'âme de la communauté, dépendent de l'individu, de ce qu'il jouit d'une liberté et d'une indépendance suffisantes, de ce qu'il possède individuellement le pouvoir d'exprimer et de faire naître ce qui est encore inexprimé dans la masse, ce qui n'a pas encore émergé du subconscient, ou n'est pas encore sorti de l'intérieur, ni descendu de la Supra-conscience. La collectivité est une masse, un champ de formation; l'individu est celui qui devine la vérité, réalise les formes, crée[39]. »

La tradition des Poétiques sanskrites distingue huit sentiments ou émotions — les Rasa — dont la combinatoire est d'autant plus complexe dans ses possibilités et variantes que chaque Rasa comporte en son Bhâva divers éléments ou profils de figuration, dont Subodh Chandra Mukerjee évoque le labyrinthe, ou plutôt les innombrables parcours dans le « cours d'eau » auquel il compare l'esprit humain :

« Le propre de l'art est de représenter les choses de façon à mettre en relief leur essence et leur vie intime, de dégager et de concentrer une foule d'éléments souvent trop fugitifs ou trop éparpillés dans la vie réelle pour que nous en sachions mesurer la profondeur lorsque nous les côtoyons sur notre chemin. L'artiste reproduit l'âme des choses dont nous ne faisons qu'entrevoir les formes[40]. »

N'insistons pas sur le verbe « reproduire », qui alourdit la dernière phrase citée en offrant prise à l'interminable débat de la *mimèsis*, puisque Mukerjee parle davantage de « représenter », « dégager », « concentrer ». — La vision que les Rasa proposent des rapports de l'homme avec l'univers s'inspire inépuisablement de la pulsion

-37. R. Tagore : « Utsarga », cité par L. Frédéric dans *Trésors de l'art des Indes*, p. 187.
-38. T. Okamoto : *L'Esthétique et le sacré*, p. 178.
-39. Aurobindo : *La Vie divine* III, p. 84.
-40. S.C. Mukerjee : *Le Rasa*, p. 108-9 et 30.

profonde de l'esprit, et les formes esthétiques qui les expriment, indéfiniment variables dans leur combinatoire, nous ne faisons toujours que les «entrevoir» dans ce qu'on pourrait appeler leur *non finito*. Et ce n'est pas par hasard que les traditions esthétiques indiennes s'entendent à inaugurer la théorie des Rasa par le Sentiment Erotique, mettant ainsi en position d'origine le Désir du Devenir, à travers la sensualité, la tendresse et les interminables conjugaisons du couple. L'architecture et la statuaire des temples de Khajurâho en ont transcrit somptueusement dans la pierre, il y a dix siècles, les voluptueux symboles de la Vie qui ne peut naître que du vivace rituel de l'accouplement, dont Max-Pol Fouchet souligne la portée cosmique: «La civilisation de l'Inde, sensualiste et spiritualiste, illumine de béatitude l'union de l'homme et de la femme, et l'acte charnel s'y confond avec le rythme des moussons, lui-même image du désir et de la satisfaction du désir[41]», — satisfaction cependant toujours fragmentaire et inachevée, puisque le désir demeure en éveil au fil de sa naissance continuée.

De l'Inde, passons à la Chine par la voie du Tao, ou principe universel selon lequel la liberté se fonde dans le mouvement cosmique où le Yin et le Yang s'épousent dans l'intarissable alchimie des métamorphoses du devenir, dans la manifestation poursuivie de l'univers:

«Il y avait quelque chose d'indéterminé
avant la naissance de l'univers.
Ce quelque chose est muet et vide,
il est indépendant et inaltérable,
il circule partout sans se lasser jamais,
il doit être la Mère de l'univers[42]...»

Le principe cinétique, qui préside selon le Tao à la naissance de l'univers, n'est pas tellement «muet et vide», comme le suggère la traduction du passage cité plus haut de Lao-Tseu, mais serait plutôt secret ou discret, hermétique ou énigmatique. Son dynamisme se manifeste dans une inlassable et inépuisable métamorphose, à jamais inachevée, qu'évoque sans la réduire le «livre des permutations» ou *I Ching*.

Notre rapide coup d'œil sur quelques éléments des esthétiques orientales en arrive à l'art japonais, où la question du *non finito* peut se poser dans une perspective différente de celle qui nous est familière en Occident. Le peintre japonais, par exemple, n'entre pas en compétition contre la nature, n'essaie pas de la prendre au piège de la représentation réaliste par la virtuosité ou l'astuce de la *mimèsis*. Selon Keiji Nakamura, «la forme et la vision ne pouvant pas se confondre, l'inachèvement se présente comme le symbole de la séparation vision-forme», pour l'artiste japonais, qui s'apparente ainsi à l'artiste

---

-41. M.-P. Fouchet: *L'Art amoureux des Indes*, p. 95.
-42. Lao-Tseu: *Tao To King*, p. 93; voir aussi le livre du *Tao* sur «la philosophie chinoise du temps et du changement», et *I Ching* («Book of Change»), cités en Bibliographie.

occidental conscient de l'écart entre le *concetto* (vision) et ce que la *mano* en fait (forme); mais l'artiste occidental en arrive en quelque sorte a posteriori à cet écart, qu'il tentera d'ailleurs la plupart du temps de minimiser, voire de nier ou dissimuler, tandis que l'artiste oriental pose cet écart en priorité et sait que son œuvre «doit être inachevée pour être Art», ce qui l'incite à «limiter consciemment l'achèvement» pour mieux en suggérer les «infinies possibilités[43]», le dynamisme profond, le désir inachevable de naître.

La dichotomie entre l'esthétique orientale et l'esthétique occidentale ne semble pas aussi profonde et irréductible qu'on l'entend dire parfois, et relève probablement plus d'une fiction théorique ou idéologique que de l'examen comparatif des œuvres d'art et de leurs interprétations dans des systèmes culturels divers. Il ne semble pas y avoir de types radicalement différents d'esprit ou de sensibilité, même si leurs modalités varient considérablement d'une civilisation à l'autre, et aussi dans une même civilisation au fil des générations, et encore entre individus d'une même strate historique ou géographique. — Il semble bien qu'au moins en ceci s'entendent Orient et Occident: il n'y a jamais eu et il n'y aura jamais d'explication définitive à l'énigme de la créativité[44]. — Et pourquoi, sinon simplement parce qu'il n'y a aucune réponse définitive à l'énigme de la conscience, qui refléterait celle de l'univers? Qui sommes-nous en effet, sinon cet «homme approximatif comme moi, comme toi lecteur et comme les autres[45]» dont parle Tristan Tzara? — Toute œuvre d'art ne se présente-t-elle pas comme approximation d'un *concetto* dans une forme, inévitablement inachevée et incomplète selon l'économie même de l'approximation, indépendamment de ses apparences plus ou moins fignolées? — Dans *Feeling and Form*, Susanne Langer consacre son neuvième chapitre à l'étude de «l'œuvre vivante» et observe qu'il n'y a pas ce qu'on pourrait appeler «l'œuvre», mais seulement une œuvre, telle œuvre parmi d'autres, susceptibles toutes et chacune de multiples interprétations; dès l'Introduction, Langer prévient le lecteur que non seulement il n'y aura rien d'achevé dans son essai, mais encore qu'aucune théorie artistique ou esthétique ne pourrait l'être[46]. Ajoutons: encore moins un essai sur le *non finito*!

Un dernier mot, tout de même, et même si Mikel Dufrenne nous rappelait précédemment que «peut-être le dernier mot est-il qu'il n'y a pas de dernier mot[47]». — Faire alors semblant de conclure, et glisser un bout de phrase du genre «cette conclusion inachevée», comme

---

-43. K. Nakamura: «Le problème de l'inachèvement et l'art japonais», dans la *Revue d'Esthétique*, Paris, 1965-I, p. 87-93.
-44. «There never has been and never will be a final answer to the enigma of the creative personality.» (R. et M. Wittkower: *Born Under Saturn*, p. 294)
-45. T. Tzara: *L'Homme approximatif*, p. 26.
-46. «Nothing in this essay is finished, nor could art theory ever be finished» (S. Langer: *Feeling and Form*, p. XI et 134).
-47. Cité en p. 251.

Jean-Jacques Nattiez dans ses *Fondements d'une sémiologie de la musique*[48]? — Ou citer Flaubert, comme Jean Ferré dans les dernières lignes d'un essai polémiste: «La bêtise consiste à vouloir conclure. Nous sommes un fil et nous voulons connaître la trame. — Quel est l'esprit un peu fort qui ait conclu, à commencer par Homère[49]? »

Laissons de côté «l'esprit un peu fort» et Homère, lui-même fable inachevable, pour revenir à ce désir de conclure, de transformer enfin en thèse l'hypothèse dynamogénique du *non finito* en art et en esthétique. Le parcours s'achève, mais la quête demeure, et la recherche se trouve toujours inséparable du doute qui l'aiguillonne et la pousse vers de nouvelles frontières de l'inconnu, ou du moins du moins connu: c'est par le constat de son inachèvement que le savoir redevient connaissance, c'est-à-dire désir encore de savoir, insatiablement, le désir de conclure se retrouvant en flagrant délit de désir, devant le domaine jusqu'ici peu arpenté du *non finito*. Et puisqu'il s'agit d'exploration et de commencement, aussi bien en préserver le suspens, encore en compagnie de Mallarmé, plutôt que d'en risquer l'avortement, fût-il thétique. — Enfin, et pour ne pas conclure, je cite Eugenio d'Ors: «Ainsi qu'en la vie réelle, dans l'idéologie authentique, toute conclusion est un nouveau commencement[50]. »

S'agit-il bien d'idéologie, et qui plus est, d'idéologie authentique? Comment savoir, sans du même coup réduire la connaissance en cette seule prétention du savoir? — Et s'il s'agissait plutôt de l'épousaille continuée et inachevable de la vie réelle de la recherche et de la vie imaginaire de l'art, dans une même quête de connaissance ouverte à son devenir? Peut-être bien alors, selon la présence, trop souvent dédaignée ou occultée, de l'œuvre d'art incomplète ou inachevée, prise comme ébauche, par le jeu dynamogénique du *non finito*, d'un certain travail dans le champ de conscience...

-48. J.-J. Nattiez: *Fondements d'une sémiologie de la musique*, p. 419.
-49. Cité dans *Lettre ouverte à un amateur d'art pour lui vendre la mèche*, p. 177.
-50. E. d'Ors: *Du Baroque*, p. 10. — Et jamais je ne me suis senti aussi proche que maintenant d'un certain sentiment évoqué par Kafka: «Dois-je laisser dire de moi qu'au début de mon procès, je voulais le finir et qu'à la fin je ne voulais que le recommencer? » (*Le Procès*, p. 363)

BIBLIOGRAPHIE

Par rapport au sujet du *non finito* en art et en esthétique, cette Bibliographie n'a rien d'exhaustif, et se limite à dresser la liste des écrits cités explicitement dans les pages précédentes, sous trois rubriques. Les références des revues et périodiques cités se trouvent dans les notes de bas de pages, de même que les détails concernant des documents complémentaires.

I- Articles spécifiques

- Carlo ARU : « La veduta unica e il problema del non-finito in Michelangelo », *L'Arte*, Turin, janvier 1937, p. 46-52.
- Paola BAROCCHI : « Finito e non finito nella critica vasariana », *Arte antica e moderna*, Rome, n° 3, 1958, p. 221-35.
- Michele de BENEDETTI : « Il cosidetto non-finito di Michelangelo e la sua ultima Pietà », *Emporium*, Bergame, mars 1951, p. 99-108.
- Aldo BERTINI : « Il problema del non-finito nell'arte di Michelangelo », *L'Arte*, Turin, mars 1930, p. 121-38.
- Sergio BETTINI : « Sul non-finito di Michelagiolo », *La Nuova Italia*, Florence, 20 juin 1935, p. 185-9.
- Daniel CHARLES : « L'esthétique du non finito chez John Cage », *Revue d'esthétique*, Paris, n° sur les « Musiques nouvelles », 1968, p. 23-6.
- André CHASTEL : « Le fragmentaire, l'hybride et l'inachevé », *Das Unvollendete als Kunstlerische Form*, Saarlande, 1956, p. 83-9.
- Keiji NAKAMURA : « Le problème de l'inachèvement et l'art japonais », *Revue d'esthétique*, Paris, 1965, n° 1, p. 87-93.

II- Livres (par ordre alphabétique d'auteur)

- Theodor W. ADORNO : *Théorie esthétique*, Klincksieck, Paris, 1974, 347 p.
- Leon Battista ALBERTI : *De la statue, De la peinture* (traduction du latin par C. Popelin), A. Lévy, Paris, 1868, 190 p.
- Leon Battista ALBERTI : *On Painting* (trad. et notes de J.R. Spencer), Yale University Press, New Haven, 1966, 141 p.
- Ferdinand ALQUIÉ : *L'Expérience*, « S.U.P. », Presses Universitaires de France, Paris, 1970, 111 p.
- Guillaume APOLLINAIRE : *Calligrammes*, « Poésies », Gallimard, Paris, 1971, 188 p.
- Louis ARAGON : *Henri Matisse, roman*, Gallimard, Paris, 1971, 357 et 396 p.
- Louis ARAGON : *Le Roman inachevé*, « Poésies », Gallimard, Paris, 1966, 256 p.
- ARISTOTE : *Introduction to Aristotle* (éd. R. McKeon), Modern Library, New York, 1947, 667 p.
- Antonin ARTAUD : *Le Théâtre et son double* (1938), « Idées », Gallimard, Paris, 1968, 249 p.
- Shri AUROBINDO : *La Vie divine*, III, « Spiritualités vivantes », Albin Michel, Paris, 1973, 279 p.
- Guido BALLO : *Lucio Fontana*, Praeger, New York, 1971, 268 p.
- Honoré de BALZAC : *Le Chef-d'œuvre inconnu* (préface de R. André et notes de S. de Sacy), « Le Livre de Poche », Paris, 1970, 445 p.
- Georges BARBARIN : *Le Secret de la Grande Pyramide* (1936), J'ai lu, Paris, 1973, 183 p.
- Paola BAROCCHI : *Trattati d'arte del Cinquecento fra Manierismo e Contra-Riforma*, Laterza, Bari, 3 vols., 1960-62, 542 p., 699 p. et 720 p.
- Roland BARTHES : *Roland Barthes*, « Écrivains de toujours », Seuil, Paris, 1975, 192 p.
- Georges BATAILLE : *L'Érotisme*, Minuit, Paris, 1957, 309 p.
- Georges BATAILLE : *Lascaux ou la naissance de l'art*, Skira, Genève, 1955, 151 p.
- Charles BAUDELAIRE : *Œuvres complètes*, « L'Intégrale », Seuil, Paris, 1968, 759 p.
- Charles BAUDOIN : *L'Œuvre de Jung*, Payot, Paris, 1963, 394 p.
- Raymond BAYER : *Histoire de l'esthétique*, Colin, Paris, 1961, 403 p.
- Germain BAZIN : *Histoire de l'art*, Garamond, Paris, 1953, 462 p.
- Albert BÉGUIN : *L'Âme romantique et le rêve*, Corti, Paris, 1939, 416 p.
- Henri BERGSON : *Œuvres*, « Édition du Centenaire », Presses Universitaires de France, Paris, 1959, 1602 p.
- Claude BERNARD : *Introduction à l'étude de la médecine expérimentale* (1865), Garnier-Flammarion, Paris, 1968, 318 p.
- Oto BIHALJI-MERIN : *La Fin de l'Art à l'ère de la Science*, La Connaissance, Bruxelles, 1970, 147 p.
- William BLAKE : *The Portable Blake*, Viking Press, New York, 1974, 713 p.
- Maurice BLANCHOT : *L'Entretien infini*, Gallimard, Paris, 1969, 640 p.
- Maurice BLANCHOT : *L'Espace littéraire*, Gallimard, Paris, 1955, 294 p.
- Maurice BLANCHOT : *Le Livre à venir*, « Idées », Gallimard, Paris, 1971, 374 p.
- Anthony BLUNT : *La Théorie des arts en Italie de 1450 à 1600*, (1940, revu en 1956), « Idées-Art », Gallimard, Paris, 1966, 253 p.
- René BOIREL : *Théorie générale de l'invention*, Presses Universitaires de France, Paris, 1961, 407 p.
- Marie BONAPARTE : *Chronos, Éros, Thanatos*, Presses Universitaires de France, Paris, 1952, 157 p.
- Marie BONAPARTE : *Edgar Poe* (sa vie, son œuvre — Avant-propos de Freud), Presses Universitaires de France, Paris, 1958, 3 vols., 900 p.
- Jorge Luis BORGES : *Livre de Préfaces*, Gallimard, Paris, 1980, 292 p.
- Alain BORNE : *Le Facteur Cheval*, Morel, Paris, 1969, 118 p.
- Charles BOULEAU : *Charpentes. La géométrie secrète des peintres*, Seuil, Paris, 1963, 268 p.
- Jean BOURET : *L'École de Barbizon*, Ides et Calendes, Neuchâtel, 1972, 272 p.

- Jacob BURCKHARDT: *Civilisation de la Renaissance en Italie*, Livre de Poche, Paris, 1966, tome III, 299 p.
- John CAGE: *Silence*, M.I.T. Press, Cambridge, 1966, 276 p.
- Albert CAMUS: *Le Mythe de Sisyphe* (1942), «Idées», Gallimard, Paris, 1961, 187 p.
- Marie CARIOU: *Freud et le désir*, «S.U.P.», Presses Universitaires de France, Paris, 1973, 136 p.
- Baldassare CASTIGLIONE: *Il Libro del Cortegiano*, trad. *The Book of the Courtier* par C.S. Singleton, Anchor, New York, 1959, 387 p.
- Comte de CAYLUS: *Vies d'Artistes du XVIIIe siècle* (suivies de *Discours sur la Peinture et la Sculpture*), Renouard et Laurens, Paris, 1910, XLIV et 228 p.
- Benvenuto CELLINI: *La Vità*, trad. *Autobiography* par J.A. Symonds, Dolphin, New York, 1961, 518 p.
- A.E. CHAIGNET: *Pythagore et la philosophie pythagoricienne* (1873), Culture et civilisation, Bruxelles, 1968, 2 vols., 354 et 393 p.
- Paul CHAMBERLAND: *Le Recommencement du Monde*, Le Préambule, Montréal, 1983, 213 p.
- René CHAR: *Fureur et mystère*, «Poésie», Gallimard, Paris, 1974, 222 p.
- André CHASTEL: *Art et Humanisme à Florence* (au temps de Laurent le Magnifique), Presses Universitaires de France, Paris, 1951, 580 p. et ill.
- André CHASTEL: *Le Grand Atelier d'Italie* (1460-1500), «L'Univers des Formes», Gallimard, Paris, 1965, XII et 427 p.
- André CHASTEL: *Marsile Ficin et l'art*, Droz à Genève et Giard à Lille, 1954, 207 p.
- François-René de CHATEAUBRIAND: *René* (éd. critique d'A. Weil), Droz à Genève et Giard à Lille, 1947, 149 p.
- Noam CHOMSKY: *Le Langage et la pensée*, Petite Bibliothèque Payot, Paris, 1970, 147 p.
- E.M. CIORAN: *Précis de décomposition*, «Idées», Gallimard, Paris, 1966, 249 p.
- Robert J. CLEMENTS: *Michelangelo's Theory of Art*, New York University Press, New York, 1961, 471 p.
- Ascanio CONDIVI: *Vità di Michelagnolo Buonarroti* (1553), avec notes, Rizzoli, Milan, 1964, 153 p.; trad. *La Vie de Michel-Ange* par Ch. Weiss, Dorban, Paris, 1934, 120 p.
- Pierre COURTHION: *Bonnard, peintre du merveilleux*, Marguerat, Lausanne, 1945, 171 p.
- Hubert DAMISCH: *Théorie du nuage*, Seuil, Paris, 1972, 340 p.
- Alighieri DANTE: *La Divine Comédie* (éd. bilingue), Les Libraires associés, Paris, 1965, 675 p.
- Henry DAUBERVILLE: *La Bataille de l'Impressionnisme*, Bernheim-Jeune, Paris, 1967, 598 p.
- Gardner DAVIES: *Vers une explication rationnelle du Coup de dés* (Essai d'exégèse mallarméenne), Corti, Paris, 1953, 209 p.
- Roland DE CANDÉ: *Dictionnaire des musiciens*, «Microcosme», Seuil, Paris, 1974, 285 p.
- Engénie DE KEYSER: *Art et mesure de l'espace*, Dessart, Bruxelles, 1970, 240 p.
- Eugène DELACROIX: *Journal*, Plon, Paris, 1932, 3 vols., 503 p., 483 p., et 518 p.
- René DESCARTES: *Discours de la méthode* (suivi des *Méditations*), «10/18», Union Générale d'Éditions, Paris, 1962, 189 p.
- Denis DIDEROT: *Jacques le Fataliste et son maître* (Éd. établie par Y. Belaval), «Folio», Gallimard, Paris, 1973, 375 p.
- Denis DIDEROT: *Traité du beau* (et autres essais esthétiques), Marabout, Verviers, 1973, 192 p.
- Eugenio D'ORS: *Du Baroque*, «Idées/Art», Gallimard, Paris, 1968, 220 p.
- Marcel DUCHAMP: *Duchamp du signe*, Flammarion, Paris, 1975, 314 p.
- Gabrielle DUFOUR-KOWALSKA: *L'Origine*, Beauchesne, Paris, 1973, 299 p.
- Mikel DUFRENNE: *Art et politique*, «10/18», Union Générale d'Éditions, Paris, 1974, 320 p.
- Mikel DUFRENNE: *Esthétique et Philosophie*, tome 2, Klincksieck, Paris, 1976, 338 p.
- Mikel DUFRENNE: *Phénoménologie de l'expérience esthétique*, Presses Universitaires de France, Paris, 1953, 692 p.
- Jean DUVIGNAUD: *Fêtes et civilisations*, Weber, Genève, 1974, 201 p.
- Umberto ECO: *L'Œuvre ouverte*, Seuil, Paris, 1965, 316 p.
- Anton EHRENZWEIG: *The Hidden Order of Art*, Paladin, Londres, 1970, 318 p.
- Albert EINSTEIN: *La Relativité*, Petite Bibliothèque Payot, Paris, 1972, 184 p.
- Henri-Paul EYDOUX: *À la recherche des mondes perdus*, Larousse, Paris, 1967, 286 p.
- Robert FAURISSON: *A-t-on lu Lautréamont?*, Gallimard, Paris, 1972, 435 p.
- Dominique FERNANDEZ: *L'Arbre jusqu'aux racines*, Grasset, Paris, 1972, 357 p.
- Jean FERRÉ: *Lettre ouverte à un amateur d'art* (pour lui vendre la mèche), Albin Michel, Paris, 1975, 215 p.
- Hervé FISCHER: *L'Histoire de l'art est terminée*, Balland, Paris, 1981, 219 p.
- Henri FOCILLON: *Vie des formes* (1934), Presses Universitaires de France, Paris, 1964, 133 p.
- Michel FOUCAULT: *Les Mots et les choses*, Gallimard, Paris, 1966, 400 p.
- Max-Pol FOUCHET: *L'Art amoureux des Indes*, Clairefontaine, Lausanne, 1957, 100 p.
- Pierre FRANCASTEL: *La Figure et le Lieu*, Gallimard, Paris, 1967, 362 p.
- Pierre FRANCASTEL: *L'Impressionnisme*, «Médiations», Denoël-Gonthier, Paris, 1974, 219 p.
- Pierre FRANCASTEL: *Peinture et Société*, Gallimard, Paris, 1965, 250 p.
- Louis FREDERIC: *Trésors de l'art des Indes*, Marabout «Scope», Verviers, 1965, 192 p.
- Sigmund FREUD: *Essais de psychanalyse appliquée*, «Idées», Gallimard, Paris, 1971, 253 p.
- Sigmund FREUD: *Leonardo da Vinci and a Memory of His Childhood* (1910), «Standard Edition», Norton, New York, 1964, 101 p.
- Sigmund FREUD: *Ma vie et la psychanalyse* (1925), «Idées», Gallimard, Paris, 1971, 185 p.
- Sigmund FREUD: *Psychanalyse* (Présentation de D. Dreyfus), «S.U.P.», Presses Universitaires de France, Paris, 1969, 188 p.
- Sigmund FREUD: *Le Rêve et son interprétation*, «Idées», Gallimard, Paris, 1973, 118 p.

- Walter FRIEDLAENDER: *Mannerism and Anti-Mannerism in Italian Painting*, Schocken, New York, 1965, 89 p.
- Northrop FRYE: *Anatomie de la critique*, Gallimard, Paris, 1969, 454 p.
- Northrop FRYE: *Fearful Symmetry* (A Study of William Blake), Princeton University Press, Princeton, 1969, 462 p.
- Buckminster FULLER: *I Seem to Be a Verb*, Bantam, New York, 1970, 192 p.
- G. FUMAGELLI: *Leonardo: omo senza lettere*, Sansovini, Florence, 1952, 379 p.
- Joan GADOL: *Leon Battista Alberti, Universal Man of the Early Renaissance*, University of Chicago Press, Chicago, 1969, 266 p.
- René GALAND: *Baudelaire, poétiques et poésie*, Nizet, Paris, 1969, 542 p.
- Pierre GARNIER: *Spatialisme et poésie concrète*, Gallimard, Paris, 1968, 202 p.
- Paul GAUGUIN: *Oviri. Écrits d'un sauvage*, «Idées», Gallimard, Paris, 1974, 350 p.
- Xavière GAUTHIER: *Surréalisme et sexualité*, «Idées», Gallimard, Paris, 1971, 381 p.
- Jean GIMPEL: *Contre l'art et les artistes*, Seuil, Paris, 1968, 189 p.
- E.H. GOMBRICH: *Meditations on a Hobby Horse*, Phaidon, Londres et New York, 1971, 252 p.
- E.H. GOMBRICH: *Norm and Form* (Studies in the Art of the Renaissance), Phaidon, Londres et New York, 1966, 308 p.
- Jacques GUILLERME: *L'Atelier du temps*, Hermann, Paris, 1964, 246 p.
- Frederick HARTT: *Michelangelo, the Complete Sculpture*, Abrams, New York, 1968, 310 p.
- Arnold HAUSER: *The Social History of Art* (1951), Routledge and Kegan Paul, Londres, 1962, 4 vols., 274 p., 232 p., 234 p. et 267 p.
- François HÉBERT-STEVENS: *L'Art ancien de l'Amérique du Sud*, Arthaud, Paris, 1972, 248 p.
- G.W.F. HEGEL: *Esthétique* (1835 — Trad. S. Jankelevitch), Aubier-Montaigne, Paris, 1964, édition en 8 tomes (10 vols.)
- Martin HEIDEGGER: *Approche de Hölderlin* (1937-1943), Gallimard, Paris, 1962, 196 p.
- Louis HJELMSLEV: *Prolégomènes à une théorie du langage* (1943), Minuit, Paris, 1971, 233 p.
- Louis HOURTICQ: *L'Art et la Littérature*, Flammarion, Paris, 1946, 295 p.
- Victor HUGO: *Cromwell*, Dupont, Paris, 1828, LXIV et 476 p.
- Harald HVEBERG: *Of Gods and Giants, Norse Mythology*, Johan Grundt Tanum Forlag, Oslo, 1961, 72 p.
- Eugène IONESCO: *Journal en miettes*, «Idées», Gallimard, Paris, 1973, 213 p.
- Nicola IVANOFF: *I Disegni italiani del Seicento*, Sodalizio del libro, Venise, s.d., XLV et 162 p.
- Roman JAKOBSON: *Essais de linguistique générale*, Minuit, Paris, 1963, 260 p.
- Raymond JEAN: *La Poétique du désir*, Seuil, Paris, 1974, 429 p.
- Marc JIMENEZ: *Adorno: art, idéologie et théorie de l'art*, «10/18», Union Générale d'Éditions, Paris, 1973, 318 p.
- Carl Gustav JUNG: *Métamorphoses de l'âme et ses symboles*, Librairie de l'Université, Genève, 1973, 773 p.
- Franz KAFKA: *Préparatifs de Noce à la campagne*, Gallimard, Paris, 1957, 397 p.
- Franz KAFKA: *Le Procès*, «Le Livre de Poche», Gallimard, Paris, 1971, 437 p.
- Emmanuel KANT: *Critique de la faculté de juger*, Vrin, Paris, 1968, 308 p.
- Paul KLEE: *Théorie de l'art moderne*, «Médiations», Gonthier, Genève, 1964, 173 p.
- Robert KLEIN: *La Forme et l'Intelligible*, Gallimard, Paris, 1970, 498 p.
- Arthur KOESTLER: *Le Yogi et le Commissaire*, «Le Livre de Poche», Calmann-Lévy, Paris, 1969, 380 p.
- Ernst KRIS: *Psychoanalytic Explorations in Art* (1952), Schocken, New York, 1964, 358 p.
- Julia KRISTEVA: *La Révolution du langage poétique*, Seuil, Paris, 1974, 646 p.
- Georges KUBLER: *Formes du temps* (Remarques sur l'histoire des choses), Champ libre, Paris, 1973, 186 p.
- André LALANDE: *Vocabulaire technique et critique de la philosophie* (11e édition), Presses Universitaires de France, Paris, 1972, 1323 p.
- Jean Clarence LAMBERT: *Dépassement de l'art?*, Anthropos, Paris, 1974, 166 p.
- Susanne K. LANGER: *Feeling and Form*, Scribner, New York, 1953, XVI et 431 p.
- LAO-TSEU: *Tao to King*, «Idées», Gallimard, Paris, 1974, 188 p.
- Gilbert LASCAULT: *Le Monstre dans l'art occidental*, Klincksieck, Paris, 1973, 466 p.
- Françoise LAUGAA-TRAUT: *Lectures de Sade*, «U-Prisme», Colin, Paris, 1973, 368 p.
- Robert LEBEL: *Léonard de Vinci ou la fin de l'humilité*, Le Soleil noir, Paris, 1974, 81 p.
- Marc LE BOT: *Francis Picabia et la crise des valeurs figuratives*, Klincksieck, Paris, 1968, 207 p.
- Marc LE BOT: *Peinture et Machinisme*, Klincksieck, Paris, 1973, 294 p.
- Rensselaer W. LEE: *Ut Pictura Poesis* (the Humanistic Theory of Painting), Norton, New York, 1967, 79 p. et 32 ill.
- LEONARDO da Vinci: *Les Carnets de Léonard de Vinci* (éd. d'Edward MacCurdy), Gallimard, Paris, 1942, 2 vols, 569 p. et 497 p.
- LEONARDO da Vinci: *The Notebooks of Leonardo da Vinci* (éd. Jean Paul Richter, 1883), Dover, New York, 1970, 2 vols, 367 p. et 499 p., 700 ill.
- LEONARDO da Vinci: *Treatise on Painting* (Codex Urbinas Latinus 1270, trad. et notes de A.P. McMahon), Princeton University Press, Princeton, 1956, XLIII et 443 p. (vol. II: «Facsimile»)
- LEONARDO da Vinci: *Trattato della Pittura, Libro A* (éd. Carlo Pedretti), University of California Press, 1964, 301 p.
- André LEROI-GOURHAN: *Préhistoire de l'art occidental*, Mazenod, Paris, 1965, 482 p.
- Claude LÉVI-STRAUSS: *La Pensée sauvage*, Plon, Paris, 1962, 395 p.
- Claude LÉVI-STRAUSS: *Le Cru et le Cuit*, Plon, Paris, 1964, 402 p.

312

- Jack LINDSAY: *Turner, His Life and Work*, Icon, New York, 1973, 275 p.
- Giovanni LISTA: *Futurisme* (Manifestes, documents, proclamations), L'âge d'homme, Lausanne, 1973, 450 p.
- Max LOREAU: *Jean Dubuffet*, Weber, Lausanne, 1971, 606 p.
- Howard Philips LOVECRAFT: *Dagon* (et autres textes), «J'ai lu», Belfond, Paris, 1969, 434 p.
- Salvador LURIA: *La Vie, expérience inachevée*, Colin, Paris, 1975, 203 p.
- Jean-François LYOTARD: *Discours, Figure*, Klincksieck, Paris, 1971, 428 p.
- Pierre MACHEREY: *Pour une théorie de la production littéraire*, Maspero, Paris, 1966, 332 p.
- Julius Schlosser MAGNINO: *La Letteratura artistica* (1935), La Nuova Italia, Florence, 1967, 792 p.
- Vladimir MAÏAKOVSKI: *Maïakovski*, Les Éditeurs français réunis, Paris, 1970, 500 p.
- Stéphane MALLARMÉ: *Correspondance, 1862-1871* (éd. H. Mondor), Gallimard, Paris, 1959, 381 p.
- Stéphane MALLARMÉ: *Œuvres complètes*, «Bibliothèque de la Pléiade», Gallimard, Paris, 1945, XXVII et 1659 p. (éd. 1970)
- Stéphane MALLARMÉ: *Le «Livre» de Mallarmé* (éd. J. Schérer), Gallimard, Paris, 1957 (XXIV, 154 et 204 p.) 382 p.
- Stéphane MALLARMÉ: *Un Coup de dés jamais n'abolira le Hasard*, Gallimard, Paris, 1914, 29 p.
- André MALRAUX: *La Métamorphose des Dieux*, «Galerie de la Pléiade», Gallimard, Paris, 1957, 400 p.
- André MALRAUX: *Le Musée imaginaire*, «Idées/Arts», Gallimard, Paris, 1965, 253 p.
- André MALRAUX: *Les Voix du Silence*, «Galerie de la Pléiade», Gallimard, Paris, 1953, 659 p.
- Louis MARIN: *Études sémiologiques*, Klincksieck, Paris, 1971, 325 p.
- Jean-Pierre MARTINON: *Les Métamorphoses du désir et l'œuvre*, Klincksieck, Paris, 1970, 253 p.
- Charles MAURON: *Des Métaphores obsédantes au mythe personnel* (Introduction à la psychocritique), Corti, Paris, 1962, 380 p.
- Charles MAURON: *Mallarmé par lui-même*, «Écrivains de toujours», Seuil, Paris, 1964, 190 p.
- Roy McMULLEN: *Art, Affluence and Alienation*, Mentor, New York, 1969, 320 p.
- Arpag MEKHITARIAN: *La Peinture égyptienne*, Skira, Genève, 1954, 167 p.
- James MELLAART: *Catal Hüyük*, Jardin des Arts et Taillandier, Paris, 1971, 232 p.
- Maurice MERLEAU-PONTY: *Éloge de la philosophie* (et autres essais), «Idées», Gallimard, Paris, 1966, 377 p.
- Maurice MERLEAU-PONTY: *Phénoménologie de la perception* (1945), Gallimard, Paris, 1967, 531 p.
- Henri MICHAUX: *Émergences-Résurgences*, «Les Sentiers de la Création», Skira, Genève, 1972, 132 p.
- MICHELANGELO Buonarroti: *Lettres* (de Michel-Ange — Traduction de Marie Dormoy), Rieder, Paris, 1926, 2 vols., 243 et 237 p.
- MICHELANGELO Buonarroti: *Rime* (Éd. E.N. Girardi), Scrittori d'Italia, Ed. Laterza, Bari, 1967, 249 p.
- MICHELANGELO Buonarroti: *Le Rime*, Unione Tipografico, Turin, 1944, XXIII et 215 p.
- MICHELANGELO Buonarroti: *The Sonnets of Michelangelo* (Texte italien et traduction en anglais de J.A. Symonds), Vision, Londres, 1958, 199 p.
- Abraham MOLES: *Art et ordinateur*, Casterman, Tournai, 1971, 272 p.
- Abraham MOLES: *Sociodynamique de la culture*, Mouton, Paris et LaHaye, 1971, 342 p.
- Henri MONDOR: *Vie de Mallarmé*, Gallimard, Paris, 1941, 832 p.
- MONTAIGNE: *Essais*, «L'Intégrale», Seuil, Paris, 1967, 623 p.
- Alberto MORAVIA: *L'Ennui* (*La Noia*), «J'ai lu», Flammarion, Paris, 1972, 371 p.
- Noël MOULOUD: *Langage et structures*, Petite Bibliothèque Payot, Paris, 1969, 252 p.
- Wolfgang Amadeus MOZART: *Lettres de W.A. Mozart* (trad. H. de Curzon), Plon, Paris, 1928, vol. 2, 327 p.
- Alfred de MUSSET: *Œuvres complètes*, «L'intégrale», Seuil, Paris, 1963, 942 p.
- Maurice NADEAU: *Histoire du Surréalisme*, Seuil, Paris, 1964, 526 p.
- Dr. Humbert NAGERA: *Vincent Van Gogh* (Étude psychologique), Buchet-Chastel, Paris, 1968, 246 p.
- Jean-Jacques NATTIEZ: *Fondements d'une sémiologie de la musique*, «10/18», Union Générale d'Éditions, Paris, 1975, 448 p.
- Gérard de NERVAL: *Œuvres* (éd. M. Alyn), «L'essentiel», J'ai lu, Paris, 1965, 473 p.
- Henry NICOLAS: *Mallarmé et le Symbolisme*, «Nouveaux Classiques», Larousse, Paris, 1965, 126 p.
- Friedrich W. NIETZSCHE: *Ainsi parlait Zarathoustra* (éd. G.-A. Goldschmidt), Le Livre de Poche, 1972, XL et 470 p.
- Friedrich W. NIETZSCHE: *Ecce Homo* (trad. H. Albert), «Médiations», Denoël-Gonthier, Paris, 1971, 169 p.
- Taro OKAMOTO: *L'Esthétique et le Sacré*, Seghers, Paris, 1976, 190 p.
- OVIDE: *Les Métamorphoses* (éd. J. Chamonard), Garnier-Flammarion, Paris, 1966, 504 p.
- Erwin PANOFSKY: *Essais d'iconologie* (1939), Gallimard, Paris, 1967, 395 p.
- Erwin PANOFSKY: *Idea* (A Concept in Art History, 1924), Icon, New York, 1968, XIV et 268 p.
- Erwin PANOFSKY: *L'Œuvre d'art et ses significations*, Gallimard, Paris, 1969, 322 p.
- Erwin PANOFSKY: *Renaissance and Renascences in Western Art*, Paladin, Londres, 1970, 242 p. et 157 ill.
- Luigi PAREYSON: *Estetica* (Teoria della formatività), Sansoni, Florence, 1974, 337 p.
- Jean PARIS: *Joyce par lui-même*, «Écrivains de toujours», Seuil, Paris, 1958, 192 p.
- Hélène PARMELIN: *L'Art et la rose*, «10/18», Union Générale d'Éditions, Paris, 1972, 183 p.
- Blaise PASCAL: *Œuvres complètes*, «L'Intégrale», Seuil, Paris, 1963, 677 p.
- René PASSERON: *L'Œuvre picturale et les fonctions de l'apparence*, Vrin, Paris, 1974, 371 p.
- Morse PECKHAM: *Man's Rage for Chaos*, Stocken, New York, 1967, 339 p.

- Nikolaus PEVSNER: *Génie de l'architecture européenne* (1943), Le Livre de Poche, Paris, 1970, I, 319 p.
- Jean PIAGET: *Épistémologie des sciences de l'homme*, « Idées », Gallimard, Paris, 1972, 380 p.
- Giovanni PICO della Mirandola: *Oration on the Dignity of Man* (« Dignita dell'uomo: De hominis dignitate », trad. A.R. Caponigri), Gateway, Chicago, 1956, 72 p.
- Roger de PILES: *Abrégé de la Vie des Peintres* (avec des réflexions sur leurs Ouvrages et un Traité du Peintre parfait, de la Connaissance des Desseins et de l'utilité des Estampes), Muguet, Paris, 1699 (Photo-reproduction Georg Olms Verlag, Hildesheim, 1969), 540 p.
- Roger de PILES: *Conversations sur la connaissance de la Peinture*, Langlois, Paris, 1677 (Photo-reproduction Slatkine, Genève, 1970), 309 p.
- Roger de PILES: *Cours de peinture par principes*, Estienne, Paris, 1708, (Photo-reproduction Slatkine, Genève, 1969), 512 p.
- Luigi PIRANDELLO: *Six personnages en quête d'auteur*, « Le Livre de Poche », Gallimard, Paris, 1968, 192 p.
- PLATON: *Œuvres complètes* (éd. Budé), Les Belles Lettres, Paris, 1921-1964, 24 vols. (13 tomes).
- PLINE l'Ancien: *The Elder Pliny's Chapters on the History of Art* (éd. K. Jex-Blake et E. Sellers), Argonaut, Chicago, 1968, C et 252 p.
- PLINE l'Ancien: *Natural History* (éd. en latin et anglais), « The Loeb Classical Library », Heinemann à Londres et Harvard University Press à Cambridge, 1950-1952, en 10 vols.
- PLINE le Jeune: *Lettres* (éd. en latin et français), Les Belles Lettres, Paris, 1961, tome I, 146 doubles pages.
- Renato POGGIOLI: *The Theory of the Avant-Garde*, Icon, New York, 1968, XX et 250 p.
- Georges POULET: *La Distance intérieure*, Plon, Paris, 1952, 357 p.
- Marcel PROUST: *Le Temps retrouvé*, « Le Livre de Poche », Gallimard, Paris, 1967, 443 p.
- Raymond QUENEAU: *Cent mille milliards de poèmes*, Gallimard, Paris, 1961, s.p.
  Dominique QUIGNON FLEURET: *Mathieu*, Flammarion, Paris, 1973, 96 p.
- François RABELAIS: *Œuvres complètes*, « L'Intégrale », Seuil, Paris, 1973, 1023 p.
- Kathleen RAINE: *Blake*, Chêne, Paris, 1975, 216 p.
- Herbert READ: *A Concise History of Modern Painting*, Praeger, New York, 1959, 376 p.
- Olivier REVAULT d'ALLONNES: *La Création artistique et les promesses de la liberté*, Klincksieck, Paris, 1973, 303 p.
- Jean RICARDOU: *Le Nouveau Roman*, « Écrivains de toujours », Seuil, Paris, 1973, 189 p.
- Jean-Pierre RICHARD: *L'Univers imaginaire de Mallarmé*, Seuil, Paris, 1961, 654 p.
- George RICKEY: *Constructivism* (Origins and Evolution), Braziller, New York, 1967, XIV et 306 p.
- Paul RICŒUR: *De l'interprétation* (Essai sur Freud), Seuil, Paris, 1965, 534 p.
- Arthur RIMBAUD: *Poésies, Une Saison en enfer. Illuminations et autres textes* (éd. P. Pia), « Le Livre de Poche », Gallimard, Paris, 1960, 253 p.
- Jean ROUCHETTE: *La Renaissance que nous a léguée Vasari*, Les Belles Lettres, Paris, 1959, 550 p.
- Jean-Jacques ROUSSEAU: *Les Confessions* (éd. J. Voisine), Garnier, Paris, 1964, 160 et 1094 p.
- Jean-Jacques ROUSSEAU: *Les Rêveries du promeneur solitaire*, « Le Livre de Poche », Gallimard, Paris, 1965, 256 p.
- Bernard RUDOFSKY: *Architecture Without Architects*, Doubleday, New York, 1964, 128 p.
- John RUSKIN: *The Lamp of Beauty*, Phaidon, Londres, 1959, 344 p.
- John RUSKIN: *The Seven Lamps of Architecture*, Noonday Press, New York, 1971, 211 p.
- Louis-Claude de SAINT-MARTIN: *L'Homme de désir* (1790), « Bibliothèque 10/18 », Union Générale d'Éditions, Paris, 1973, 327 p.
- Marc SAPORTA: *Composition nº 1*, Seuil, Paris, 1962, 154 p.
- Max SARRADET: *Font-de Gaume en Périgord*, Faulac, Périgueux, 1975, 64 p.
- Jean-Paul SARTRE: *Critique de la raison dialectique*, Gallimard, Paris, 1960, 757 p.
- Jean-Paul SARTRE: *Qu'est-ce que la littérature?*, « Idées », Gallimard, Paris, 1966, 374 p.
- Ferdinand de SAUSSURE: *Cours de linguistique générale* (1915), Payot, Paris, 1962, 331 p.
- Pierre SCHAEFFER: *La Musique concrète*, « Que sais-je », Presses Universitaires de France, Paris, 1967, 128 p.
- Pierre SCHAEFFER: *Traité des objets musicaux*, Seuil, Paris, 1966, 672 p.
- Jacques SCHÉRER: *Le « Livre » de Mallarmé*, Gallimard, Paris, 1957, XXIV, 154 et 204 p.
- Arturo SCHWARZ: *Marcel Duchamp*, Hachette-Fabri, Milan, 1969, 210 p.
- Michel SEUPHOR: *Le Commerce de l'art*, Desclée de Brouwer, Bruxelles et Paris, 1966, 179 p.
- Fern Rusk SHAPLEY: *Paintings from the Samuel H. Kress Collection* (Italian Schools, XIII-XV Century), Phaidon, Londres, 1966, 436 p.
- Gilbert SIMONDON: *Du mode d'existence des objets techniques*, Aubier-Montaigne, Paris, 1969, 268 p.
- Félix SLUYS: *Monsu Desiderio*, « Le Cabinet Fantastique », Minotaure, Paris, 1961, 143 p.
- Alexandre SOLJÉNITSYNE: *Les Droits de l'écrivain*, « Points », Seuil, Paris, 1972, 125 p.
- Philippe SOLLERS: *L'Écriture et l'expérience des limites*, « Points », Seuil, Paris, 1971, 191 p.
- Gustave SOULIER: *Les Influences orientales dans la peinture toscane*, Laurens, Paris, 1924, 447 p.
- Étienne SOURIAU: *La Correspondance des arts* (Éléments d'esthétique comparée — 1947), Flammarion, Paris, 1969, 319 p.
- Étienne SOURIAU: *Les deux cent mille situations dramatiques*, Flammarion, Paris, 1970, 283 p.
- Baruch SPINOZA: *Éthique*, Garnier-Flammarion, Paris, 1965, 379 p.
- Germaine de STAËL: *Œuvres complètes*, Didot, Paris, 1871, 3 vols, 866 p., 346 p. et 513 p.
- Jean STAROBINSKI: *La Relation critique*, Gallimard, Paris, 1970, 343 p.
- STENDHAL: *Romans abandonnés* (éd. M. Crouzet), « Bibliothèque 10/18 », Union Générale d'Éditions, Paris, 1968, 408 p.

- Laurence STERNE: *Tristram Shandy* (1760-1767), New American Library, New York, 1962, 546 p.
- Karlheinz STOCKHAUSEN: *Elektronische Studien Nr. 3, II* (Partition), Universal Edition, Londres, 1956, X et 26 p.
- Karlheinz STOCKHAUSEN: *Refrain Nr 11* (Partition mobile et réglette), Universal Edition, Londres, 1961, 4 p.
- Anthony STORR: *Les Ressorts de la création*, Laffont, Paris, 1974, 351 p.
- Nikolaï TARABOUKINE: *Le Dernier Tableau*, Champ libre, Paris, 1972, 165 p.
- Wladislaw TATARKIEWICZ: *History of Aesthetics*, Mouton, Paris; I, 1970, 352 p.; II, 1970, 315 p.; III, 1974, 481 p.
- Pierre TEILHARD de Chardin: *Le Phénomène humain*, « Points », Seuil, Paris, 1970, 318 p.
- Bernard TEYSSÈDRE: *Roger de Piles* (et les débats sur le coloris au siècle de Louis XIV), La Bibliothèque des Arts, Paris, 1957, 684 p.
- Thomas D'AQUIN: *The Pocket Aquinas* (éd. J. Bourke), Pocket Books, New York, 1973, 372 p.
- Micheline TISON-BRAUN: *Dada et le Surréalisme*, Bordas, Paris, 1973, 160 p.
- Tristan TZARA: *L'Homme approximatif*, « Poésie », Gallimard, Paris, 1968, 159 p.
- Annette VAILLANT: *Bonnard*, Thames and Hudson, Londres, 1966, 230 p.
- Paul VALÉRY: *Œuvres*, « Bibliothèque de la Pléiade », Gallimard, Paris, vol. I, 1957, 1807 p., et vol. II, 1960, 1695 p.
- Vincent VAN GOGH: *Correspondance complète*, Gallimard et Grasset, Paris, 1960, 3 vols, 583 p., 565 p. et 533 p.
- Vincent VAN GOGH: *Lettres à sa mère*, Falaize, Paris, 1952, 120 p.
- Vincent VAN GOGH: *Lettres à Émile Bernard*, Vollard, Paris, 1911, 152 p. et 100 pl.
- Vincent VAN GOGH: *Lettres à son frère Théo*, Grasset, Paris, 1937, 303 p.
- Giorgio VASARI: *Les Vies des plus excellents Peintres, Sculpteurs et Architectes*, (Trad. Ch. Weiss — 3e édition revue et corrigée en deux tomes), Dorbon, Paris, s.d., 944 p.
- Giorgio VASARI: *Le Vite de' più eccellenti Pittori, Scultori e Architetti* (Giuntina, 1568), Istituto Geografico de Agostini, Novara, 1967, 9 vols.
- Lionello VENTURI: *Histoire de la critique d'art* (1945), « Images et idées », AMG-Flammarion, Paris, 1969, 333 p.
- VIRGILE: *L'Énéide* (éd. M. Rat), Garnier-Flammarion, Paris, 1965, 442 p.
- Odile VIVIER: *Varèse*, « Solfèges », Seuil, Paris, 1973, 189 p.
- Ambroise VOLLARD: *Souvenirs d'un marchand de tableaux*, Albin Michel, Paris, 1937, 429 p.
- Herbert George WELLS: *La Machine à explorer le temps* (suivi de *L'Île du docteur Moreau*), « Folio », Mercure de France, Paris, 1975, 380 p.
- Heinrich WÖLFFLIN: *Principes fondamentaux de l'histoire de l'art* (1915), « Idées-Art », Gallimard, Paris, 1966, 283 p.
- Iannis XENAKIS: *Musique Architecture*, « Mutations-Orientations », Casterman, Tournai, 1971, 161 p.
- Marguerite YOURCENAR: *L'Œuvre au noir*, « Le Livre de Poche », Gallimard, Paris, 1971, 384 p.
- Émile ZOLA: *L'Œuvre*, « Le Livre de Poche », Fasquelle, Paris, 1970, 503 p.
- VITRUVE: *De Architectura libri decem*, Iuntae, Florence, 1522, 244 f.

III- Ouvrages ou recueils écrits par plusieurs, classés par titres

- *Adami* (par H. Damisch et H. Martin), Maeght, Paris, 1974, 196 p.
- *L'Amour de l'art* (Les musées d'art européens et leur public — Enquêtes commentées de Pierre Bourdieu, A. Darbel et D. Schnapper), Minuit, Paris, 1969, 247 p.
- *L'Année 1913*, Klincksieck, Paris, 1971-1973, 3 vols., 1901 p.
- *Anthologie des préfaces des romans français du XIXe siècle* (éd. H.S. Gershman et K.B. Whitworth), « 10/18 », Union Générale d'Éditions, Paris, 1972, 439 p.
- *L'Anti-Œdipe* (G. Deleuze et F. Guattari), Minuit, Paris, 1972, 470 p.
- *L'Art de la peinture* (éd. J. Charpier et P. Seghers), Seghers, Paris, 1957, 725 p.
- *Art et contestation*, « Actualité », La Connaissance, Bruxelles, 1968, 202 p.
- *Art et Science: de la créativité*, « 10/18 », Union Générale d'Éditions, Paris, 1972, 312 p.
- *L'Artiste dans la société contemporaine*, UNESCO, Paris, 1954, 172 p.
- *Artists on Art* (From the XIV to the XX Century — éd. R. Goldwater et M. Treves), Pantheon, New York, 1945 et 1972, 500 p.
- *Avant-Garde Art*, Collier, New York, 1967, 247 p.
- *L'Avant-garde au XXe siècle* (éd. P. Cabanne et P. Restany), Balland, Paris, 1969, 474 p.
- *Born Under Saturn* (The Character and Conduct of Artists: a documented History from Antiquity to the French Revolution — éd. R. et M. Wittkower), Random, Londres, 1963, XXIV et 344 p.
- *The Changing Image: Prints by Francisco Goya*, Museum of Fine Arts, Boston, 1974, XII et 325 p.
- *The Complete Work of Michelangelo* (par M. Salmi, C. de Tolnay, U. Baldini, R. Salvini), Macdonald, Londres, 1966, 2 vols., 600 p.
- *Dürer et son temps*, Time-Life, Nederland, 1972, 183 p.
- *L'Encyclopédie* (éd. J. et M. Charpentier), Bordas, Paris, 1967, 192 p.
- *Éros et Antéros* (D. Braunschweig et M. Fain), Petite Bibliothèque Payot, Paris, 1971, 281 p.
- *Essais de sémiotique poétique*, Larousse, Paris, 1972, 239 p.
- *Esthétique et Marxisme*, « 10/18 », Union Générale d'Éditions, Paris, 1974, 299 p.
- *Fontainebleau*, Galerie nationale du Canada, Ottawa, 1973, 252 p. et 184 p.
- *Futurisme* (Manifestes, documents et proclamations — éd. G. Lista), L'âge d'homme, Lausanne, 1973, 450 p.

- *(Naum) Gabo*, Griffon, Neuchatel, 1961, 201 p.
- *I Ching* (Book of Changes), Bantam, New York, 1969, 448 p.
- *Les Imaginaires*, «10/18», Union Générale d'Éditions, Paris, 1976, 446 p.
- *Italian Art 1500-1600* (R. Klein et H. Zerner), Prentice-Hall, Englewood Cliffs, 1966, XVIII et 195 p.
- *Journal de l'Impressionnisme*, Skira, Genève, 1973, 231 p.
- *(El) Lissitsky* (Life, letters, texts), New York Graphic Society, Greenwich, 1968, 407 p.
- *Le Livre des Merveilles* (Marco Polo etc.), Klincksieck, Paris, 1955, 433 p.
- *Les Machines célibataires* (Junggesellenmaschinen — Catalogue d'une exposition européenne, à Paris du 28 avril au 5 juillet 1976), Alfieri, Venise, 1975, 236 p.
- *Nicolas de Staël* (Lettres commentées et catalogue raisonné), Éd. du Temps, Paris, 1968, 407 p.
- *Le Palazzo Pubblico de Sienne*, Editalia et Bibliothèque des Arts, Rome et Paris, 1964, 261 p.
- *Le Poème électronique*, Minuit, Paris, 1958, 236 p.
- *Pop Art*, Praeger, New York, 1966, 216 p.
- *Le Portrait* (G. et P. Francastel), Hachette, Paris, 1969, 207 p.
- *La Quête du Saint Graal*, Le Club du Meilleur Livre, Paris, 1958, XXXIV et 271 p.
- *Les Romantiques allemands*, «Bibliothèque Européenne», Desclée de Brouwer, Bruxelles, 1956, 804 p.
- *Les Romantiques anglais*, «Bibliothèque Européenne», Desclée de Brouwer, Bruxelles, 1955, 905 p.
- *Rouault* (Catalogue), Musée d'art contemporain, Montréal, 1965, 157 p.
- *Scritti d'arte del Cinquecento*, présentation de P. Barocchi, Ricciardi, Milan et Naples, 1971, I, 1150 p.
- *Tao* (P. Rawson et L. Legeza), Seuil, Paris, 1973, 128 p.
- *Le Temps des Génies* (Renaissance italienne 1500-1540, par L.H. Heydenreich et G. Passavant), «L'Univers des Formes», Gallimard, Paris, 1974, 464 p.
- *Tout l'œuvre peint de Léonard de Vinci* (A. Chastel et A. Ottino della Chiesa), Flammarion, Paris, 1968, 120 p.
- *Très Riches Heures* (de Jean, Duc de Berry — Reproduction des 139 planches originales et notes), Braziller, New York, 1969, s.p.
- *391* (Picabia, (1917-1924), Le Terrain vague, Paris, 1960, 159 p.
- *L'Univers du roman* (R. Bourneuf et R. Ouellet), «S.U.P.», Presses Universitaires de France, Paris, 1972, 232 p.
- *Vers une esthétique sans entrave* (Mélanges offerts à M. Dufrenne), «10/18», Union générale d'Éditions, Paris, 1975, 506 p.
- *Victor Hugo dessinateur*, La Guilde du Livre, Lausanne, 1963, 234 p.
- *Wozzeck d'Alban Berg*, «10/18», Union Générale d'Éditions, Paris, 1964, 317 p.

SOMMAIRE

Révision des textes : Yves Légaré
Maquettes de Guy Robert
Typographie en Palatino : Précigraphes ltée, Montréal
Impression : Imprimerie Gagnée ltée, Louiseville (Québec)